U0128382

日韓儒學研究叢刊

近代日本《論語》詮解流變

金培懿　著

誌　謝

本書係中華民國行政院國家科學委員會、中華民國科技部、日本交流協會「專家招聘學者研究獎助計畫」、日本財團法人住友財團「アジア諸国における日本関連研究助成」等機關單位補助下所完成之研究成果，謹此深致謝忱。

目次

第三章　創新或守舊

——由松本豐多《四書辨妄》對服部宇之吉
之拮抗論注經之本質問題 ·········· 127

第四章　注經到講義
——由安井小太郎《論語講義》論近代
日本《論語》研究之轉折

第五章　敘事以建構
——由澀澤榮一《論語講義》論經解如何參
與國族文化建構

自序
生命風起時有愛為光

　　本書各章寫成於二〇〇二年至二〇一二年之間，這十年正是我人生的「風起」時期，在努力摸索如何秉持自我「本色」於學界生存的同時，這十年正好也是命運之神，如風將「死亡」送到我身邊的時刻。我摯愛的親人，從倒下，經臥病，結果終究不免離世，死亡幽幽地展示著它作為一種「進行式」，可以如何緩慢凌遲銷蝕人們的身心靈，最後不得不遠離顛倒夢想。而那些原本應該成為我家人的親愛的孩子，他們彷彿每次從入胎開始就不打算面世，要我領略死亡無常可以如何凌厲，逼迫我不得不思考「未生即死」的生命究竟有無意義。在這十年之中，我所能感受到的最深幸福裡，總有死亡的芬芳。在許多逆風前行的時刻，我總想傾盡全力生活，從不言棄，總試圖有尊嚴地活著，不願悲傷，乃至難免予人尖銳強勢之感。

　　如今我回憶那樣的自己，從不缺少「心力交瘁」的奮發。而在這生命風起時期，如果我還能回憶起生活是那麼的美好，那是因為學術研究竟悄然成為我貞定自我、穩住生活、照亮人生，日復一日，年復一年，日常生活中必行的神聖儀式。然我所以有勇氣決心逆風而行，首先要感恩先父金剛。一病不起的父親，在邁向人生最後一哩路的過程中，仍舊奮力自重自持。從我有記憶以來，澎湖老家父親的書桌玻璃墊下，就襯著一張他自己所寫的座右銘：「吃苦要比尋死有更大的勇氣！」遒勁剛健的書法字體，正如父親畢生的堅毅。而從小父親便告誡我：「天下無事可與人爭先，惟讀書或可勉強與人爭一二。」我自小就懂得父親言下之意：讀書不在與人爭先；而在自我惕勵學無止盡。也因為如此，所以在我留日歸國不久，父親旋即病倒，且一病不

起的十年時光中，讀書研究，成為我能聊表孝親的唯一方式，而且這
樣的讀書研究，總存在著一種緊迫焦慮感──我必須和父親的時間賽
跑！因為看重我們讀書的父親，從不要求我們成績要名列前茅，父親
說：「讀書是自主自發之事，豈可絲毫勉強。」父親還說：「有書可讀
真富貴！」故而在我結婚前夕，父親向外子說：「我女兒最值錢的嫁
妝，就是她這輩子到目前為止所讀的那些書。」所以我知道：父親希
望我們衷心悅樂於讀書研究，同時相信我們在讀書研究中，可以獲致
生活滿足感與生命幸福感。

　　從這個角度而言，本書作為我在這十年之間的主要研究成果，它
在很大程度上是我「以父之名」行走學術江湖的交代。當然，本書也
是我留日返國後，初至雲林科技大學漢學資料整理研究所任教，繼而
轉任中正大學中國文學系，再轉至現任的臺灣師範大學國文學系任
教，一路謹守業師町田三郎先生教誨：「大學教授必須自我要求每年
都要撰寫學術研究論文，以為教學進步之保證依據」的心意表示。而
關於一位學子在成為教師後，究竟應該抱持何種為學、教學態度，父
親對我亦有期待。前往雲林科技大學任教的第二年秋天，因為看遍南
臺灣各大醫院，卻仍找不出父親病因，遂依外婆建議返回故鄉澎湖西
嶼鄉橫礁村「五天宮」為父親祈福時，才意外從小學學姐口中得知，
父親在我留學返國的二○○○年，即專程返回澎湖，特別訂製了一塊
刻有「師道生揚」的獎座，致贈予我母校合橫國小。但父親始終未曾
向我提及此事，我因此將「師道生揚」當作父親對我身為教師的期
許，謹記於心。也是在雲林科技大學任教時，父親曾經親口告誡我：
「教授可以不當，人不可以不做！」而在二○○六年九月二十八日教
師節當天，也就是在我人生失去最後一次為人母機會的那天，病榻中
的父親憂心問我：「如果妳這輩子都沒有自己的孩子，妳怎麼辦？」
當下我回答父親說：「那我就把自己的學生當作自己的孩子來教。」
聽完我的回答，父親看著我說出他此生對我所說的最後一句話：「那

我就放心了。」此後，父親病情加重，再也無法言語。因此，本書不僅是我謹遵町田老師平日教誨的研究成果，也是我謹承父教：「師道生揚」、「教授可以不當，人不可以不做！」「要把自己的學生當作自己的孩子來教」，身為大學教師的自我要求實踐。

　　而自返臺任教以來，無論我在哪個學校任教，我的論文指導老師柴田篤先生，必定親臨我任教的單位，或參與國際學術研討會，或進行學術專題演講，老師總是以實際行動給予我最大的支持。我當然知道柴田老師的用心與守護，因為當我留學返臺初初踏入臺灣學界，就在人生江湖中，遭遇百口莫辯、說不出的委屈。當年的我還不懂：生命風起，塵沙飛揚，人生更應靜默，誠所謂清者自清。還好這樣的人生經歷卻讓我明白：生命中那些可以用言語表達出的，或名之為愛，或名之為正義、或名之為公理、或名之為道義；而那些言語無以名狀的，常常就成為人間！

　　我和外子都是柴田老師所指導的學生，老師不是把「愛學生」掛在嘴邊當口號喊叫的人，卻是一路支持我們任何選擇的老師。特別是在我生命風起時，柴田老師從來不說浮誇、激憤、煽情的語言，卻始終相信、支持、守護我們。柴田老師不和我們談論是非，天主教徒的老師只是帶我們一起去臺南「中華聖母主教座堂」走走，去看看東方模樣的聖母，如何靜默地超然慈悲。柴田老師不和我們談論哲學，天主教徒的老師只是帶我們一起去日本九州太宰府「觀世音寺」走走，去看看堂堂五尺古佛，如何開啟自性觀音力。柴田老師不和我們談論命運，天主教徒的老師只是在我幾度小產後，捎來他赴韓考察朝鮮書院時所購買的「送子觀音」明信片，讓我們安心相信任何生命的來去皆有神佛旨意。柴田老師不和我們談論死亡，天主教徒的老師只是淡然地告訴我們，他在五十五歲那年，如何為自己和愛犬事先預建好墳墓，讓我們猛然領悟真正的信仰必定「思決定死」、「念死無常」，故而知曉「如何生」。在我生命風起時，柴田老師愛智雙運，讓我堅信

人間有情，故而心暖神定，並且相信自己應該可以證明自己，無論人格、學術皆是，我只須要對我所信仰的佛菩薩負責。

本書原本預計於二〇一二年暑假出版，卻因為當年七月十一日父親捨報往生，隔月我旋即接受系上委託推薦，帶著錐心之痛，形同逃離般地匆促趕赴韓國外國語大學客座交換講學，故而延宕一年。翌年八月結束客座返台，再度重新著手書稿整理，未料一手將我帶大的外婆病篤，被接到台南母親家中養病，我在異常忙碌的教學研究生活中，南北往來沒幾回，二〇一四年元月三日黃昏，在一個因緣具足的片刻，外婆竟然挑了一個無一家人在其身邊的清淨時刻，於睡夢中突然仙逝。父喪之痛未癒，外婆隨即離世，我頓時不知為誰努力，彷彿一下失去奮發的動力。我當時並不覺得自己不幸，但卻覺得自己的幸福總多了點悲傷，我耽溺沈浸於回憶我曾擁有的幸福，無心於出書，總覺得相較於我所失去的，還有何種形式的獲得能讓人覺得無缺？歲月別過去它的臉，總有愛的傷痕，而我如此萬般眷戀。二〇一四年底，本書在我力圖振作的初衷下，隨同其他兩本拙著，聽從林慶彰老師的建議，交付給萬卷樓出版。然而心力交瘁終於以疾病的形式悄然找到我，病多意倦，出版一拖再拖，最後在我於二〇一七年九月受邀前往京都大學人文科學研究所客座研究一學期時，終究必須正式嚴肅以對。但是，就在出版作業一切順利進行到作者對紅這一最後階段時，不意卻在二〇一七年年底雙腳三度反覆扭傷，終而演變為寸步難行的窘境中，成為該年的未竟之業。

留學返國前夕，荒木見悟老師曾允諾日後我出書時願意為我撰作序文，然荒木老師已於二〇一七年三月二十二日逝世。該年七月一日我們夫婦前往日本九州福岡市參加老師追思會時，我在心中向荒木老師稟報本書將儘快出版。町田老師曾多次叮囑我，人文學者的研究成果還是要以專書型態問世。二〇一八年一月二十五日，我帶著腳傷和外子從京都趕赴福岡倉光醫院探望病情危篤的町田老師，道別時老師

一如往常，要我好好努力。那天我親自向老師報告本書即將出版，並且約定春天櫻花綻放時節，我將帶著它再度回來探望老師，無奈櫻花盛開前，町田老師卻在三月十八日先走一步。林慶彰老師是鼓勵我留日、研究日本漢學的恩師，老師更期許我將三本日本漢學相關研究書籍交付萬卷樓出版，開始為萬卷樓策劃「漢學研究叢書・日韓儒學研究叢刊」，老師更堅持他要為本書寫序。但是近三年林老師因為長年勵力研究不懈，身體健康情況不若從前，我實在不能也不應該再增添老師任何一丁點負擔。因此遂向萬卷樓表示，就讓本書按照作者「本色」出版吧，也算是實踐對町田老師的承諾。本書拖到二○一八年春日才得以出版，因緣不思議，猶如一月二十五日離開倉光醫院，此生與町田老師最後相見日，那是福岡地區歷來罕見，鎮日冬雪紛飛的寒日，然而沒有一片雪花，會因為意外而落在錯誤的地方。

　　本書自不待言，當然是與《論語》、日本漢學相關之學術研究專書，但在我摩挲經典，與每一位我所關心的研究對象反覆對話過程中，我深覺並不是我找到他們，而是我被他們所召喚。我努力進入他們的時代學術環境、生活生命情境，「傾聽」經典、「傾聽」彼等，而我所傾聽得知的一切，同時也是我當下對生活真誠的思索，以及對生命不得不的扣問。所以如果本書有任何一絲一毫對讀者有益的內容，那都是我傾聽後的轉述，一切歸功於《論語》這部經典以及我所研究的對象們。相反地，若有值得商榷乃至誤謬之處，最大問題當然出在我個人能力有限，還望讀者不吝指教賜正。而本書終於得以順利出版，感謝我系黃明理老師惠賜墨寶，大方為本書書名題字，同事情誼，不言可喻。感謝我的學生許瑋婷，盡心盡力盡責地詳細協助校訂本書；感謝學生游婷鈺、葉秋弦在本書數度校稿期間，協助再次查核文獻資料；感謝學生湯敏為本書封面繪製鳳紋插畫；感謝萬卷樓張晏瑞副總編、編輯邱詩倫小姐，他們是本書順利出版的幕後功臣，在此謹一併深致謝忱。

　　親愛的父親、外婆，敬愛的荒木老師、町田老師，以及我無緣的孩子們，我在生命不同時期聽憑你們以各種形式離世，但我非常確信在每個特殊時刻，你們確實向我揭密你們曾經歸來，使我得以領會豐盛會以各種形態來到生命面前，來去生花，悲喜交雜。從來，我所設想的人生，始終沒有一個固定的幸福面貌，但我堅持不願庸庸碌碌苟活，所以我向你們承諾：我將持續在廣大且複雜的輪迴系統中，昂揚生命的渺小。我想，在往後的歲月裡，人生艱難難免，我恐怕還是會在夜深人靜的子夜，好不容易有種坐下來的感覺，而後隨即流下複雜的眼淚。但這並不妨礙我追求幸福喜悅卻更易流淚，覺得受傷心碎卻不致崩潰，因為人生至此，我始終能體會：愛，絕對是生命「風起」時，照亮人間的光點。從這個角度來說，本書、教學、研究對我而言，終究是「以愛之名」。

　　最後，感謝十多年來外子藤井倫明的包容體諒與扶持，他在我生命最感無助困惑、懷憂喪志之際提醒我：我們研究中國哲學的人，不能忘記「天」的高度！

金培懿於臺南府城

臺灣高教史上最黑暗之日[1]

（二〇一八年四月二十七日）

1　筆者撰作本序當天，適逢新上任教育部長吳茂昆下令駁回臺大遴選會選出管中閔為校長的決議。「拔管」舉動昰止代表臺灣高教放棄治療，更是政府帶頭摧毀大學自治，妨礙大學自由獨立，戕害高教民主，故曰二〇一八年四月二十七日是為台灣高教史上最黑暗之日。

第一章
導論

一　引言

筆者自一九九三年至二○○○年於日本九州大學留學期間，先後以江戶古學派之回歸原典思潮、《論語》注釋發展史為研究對象時，屢屢被日本師友問道：「為何要研究經學？」、「為何要研究日本漢學？」而結束留學生活返回臺灣任教後則常被問及：「為何要研究日本漢學？」、「為何要一直研究《論語》？」筆者將臺、日學界師友們關心自己或對自己所作之研究有所不解的相關提問合而為一，便是：「為何是經學？」、「為何是《論語》？」、「為何是日本漢學？」的這一連續提問。而這一串提問恰好也是筆者返臺任教後，自二○○三年度開始申請並執行行政院國家科學委員會，以及科技部所補助之專題研究計畫以來，十年間所以持續以近代日本學者之《論語》研究專著為研究對象之原因所在。而針對此一連串之提問，筆者將於下文中逐一回答說明之，在此想先說明的是：關於筆者所以持續十年以近代日本《論語》詮解方法之嬗變，以及其中除注經之外所關涉之日本漢學、日本文化，日本社會乃至日本政治等問題作為主要研究議題，其研究動機與理由一言以蔽之，乃是筆者試圖以《論語》作為一個核心研究對象，一個聯結「經學」與「域外漢學」的中介，目的則在朝向一個開放文本的經學研究。

二 為何是經學？

之所以選擇經學研究，倒不是因為《四庫全書總目》〈經部·總敘〉所說的：

> 經稟聖裁，垂型萬世，刪定之旨，如日中天，無所容其贊述，所論次者，詁經之說而已。[1]

這種以儒家文化為思想主流的價值判斷，而是因為筆者認為：任何想研究中國哲學、中國思想或是儒學的人，又豈可棄經學而言之？正所謂聖人之學，千古未變。同理，任何想研究日本儒學、日本思想、或是日本哲學的人，又豈可棄日儒之經學研究著述而言之？

所以如果筆者說自己是個研究經學的人，就筆者個人看法，區別的重點不在研究方法或論述形態的差異，而在研究檢證的依據主要是就十三經或是儒者注經的著作本身而言。事實上，研究中國儒學、哲學、思想的方法，最好的或許便是就中國思想史本身所孕育出的問題意識來思考，繼而創造，才是最好的選擇。針對這點，經學研究掌握了最原始且根本的素材，照顧到了中國思想獨自的特殊性與獨創性。此點在研究日本儒學、日本思想或是日本哲學時，亦可同理類推。

或許對後世的任何一位學者而言，設想任何一部經典都應該有其正確的解讀方法的這個念頭，也算平常，因為這不也就是所謂的「人人心中有仲尼」嗎？只是，在某一個時代，被認為是正確必然的經典解讀法，倒也不見得就與經典成書當時的原初解讀方法相同。而此一情形，在被稱為：「《論語》者，五經之錧鎋，六藝之喉衿也。」[2]或

1　〔清〕永瑢等撰：《四庫全書總目》（北京：中華書局，1965年），卷1，〈經部·總敘〉，頁1。

2　〔漢〕趙岐：〈孟子題辭解〉，見舊題孫奭：《孟子注疏》（臺北：藝文印書館，1989年影印《十三經注疏》本），頁6。

有「經學之要，皆在《論語》中。」[3]以及「天下至極宇宙第一書」[4]
之美譽的《論語》亦不例外。

　　而筆者之所以選擇研究注經、解經、說經之作，乃是因為例如以
《論語》為例，戰國時代成書的《論語》，歷經了漢、唐，而後宋、
明、清各代；在日本則經過了奈良時代、平安時代、鎌倉時代、室町
時代、江戶時代、明治時代，繼續被傳閱。各個區域、各個時代裡，
有著各式各樣理解《論語》的方法。也正因為如此，所以可以視為是
先秦文化結晶的《論語》，在異質文化形態的漢文化、唐文化、宋文
化、江戶文化、明治文化等文化體系中，延續其經典生命至今。

　　換言之，我們可以說：漢代的儒學思想、文化是透過該時代特有
的《論語》理解方法，而被孕育出來。唐代、宋代的儒學思想、文化
也是透過唐、宋時特有的《論語》解讀方法而產生出的。同樣地，江
戶、明治的儒學思想、文化，也是要在江戶、明治日本的時代環境
中，以其特有的《論語》解讀法，而被營造出來。所以經典注釋作品
的研究，其實廣涉該時代、該地域之儒學、思想與社會文化。

　　筆者透過研究近代日本諸多注釋、解說、研究《論語》這一經典
的專著，而試圖達成的研究目的，除欲探究上述此種傳統經典文化精
神，亦在究明彼等是如何將傳統經典文化精神，融入其所處的明治、
昭和近代日本。本書特別關注彼等所採用的所謂「會箋」、「弁妄」、
「講義」、「物語」到「教科書」等等，此種近代日本講授、詮解《論
語》的方法流變，凸顯了何種日本《論語》學研究的沿革與創新？是
如何使經典與社會產生關聯？而使經典生命得以別開生面。筆者更以
昭和十年（1935）左右與終戰作為兩次分水嶺，進一步探究《論語》
研究於近代日本產生了何種轉折？而此種轉折又標誌著近代日本人的

3　〔清〕陳澧：《東塾讀書記》（臺北：商務商務印書館，1997年），卷2，〈論語〉，頁
　　14。

4　伊藤仁齋：《論語古義》（京兆：文泉堂發行，文政己丑年〔1829〕再刻本），頁5下。

《論語》觀、《論語》接受態度產生了何種改變？乃至此種改變如何建構出《論語》於近代日本社會中的傳播發展實態。而在考察此等問題的同時，筆者除了希望藉由研究域外漢學，使其成果可資國內中文學界參考借鏡之外，其積極意義便是：在高唱國際化的今日，域外漢學研究或許是吾人理解東亞地區各國相異文化時的共同平台。以此平台為基礎，究辨同中之異，以求了解人我之異同，冀達相互之理解、包容與尊重。

三　為何是《論語》？

今日吾人由《古事記》、《日本書紀》的記載，便可清楚明白《論語》是最早東傳至日本的漢籍之一：

> 百濟國主照古王，以牡馬壹疋，牝馬壹疋，付阿知吉師以貢上。亦貢上橫刀及大鏡。又科賜百濟國，若有賢人者貢上。故受命以貢上人，名和邇吉師。即《論語》十卷、《千字文》一卷，并十一卷，付是人即貢進。[5]

> 春二月，王仁來之。則太子菟道稚郎子師之，習諸典籍於王仁，莫不通達。[6]

而《論語》不僅是最早東傳至日本的漢籍之一，而且還是日本人心中永遠的經典。蓋明治以還，日本曾試圖割捨掉其整個民族文化發展至

5　倉野憲司、武田祐吉校注：《古事記・祝詞》，收入《日本古典文學大系》第1卷（東京：岩波書店，1994年），頁248。
6　坂本太郎校注：《日本書紀》，收入《日本古典文學大系》第67卷（東京：岩波書店，1993年），頁373。

江戶時代為止的文化傳統，積極攝取西洋文明，闊步邁向近代化的路途。但是，自明治開國（1868）以後，在日本的近代化過程中，《論語》作為日本的傳統文化代表之一，這部傳統經典卻從未自近代以還的日本社會中消失。

例如，澀澤榮一（1840-1931）是活躍於明治到昭和的企業家、外交家，孫中山先生、蔣中正先生皆曾向其募款與請其協助中國，澀澤榮一就非常推崇《論語》；而與志賀直哉（1883-1971）同是日本現代文學白樺派創始人之一的武者小路實篤（1885-1976），也認為《論語》是一本不可思議的書；又曾於昭和四年（1929）任職臺北高等學校，後擔任大日本聯合青年團講習所所長及日本壯年團中央協會理事等職務的下村湖人（1884-1955），也認為欲理解「東洋」，就得理解「儒教」，而欲理解「儒教」就得理解「孔子」，而欲理解「孔子」，就得理解《論語》。下村湖人顯然是將《論語》視為近代日本理解其作為「東洋」之一份子的重要憑藉。甚至連西方哲學研究者岡田正三（1902-1980），亦表明其對《論語》的喜好與認同。

澀澤榮一言：

> 《論語》は決してむずかしい学理ではない。学者でなければわからぬというようなものでない。《論語》の教えは広く実用に功能があるもので、元来わかりやすいものを学者がわざとむずかしくして、農工商などのあずかり知るべきものでないというようにしてしまった。……子は決してむずかし屋ではなく、案外さばけた方で、商人でも、農夫でも、誰にでも面会して教えてくれる方で、孔子の教えは実用的の卑近な教えである。……余は仏陀に信頼せず、基督を祈祷するという念慮もなく、無宗教である。ただ孔子の《論語》に信頼し、日常安んじてこれを実行している。余は造次顛沛にも《論

語》の教えるところにより、身を立て道を行って行けば、その過ちを寡なくすることができることを自ら覺っている。これが余の安心立命である。[7]

中譯：《論語》決非艱難之學理。並非是一非學者之人便不得理解之書。《論語》之教乃廣具實用功能者，然學者卻將原本簡單易懂者，故意將之困難化，使《論語》成為非農工商之人等所可預知之書。……然孔子決非難懂之人，意想不到的是：其還是個通達情理之人，即便是商人、農夫，無論何人，其皆可面見而教授之，故孔子之教乃實用性的卑近之教。……余不信賴佛陀，亦無所謂祈禱基督之念慮，是一無宗教信仰之人。惟信賴孔子之《論語》，日常安於實行之。余自覺：即便是顛沛流離，若能依據《論語》之教以立身行道，則可寡其過。《論語》乃余之安心立命者也。

武者小路實篤言：

論語は不思議な本である。……大部分はいま読んでも新しい、人間が生きている限り、永遠に本当と思われる言葉が実に多いのだ。何度読んでもそういうところを読むと、新鮮な感じがし、教わることが多い。[8]

中譯：《論語》乃不可思議之書。……書中絕大部份即便今日讀來亦覺新穎，其實只要人生在世，其中多有永遠覺得真實之言語。無論閱讀過幾回，只要重讀之，便覺新鮮感，多有受教者。

---

7 澀澤榮一：《論語を生かす》（東京：興學社，1998年），頁15、25。
8 武者小路實篤：〈序文〉，《論語私感》（東京：新潮社，1954年），頁1。

下村湖人言：

> 論語は『天の書』であるとともに『地の書』である。孔子は
> 一生こつこつと地上を歩きながら、天のことばを語るように
> なった人である。……彼の門人たちも彼にならって天のこと
> ばを語ろうとした。しかし彼らの多くは結局地のことばしか
> 語ることができなかった。……われわれは孔子の天のことば
> によっておしえられるとともに、彼らの地のことばによって
> 反省させられるところが非常に多い。[9]

中譯：《論語》既是「天之書」，亦是「地之書」。孔子一生孜孜
不倦行走於地上的同時，卻又是訴說天籟之人。……其門人亦
曾欲學其訴說天籟，但其多數終究僅能訴說地語。……吾人受
教於孔子所言之天籟的同時，亦多有藉其地語以反躬自省者。

岡田正三言：

> 論語は古代中国において人間開放史の輝かしい一頁をなすも
> のである。それに接する時、私は身辺に自分を束縛している
> ものの検討を促される。その意味で愛読書の一つである。[10]

中譯：《論語》於古代中國成就了人類解放史上輝煌的一頁。
在接觸《論語》之際，便會督促自我檢討身邊束縛自身之外
物。就該層意義而言，《論語》是我愛讀的書籍之一。

除此之外，筆者曾於二〇〇七年四月初赴日本考察，翻閱了大約

9　下村湖人：《論語物語》（東京：講談社，1981年），頁5。
10　岡田正三：《論語の探究》（京都：山口書店，1949年），頁1。

十個出版社[11]所出版的中學（國中）、高等學校（高中）的漢文教科書，其中除了唐詩之外，《論語》是最多被介紹援用的漢籍；而丸善書店的「和書・商品情報檢索系統」中，每年銷售量最好的漢籍是《論語》；至於位於東京的「大宅壯一文庫」，是一專收雜誌的專門圖書館，其中館藏的雜誌多達六千多種，共二十多萬冊，其中提及《論語》的相關雜誌，達二百多種。另外，日本國內主要紙版新聞報紙，如《讀賣新聞》、《朝日新聞》、《每日新聞》、《產經新聞》所刊載的各式報導、專欄文章或投稿文章當中，最常被引用的漢籍也是《論語》。二〇〇四年，岩波書局在紀念書店創立九十周年紀念時，做了一項調查統計，請讀者自二千七百多種領域不同的「岩波文庫」中，選出自己最喜歡的圖書，而參與此項票選活動的日本讀者們，其最喜歡的一百本圖書當中，分居冠、亞軍的作品分別是夏目漱石的《こころ》（《心》）和《坊ちゃん》（《少爺》）；而漢籍方面入榜的圖書總共有六種，依序分別是：排名第十二的《論語》、第四十五的《唐詩選》、第五十六的《三國志》、第六十九的《史記》（僅〈列傳〉部份）、第八十五的《中國名詩選》、以及第九十四的《西遊記》等。[12]亦即中國三大奇書當中，有兩本入選其中，而深受日本讀者喜愛的漢籍當中，《論語》仍是排名第一的經典。

　　由此看來，《論語》自西元三世紀或五世紀傳至日本以還，經歷飛鳥、奈良、平安、鎌倉、室町、戰國、江戶、明治、大正、昭和而至今天的平成時代，其仍舊是一部最廣為日本人所閱讀，最受日本人喜愛的漢籍。換句話說，《論語》堪稱是一本影響大和民族最深的漢籍。然而，《論語》為何可以維持其永恒的經典性呢？

　　蓋吾人在界定經典之所以為經典時，除了「先王制度」、「聖人制

---

11 分別為旺文社、角川書店、教育出版、三省堂、尚學圖書、第一學習社、大修館書店、筑摩書房、明治書院、右文書院等十大出版社。

12 詳參一海知義：《論語語論》（東京：藤原書店，2005年），頁16。

作」及「政府推動」等因素外，更應思考經典所具備的「內在超越性」、「原創意義之豐沛性」、以及「被涵容再創造之可能性」等要素。因為，經典必須永遠與當下現實產生對話，其方可確保其經典生命的活水源頭，也才有可能使後人成為其經典生命換血作用的參與者。否則，當先前之社會瓦解崩壞，則經典的替代性便於焉產生，「《詩》亡而後《春秋》作」便是如此。抑或經典若是過於依賴體制和制度等外在要素，則將產生「學」、「術」扞格，經典為現實枉曲，則其被詮釋的「真理」，將在時、空驗證下，喪失其之所以為經典的普遍性與永恆性。而關於此一問題，吾人無論從哪個經典構成要素的層面來看，《論語》確實具備作為一永恒經典的特質。

四　《論語》於日本的傳播

基於上述原因，筆者持續十年執行國家科學委員會及科技部研究計畫時所選擇的研究對象，乃聚焦於明治維新以後近代日本的《論語》研究專著。而筆者所以將該時期之日本《論語》研究，稱之為「轉型期《論語》」研究，其實是就日本《論語》學的發展脈絡來為之下定義。

據筆者個人的研究理解，日本《論語》學史的發展流變，基本上可以江戶時代初期為一分界點，而發展到江戶時代的日本《論語》研究，其流變乃是由「抄本」、「版本」之流變，發展到「義理」之流變。亦即，江戶時代初期以前的日本《論語》研究，是以何晏《論語集解》、皇侃《論語義疏》以及朱子《論語集注》的「加點本」與「假名抄本」為代表；江戶時代初期以後的《論語》研究主流則為各家各派的《論語》注釋書。以下且簡單介紹日本《論語》研究學史的分期發展。

（一）接受理解期：《論語》東傳至平安時代（285-1192）

　　《論語》傳至日本以後，一開始也就只是此一儒家典籍傳至日本，當時的日本人並無法立刻對之進行閱讀。故此時期《論語》於日本的傳播，主要處於一個被接受進而被理解的階段。而此時期《論語》作為一部典籍，其如何被接受、引用，吾人由本章附表（一）、附表（二）、附表（三）可看出：至平安時代為止的日本典籍文獻當中如何援引《論語》，而因為此類典籍多為皇室貴族所編著，故亦可得知此時期《論語》的主要讀者群乃是皇室貴族階層。

　　而當時皇室貴族學問的代表，便是以詩文為主的紀傳家學，紀傳博士家在其本業的「紀點」之外，其以史傳為表；經傳為裏，另有為經書作點校的「經點」傳家，主要以菅原家、江原家為主。日後明經家設立，但因其設立晚於紀傳家約一百四十年，故在注重家學傳統的當時，明經博士家對經書點校的家點準則，亦多以菅原家、江原家為主要準據。

　　亦即，此時期日本的《論語》研究，其實就是紀傳、明經兩科博士根據舊抄何晏《論語集解》，而來確定讀《論語》之法。

（二）涵容內化期：《論語》研究日本化時期（鐮倉、室町 幕府時代，1192-1600）

　　進入鐮倉時代以後，明經博士家學的權威逐漸被承認，故當時大學寮研究《論語》的主力，已是由清原、中原兩博士家共同樹立的「明經家點」《論語》為其代表。此時期的明經家學主唱「家學」、「家本」、「家點」、「家說」，當時大學寮所訂定的「九經」讀法，係屬家學秘說，基本上則單傳於一子。也因為如此，故當時大學寮讀音的口傳，遂轉為對經書點校的家點密傳、密付。

　　而此時所謂的「明經家點」，指的是以朱筆施以「乎古止點」；與

以墨筆施以「假名點」的所謂朱、墨兩點的經書點校法。又此「明經家點」隨時代推進，有其繁簡疏密之差，而記載此「明經家點」的文獻，便稱之為「明經點圖」。今天從現存的清原家《論語抄》（以當代的口語體及文語體日語所寫成的一種解經講義）看來，其在讀法方面雖常出入於菅原、江原二家；但在經義方面則常贊同菅原家而不取江原家。

　　此種以清原家為主的《論語抄》，是在舊抄何晏《論語集解》的傳統基礎上，積極參考皇侃《論語義疏》，而來確立其自家獨門的《論語》讀法以及其對《論語》經義的理解，以豐富並確立其清原家之《論語》學。換言之，《論語抄》就是當時日本人研讀《論語義疏》的具體文獻記載。有關此時期清原家《論語》「假名點抄本」的種類，詳參本章附表（四）。

　　另外，此時期在博士家之「假名點抄本」《論語》之外，在室町時代中期以還，隨著《四書集注》的傳來，也產生了以足利學校、五山禪僧、薩摩學派等，依據《四書集注》而來自創其自家《論語》讀法的「家外點法」。[13]其中，關於五山禪僧在其詩文集中屢有援引《論語》的情形，詳參本章附表（五）。而無論是就《論語義疏》，而來確立其自家獨自之《論語》學的清原家；或是依據《論語集注》以開創新《論語》學的家外點，其與前一階段《論語》研究最大的差異，便是日本的《論語》研究已經從對《論語》的閱讀、理解，轉為涵容內化《論語》中的諸多義理思想，而且因為家外點的讀經法相對自由不受束縛，遂漸次於民間流傳開來，甚至連博士家也必須在其家學傳統之上，參閱《論語集注》，並將之納入博士家之講義中。

---

13 有關五山禪僧的《論語》研究，詳參鄭樑生：《日本五山禪僧之《論語》研究及其發展》（臺北：文史哲出版社，1996年）。

（三）飛躍創新期：日本式《論語》研究時期（江戶幕府 時代，1600-1868）

進入江戶時代初期，日本《論語》學發展最明顯的轉變，就是博士家雖然極力彈壓家外以四書為主的朱子新注經說，試圖維持以舊注為主的家學權威傳統，但因德川家康（1543-1616）的默許與支持，以《四書集注》及《四書大全》為代表的朱子學，遂取代了博士家的學術正統地位，成為江戶幕府之官學。[14]

江戶初期的《論語》研究，有部份當然仍以禪僧點本為主，如藤原惺窩（1561-1619）《惺窩點四書》、泊如竹（1570-1655）、中野道伴（即中野市右衛門，？-1639）點《大魁（殿試）四書集注》、自乾點《官板四書大全》等「四書加點」本《論語》。其中，藤原惺窩棄僧歸儒，於京都大唱朱子學，新學所向披靡，連博士家亦不得不採取折衷新舊之說，故有「明經家四書假名抄」問世。另外，尚有藤原惺窩之弟子林羅山（1583-1657）的《四書集注抄》、毛利貞齋（？-？）《四書集註俚諺抄》、中村惕齋（1629-1702）《四書示蒙句解》、《四書章句集註鈔說》等，屬於「四書抄物」中的《論語抄》。

《四書大全》方面則是所謂的「四書大全之翻刻與鼇頭」[15]，如藤原惺窩《鼇頭評注本四書大全》、鵜飼石齋（1615-1664）《鼇頭評注刪補本四書大全》、熊谷荔齋（？-1695）《鼇頭評注新增本四書大全》等「鼇頭評注」類《論語》經注。足見江戶幕府初創之際，《論

---

14 其實自十七世紀以還，整個東亞包括韓國與越南在內，皆大量翻刻《四書大全》，如韓國便翻刻七十多種《四書大全》，詳參全寅初主編：《韓國所藏中國漢籍總目》第1冊（首爾：學古房，2005年），〈經部〉；劉春銀、王小盾、陳義主編：《越南漢喃文獻目錄提要》（臺北：中央研究院中國文哲研究所，2002年）；劉春銀、林慶彰、陳義主編：《越南漢喃文獻目錄提要補遺》（臺北：中央研究院中國文哲研究所，2004年）。

15 所謂「鼇頭」者，誠如眾所皆知的，原指狀元。而此處乃指標注異說、見解之注文於該頁天頭者。

語》研究主要是以藤原惺窩、林羅山等朱子學派的儒者為代表，著重
《四書集注》與《四書大全》的推廣及官學化。而由所謂「鼇頭評
注」這一注經法的出現，可見日本人對朱子的《四書集注》，亦在此
時進入評點注釋這一階段。

　　而除了朱子學派之外，便是以中江藤樹為代表的江西派四書注
解，如中江藤樹（1608-1648）的〈論語鄉黨啟蒙翼傳〉、《大學解》、
《中庸解》、《論語解》，與中江藤樹之門生熊澤蕃山（1619-1691）的
《大學小解》、《中庸小解》、《論語小解》、《孟子小解》等。江西派特
別重視〈鄉黨〉一篇，中江藤樹即言：

> 〈鄉黨〉一篇，畫出夫子德光之影跡，以開示所以後學求得聖
> 心之筌蹄。蓋明德本無方無體、無聲無臭，是以極高明，道中
> 庸之聖心，不能布之方策，故唯描畫影跡，以寓聖心於其中，
> 學者宜期至善而不襲其跡，得聖心以為師範矣。[16]

> 首記在鄉黨宗廟朝廷言貌之不同，而為時中之凡例，中記威儀
> 衣服飲食之節，皆是時措之宜也。終以時哉時哉一句結之，慎
> 思而體認，則聖之時，宛然如在目也。君子時中，學者時習之
> 微旨，躍如於章句之外，宜潛玩。[17]

> 聖經悉是無言之教也。〈鄉黨〉一篇，其景象最為分曉。夫子
> 嘗曰：吾無行而不與二三子者，是丘也。是以孔門諸子，謹書
> 而備錄之，可謂善學者也。[18]

16　藤樹書院編：《藤樹先生全集》第1冊（東京：岩波書店，1940年），卷之8，〈經解
　　成書四・論語鄉黨啟蒙翼傳〉，頁405-406。
17　《藤樹先生全集》，〈經解成書四・論語鄉黨啟蒙翼傳〉，頁406。
18　《藤樹先生全集》，〈經解成書四・論語鄉黨啟蒙翼傳〉，頁406。

相對於江戶的官學朱子學，京都地區除了前述中村惕齋之朱子學外，主要以山崎闇齋（1619-1682）所謂「崎門學派」朱子學為代表。闇齋學派對四書的研究，統稱「崎門四書」。如山崎闇齋《嘉點四書》、佐藤直方《四書便講》、三宅尚齋《四書真筆記》等即是。而山崎闇齋一派對《論語》的研究，誠如本章附表（六）所示，特重〈一貫章〉、〈克己復禮章〉、〈志學章〉等，而且頻繁進行門派內部的四書講義。故此派《論語》研究的特色，便是針對某些篇章所進行的《論語》「講義錄假名抄」。而與江戶林家朱子學相異的是，闇齋學派惟朱子是宗，主要是將朱說改為倭訓，此舉亦使得《論語》研究朝向純粹朱子學化的方向發展：

> 《四書》、《大學》章句、或問、序跋；《中庸》章句、或問、序跋；《論語》、《孟子》集注、讀法、序說，此朱先生之定本，嘉（筆者注：山崎闇齋之名）校訂之，正句讀、改倭訓者也。[19]

> 前年有闇齋先生者，首倡朱學，先是諸儒莫有能攻閩洛學者，而及闇齋者出，海內靡然嚮風，凡為經生者，皆其餘流。[20]

由前文所述看來，經歷江戶前期的發展轉化，日本《論語》研究已經開始進行《論語》義理的深化理解。朱子學式《論語》注解研究興盛後，山鹿素行（1622-1685）雖然仍沿襲幕府官學與崎門學等朱子學派所謂《學》、《庸》、《論》、《孟》的經書次第，但卻開始提出《論語》乃「日用」之學的觀點：

---

19 山崎闇齋：《文會筆錄》三，收入日本古典學會編：《山崎闇齋全集（下）》（東京：日本古典學會，1937年），頁163。

20 荻生徂徠：《護園隨筆》，收入關儀一郎編：《日本儒林叢書》第7卷（東京：鳳出版，1971年），卷2，頁25。

夫子者萬世之師也，合眾聖人，以為大聖。人人之學聖道，當
以孔子為法。其言行所可見者，獨《論語》耳。其辭近，其指
遠，直以日用平生之事物，指示門弟。說仁之一字，為聖學之
要，凡聖人之志，粲然而明白也。後學唯以《論語》，為聖教
之的所，乃不違。[21]

　　山鹿素行在闡明聖學古義與古典文獻學研究方法上，雖然未見有
重大的創發與改造，但其否定宋儒新注的復古方向，堪稱就是復原孔
子之教，其不取曾子、子思、孟子，甚至否定漢唐古注，主張從日常
彝倫立場獨自注解經典，並主張義利不兩立。[22]山鹿素行如下言道：

寬文之初，吾見漢、唐、宋、明學者之書，觀之而不能解。故
直見周公、孔子之書，以之為範本，云可正學問之道。自此，
不用後世之書物，晝夜勤讀聖人之書，始明聖學之道，定聖學
之則。……故聖學之道，文學、學問皆所不需，今日聞之，今
日解之。工夫、持敬、靜坐，均不需要。因知縱言行正身修，
語千言百句者，此乃雜學而非聖學之道也。[23]

人皆有好利惡害二心，是謂好惡之心。依此心立教，遂述聖人
之極。……果無此利害之心，乃死灰槁木，非人也。[24]

---

21 山鹿素行：《山鹿語類・第六》，收入廣瀨豐編：《山鹿素行全集》第9卷（東京：岩
波書店，1941年），頁34。

22 相關研究詳參今中寬司：《徂徠學の基礎的研究》（東京：吉川弘文館，1966年），
頁15。

23 山鹿素行：《配所殘筆》，收入廣瀨豐編：《山鹿素行全集》第12卷（東京：岩波書
店，1940年），頁595。

24 山鹿素行：《謫居童問》，收入廣瀨豐編：《山鹿素行全集》第12卷（東京：岩波書
店，1940年），頁54。

也就是說，山鹿素行《四書句讀大全》的出現，標誌著江戶《論語》研究，開始由朱學四書過渡到古學四書。

而伊藤仁齋（1627-1705）反宋學所提出的古義學，無非是試圖將宋儒以虛無空寂為觀照的「道」，轉向日常人倫的實踐倫理，故仁齋主張《論語》乃「最上至極宇宙第一書」，又《孟子》乃讀《論語》之法，乃聖學意味之「血脈」，故仁齋之古義學是以《論》、《孟》為依據，而來建構其古學思體系，主張「學」乃人倫日用而非空理，而且學問亦非儒士所能獨占。其言：

> 予嘗教學者以熟讀精思《語》、《孟》二書，使聖人之意思語脈能瞭然於心目間焉。則非惟能識孔、孟之意味血脈，又能理會其字義，而不至于大繆焉。[25]

> 凡聖人所謂道者，皆以人道而言之。……道者，人倫日用當行之路。[26]

> 立天之道，曰陰與陽；立地之道，曰柔與剛；立人之道，曰仁與義，不可混而一之。其不可以陰陽為人之道，猶不可以仁義為天之道也。[27]

仁齋區別天道與人道的作法，日後亦影響到古文辭學派的創始者荻生徂徠（1666-1728）。惟徂徠認為：無論是天之道、地之道，抑或是先王之道、聖人之道、孔子之道、儒者之道，皆是由先王聖人制作，而

---

25 伊藤仁齋：《語孟字義》，收入吉川幸次郎、清水茂校注：《伊藤仁齋·伊藤東涯》，《日本思想大系》第33卷（東京：岩波書店，1985年），卷上，頁115。

26 伊藤仁齋：《語孟字義》，卷上，頁122。

27 伊藤仁齋：《語孟字義》，卷上，頁122。

聖人因依據人類本性而來制作道，故聖人之道是以「人情」為中心，又道之內容則不外乎是禮樂刑政，不外乎是治國平天下之政治經濟之術。又三代聖人亡逝千年後，孔子集道之大成，發揚光大之，故其功如同聖人制作。因此徂徠如下言道：

> 道者，統名也。舉禮樂刑政，凡先王所建者，合而命之也。非離禮樂刑政，別有所謂道者也。[28]

> 有曰：天之道、地之道者。蓋日月星辰繫矣，風雷雲雨行焉，寒暑畫夜，往來不已。……故謂天之道。載華嶽而不重，振河海而不洩，旁礴不可窮，深厚不可盡，萬物資生，不為乏焉。……故謂地之道。皆因有聖人之道，借以言之耳。[29]

> 古聖人之道，藉孔子以傳焉。使無孔子，則道之亡久矣。千歲之下，道終不屬諸先王，而屬諸孔子，則我亦見其賢於堯舜也矣。蓋孔子之前無孔子，孔子之後無孔子。[30]

其實，反動朱子學、肯定現實人間的主張，並非古學派的專利。[31]江戶幕府官學之開山祖師林羅山，雖為朱子學者，但其亦反對理氣二分，致力研究翻譯羅整庵（1465-1547）的《困知記》，終而提出氣一元論之主張。而江戶時代九州地區的朱子學者貝原益軒（1630-1714），

---

28 荻生徂徠：《辨道》，收入今中寬司、奈良本辰也編：《荻生徂徠全集》第1卷（東京：河出書房新社，1973年），頁413。

29 荻生徂徠：《辨名》，收入今中寬司、奈良本辰也編：《荻生徂徠全集》第1卷（東京：河出書房新社，1973年），上卷，頁422。

30 荻生徂徠：《辨名》，上卷，頁427。

31 有關江戶古學派《論語》注釋之情形，詳參拙作：《江戶古學派における《論語》注釋史の研究》（福岡：九州大學中國哲學研究科博士論文，2000年）。

晚年著有《大疑錄》，書中力駁朱子諸說，亦反對理氣二分。京都朱子學者山崎闇齋，雖主張：學朱而與朱共謬，致力追求純粹朱子學之學習，然日後其卻主張「理」乃神道之「神」。既然「理乃神」，則「理」便已經是具象即物性，而非抽象的形而上之說。從此點而言，山崎闇齋可說是與林羅山、貝原益軒相同，皆是否定形而上之「理」。

而筆者以為：由江戶時代以還，經明治而至澀澤榮一講授《論語講義》的大正晚期，乃至昭和前期諸橋轍次（1883-1982）的《論語》經筵進講，甚至是將《論語》加以「物語」化的近代日本文化人的敘事性《論語》解讀過程中，大和民族心中面對現實、肯定生命、看重情感、關注日常的傳統，乃是一股大和民族文化的精神主流。而毫無勉強且清醒地凝視現實，便是大和民族的生命姿態。對彼等而言，生活從來就不是虛構。

而自伊藤仁齋之後，江戶各學派儒者的《論語》注釋作品便如雨後春筍般，魚貫而出。有關江戶儒者注釋《論語》之成果，詳參本章附表（七）中所列古學、古注、校勘、折衷、考證等學派之《論語》注解作品。由附表（七）中的《論語》注釋作品看來，筆者以為：十七世紀以還，日本各式各樣《論語》注解，諸如「抄」、「鈔」、「俚諺抄」、「句解」、「鼇頭」、「雕題」等，皆是日本歷時持續注解《論語》過程中，所發展出的日式注經體例。亦即，至江戶前期為止，《論語》在日本的傳播，可以稱之為是一「《論語》日本化」的發展過程；而江戶前期以還的日本《論語》學研究發展史，則堪稱是一「日式《論語》解釋」的發展史。

（四）轉型摸索期：新舊《論語》研究過渡開展期（近代至戰前時期，1868-1945）

上述江戶時代有關《論語》的注釋研究方法，在明治維新以後，

隨著日本舉國開始從事「文明開化」的近代化政策，傳統江戶漢學也被迫開化轉型。據筆者研究，江戶漢學的近代化並非直接跨越到京都支那學，而是歷經一段長達三十年左右的摸索期。江戶漢學者一夕跨進近代，彼等作為一近代日本學者所能設想的有關先進的學問，起初仍是將視線投向中國，藉此試圖找尋學問的新出路，結果便是仿清儒為群經作新疏。而這一作為恰與東京大學留歐回國的新銳學者，以西洋哲學直接套用在江戶漢學的作法相對照，可以說是日後京都支那學的胎動萌芽，同時也是江戶考證學與清朝考證學的匯流，日後終於形成涵塑京都支那學的重要要素。

亦即，東京大學於明治十年（1877）成立以後，日本漢學界的《論語》研究，或者說經典研究，要經過十年左右的沈滯期，才使得傳統學術開始摸索嘗試各種「新」經典研究法。而從《論語》研究學史的發展層面而言，同時試圖轉型的對比研究形態，便是明治二十年代以還，大量發行問世的《論語講義》（詳參本書第四章附表），與竹添光鴻（1842-1917）長達近三十年持續研究從事的《左傳會箋》、《毛詩會箋》、《論語會箋》等三會箋之注作業。

而筆者自二〇〇三年至二〇一三年，十年間持續以近代日本《論語》研究專著為主要研究對象，首先釐清竹添光鴻《論語會箋》於日本漢學乃至日本《論語》學研究史上所具有之意義與定位，同時也考察了安井息軒（1799-1876）之門生松本豐多（？-？），其藉由撰作《四書辨妄》，對服部宇之吉「漢文大系四書標注」中誤解息軒《論語集說》之處一一擊駁的內容，究明近代日本之《論語》詮解，反映出何種江戶漢學近代轉型的問題，而此等問題又涉及了何種注經作業之本質問題，繼而再從學術、國族、政治等層面對於名之為「論語講義」的《論語》講解書，以及作為「教科書」、「參考書」之《論語》讀本，乃至改寫《論語》而以小說形態問世之「物語」化《論語》進行研究。

　　故本書除〈第一章導論〉及〈第九章結論〉之外，主要內容共收錄有七章專論，各章之研究對象主要為近代日本注解、講解、重詮《論語》之代表性專著，同時亦針對諸如《論語》如何參入帝王學之《論語》「經筵講義」，乃至本於《論語》中孔門師生之對話，與孔門師生與時人之對話，並參考《孔子家語》等書而來改寫《論語》內容思想主張以成小說故事，到作為近代日本中等學校語文、道德教育教材的《論語》，皆是本書藉以研究探討近代日本《論語》詮解流變之對象。

　　換言之，本書主要透過考察研究近代日本《論語》詮解究竟產生何種流變，亦即透過聚焦近代日本《論語》「詮解」方法，其隨時而下，在不同時代不同階段各產生何種應運而生、歷時轉變的解經法，試圖考察描繪出《論語》詮解於近代日本的發展軌跡，以及日本漢學之近代變遷轉折發展樣貌。因此，本書聚焦研究之對象包括：近代日本《論語》詮解流變，由「會箋」這一總結江戶時代以來之傳統經注而向近代過渡的傳統注經法之相關問題；經歷了新舊解經方法、經解義理之衝突辯證的「辨妄」；學校課堂中講經者為適應新式教育而發展出的《論語》詮解之主旋律「講義」；以及帝王教育之「經筵講義」；再經過藉由小說敘事手法而來重構、再現《論語》中孔門師生人生生命故事的「物語化」解經法；最終則歸流於中等學校中，結合道德涵養與語文教育的「教科書式」漢文古典教育。換言之，藉由本書之考察研究，不僅可以梳理釐清近代日本《論語》詮解方法之流變發展變化、解經之訴求與目的，同時藉由考察研究《論語》詮解方法的嬗變情況，吾人亦可觀察出江戶傳統漢學如何過渡到近代日本漢學的具體轉變實相。

五　為何是日本漢學？

（一）「日本漢學」的特殊性

　　筆者所以觀察《論語》在日本的接受、傳播史以及詮解流變發展樣貌，除了可藉之觀察日本漢學發展史的實態之外，亦可觀察出儒家經典，特別是四書於日本的傳播流變史。然而，觀察、研究域外漢學的意義究竟何在？關於這個問題，首先且讓我們來思考何謂「漢學」？

　　當吾人試圖為「漢學」下一定義時，筆者以為周法高先生之觀點仍有相當的參考價值，其言：

> 中國研究，這個名稱太廣泛，可以對有關中國方面的無所不包。例如：中國地質、中國植物的研究，通常屬於地質學、植物學的範圍，而不屬於「漢學」的範圍。……還有一點，現在美國相當時髦的中國研究是中共問題。研究現代中國問題的稱為是「中國問題專家」（China expert）……這種人和「漢學家」的性質也有點兩樣。所以我們依然不能拿「中國研究」來代替「漢學」的名稱，更沒有一個名稱和「漢學家」相當。[32]

在周法高先生上述觀點的基礎上，李慶先生進一步將「漢學」作為一個研究領域的範圍，如下清楚地界定道：

> 「漢學」不等於「東方學」（orientalist）：因為不包含日本、韓國傳統文化、印度文化、中東文化的研究。
> 「漢學」不等於「中國學」（sinology）：因為「中國學」範圍過大，甚至連當代中國的政治經濟研究、現實的國際關係研究

---

32 周法高：《漢學論集》（臺北：臺灣精華印書館，1964年），頁11。

（亦即「中國研究」），乃至中國的所有方面皆包括在內。
「漢學」包括近代日本以還所謂的：「漢學」、「東洋學」、「支
那學」，與「東方學」中有關中國的研究，以及「中國學」中
有關中國歷史（政治、經濟、社會制度）、哲學思想、民俗宗
教、語言文學、藝術等方面之研究。[33]

就上述兩位先生的說法，「漢學」幾乎等同於對中國傳統文化的研究。

　　然在諸多域外漢學之中，日本漢學與韓國漢學一樣，其與其他地
區之漢學相異的是，其既是「中國的」，又是「日本的」、「韓國的」
漢學。亦即，狹義的「日本漢學」可以是對中國傳統文化的研究；廣
義的「日本漢學」則包括日本一千多年來的「漢學研究」傳統，亦即
「日本漢學」也應含括進所謂「日本國學」中的一部份。因為有所謂
「日本漢學」，但卻未聞所謂「美國英學」、「英國美學」或是「德國
法學」、「法國俄學」。日本漢學的此一特殊性使得吾人對日本漢學的
研究，從反面來看，就是在觀察中國傳統文化的域外發展。

　　也就是說：國際漢學的視野，讓我們在研究中國傳統文化時，注
意到他者的景觀與差異的重要。

（二）國際漢學的視野

　　通常，所謂「中國的」、「漢文化的」等詞彙所意指的內涵，恐怕
並非只是由中國人、漢人就可自行決定的；而是在某種程度上與「非
中國的」、「非漢文化的」國家及文化等「他者」的對話、相互作用之
間產生的。換句話說，吾人亦可藉由中國與他國之間，在兩個文化的
對話中（諸如從語言學的、社會的、文化的、政治的、學術的乃至心
理的），而來探索漢學，或者說是中國經典之意義。

---

33 李慶：《日本漢學史1：起源和確立》（上海：上海外語教育出版社，2002年），頁
　　4-5。

因為就某種程度而言，處於某一世界、社會邊緣的，卻常是文化、思想符號意涵上的焦點意義所在。吾人可以藉由觀察研究文化「中心」與「邊陲」的差異現象，進而發掘其中所隱含的深刻意義。故國際漢學堪稱吾人在形構「本國」、「自我」文化身分乃至意義時，一個足以依賴的「對立的差異」對象。就該層意義而言，具備國際漢學的學術視野，有助於進行精微、深化的中國傳統文化研究的可能。

（三）跨語言、跨文化與重寫經學史、思想史的可能

而當吾人能從事一種跨語言、跨文化的中國傳統文化研究時，則吾人就可能重寫中國經學史、中國思想史，只要吾人能觀察出他國文化認識中華文化的內在機制為何。

因為當某一種概念或價值，由某種語言進入另一種語言時，此一概念或價值的意義，不僅必然產生「言異差異」的意涵形變，也必然在新語言文化地域環境中獲得某種程度的創新。換句話說，當我們透過日本學者的注經、講經等紙面文本，而來從事域外經學研究時，我們便必須思考：經書中所欲傳達的諸多概念、價值，日本學者如何將之在漢、和兩個語言系統中對應？如何設立其間的虛擬對等？企圖達成何種話語實踐目的？該實踐目的又與此一新（外國）語言所代表之國家、文化語境中的社會實踐與歷史演變，有何關聯？

研究日本儒者、學者的注經、解經、講經作品，乃在試圖藉由觀察經書語言（漢文）與日文在迎面相逢時，此兩種語言經由進行諸如：引用權威－挑戰權威；解消曖昧性－創造曖昧性；意義的置換等兩種語言相會交鋒後，原先的價值典範如何被選擇、棄置、乃至改造？何種價值典範在新語境中瓦解的同時，何種新價值典範卻被創造形成而後確立？又新價值典範是以何種中介進入當地的社會實踐？此一價值認同與社會實踐如何形成改變此一社會的思想動力？以及此一新思想動力反過來又如何反饋、影響、改變學問（漢學）本身？

設若我們能對上述此等問題提出自己的解釋與歷史的說明,進而重新認識經學、儒學、日本漢學的性質及其歷史語境,則我們便有可能「重寫」經學史、儒學史乃至日本漢學史。

本書聚焦考察近代日本《論語》詮解方法之流變,不僅關注其由「會箋」經「辨妄」,繼而朝「講義」這一近代日本《論語》詮解法之主旋律發展的同時,除了關注講解者如何藉由「重講」《論語》,試圖參與介入近代日本的經學研究轉型、國族敘事建構、軍國主義之天皇人格／神格形塑之外,更注意到其為了具體描繪出孔門師生之人間實相,更發展出鋪陳「語錄體」之《論語》以成「物語」故事的《論語》詮解法,試圖突顯出我輩凡人之孔門師生形象。另外,本書也將研究視角擴及《論語》作為一部在日本流傳久遠之「古典」,其又是如何以「漢文教材」形式,參入近代以還日本新式國民教育之道德、語文教育。

而此種以《論語》為中介,結合經學與日本漢學的經書詮解法流變之考察研究,既是在探究《論語》詮解法如何由近世江戶日本向近代日本過渡、轉變、發展的情況,同時也是在梳理日本傳統漢學的近代轉型發展樣貌,當然更是在研究中國經書、經學的域外發展變貌。而本書此種藉由考察研究近代日本《論語》詮解流變發展,試圖同時對儒家經典《論語》、經學研究型態、儒學發展流變,以及日本漢學自身之發展,進行多元觀察的研究本身,相信有助於吾人重新認識,乃至作為改寫經學史、儒學史、日本漢學史之重要參考值。

本文部分內容,係筆者執行行政院國家科學委員會計畫「走向通俗與回歸學術:由下村湖人《論語物語》到諸橋轍次《論語講義》——《論語》於近代日本社會中的傳播」(NSC95-2411-H-194-029-)之部分研究成果,初稿以〈轉型期《論語》研究之主旋律-近

代日本《論語講義》研究〉為題，於二〇〇六年十一月二十五日發表
於彰化師範大學國文學系與國家科學委員會人文及社會科學發展處合
辦之「國科會中文學門90-94研究成果發表會」。

　　原載彰化師範大學國文學系編：《臺灣學術新視野——經學之部》
（臺北：五南圖書出版社，2007年），頁335-392。

附表（一） 日本古典文獻中可見《論語》之影響（一六六二年以前）

（據林泰輔《論語年譜》、《論語年譜附錄》、《論語源流》等製表）

書名	直接援引之篇名（次數）1*	本於論語之次數	史實2*
古事記			1
日本書紀	學而・顏淵（2）	4	2
續日本紀	為政・子路	9	3
令義解		1	1
經國集	學而・雍也	3	
懷風藻	述而	1	
類聚國史		1	
類聚三代格		3	
日本後紀	子罕・顏淵（3）		
續日本後紀	學而（3）・為政・八佾・里仁・公冶長・述而・季氏（2）・陽貨	6	
政事要略		1	
朝野群載	學而・里仁	12	
文德實錄	里仁	2	
本朝文粹	學而・里仁（3）・公冶長（2）・述而（2） 子罕（2）・顏淵・憲問・衛靈公	17	
三代實錄	泰伯（3）・憲問・衛靈公・季氏	5	3
都氏文集	泰伯		
田氏家集	為政		
雜言奉和		1	
古今和歌集		1	
御產部類記			1

書名	直接援引之篇名（次數）1*	本於論語之次數	史實2*
延喜式			1
江吏部集	季氏		
續本朝文粹	子罕・陽貨	6	
後二條師通記			1
中右記	先進・子路		2
台記			5
少外記重憲記	為政		
本朝文集		7	
本朝世紀	衛靈公		
玉海	顏淵		
山槐記	學而		
吉記	衛靈公		
吾妻鏡	八佾・里仁	1	
豬隈關白記	子張		
新古今集序		1	
金澤文庫願文集	為政		
鎌倉等覺院所藏文纂			1
釋日本紀			1
新抄			1
吉續紀			1
花園院御記			2
花園院宸記			1
太平記	為政・里仁・述而・顏淵	1	
醍醐雜錄	為政		
神皇正統記	學而・公冶長		

書名	直接援引之篇名（次數）1*	本於論語之次數	史實2*
玉英記抄	為政		
光明院宸記			2
師守記			1
園太曆	里仁	1	
愚管記			2
洞院公定記			1
後深心院關白記	泰伯		
文纂		1	
迎陽記		2	
建內記			2
薩戒記	泰伯		
漢學紀源			9
看聞日記			5
康富記			10
碧山日錄			1
國史實錄			1
後法興院政家記			1
親長卿記			2
親長記			1
實隆公記			6
野史		1	2
大宮防務記	憲問		
尺素往來			1
二水記			1
惟房公記			1
大內義隆記			1

書名	直接援引之篇名（次數）1*	本於論語之次數	史實2*
吉良物語			3
信玄家法			1
嚴助往年記			1
言繼卿記			1
山科言經卿記			6
老人雜話			1
日用集			1
惺窩行狀			1
明良洪範	泰伯		1
本佐錄	堯曰		
慶長日件簿			3
德川實記	泰伯		3
御湯殿上日記			1
羅山行狀			1
恭畏問答			1
續撰清正記			1
好書故事	學而		3
駿府政事錄			1
駿府記	為政		
本光國師日記	為政		
五山眾試文屏風	為政		
右文故事	為政（2）		3
倭版書籍考			3
有斐錄			1
吉備烈公遺事			1
吉良物語			1

書名	直接援引之篇名（次數）1*	本於論語之次數	史實2*
日本教育史資料			1
近衛尚嗣公記			1
鳩巢小說		1	1
伊藤東涯論語集解序			1
毛吹草			1
和漢古諺			1
勸修寺伯爵文書			1
十三朝紀聞			1
管蠡鈔		33	

*1：（ ）內表引用二次以上之次數者。

*2：史實者指記載與《論語》相關的歷史事實之次數。

附表（二）　《論語》各篇章為日本古典文獻所引用之情形

（據林泰輔《論語年譜》、《論語年譜附錄》、《論語源流》等書製表）

《論語》篇名	被引用之文句	書名
學而篇	吾日三省吾身	神皇正統記
	使民已時，以和為貴	日文書紀
	汎愛眾而親仁	本朝文粹
	以學文	山槐記
	能竭其力，能致其身	好書故事
	君子不重則不威	事實文編
	慎終追遠	經國集
	慎終追遠	續日本後記
	慎終追遠	朝野群載
為政篇	為政以德	田氏家集
	為政以德	玉英記抄
	為政以德	駿府記
	為政以德	本光國師日記
	為政以德	五山眾試文屏風
	為政以德	右文故事
	吾十有五而志于學	右文故事
	道之以政，齊之以刑	少外記重憲記
	三十而立	續日本後紀
	溫故而之新	續日本後紀
	溫故而之新	金澤文庫願文集
	溫故而之新	醍醐雜錄
	由，誨女知之乎	好書故事

《論語》篇名	被引用之文句	書名
	由，誨女知之乎	西山遺事
	見義不為無勇也	太平記
八佾篇	祭如神在	續日本後紀
	君使臣以禮，臣事君以忠	大宮官務記
	盡善盡美	吾妻鏡
里仁篇	富與貴者是人之所欲也	文德實錄
	無視無莫	吾妻鏡
	見賢思齊焉	續日本後紀
	見賢思齊焉	朝野群載
	見賢思齊焉	園太曆
	見賢思齊焉	本朝文粹
	德不孤必有鄰	本朝文粹
	德不孤必有鄰	太平記
公冶長篇	不恥下問	續日本後紀
	不恥下問	本朝文粹
	伯夷叔齊不念舊惡	本朝文粹
	三思	神皇正統記
雍也篇	文質彬彬，然後君子	經國集
	仁者靜	玉葉
述而篇	食於有喪者之側	本朝文粹
	報虎憑河死而無悔者，吾不與也	太平記
	不知老之將至	懷風藻

《論語》篇名	被引用之文句	書名
	釣而不綱	續日本後紀
泰伯篇	君子篤於親則民興於仁	薩戒記
	可以託六尺之孤	明良洪範
		德川實記附錄本
	士不可以不弘毅	多忠勝聞書
	仁以為己任	三代實錄
	仁以為己任，死而後已	三代實錄
	仁以為己任，死而後已	都氏文集
	立於禮	後深心院關白記
子罕篇	歲寒然後知松柏之後凋	本朝文粹
	鑽之彌堅	續本朝文粹
	歲寒然後知松柏之後凋	日本後紀
先進篇	以道事君	中右記
顏淵篇	克己復禮	玉海
	克己復禮	鳩巢小說
	浸潤之譖，膚受之愬	太平記
	足食足兵	日本書紀
	百姓足，君孰與不足	日本書紀
	百姓不足，君孰與足	日本後紀
	以文會友	本朝文粹
子路篇	必也正名乎	續日本書紀

《論語》篇名	被引用之文句	書名
	如有用我三年有成	續日本書紀
	近者說，遠者來	中右記
憲問篇	仁者必勇	三代實錄
	東里子產潤色	本朝文粹
	百官總己	大宮官務記
衛靈公篇	禮以行之	本朝世紀
	信以成	吉記
	人能弘道	三代實錄
	學者祿在其中矣	本朝文粹
季氏篇	陳力就列，不能者止	續日本後紀
	虎兕出於柙	三代實錄
	不學詩無以言，不學禮無以立	江吏部集
陽貨篇	涅而不緇	續日本後紀
	涅而不緇	續本朝文粹
子張篇	博學而篤志	豬隈關白記

附表（三）　日本各時代古典文獻對《論語》之引用

（據內野熊一郎《日本漢文學研究》製表）

	引用《論語》之實例	《論語》篇名	
A	上古時代		
一	『日本書紀』		
★	雄略紀遺詔約「今星川王、行闕友于」	為政	皇侃義疏
	繼體記「詔曰、恕己治人」	衛靈工乃至憲問	
	允恭記「群臣言、陛下舉正枉」	為政・顏淵	
	雄略紀「圓大臣跪拜曰、古人有云、匹夫之志、難可奪」	子罕	鄭玄注
★	顯宗紀「世曰、宜哉、兄弟怡怡、天下歸德」	子路	
	顯宗紀「世曰、篤於親族、則民興仁」	泰伯	
	欽明紀「此寡人之所食不甘味、寢不安席也」	陽貨	
	敏達紀「達率日羅對言、天皇所以治天下政、要須護養黎民、……如此三年、足食足兵」	顏淵	
B	飛鳥時代		
一	聖德太子著作		
1	十七條憲法		
	「以和為貴」	學而	
	「四時順行」	陽貨	
	「使民以時、古之良典」	學而	
2	維摩經義疏		

	引用《論語》之實例	《論語》篇名	
	「外論云、己所不欲、勿施於人、內外雖殊、必是言不乖」	顏淵・衛靈公	
	「外論云、能近取譬、可謂人之方」	雍也	
	「不捨世法者、言己雖能、然莫違世自異也、外論云言遜危行、斯之謂也」	憲問	
3	勝曼經義疏		
	「人能弘法」	衛靈公	
	「將欲化他、要必先正己身」	子路	
	「若義士見危授命、意在捨命」	憲問	
二	日本書紀		
	皇極紀「蘇我蝦夷為八佾之舞」	八佾	
	孝德紀「詔曰、凡將治者、先當治己、而後正他」	憲問	
	齊明紀「詔曰、聞之古昔、扶危繼絕、自著恒典」	堯曰	
三	續日本書紀		
	文武紀「制曰、溫故知新、希有其人」	為政	
四	藤原家傳		
	中大兄謂大臣曰「王政出自大夫、周將移季氏」	季氏	
	慶雲二年武智公謂宿儒刀利康嗣曰「傳聞、三年不為禮、禮必廢、三年不為樂、樂必亡」	陽貨	

	引用《論語》之實例	《論語》篇名	
	康嗣作釋奠文、其詞曰「……雅頌得所」	子罕	
C	奈良時代		
一	經國集·懷風藻·日本書紀·續日本書紀		
1	經國集		
	百濟倭慶雲四年九月八日對策「巍巍蕩蕩」	泰伯	
	大日奉首名（慶雲四年九月八日）對策之主問「信近於義、是有若被可之談、不信不立、是尼父應物之說」	學而·顏淵	
	主金蘭（合同四年三月五日）對策「雖以孔父思齊之教、而違周任量力之義」	里仁·季氏	
	主金蘭對策「然後出則致命、表忠所天之朝、入則竭力、脩孝所育之閭」	學而·子罕	
★	主金蘭對策「文質彬彬之義、捐微亦迷」	雍也	鄭玄注
	主金蘭對策「然則斌斌雜半、得之稱君子」	雍也	
	主金蘭對策「欲使非古非今、以操折中之理、行文行質、以平野史之義」	雍也	
	葛井諸會（和同四年三月五日）對策「至若五六之章、遊舞雩而仰芳風、莫不慕道之志雲合、振名四海」	先進	
	葛井諸會對策「信直習派不樞源、則賊絞之綱必纏」	泰伯·陽貨	
	葛井諸會對策之主問「殺無道以就有道、仲尼之所輕、制刑辟以節放恣、帝舜之所重」	顏淵	

	引用《論語》之實例	《論語》篇名	
	葛井諸會對策「邪必正者也、但宣父烏殺之試、欲行偃草之德、是蓋權教」	顏淵	
	白豬廣成（天平三年五月八日）對策之主問「禮主於敬、以成五別、樂本於和、亦抱八音、節身陶性之用、寔由斯道、御民治世之義、既盡於焉」	學而	
	白豬廣成對策之主問「雖因世損益、而百王相倚、利用禮樂、已有前文」	為政	
	白豬廣成對策之主問「儒以兼濟為本、別尊卑之序、致身盡命」	學而	
	石上宅嗣小山賦「信夫不出戶牖而知矣」	子罕	
★	賀陽豐年和小山賦「擇仁里而獨放」	里仁	鄭玄注
	賀陽豐年和小山賦「三益三樂」	季氏	
	賀陽豐年和小山賦「材與不材分、處我運命」	先進篇	
2	懷風藻		
	山田三方詩並序「博我以三百之什」	子罕	
	山田三方詩並序「且狂簡于敘志之場」	公冶長	
	山田三方詩並序「何事專對士」	子路	
	藤原宇合詩並序「盍各言志」	公冶長	
★	藤原宇合詩並序「何異宣尼反魯刪定詩書」	子罕	皇侃義疏
	藤原宇合詩並序「理合先進」	先進	
	藤原宇合詩並序「歲寒後驗松竹之貞」	先進	
	藤原萬里詩並序「不知老之將至也」	述而	
	藤原萬里詩並序「吾衰久難周、悲哉圖不出、逝矣水難留」	述而・子罕	

	引用《論語》之實例	《論語》篇名	
	藤原萬里詩並序「友非干祿友」	為政	
	葛井廣成詩「開仁對山路、獵智賞河津」	雍也	
	亡名氏詩「死生亦有天」	顏淵	
3	續日本書紀		
	元明紀「詔曰、乾道統天文明、於是馭曆、大寶曰位」	子罕	
	元明紀「詔曰、……翼翼之情、日慎一日」	子罕	
	聖武紀「葛城王等上表曰、事君致命、移孝為忠」	學而	
	淳武紀「敕曰、孔子曰、如有用我、三年有成」	子罕	
二	藤原家傳		
	時人咸曰「公導之以德、齊之以禮、……勸催農桑、使之以時」	為政・學而	
	時人咸曰「孔子所言君子之德如風者、其在於茲乎」	顏淵	
D	平安時代		
一	經國集・凌雲集・本朝文粹・日本後紀		
1	經國集		
	菅原清人詩「文之會友」	顏淵	
	菅原清人詩「德之有鄰」	里仁	
	菅原清人詩「狂簡之小識」	公冶長	
	菅原清人詩「斐然之為賦」	公冶長	
	良岑安世詩「富貴人間如不義」	述而	

		引用《論語》之實例	《論語》篇名	
		茲也貞主經國集序「文質彬彬、然後君子」	雍也	
		栗元年足對策「慎終追遠」	學而	
★		栗元年足對策「事死如生」	八佾	何晏集解
2		凌雲集		
		菅原清公詩「仁者樂之何所寄」	雍也	
3		本朝文粹		
		小野皇令義解序「畫服而來、有恥之心難格」	為政	
		小野皇令義解序「不以人棄言」	衛靈公	
		小野皇奉右大臣「尼父結好於泄之生」	公冶長	
		小野皇慈恩院初會序「自引攝文友」	顏淵	
		藤原冬嗣弘仁格式序「古者無為而治」	衛靈公	
4		日本後紀		
		平城紀「詔曰、今未踰年而改元、分先帝之殘年、成當身之嘉號、失慎終無改之義、違孝子之心也」	學而	
		嵯峨紀「詔曰、應變設教、為政之樞要、商時制宜、濟民之本務、興滅繼絕之思、切中襟」	堯曰	
		嵯峨紀「敕曰、怪義之事、聖人不與」	述而	
		仁明紀「詔曰、夫慎終追遠、日有通規、以日易月、為稱權變」	學而	
		仁明紀「春澄善繩菅原是善等曰、……無適無莫、必考之以義」	里仁	
		仁明紀「源朝臣常藤原良房等上表言、於大分郡韓川石上、獲白龜一枚、天憑異物而致瑞、……在涅而不緇」	陽貨	

	引用《論語》之實例	《論語》篇名	
	仁明紀「皇太子上表曰、臣聞三十而立」	為政	
二	僧空海著作		
1	三教指歸		
	「志學」	為政	
	「鑽仰」	子罕	
	「先生曰、吾聞、上智不教、下愚不移」	陽貨	
★	「先生曰、宜示一隅、執扣三端」	述而	皇侃義疏
★	「須擇鄉為家」	里仁	鄭玄注
	「彬彬筆鋒」	雍也	
	「所以不毀遺體見危授命、舉明顯先廢一不可」	憲問	
	「彼孔縱聖、栖遑不默」	憲問·子罕	
	「泰伯得至德之號」	泰伯	
	「非離朱明、無人見毫末」	衛靈公	
2	性靈集		
	卷二「足兵足食」	顏淵	
	卷二「孔宣雖泥於怪異之說」	述而	
★	卷二「所以舉一隅而示同門者也」	述而	皇侃義疏
	卷四「視危忘身、仁人所努」	子張·憲問	
	卷四「以之斗筲才、謬而處法綱」	子路	
	卷四「以此為政、其為奚為乎」	為政	
	卷五「途徑乎、仲尼將浮所不能之海也」	公冶長	
	卷五「作北辰之阿衡」	為政	
	卷五「鼓篋問津」	微子	
	卷八「怒也不移、誰論顏子之不貳」	雍也	

	引用《論語》之實例	《論語》篇名	
	卷八「豈圖、請棺槨乎吾車、感有慟乎吾懷」	先進	
★	卷十「語曰、里仁為美、擇不處仁、焉得智」	里仁	鄭玄注
★	卷十「語曰、遊於六藝」	述而	何解皇疏
	卷十「夫人非懸瓠、孔丘格言也」	陽貨	
	附錄「途聞而途說、夫子不聽」	陽貨	
3	密藏法鑰		
★	「仁名不殺等、恕己施物」	衛靈公	皇侃義疏
	「借顏子之敏心、諦聽善思」	顏淵	
	「冬天盡殺、松柏不凋」	子罕	
4	秘密曼荼羅十住心論		
	「知過必改、見賢思齊」	里仁	
★	「論語云、殷因於夏理、所損益可知也」	為政	皇侃義疏
★	「馬融曰、所因謂三綱五常也」	為政	皇疏馬注
★	「疏云、三綱謂夫婦父子君臣也、五常謂仁義禮智信也」	為政	皇侃義疏
★	「疏云、就五行而論、則木為仁、水為禮、金為義、火為信、土為智、人稟此五氣而生、則備有仁義禮智信之性……」	為政	皇侃義疏

★ 可以確定其所據《論語》為何本（據林泰輔之考証）

附表（四）　現存「論語抄」一覽表

（據林泰輔《論語年譜》、《論語年譜附錄》、《論語源流》等書及東京大學
古籍整理學習小組叢編之一《清家論語抄初探》）

A 不詳抄者『論語發題』
B 清原良賢講、某聞書『論語抄』
C 清原業忠講、天隱龍澤聞書『論語抄』
D 清原業忠講、某聞書『論語抄』
E 清原宣賢抄『論語聽塵』
F 清原宣賢講、某聞書『論語私抄』
G 清原枝賢以前清原某抄『論語抄』
H 永祿九年（1566）以前清原某抄『論語抄』
I 清原業賢或清原枝賢或清原國賢抄『論語抄』
J 清原秀賢抄『論語抄』（古活字版、雙邊、十八行）
K 清原秀賢抄『論語抄』（古活字版、單邊、十八行）
L 清原秀賢抄『論語集解序抄』
M 希頊周顒講、某聞書『論語講義筆記』
N 不詳抄者『魚日津梁』
O 笑雲清三抄『論語抄』
P 不詳抄者『論語抄』（『論語抄』十卷、天文二十一年（1552）寫本、五冊、斯道文庫藏）
Q 不詳抄者『論語抄』（『論語抄』殘、室町時期泉奘寫本、一冊、絲道文庫藏）
R 不詳抄者『論語大全』
S 不詳抄者『論語抄』
1『論語抄』十卷、室町時期寫本、五冊、仁和寺藏。

2『論語抄』存二卷、室町末江戶初期寫本、一冊、筑波大學圖書館藏。	
3『論語抄』殘、室町時期寫本、一冊、筑波大學圖書館藏。	
4『論語抄』殘、江戶前期寫本、二冊、筑波大學圖書館藏。	
5『論語抄』十卷、室町末江戶初期寫本、二冊、慶應義塾大學三田情報中心藏。	
6『論語抄』十卷、室町後期寫本、二冊、斯道文庫藏。	
7『論語抄』十卷、江戶後期寫本、一冊、宮內廳書陵部藏。	
8『論語抄』十卷、室町後期寫本、五冊、成簣堂文庫藏。	
9『論語抄』十卷、室町末期寫本、五冊、蓬左文庫藏。	
T 不詳抄者『論語私車』	
U 不詳抄者『論語私集』	
V 不詳抄者『論語抄』（『論語抄』原十卷、今殘缺、元和十年（1624）寫本、六地藏寺藏）	
W 不詳抄者『論語俗解筆記』	

附表（五）　五山僧侶著作中可見《論語》之影響
（據林泰輔《論語年譜》,《論語年譜附錄》,《論語源流》等書製表）

書名	著者	直接引用された箇所の篇名（回數）*1	史實*2
空海僧都傳	真濟		1
智證大師傳	三善清行		1
海藏和尚紀年錄	龍泉冷淬		1
中巖月和尚自歷譜	中巖圓月		1
東海一漚集	中巖圓月	學而・為政・里仁・顏淵	
鈍鐵集	鐵菴道生		1
東歸集	天岸惠廣	里仁	
禪居集	清拙正澄	里仁	
濟北集	虎關師鍊	學而・公冶長・雍也・述而	
元亨釋書	木村桂巖	為政・八佾・泰伯・子罕・憲問（2）・衛靈公・季氏・陽貨（2）	
性海靈見遺稿	性海靈見	泰伯	
松山集	龍泉冷淬		1
旱霖集	夢巖祖應	雍也・述而・子罕	
若木集	此山妙在	雍也・述而	
空華日工集	義堂周信		1
空華集	義堂周信	學而・為政・子路・季氏	
隨得集	龍湫周澤		1
草餘集	愚中周集		1
懶室漫稿	仲芳圓伊	里仁	
鴉臭集	太白真玄	為政・述而・子罕	
不二遺稿	岐陽方秀	陽貨	
業鏡臺	心華元棣	為政・里仁・衛靈公（2）・季氏	

書名	著者	直接引用された箇所の篇名（回數）*1	史實*2
臥雲日件錄	瑞溪周鳳		2
竹居清事	翱之慧鳳	雍也・衛靈公	
雲桃抄	陶源瑞仙	學而	

*1：（ ）內表引用二次以上之次數者。

*2：史實者指記載與《論語》相關的歷史事實之次數。

附表（六）　崎門派之「四書假名抄」一覽表

（據大江文城《本邦四書訓點并に注解の史的研究》製表）

講義書名	冊數	講義者
大學假名筆記	二	佐藤直方
大學傳首章筆記	一	淺見絧剛
大學傳五章筆記	一	同上
大學序口義		三宅尚齋
大學或問講義	一	同上
三綱領誠意口義	一	同上
大學知止師說		若林強齋（絧齋門）
大學經文講義	一	同上
大學師說	四	西依成齋（強齋門）
大學講義	三	留守希齋（尚齋門）
以上「大學」關係書		
鳶飛魚躍筆記	一	佐藤直方
中庸筆記	一	淺見絧齋
中庸師說	二	同上
中庸講義	一	三宅尚齋
中庸師說 人心道心講義	一	若林強齋
人心道心講義	一	合原窗南（絧齋門）
人心道心講義	一	川撟栗齋 （成齋之弟子奧野寧齋門人）
以上「中庸」關係書		
一貫章講義	一	佐藤直方
曾子弘毅章講義	一	同上

講義書名	冊數	講義者
一貫泰伯啟手足章講義	一	三宅尚齋
管仲召忽章講義	一	同上
克己章講義	一	同上
喟然章講義	一	同上
曾子三省章講義	一	同上
仲弓問仁章講義	一	同上
禮和章講義	一	同上
川上章講義	一	同上
有子曰其為人也章講義	一	同上
性相近章講義	一	同上
我未見好仁者章講義	一	同上
君子博學於文章講義	一	同上
顏樂章講義	一	同上
子謂韶章講義	一	同上
十有五章講義	一	同上
如博施於民章講義	一	同上
學而章講義	一	谷重遠（闇齋門人）
克己章講義	一	同上
顏淵子路篇講義	一	稻葉迂齋（直方門人）
管仲召忽章講義	一	味池修居（尚齋門人）
顏淵子路憲問章口義	一	天木時中（尚齋門人）
曾點章講義	一	留守希齋（尚齋門人）
以上「論語」關係書		
浩然章講義	二	淺見絅齋
求放心章筆記	一	三宅尚齋
求放心章講義	一	合原窗南（絅齋門人）

講義書名	冊數	講義者
盡心下講義	一	留守希齋
浩然章講義	一	稻葉迂齋
性善章講義	一	村士玉水（迂齋門人）
以上「孟子」關係書		

附表（七） 江戶時代之《論語》注釋書（《論語古義》刊行以還成書者）

（據林泰輔《論語年譜》、《論語年譜附錄》、《論語源流》等書製表）

年代	書名	著者
1660	論語集注序說諺解一卷	和田宗允
	論語諺解五卷	和田宗允
1673	論語序說考解二卷	林恕
1680	論語私考二卷	林恕
1684	論孟序說假名抄二卷	小山立庭
1685	論語諺解二十卷	山鹿素行
1690	論孟說叢八卷	柳川順剛
1696	論語國字解十卷	小河立所
1698	論語俚諺抄五卷	毛利貞齋
1701	論語開耳記二卷	淺井琳菴
1702	論語鈔說校正一冊	中村惕齋
1707	論語證解	松浦交翠
1709	論語精義五卷	二山伯陽
	論語標注四卷	宇都宮由的
1713	論孟疑問六卷	大高阪季明
1718	疑語孟字義	並河天民
	語孟字義	山內久作
	辯論古義	山內久作
1722	論語筆記	三宅尚齋
1726	論孟首章講義一卷	三宅萬年
	論語考文二十卷	山井崑崙

年代	書名	著者
1727	學庸論語通解十三冊	中島浮山
1728	論語徵十卷	荻生茂卿
	論語問目二冊	大地東川
1730	論語筆記一卷	新井白石
1732	論語鈔・論語鈔註・論語鈔註諺解	陶山訥庵
1734	論語徵批一卷	岡白隆洲
	論語集註廣義	室鳩巢
	論語講義二卷	伊東貞
1736	論語古義標註二卷	伊藤東涯
	語孟字義標注二卷	伊藤東涯
1737	論語朝聞道章講義一卷	合原翁齋
1739	論語古訓十卷	太宰春台
1741	論語新註四卷	三宅尚齋
	論語講義四卷	三宅尚齋
	論語孟子集註資講九卷	三宅尚齋
1747	紫芝園漫筆九卷	太宰春台
1749	論語鈔說十卷	高瀨學山
1750	論語考二十卷	宇野明霞
	論語徵集覽二十卷	松平黃龍
1753	論語臆說十卷	渡邊毅
1754	論語古訓正文二卷	太宰春台
	論語古訓外傳翼十卷	五味釜川
1755	論語諸說	留守友信
1757	論語太伯至德章考證一卷	梁田蛻巖
	論語講義一卷	梁田蛻巖
1758	論語古義國字解八十二卷	穗積以貫

年代	書名	著者
1760	論語徵渙十卷	中根鳳河
	論語古訓考六卷	市野東谷
1762	論語述五卷	赤松大痩
	論語集說十冊	內山濟美
1763	論語徵約辨解一卷	中根鳳河
	論語徵疏	菅沼東郭
1764	論語正文唐音二卷	石川金谷
1769	論語紀聞	賀茂真淵
1770	論語釋義二卷	兼信齋
	論語集解國字辨	野友直
	論語朱氏新注正誤十卷	鈴木龍洞
1771	論語筆解二卷	伊東藍田
1773	論語裙解二卷	隱岐廣福
	論語玉振錄二卷	谷糜山
	論語說藪	入江東阿
1775	論語鍼炳論十卷、附錄二卷	松崎觀海
	觀海樓論語記聞七卷	松崎觀海
1776	論語通字考一卷	高圓陵
	論語彙考	鈴木檀洲
	魯論愚得解一卷	荻生金谷
	論語徵考六卷	宇佐美濡水
1778	論語集解標記十卷	嚴垣龍溪
	靜齋學論語詁四卷	滿生晁
	論語次序一卷	齋宮靜齋
	論語二字解	齋宮靜齋

年代	書名	著者
	魯論段落一卷	齋宮靜齋
	論語師說	南宮大湫
1780	論語註十卷	冢田大峰
	論語群疑考二十卷	冢田大峰
	論語撮解一冊	龜田朋齋
	論語古義解四卷	西山文齋
	論語徵冠註十九卷	西山文齋
	論語古訓國字解四十六卷	西山文齋
1782	論語越俎四卷	釋竺常
	論語管見	片山兼山
1783	論語古說十卷	川田喬遷
	論語折衷二十卷	藤原正臣
	論語筆記二冊	藤原正臣
	論語古傳十卷	小林西嶺
	論語集注辨誤	小林西嶺
	非論語徵	平瑜
1784	論語長箋	藤堂高文
	論語集說一卷	井上金峨
1785	論語辭例一卷（附正字考一卷）	黑子萬里
	田舍論語五卷	萊竹堂敬甫
1786	論語古義抄翼四卷	伊藤東所
	論孟解	手島堵菴
1787	古本論語集解考二卷	曾我部容所
	論語解義	小野達安
1788	論語訓詁解二十卷	江馬蘭齋

年代	書名	著者
	論語新註四卷	豐島豐洲
	論語考（泰山遺說所錄）	小川泰山
	論語徵旁通	田中鳴門
	論語訓	片岡如圭
	論語大疏集成	加藤圓齋
1790	論語發蘊	山中天水
	論語繹解翼	武井簡
1791	論語集解（附考異）十卷、提要一卷	吉田篁墩
	論語通（至述而篇）七冊	松田拙齋
	論語徵辨	森東郭
1792	論語闡	龍公草廬
	論語譯	龍公草廬
	論語彙考	新井白蛾
1793	論語語由二十卷	龜井南溟
	論語影響解二卷	伊良大洲
1795	論語輯義十卷	市川鶴鳴
1796	論語口義三卷	石作駒石
1798	論語說稿六卷	吉田篁墩
1801	論語鑑四卷	南屏
	論語省解二卷	大川滄洲
	論語略說五卷	關松窗
1803	論語啟蒙十一卷	細合半齋
	論語音譯（九經音譯所錄）	阪本天山
	論語徵補二卷	熊版台洲
	論語知新編	富田日岳

年代	書名	著者
1804	論語集註近解二十卷	藤井邦設
	九經談十卷（卷五論語七十七條）	大田錦城
	論語徵訓約覽十卷	西岡天津
	論語翼大成邇言解二十卷	小田穀山
	論語斷（四書斷所錄）	中井竹山
1805	論語人物證一卷	高橋閔慎
	論語新註補鈔二卷	豐島豐洲
	魯論類語一卷	尾形洞簫
1806	論語證四卷	高橋閔慎
	論語徵餘言六卷	戶崎淡園
1807	論語筆記一冊	柴野栗山
1808	論語徵補二十卷	齊藤芝山
	論語徵類箋二卷	齊藤芝山
	論語類義二卷	齊藤芝山
	論語時習五卷	渡邊荒陽
	論語時習翼二十卷	渡邊荒陽
1809	論語象義七卷	三野象麓
	論語筆解考二卷	伊東藍田
	論語徵正文訓讀一卷	伊東藍田
1810	讀論語十卷	諸葛琴臺
	明霞論語考三卷	伊藤恒庵
	論語說約四卷	伊藤恒庵
1811	南宗論語十卷（附考翼一卷）	仙石政和
	逸論語（逸經網羅所錄）	古賀侗庵
	論語雕題略三卷	中井履軒

年代	書名	著者
1812	論語正義	山本北山
	北山先生論語說二十卷	中島嘉春
1813	論語逢原二十卷	中井履軒
	論孟衍旨二卷	尾藤二洲
	論孟述意五卷	篠崎三島
	論語始末	金岳陽
1814	論語一貫五卷	葛山葵岡
	三經小傳三卷（論語一卷）	大田晴軒
	論語語由補遺二卷	龜井南溟
	論語筆談一卷	豐島豐洲
	論語會意一卷	豐島豐洲
	論語孅一卷	豐島豐洲
	論語新註四冊	中岡豐洲
1815	論語集義四卷	久保筑水
	論語賓說	雨森牛南
	論語集解補義	竹內東門
	論語合讀二十冊	柿岡林宗
1816	論語聞書三冊	中井履軒
	論語講義（五美四惡章）一冊	賴春水
1817	論語集釋（四書集釋所錄）	古賀精里
	論語徵考二十八卷	荻野鳩谷
	論語真解一卷（八經真解所錄）	荻野鳩谷
	論語解叢（八經解叢所錄）	荻野鳩谷
	讀論語孟子法	岡田寒泉
	論孟說統	八田華陽
	論孟解疏	八田華陽

年代	書名	著者
	論孟外說十七卷	加古川遜齋
	論語新疏三卷	河田東岡
	生生堂論語說一卷	中神琴谿
	論語集義五卷	平賀中南
	論語合考四卷	平賀中南
1818	論語彝訓二十四卷	最上鶯谷
	論語考文二卷	永井襲吉
	論語集注箋十卷	村瀨栲亭
	論語集義	村瀨栲亭
	論語辨一卷	南屏
1819	論語講義五卷	田中大壯
	論語鈔解二卷	井上四明
	論語三家考三卷	井上四明
	論孟約義二卷	村田庫山
1820	論語參解五卷	鈴木離屋
	論語要解（四書要解所錄）	平井澹所
1821	仁說三書*	大田錦城
	論孟獨見	小笠冠山
1822	論語約說（附「仁說」一卷）	高岡秀成
	論語群疑考二十卷	冢田大峰
	論語辭例（四說辭例所錄）	高橋閱慎
	論語餘義	松村九山
1824	論語聞書二十卷	大田錦城
1825	論語便蒙抄二卷	和田絅
	論語集義四卷	久保筑水
	論語大疏	大田錦城

年代	書名	著者
	論語作者名義考一卷	大田錦城
	論語明義二冊	大田錦城
	論語愚得解二卷	津阪東陽
	論語集說	岩井文
	論語析義	岩井文
	論語義證	岩井文
	論語述二十卷	平洗心
1826	論語集解記四卷	市野迷庵
1827	論語質義二十卷	茅原虛齋
	論語纂詁十卷	岡田輔幹
1829	論語注考（四說注考所錄）	東條琴檯
	論語私說三卷	荻原樂亭
	論語講演集說	九保木竹窗
	論語訓式定本（四書訓式定本所錄）	石井擇所
	論語集註辨正二卷	田中大壯
	論語集解新說四卷	田中大壯
1830	論語類聚考十卷	澤安瑞皋
	論語徵補義	岡野石城
1835	論孟考文二卷	豬飼敬所
	論語講筆十卷	菅靜
	經賸十卷（論語部）	黑田玄鶴
1836	經談一卷**	宮本篁村
	論語語由述志七卷	龜井昭陽
	論語語由撮要二卷	龜井昭陽
	論語折衷	岡田南涯

年代	書名	著者
1837	讀論孟一卷（靜軒一家言所錄）	寺門靜軒
	論語通五卷	馬淵嵐山
	論語徵言五卷	馬淵嵐山
	論語文法二卷	馬淵嵐山
	論語聯牽一卷	馬淵嵐山
	論語論評三卷	馬淵嵐山
	論語奧義二冊	馬淵嵐山
	論語雜錄（四書雜錄十卷所錄）	鈴木離屋
1838	師善錄***	太田方齋
	證註十三卷	太田方齋
	論語三家定說考十卷	矢部騰谷
	論語薈說	宮本篁村
	九家論語說批評二十卷	岡田煌亭
1839	論語補解十卷	山本樂所
	論語說四卷	摩島松南
	論語章指二冊	櫻田虎門
	論語說	櫻田虎門
1840	論語鉤沈五卷	宮田五溪
	論語輯異（九經輯異中收錄）	茅原虛齋
1844	論語諸說折衷辨斷	日尾荊山
	舊本七經孟子大體解義二卷（內有論語篇）	源宜
	論語駁異一卷	海保漁村
	論語說約七十卷	石川竹崖
	論語講錄五冊	石川竹崖
	論語札記（四書札記所錄）	松崎慊堂

年代	書名	著者
1845	論語一得解四卷	豬飼敬所
	論語集說	豬飼敬所
	論語講解（四書講解所錄）	秦新村
	論語辨義五卷	中井乾齋
	論語會要（四書會要所錄）	中井乾齋
1847	論語徵覽要十卷	古屋永胤
	論語問答十卷	古賀侗庵
	論語問答備考一卷	古賀侗庵
	論語管窺記一卷	古賀侗庵
	論語讀法正誤（四書讀法正誤所錄）	諸葛歸春
	論語折衷	山縣太華
1850	論語古傳二卷	仁井田南陽
	論語講義	阪井虎山
	論語通	蒔田門
	論語譯說二卷	大嚴
1851	論語音釋一冊	中村中倧
	論語解義二冊	中村中倧
	論語衍注二冊	中村中倧
	論語考文續錄一冊	中村中倧
	論語要領（四書要領所錄）	園田一齋
	論語說五卷	遲塚久德
	論語私考二十卷	櫻田濟美
1852	標註四書章句集註十九卷（論語十卷）	帆足萬里
	管仲非仁者辨一卷	日尾荊山
	論語序說私考一冊	齊藤竹堂
	論語集詁二冊	澤邊北溟
	論語鉤纂	澤邊北溟

年代	書名	著者
1853	頭書圖解論語略解（頭書圖解四書略解所錄）	重田蘭溪
	四書插字句解十卷	荒井鳴門
	論孟異同二卷	和氣柳齋
1855	論語私講（四書私講所錄）	村田箕山
	論語三言解一卷並附錄	廣瀨淡窗
	讀論語一卷	廣瀨孝
1857	論語字義一冊	東條一堂
	論語仁考	香川南濱
1859	論語經綸二十卷	井田澹泊
	論語白文二卷（四書白文所錄）	山田徵
	論孟二大疑辨一卷	日尾荊山
	論語折衷二十卷（四書折衷所錄）	日尾荊山
	論語晰文一冊（四書晰文所錄）	村上恒夫
	論語註	沖薊齋
1860	論語埤註八卷	安積艮齋
	論語衍旨六卷	安積艮齋
	論語檢端錄	安積艮齋
	論語私說六卷	藍澤南城
	論語集注補證十卷	藍澤南城
1861	論語證義（四書證義所錄）	草野石瀨
	論語志疑折衷六卷	左野琴嶺
1862	論語方言俚講	井土學圃
	論孟序說一卷	赤井東海
1863	論語私記	若山勿堂
	論語詳解二十卷	伊藤鳳山

年代	書名	著者
1864	四書五經反切一覽七卷（四書一卷）	寶田東陽
	論語時習錄	豐田天功
1865	論語擇言十卷（四書擇言所錄）	金子霜山
	語孟字義辨	木山楓谿
	論語章旨	犬養松窗
1866	論語通解十卷	海保漁村
	論孟要點三卷	海保漁村
	論語漢注考二十卷	海保漁村
	論語講義要略五卷	海保漁村
	論語集注刪存	海保漁村
1867	論語證註外篇一卷	加藤貫齋
	論語聞記一冊	和田廉
	論語拔解（四書拔解）	長谷川闊
	論語古斷十卷	河原九疑
	論語師說四卷	奧村茶山
	論語講說十卷	中浦石浦
	論語追正說	中浦石浦
	論語五家序考一卷	山本南陽
	論語略解	兒玉南珂
	論語闈	佐藤東齋
	論語讚則一卷	關屋致鶴
	論語古傳	關屋致鶴
	論語從政	關屋致鶴
	論語跋十卷	佐和莘齋
	論語率解五卷	佐和莘齋
	論語集說	鈴木宜受

年代	書名	著者
	論語便蒙	淺野文安
	論語講義	城由道
	論語考徵二卷	殷野充實
	論語集成	二階堂昌鳥
	論語鄉黨圖解一卷	宮田五溪
	論語集注講義（四書集注講義所錄）	大野竹瑞
	論語擬策問（四書擬策問所錄）	神林復所
	論語集注講義（四書集注講義所錄）	赤澤一堂
	論孟幾難	源龍齋
	論語驂（四書驂所錄）	菅野弘祖
	論語講證（四書講證所錄）	箕浦直彝
	論語蠡海（四書蠡海所錄）	殷野資原
	論語題詠百首	赤壁汶洒
	論語實義（四書實義所錄）	阪本伊兵衛
	論語記聞	蒙園

* 　附錄中有〈論語誤文〉、〈論語心學〉二篇
** 　有與《論語》相關的考証論弁
*** 卷二及卷三中與《論語》相關者有九十八則

作者不明者

年代	書名
1797	論語講義十一冊（西依成齋之門人）
1867	論語啟義二冊
	四書俗解一冊
	論語徵疑問二冊
	論語徵廢疾三冊*
	四書資講二十八卷

﹡ 林泰輔『論語年譜』以為此書著者不明、但歷來即有所謂此書乃片山兼山之作的
說法。藤川正藪〈《論語徵廢疾》管見〉（刊於櫻美林大學《中國文學論叢》第11
號，1986年3月）一文，針對此問題進行綿密考証，證明此說為是。本表從藤川
之說。

第二章

復原與發明

——竹添光鴻《論語會箋》注經法及其於日本漢學發展史上之定位

> 夫經所以載道也。道原於人心之所同然，然則他人說經獲我心者，道在斯可知矣。
> 以所同然之心，求所同然之道，何必容彼我之別於其間。集眾說折衷之，要在闡明經旨。[1]
>
> ——竹添光鴻
>
> 蓋聖賢之脩己治人，其盛德大業如此。而其言皆非徒言也，其學非徒學也。後世學者，談孔孟，說仁義，而少力行之實。[2]
>
> ——竹添光鴻

一 前言

　　竹添進一郎（1842-1917）天保十三年（1842）生於肥後國（今熊本縣）天草郡上村之儒醫竹添光強家，字光鴻、漸卿，號井井。其

1　竹添光鴻：〈左傳會箋自序〉，《左傳會箋》（臺北：新文豐出版公司，1978年翻印《漢文大系》本），頁4。

2　竹添光鴻：《論語會箋》（臺北：新文豐出版公司，1993年翻印《漢文大系》本第三版），首卷，頁15。以下為清耳目，凡引自《論語會箋》之文獻，均只在引文後標明頁數。

父光強為廣瀨淡窗（1782-1856）門生，光鴻自幼即於其父膝下，受經書「素讀」之訓練，並習作漢詩文。安政三年（1856）至熊本藩，入藩儒木下韡村（1805-1867）之私塾，從學朱子學達十三年之久。以學問精進之故，常代其師為塾生講學，並為同門塾生改訂詩文。與同門之井上毅（1844-1895）、古庄嘉門（1840-1915）、岡松甕谷（1820-1895）等為幕末志士。相對於竹添之才藻，井上毅則心向經世實學，然二人情誼，終生不渝。竹添後仕於熊本藩，明治元年（1868）奉藩命視察江戶、奧羽，與其師好友安井息軒相知相惜外，亦受勝海舟（1823-1899）賞識，後轉而師事安井息軒，此時其學亦轉宗古注學。

明治維新後，受到伊藤博文（1841-1909）賞識與勝海舟之推舉，遂隨全權公使森有禮（1847-1889）於明治八年（1875）赴中國。期間，自北京遊四川，為日人首登蜀棧道之人，遊成都、重慶，下三峽之險而歸來上海，寫成遊記名著《棧雲峽雨日記》二冊并《詩草》一冊。明治十二年（1879）琉球事件爆發，明治政府任命竹添為天津總領事，與清廷代表李鴻章（1823-1901）協商斡旋。當時兩人筆談之內容，後題為《爭球筆戰》，傳於竹添家後代子孫。竹添以其詩文才藻，與李鴻章、張之洞（1837-1909）、吳大廷（1824-1877）等清朝要官交遊而無不達意，並與俞曲園（1821-1907）、沈曾植（1850-1922）、王先謙（1842-1917）等碩儒交好，致力於中、日兩國間文化之交流。後由清國公使書記官轉任朝鮮辦理公使，然明治十七年（1884）金玉均（1851-1894）起而暴動，即所謂「甲申政變」，竹添遂辭官以示負責，後戮力於注經事業。明治二十六年（1893），東京帝國大學文科大學創設講座制，竹添受聘為教授，與私交深厚之摯友島田重禮（1838-1898），以及根本通明（1822-1906）擔任漢學・支那語學科第二講座之課程，兩年後的明治二十八年（1895）九月稱病去職。後專志著述，完成注經大業之「三《會箋》」──《左傳會箋》、《毛詩會

箋》、《論語會箋》。[3]

　　而若說《棧雲峽雨日記》、《獨抱樓詩文稿》、《左傳會箋》三書，乃竹添一生著作上的三大事業，「三會箋」則是竹添晚年學思成熟後的三大注經事業。《左傳會箋》因於大正三年（1914）獲頒「學士院賞」，並於日後收進叢書《漢文大系》第十、十一冊中，故不僅於日本國內深獲好評，亦廣為中國學者所閱讀。[4]相較於《左傳會箋》所獲得的青睞，《毛詩會箋》與《論語會箋》二書，至今可說仍有待進一步研究。蓋幕末到明治時期，日本學者注解《論語》的代表作，當推安井息軒的《論語集說》與竹添光鴻的《論語會箋》。然因《論語會箋》為多達二十卷之巨作，在閱讀上有其吃力之處，復加箋注內容多元，長篇冗雜，令人望而生畏。又學界盛傳《左傳會箋》引據前人之說卻不注所出，因而連帶影響後代學人對《論語會箋》的看法。[5]

　　有鑑於此，筆者乃就《論語會箋》一書以探討明治中晚以還，竹添是如何仿效清儒重為經書作新疏？[6]其所採之注經途徑為何？並考

3　有關竹添光鴻之生平事跡係參考近藤春雄：《日本漢文學大事典》（東京：明治書院，1994年）、中村忠行編：〈略歷：岡本黃石〉，收入神田喜一郎編：《明治漢詩文集》，《明治文學全集》第62卷（東京：筑摩書房，1983年），頁403、豬口篤志：《日本漢文學史》（東京：角川書店，1984年）等書。

4　關於《左傳會箋》，請參閱林慶彰：〈竹添光鴻《左傳會箋》的解經法〉，收入張寶三、楊儒賓編：《日本漢學研究初探》（臺北：喜瑪拉雅研究發展基金會，2002年），頁47-70。

5　例如李慶於其著書《日本漢學史1：起源和確立》（上海：上海外語教育出版社，2002年）中便說道：「竹添的著作，有的被認為是抄襲之作，對於這些問題需再進一步探討。」（頁260）

6　筆者此處所謂「仿效清儒重為經書作新疏」，指的是竹添光鴻於《論語會箋》中，在《論語》經文之下，首列朱熹《論語集注》之注文，於必要時則對朱注加以闡述或辯駁，其他多是列舉包含江戶先儒在內的前人經注資料之匯集，並非一一對注文作疏。事實上，清儒為群經作新疏時，各家體例亦不一致。如陳奐《詩毛詩傳疏》乃緊扣經、注作疏，必要時援引一至數份前人注經之說來證成己說；但劉寶楠《論語正義》和焦循《孟子正義》卻並非如此，雖同是為經書作新疏，然劉、焦二人之書，則有非常明顯的匯集前人注經之說的資料匯編性質。故筆者此處所謂竹添《論

察其各種徵引情形等，其中特以竹添援引劉寶楠《論語正義》之情形
為觀察焦點。除了仔細閱讀原文資料，並與《論語正義》核對，以明
徵引之詳實外，亦試圖考察其各種徵引情形，一探經典注釋之途徑為
何？又此注釋途徑代表何種意義？進而再從日本漢學發展史的觀點來
探究由江戶到明治，日本學者在注釋《論語》時，有何種方法上的嬗
變，以及其代表之意義，最後則為竹添光鴻之學問，作一歷史定位。

二　《論語會箋》之成書背景

蓋自明治二十三年（1890）以來，竹添光鴻便開始著手箋注《左
傳》，明治二十八（1895）年九月二十六日稱病辭退東京帝國大學教
授一職，八年後的明治三十六年（1903）《左傳會箋》印行問世，前
後計費時約十三年。而關於《論語會箋》之成書時間，因該書並無竹
添光鴻之「自序」，且查無確切相關資料，惟就東京都立圖書館日比
谷分館特別文庫室所藏竹添光鴻親筆再校手抄本《論語會箋》看來，
因手抄本中不僅可見幾經校訂之痕跡，所使用的抄寫紙本亦不一致，
故可推知《論語會箋》之成書恐怕也是費時日久。[7]又從明治二十年
代後半以還，近代日本之《論語》研究，多以「論語講義」之名刊行
問世一事看來，此現象意謂著：此類以「論語講義」為名的著書，當
是該書著者說明、講說《論語》之文字、聲韻、訓詁、訓讀，乃至義
理者，同時亦是該書著者講說其《論語》研究之一端。[8]也就是說：

語會箋》是仿效清儒重為經書作新疏，乃在言其注經方法和性質上的基本雷同，而
非言其形式上完全一成不變地模仿清朝某人之某部經疏。

7　其實在中村忠行所撰竹添光鴻之略歷中，曾言竹添並非快筆成文之人。中村忠行
言：「又井井雖善詩文，然其文章之作成耗年餘之歲月一事，並不足為奇。現如橋
本綱常子之碑文，乃五年而成之鏤刻。」見岡本黃石等著：〈略歷〉，《明治漢詩文
集》，頁410。

8　若據新村出：《廣辭苑》（東京：岩波書店，1989年第三版）所收「講義」一條之解

自明治二十年代以還，近代日本《論語》研究的專著，主流已不再是
伏案提筆的「注」經作業，而是面對教室中眼前諸君學子，是以
「人」為對象的「講」經作業。[9]年長竹添二十歲，為其東京帝國大
學之同僚的根本通明，早在明治三十九年（1906）便有《論語講義》
問世；竹添之摯友三島毅（1830-1919）亦長竹添十二歲，其所撰
《論語講義》則於大正六年（1917）一月印行出版。事實上，由三島
毅之《論語講義》自大正六年一月印行問世以來，歷時不到半年，截
至同年四月便已四度印刷發行的事實看來，該書可謂廣受讀者歡迎。
而竹添《論語會箋》一書，卻只於昭和九年（1934）被收錄進《崇文
叢書》第二輯（東京：崇文院）印行問世，爾後未曾在日本國內重印
或再版，僅臺北廣文書局於昭和三十六年（1961）十二月，翻印《崇
文叢書》版《論語會箋》，故未能在日本流傳開來。

　　由上述之說明可以得知：若從明治二十年代中後期以還，大量出
現的《論語講義》專著來看，顯然日本的《論語》研究已產生「近代
化」現象，其凸顯出的意義是：《論語》作為日本的古典之一，該以
何種型態於新式教育體制下的課堂中呈現，以作為授課的科目之一，
此乃是一嶄新的《論語》研究課題。由此看來，竹添似乎是在近代日
本的「新」《論語》研究潮流之外的，因此《論語會箋》之問世，或
許也可以說是當時日本《論語》研究之異例。

　　另外吾人亦可推知：在日本明治開化、維新後近二十年的近代日
本社會中，「漢學」作為一門大學教育中的學科之一，無論是在學科

　釋，其義有二。一是：說明書籍或學說之意義者，同講說；一是：於大學等機構，
　教授講說其學問研究之一端者，通常是與「講讀」和「演習」相對而言，又可說是
　指大學授課之全體。頁795。

9　據筆者調查所見，明治中期以還至終戰為止，以「論語講義」、「論語講話」等為名
　出版問世的《論語》解說書，多達六十七種。詳參本書第四章〈注經到講義──由
　安井小太郎《論語講義》論近代日本《論語》研究之轉折〉、附表「近代日本以講
　義、講說、講話、講解為名之《論語》詮解專書一覽表」。

本身的研究方法、研究觀點、研究課題，乃至教授「漢學」的教師本身之教學方法與教師自身之學術體質等各方面，皆有待「開化」與「革新」。故即便時人將竹添光鴻、重野成齋（1827-1910）、川田甕江（1830-1896）、三島毅等人並稱為「明治文豪」[10]；而曾任職台北帝國大學文政學部與圖書館的中村忠行（1915-1993）更指出：時人稱讚竹添與島田重禮乃當時東京帝國大學文學部漢學科之「雙璧」[11]，但受教於竹添的笹川種郎（1870-1949）卻對其師竹添光鴻抱持否定態度，笹川如下說道：

> 竹添井井先生之支那史，實在無趣，一手持鐵扇的根本通明先生之《論語》，吾則敬而遠之而未聽課，漢學全聽島田先生。[12]

笹川的評價或許反映出竹添在任教授課上的不適任。單純來講，或許是因其學問缺乏新氣息，但由此亦可明顯看出當時社會與校園對竹添的評價，兩者之間存在著相當的落差。

而介於「天保老人」和「明治青年」之間[13]，於安政五年（1858）

---

10 參見豬口篤志：《日本漢文學史》（東京：角川書店，1984年），頁555。

11 詳參岡本黃石等著：〈略歷〉，《明治漢詩文集》，頁410。

12 笹川種郎：《明治還魂紙》，收入田山花袋等著：《明治文學回顧錄集（二）》，《明治文學全集》第99卷（東京：筑摩書房，1980年），頁140。

13 就如同德富蘇峰所強調的，以他自己為代表的文久年間（1861-1863）以後出生的，包括北村透谷（1868-1894）、三宅雪嶺（1860-1945）等「明治青年」，是與福澤諭吉（1835-1901）、板垣退助（1837-1919）等天保年間出生（1830-1843）的「天保老人」相對立的。參見德富蘇峰：〈第十九世紀日本ノ青年及其教育〉一文。本章轉引自色川大吉：《明治精神史（下）》（東京：講談社，1992年第十五版），頁13。色川大吉並於該書「第二部國家進路的摸索の時代」的〈明治二十年代的思想・文化──西歐派と國粹派の構想──〉一文中，以為德富蘇峰此區分不具效力，而自行將「明治青年」區分為1850年代出生的「明治青年第一代」，和1860年代出生的「明治青年第二代」，頁74-75。而竹添光鴻不折不扣，正是天保十三年（1842）出生，德富蘇峰口中所謂的「天保老人」。

出生的安井小太郎（1858-1938），既是「安久三博士」之一的「昌平
黌」儒官安井息軒之孫，又是東京大學文學部古典講習科國書科畢業
之俊才，自明治十八年（1885）以還，便活躍於學習院、東京第一高
等學校和二松學舍等名門學校[14]，其授課相對於「天保老人」的竹添光
鴻，更是廣受學生好評。而關於近代日本漢學教師的為師之道，安井
小太郎曾如下說道：

> 盡教往昔之事，則無為師之價值。根本雖不得不在往昔之古
> 典，然今日須仔細充分查閱之，而得知今日不得不如此做之新
> 事物，如此則可以為師。只知求新而無有思慮者則不足為師。
> 溫故知新者實為難事，若往昔之事盡依據往昔說法以教之，並
> 非難事。又，不奠基於往昔者，以為今日如此才是，而盡教新
> 鮮事，此亦非難事。惟溫故式之知新是為難事。[15]

　　竹添辭退東京大學教職前一年的明治二十七年（1894）五月，朝
鮮爆發「東學黨」之亂，日、清兩國戰事一觸即發。七月二十二日，
日本海軍於豐島海上突襲滿清艦隊，陸軍亦展開攻擊清軍之行動。八
月一日，中、日兩國正式宣戰，是為「甲午戰役」。明治二十八年
（1895）二月，李鴻章之北洋艦隊全軍覆沒、日軍告捷，李鴻章與伊
藤博文、陸奧宗光（1844-1897）於下關簽訂〈馬關條約〉。同年，朝
鮮國內閔妃（1851-1895）一派驅逐朴泳孝（1861-1939）等開化派人
士，樹立反日政權。針對此事，朝鮮公使三浦梧樓（1847-1926）乃
遣日本守備隊、警察乃至民間人士入侵朝鮮王宮。十月，閔妃慘遭暗
殺，是為「閔妃暗殺事件」。爾後，朝鮮興宣大院君（1820-1898）這
一傀儡政權，抵擋不住朝鮮人民對日本的離心離德，反日運動四起。

---

14 詳參〈朴堂先生年譜〉，收入《斯文》第20編第7號（1938年7月），頁21-22。
15 安井小太郎：《論語講義》（東京：東洋圖書，1935年），〈為政第二〉，頁92。

　　「甲申政變」後第十年之日、韓政局實態，彷彿是一殘酷背叛的
結局，映入竹添眼底的，想必是一幅光怪陸離之世相人心。當初委曲
求全所換來的，究竟還是一場空。既然苦心孤詣，難成經綸大業；春
風化雨，時不我與。則胡不歸家園，進退自如，歸潔其身，皓首窮
經，以立名山大業。

　　以上大致就時局、生涯兩方面來探討竹添《論語會箋》之成書背
景。而若由《論語會箋》之注疏體例、注疏方法來看，竹添學問之形
態與清人之新疏極其類似，此可謂其來有自。蓋由大田錦城（1765-
1825）《九經談》一書所援用的清初學者之著作看來，清代考證學之
著作，早在江戶中期以還，便已陸續流傳至日本。[16]這些豐富的經學
研究資料，不僅拓展了日本學術界的視域，亦促進了江戶考證學派之
形成。幕末至明治年間，清中葉以還，乾嘉考證學之經學著作陸續傳
進日本，其中亦包含乾隆末年以來的新疏經注。故隨著書籍的流傳，
為經書作新疏之風氣，亦影響到日本學者。事實上，自江戶中期以來
的積累，至幕末、明治時期，日本學者設若欲為經書作新疏，其可參
考援引之資料，可以說是相當豐沛，而此亦可視為《論語會箋》成書
之時代學術環境背景。

三　《論語會箋》之著述體例

（一）章節之編次

　　《論語會箋》全書共二十卷，即自〈學而〉至〈堯曰〉等二十篇
各置一卷。每篇篇首基本上遵從朱注體例，下記各篇章數，或著錄
《論語集注》全文。

---

16 詳參林慶彰：〈大田錦城和清初考證學家〉，收入張以仁先生七秩壽慶論文集編輯委
　　員會編：《張以仁先生七秩壽慶論文集》（臺北：臺灣學生書局，1999年），頁291-
　　303。

1　下記各篇章數者

卷第二為政第二凡二十四章
卷第四里仁第四凡二十六章
卷第八泰伯第八凡二十一章
卷第十三子路第十三凡三十章
卷第十七陽貨第十七凡二十六章
卷第二十堯曰第二十凡三章

其中〈堯曰第二十〉的章數之後，另起一行，以「箋曰」的形式，在未明示劉寶楠之名的情形下，全引《論語正義》之疏文而來疏解該篇。

2　著錄《集注》全文者

卷第一	學而第一	此為書之篇首，故所記多務本之意。乃入道之門，積德之基，學者之先務也。凡十六章。
卷第三	八佾第三	凡二十六章。通前篇末二章，皆論禮樂之事。
卷第五	公冶長第五	此篇皆論古今人物賢否得失，蓋格物窮理之一端也。凡二十七章。胡氏以為疑多子貢之徒所記云。
卷第六	雍也第六	凡二十八章。篇內第十四章以前，大意與前篇同。
卷第七	述而第七	此篇多記聖人謙己悔人之辭及其容貌行事之實。凡三十七章。
卷第十一	先進第十一	此篇多評弟子賢否。凡二十五章。胡氏曰：「此篇記閔子騫言行者四，而其一直稱閔子，疑閔氏門人所記也。」
卷第十六	季氏第十六	洪氏曰：「此篇或以為《齊論》。」凡十四章。

卷第十八　微子第十八　　此篇多記聖賢之出處。凡十一章。
卷第十九　子張第十九　　此篇皆記弟子之言，而子夏為多，子貢次
　　　　　　　　　　　　　之。蓋孔門自顏子以下，穎悟莫若子貢；自
　　　　　　　　　　　　　曾子以下，篤實無若子夏。故特記之詳焉。
　　　　　　　　　　　　　凡二十五章。

　　其中，〈學而〉在著錄《集注》全文之後，另起一行，以「箋
曰」的形式，說明《論語》書名及各篇篇名為何。竹添光鴻說：「論
語者，帙上之標題。學而第一者，卷上之籤題。古者非如今人連書于
篇首也。」（頁39）繼而引劉寶楠《論語正義》中疏〈學而〉之
「案」語，即「古人以漆書竹簡，約當一篇，即為編列，以韋束之。
孔子讀《易》，韋編三絕是也」，用以解何謂「篇」。[17]而在標舉出「凡
十六章」之下，再以「箋曰」的形式，引《正義》之注解，疏明因後
人之移併，致使今《論語》各篇章數不一。劉氏《正義》之注文後，
另起一行，相繼援引楊守敬（1839-1915）、郝敬（1558-1639）、朱子
之說，認同《論語》篇章次第，是有其義說。竹添並且歸納出《論
語》篇章的安排，確實有「以類相從者」，如〈孟懿子問孝〉章，次
以孟武伯、子游、子夏。〈顏淵問仁〉章，次以仲弓、司馬牛。但又
有「不可以例說者」，如〈樊遲問仁〉分三處見；〈子疾病〉分兩處
見；〈子畏於匡〉亦兩處分見。另一方面，〈子罕言利〉、〈子絕四〉、
〈子不語〉、〈子以四教〉、〈子所雅言〉、〈子之所慎〉等，卻又分見於
各處。再者，〈道不行乘桴浮於海〉既在〈公冶篇〉，則〈子欲居九
夷〉，何以在〈子張篇〉等等。也就是說竹添以為：《論語》篇章之安
排，雖有同類歸集之現象，但同一事、同性質之事、或者同一人之

17　長期以來，不少人以為「篇」是簡策圖書，「卷」是縑帛圖書，由該注文看來，劉
　　寶楠、竹添似亦作如此解，但據目前出土的漢代簡書、帛書加以考察，則篇是著述
　　單位，如一篇、兩篇等；卷是著述形式，表示可捲而收藏之；可見「篇」並非書寫
　　材料之區分。

事，卻未必在同一篇。而且，即便同類被共置於同篇之中，順序亦未必相次，如〈子貢問士〉章與〈子路問士〉章之間，相隔有七章；〈子夏之門人問交於子張〉章與〈子游曰子夏之門人〉章之間，中隔八章。另外，某篇雖皆言某類內容，卻又另有一、二章之內容不符合該類之共通性質，如〈八佾〉篇皆言禮樂，然〈夷狄之有君〉章與〈儀封人〉章，卻又未能入其類。相同地，〈子與人歌〉、〈子食於有喪者之側〉、〈子釣而不綱〉、〈子之燕居〉、〈子溫而厲之〉等此類，卻又皆不入〈鄉黨〉篇。

　　綜合上述現象，竹添敘述了其對《論語》篇章次第的看法，而如下說道：

> 蓋《論語》之書，本不出一人手，各以所聞記之，如後世隨筆札記之類。或人得一篇，或人得數篇，或人不及一篇。在初記之人，其中章節未必毫無意義，其後篇章既繁，則門目難分，家數既多，則文辭亦不一，故合諸人所記，定為二十篇。其分篇之意，亦不過因其簡策之多寡相等，非必別有義例。（《論語會箋》，〈學而第一〉，頁40）

由上文看來，竹添雖承認篇章次第在起初雖有義說，但後記之篇章則未必，故無須牽強附會。

　　除〈學而〉篇以外，在著錄《論語集注》全文的各篇當中，〈述而〉篇在著錄朱子注文之後，以「箋曰」形式疏《論語集注》，再另起一行，全引劉寶楠《論語正義》之文，以疏解〈述而〉篇之章數。並且與〈學而〉篇中的箋文相異的是：此處直指劉寶楠之名。同樣是全引《論語正義》之文疏解章數者，尚有〈先進〉篇，但卻又是未能明白指出劉寶楠之名。而在疏解章數後，竹添再以「箋曰」形式，引伊藤仁齋之注解，以解〈先進〉篇以後之十篇為《論語》「下論」；之

前十篇為《論語》「上論」,「上論」先錄,自相傳習,又次「下論」,以補所遺。另外,〈子張〉篇亦以「箋曰」形式於朱子注文後另起一行,引中井履軒（1732-1817）、安井息軒二人之注文,以疏解該篇。而〈季氏〉篇則直接另起一行,疏《論語集注》注文所謂洪氏,乃洪興祖（1090-1155）,並說明洪氏所謂:〈季氏〉篇為《齊論》這一說法應當刪除。

　　而同樣是著錄《論語集注》全文的〈鄉黨〉篇,則與朱注相同,竹添並未在篇名下注明章數,但卻以「箋曰」形式另起一行以駁朱注,疏明該章當為二十五章,再引魏際端（1620-1677）語疏該篇。其他如〈子罕〉、〈顏淵〉、〈憲問〉、〈衛靈公〉各篇,篇首則皆未記《論語集注》所錄章數。惟〈子罕〉篇代之以《經典釋文》所謂該篇有三十一章,和皇疏所謂三十章。再引《論語正義》注文疏解何以皇侃謂三十章,而竹添於疏文中亦是隱諱劉寶楠之名。另外,〈憲問〉篇以「箋曰」一詞另起一行,疏解該篇,箋文中雖引《論語集注》所錄:「胡氏謂此篇原思所記。」但並不像朱注一樣明言章數,而是在指正胡氏此說,乃不知《論語》一書,無一人記一篇之理。而竹添此說恰可與〈學而〉篇之箋文相呼應。

　　由上文之說明看來,即便僅據《論語會箋》一書的篇章編次體例,亦足見《論語會箋》本於《論語集注》;依於《論語正義》,但竹添亦非無有發明,此點容待後文詳述。在此且舉竹添將其自身對篇章次第安排之見解應用到《論語》解經上之一、二例,以為說明。在〈里仁・子曰里仁為美〉章之箋文中,竹添在援引了伊藤東涯所謂「《孟子》第二篇引此章乃曰:『夫仁,天之尊爵也,人之安宅也。莫之禦而不仁,是不智也。』」、「居惡在,仁是也。路惡在,義是也。居仁由義,大人之事備矣」之後,竹添如下言道:

　　此章當以此意解,因思此篇通下六章,載夫子言仁之語,則此

　　章亦當為說仁之訓也。不應獨載擇居之語。因編類之例，亦可
　　審聖人之本意。(《論語會箋》，〈里仁第四〉，頁239)

箋文中除批評《論語集注》不應將心之「仁宅」理解為居住之「里宅」外，竹添解此章經句義理的依據，乃在該章之後，由〈不仁者不可以久處約〉章至〈子曰人之過也〉章，皆是夫子探討與「仁」相關之內容，因此〈里仁第四〉篇的前七章，按理應該都是討論相同之內容，故豈可獨言擇里，而未言「仁」之事。竹添之所以確信聖人本意在「仁」而非在「里」，是因其認同伊藤仁齋所謂：「上論」先錄，自相傳習，又次「下論」，以補所遺（頁709）。而且竹添還認為《論語》之篇章次第安排「初記之人，其中章節未必毫無意義」（頁40）。所以〈里仁〉篇既屬「上論」，則歸「初記」之屬，既是早初所記，則其篇章之安排，自有義說，竹添以為此篇章次第之義即為：以說仁之類相從。而〈里仁〉篇既為說「仁」之類，重點自然就不在朱熹所謂「擇居」。

　　除了據「以類相從」這一篇章次第編法可以解經義外，根據所謂「無一人記一篇之理」（頁40）的編輯法，竹添亦釐清《論語》何章為何人所記這類問題。例如在〈憲問‧憲問恥〉章中，竹添指正胡氏所謂「此篇原思所記」為謬說，其所持理由便是：「《論語》之成書，其篇次章第，自有倫序，無一人記一篇之理。」（頁897）竹添反而依據此編排規則，僅就該章談記者之問題，說明該章既書原思之名，亦即「憲」，足見當是原思自記。此與〈子罕〉篇中的〈牢曰〉章之記法相同，該章由於是琴張自記，故書其名「牢」。

(二)《論語會箋》之注疏體例

　　《論語會箋》博採諸家說法，考據之文繁雜冗長，篇幅多達二十卷，總共一二一五頁。然觀其注疏方法，仍有一定之體例，尋其理路脈絡，亦可見其規則筆法。《論語會箋》之注疏體例大致如下：

1 採《論語集注》於《論語》經文下

《論語會箋》所採注文全沿用朱子《論語集注》，並將之直接置於經文之下，而且未有任何標示。如：

> 經文：子曰：「德之不脩，學之不講，聞義不能徙，不善不能改，是吾憂也。」（集注）尹氏曰：「德必脩而後成，學必講而後明，見善能徙，改過不吝，此四者日新之要也。苟未能之，聖人猶憂，況學者乎？」（《論語會箋》，〈述而第七〉，頁411）

2 注後即為疏

竹添於朱注之後另起一行，標以「箋曰」而作疏。疏文依序大致先解經文字義、句義或通篇經義，最後再注明參校各本後，對經文進行校改，而有時則先校改經文。注解時旁徵博引各家之說，然多只舉其名而不著錄書名。如：

> 經文：子所雅言：《詩》、《書》，執禮，皆雅言也。
> 箋曰：俞樾曰：《論語》文法簡質。此章既云子所雅言，又云皆雅言也。於文似複。……（《論語會箋》，〈述而第七〉，頁438）

竹添在此雖舉俞樾之名，但卻省去其所引之文乃出自《群經評議》。又，朱注之後，亦有未標以「箋曰」，而直接疏解者。如：

> 經文：子曰：「加我數年，五十以學《易》，可以無大過矣。」
> 佐藤坦（即佐藤一齋）曰：古人講學，於人情事變上鍊磨，不

專由讀書而得。……（《論語會箋》,〈述而第七〉,頁
434）

3 先疏經文,再疏注文

如:

> 經文:子曰:「加我數年,五十以學《易》,可以無大過矣。」
> 箋曰:正文加我數年,五十以學《易》,則其為五十以前語,
> 　　　明白無疑。《集注》云:加作假。此說非也。……（《論
> 　　　語會箋》,〈述而第七〉,頁435）

大致《論語會箋》在疏解注文時,多如上例,直舉《論語集注》,或
揭朱子之名,但亦有加一「○」字記號,再疏解注文者。如:

> 經文:子之所慎:齊、戰、疾。
> 箋曰:慎,《說文》,謹也。……變食遷坐以自齊潔也。○祭
> 　　　者,竭其誠敬而已矣。《注》:「誠之至不,神之饗不。」
> 　　　大迫切,失如在之義。（《論語會箋》,〈述而〉,頁425）

四　《論語會箋》之注經方法

上述《論語會箋》注釋體例中所謂「箋曰」之部分,或勘正《論
語》經文字句之錯誤,或駁正朱子注解之失誤,或串講《論語》經文
正文與注文之文意,或解釋典章制度,或解釋《論語》編輯之方法,
偶亦提出讀解漢文之方法等等。總之,箋注之內容多元,甚至駁雜,
然亦足見竹添學識之淵博。

竹添之《論語會箋》的解經作業中,相當程度繼承了自江戶古學

派主張語言之優先性以來所奠定的成果。事實上，日本經歷了一千多
年讀《論語》的經驗，特別是江戶近二百七十年來注解《論語》的經
驗，在語意分析方面，特別是訓詁意義上「常用語言」的掌握、理
解，日本學者可說已達到相當水準。此由息軒以來，特別是竹添光鴻
《論語會箋》中，江戶先儒注說之採用，已由仁齋、徂徠、東涯、南
冥等人，更廣泛徵引了佐藤一齋（1772-1859）、中井履軒、豬飼彥博
（1761-1845）、尾藤二洲（1745-1814）、古賀精里（1750-1817）、大
田錦城、松崎慊堂（1771-1844）、龜田鵬齋（1752-1826）、安井息軒
等，以及其師木下韡村（1805-1867）之注說一事可看出。[18]足見竹添
光鴻在列舉歷來注說時，對江戶先儒之注說，已是相當認可並採信
之。事實上，日後高田真治（1893-1975）在介紹日本《論語》之流
傳時，所舉江戶時代的《論語》研究之代表，幾乎與竹添光鴻於《論
語會箋》當中所援引之江戶諸儒大同小異。[19]

　　蓋對任何一部經典的詮釋，皆須面對兩個問題，一是復原，亦即
以聖人之言解經；一是發明，亦即以己心體道。復原方面主要在解決
「語言脈絡」的問題，而此語言脈絡又可二分為「常用語言」和「特
殊語言」。[20]前者又可再二分為：一是經文之字義、名物、制度之訓詁

---

18 有關竹添光鴻《論語會箋》中徵引江戶先儒注說之情形，詳見附表（一）「《論語會
　箋》徵引江戶先儒總數統計表」。

19 詳參高田真治：〈論語の文獻・餘說〉，《論語の文獻・注釋書》（東京：春陽堂書
　店，1937年），頁51-55。

20 有關「常用語言」和「特殊語言」之定義，係參考勞思光所言：「舊日治訓詁以說經
　之學者，大抵皆先考求某字某語在古代之常用語義，然後據以釋經籍；此一方法若
　以之處理一般古代文件，則確屬最合科學標準之方法。但當吾人面對某一特殊哲學
　理論時，則即不能忽略此處有『特殊語言』與『常用語言』之分別問題；蓋立一理
　論時，此論者常因所言之理非常人所已言及者，故不得不予舊有之語言以新意義，
　因而構成其特殊語言。在此種情況下，學者只能據其立論之內部脈以了解其特殊
　語言，而不可再拘於常用語言中某字之意義，而強以之釋此理論也。」勞思光：
　《新編中國哲學史（三下）》（臺北：三民書局，1995年增訂第八版），頁839-840。

解釋，屬小學方面。二是解經者就其所處當代之個殊時空背景，賦予常用語言嶄新的「個殊意義」。此項可視為等同於「特殊語言」。而後者同樣可再二分為：一是在文本形式之某一時空背景下，「常用語言」有何某一時空之特有「共通性」用法（此即如同仁齋主張的「古義」、徂徠的「古文辭」）。此某一時空背景下之語言特有共通性與「常用語言」中第一項所謂經文之字義、名物、制度之訓詁解釋，基本上屬於語意分析中的「脈絡分析」和「邏輯分析」，此又可視為解經中的「復原」作業。二是對文本作者的心理狀態的感知、理解。此項藉由讀者感受力而從各角度、多層次地去感知、理解作者之意識、心理狀態的解經作業，與「常用語言」中第二項所謂解經者於其所處特定之時空背景下，賦予「常用語言」以「個疏意義」的解經作業，基本上屬於語意分析中的「層面分析」，又可視為解經作業中的「發明」作業。而經文之語言脈絡、邏輯分析乃是一比較表層且具體的「復原」解經作業；在此表層的具體「復原」作業之下，則是解經者自主地對經文中之常用語言，賦予其個人於其所處該時代之特有時空背景下的「新義」，與解經者發揮個人感受力以感知、理解經書作者之意識、心理狀態的，相對抽象且因人而異的「發明」作業。此「復原」與「發明」作業兩相交互進行作用，此即所謂的注經作業。

　　而觀察《論語會箋》之注疏方式，其在江戶《論語》注釋的基礎上，更能融會活用清朝考證學之特長，亦即胡適所謂清朝經學的四個特點：「一、歷史的眼光。二、工具的發明。三、歸納的研究。四、證據的注重。」[21]其中第二、三點可看做注經作業中的復原作業。而第一點則可看做發明的作業，至於第四個注疏特點「證據的注重」，無非是貫串前三項特點的前提和重要依據，亦是必要條件，故在此不多贅言。以下本章將就復原與發明兩點，論述竹添注經作業之途徑。

---

21 胡適：《戴東原的哲學》，收入《胡適作品集》32（臺北：遠流出版公司，1988年第三版），頁9-12。

（一）復原

1 工具的發明

　　所謂工具的發明，諸如對校、互校各本之異同，以改校、回復經典正文原貌。此一作業，目的無非是想要解決文字、聲韻、訓詁等所謂「考文知音」之作業，亦可稱為從事客觀語意分析中「脈絡分析」與「邏輯分析」之前置作業，亦即在判斷釐清經義之前，須先確定文本之經文字句。[22]竹添於《論語會箋》中，主要以「正平本」、「菅家本」、「南宗本」與「皇本」等互校。[23]如在疏解〈子曰道千乘之國〉章，竹添援引正平本《論語》，說明其與皇侃《論語義疏》相同，皆將「道」作「導」（《論語會箋》，頁53）。又如在疏解〈子在齊聞韶〉章，竹添援引皇本、正平本、南宗本，指出「韶」字下有「樂」字（《論語會箋》，頁426）。

　　而除各本互校之外，另有以經證經以明經句字義或經文義理。例如在〈子曰二三子以我為隱乎〉章，竹添引《孟子・盡心篇》中所謂：「然而無有乎爾，則亦無有乎爾。」證明此與「吾無隱乎爾」句法一般，「爾」字乃是虛字（《論語會箋》，頁447）。又如在解〈子曰上好禮〉章，竹添引《孟子》所謂「上有好者，下必有甚焉者矣。」疏通何以上好禮，則民易使，乃因「上焉者所以總攝四海之樞也」。而《孟子》此語同於《論語》，皆在言「好之之益甚大也」（《論語會箋》，頁977-978）。

---

22 胡適於《戴東原的哲學》中言及：「清儒治經最能明瞭『工具』的重要。治經的工具就是文字學（包括聲音、形體、訓詁等項）和校勘學。……考文是校勘學的事，知音是文字學的事。……清朝的經學所以能有那麼大的成績，全都靠這兩種重要工具的發達。」若按胡適此說，則此處「工具」一詞之涵義，相當於解經之方法或手段。筆者以胡適此說為基礎，乃將竹添《論語會箋》中有關「考文知音」之諸多涉及校勘與文字學的解經方法，亦稱之為「工具」的發明。

23 詳見附表（二）「《論語會箋》核校日本流傳之古版本・古抄本總數統計表」。

又除以經證經外，竹添亦引《論語》各章相互發明經義。例如在解〈子以四教〉章時，竹添指出此章與〈子不語怪力亂神〉章相為表裏。竹添以為：「怪力亂神四者，置之不語，則其所語者，垂世規矩，大道宗範。」（《論語會箋》，頁444）而此垂世規矩、大道宗範，即為聖人之教，亦即文、行、忠、信四教。正因如此，故竹添互參兩章以解經義，言此二章互為表裏，並且進一步說明：文、行、忠、信四教，因孔門弟子已熟習之，故只「舉其大綱，不是聖人有四科之設也」（《論語會箋》，頁449）。

上述所謂「各本參校」、「以經解經」、「各章互發明」等解經工具，或謂解經方法、手段，基本與清代考證學家所採方法相同，惟作為一日本學者，竹添亦與其前之江戶學者相同，對於「漢文」這一既是「傳統」，同時又是「他者」的研究對象，有其相當清楚的意識覺醒，亦即覺醒此一對象，乃是一外來語言。故在解經時，相對地更意識到解讀漢文的具體可用之法。其所採方法大致如下：

（1）分析文句結構以定經義

在〈子曰加我數年〉章，竹添以此章之行文體例，與〈吾十有五〉章相同，惟〈吾十有五〉章在追溯往昔，〈子曰加我數年〉章則預期來日。竹添據此駁正朱注所謂：「蓋是時孔子年已幾七十矣」之說，而斷定此章乃孔子「五十以前語」（《論語會箋》，頁435）。

（2）上下文互證，以求無有矛盾

在〈季氏將伐顓臾〉章中，對於朱子《論語集注》解經文：「子曰：求，無乃爾是過與。」以為此乃夫子「獨責」冉求，竹添根據後文有「今由與求也相夫子」一句，指正朱注宜改為「首責」冉求，否則兩句經文豈非前後矛盾（《論語會箋》，頁1041-1043）。

（3）歸納經文用字定例，以求其定義

在〈子曰：二三子以我為隱乎〉章，竹添便基於所謂「凡經傳中言與者，有對義」這一定例，而認同包注解經文「吾無行而不與二三子者是丘也」中的「與」字乃「共之之謂」。竹添並且指出《左傳》經文「大國之人不可與也」、「一與一誰能懼我」二例亦同，蓋前者乃「與並對也」，後者乃「與對敵也」（《論語會箋》，頁448）。

（4）從經文之行文語氣、語勢以解經義

在〈子曰吾與回言〉章，竹添以為「古人言語與文章不相遠」，而此規律可徵驗《春秋》傳文。是故行文如同說話，有其抑揚。竹添因而斷定該章中前文之「如愚」與後文之「不愚」，當如「初實不知，而後來乃知之」之行文模式（《論語會箋》，頁118）。竹添更明白提出以所謂「語勢」來定經義。例如在〈子曰為政以德〉章中，針對朱子《論語集注》解「為政」為：「政之為言正也。所以正人之不正也。」竹添以為此解失卻政之「本」，而只就「末」言。竹添所持理由乃是「政之為言正也」之「正」字，指的是「中正」；「正人之不正」的前一「正」字，指的是「匡正」，而中正為本；匡正為末。竹添所以如是說，乃因所謂「夫子曰：政者正也」、「子率以正，孰敢不正」等章的「正」字，如同「率天下以仁」、「率天下以暴」，全作為名詞。故「正」當是「中正」之義。其之所以有此斷定，是由參看「語勢」而來（《論語會箋》，頁87-88）。而筆者以為此所謂「語勢」，指的即是行文文法脈絡。

（5）從語由解釋經義

顯然，在進行《論語》疏解的作業時，對於如何掌握界定漢文這一外來「他者」之內涵義，竹添所採取的方法之一，便是將字義的追

索，限定在《論語》這一文本世界內，進而使各章達到一完整會通的
全面性無矛盾的共通經義。藉此，《論語》亦可成為一完全充足的經
典世界。而此種《論語》解經法，早已見於與竹添亦師亦友的安井息
軒之《論語集說》中。[24]其實，在承繼日儒特有的解經手法這點，除
安井息軒之外，對於龜井南冥所提出的探求「發語原由」，亦即瞭解
「語由」的《論語》解經法，竹添亦援此法而加以應用。例如在〈子
曰二三子以我為隱乎〉章的箋文中即言：

> 此語亦有因而發也。必非突然呼而語焉者。蓋諸弟子以其學焉
> 而不能及焉，疑其所見聞之外，別有高妙一路，而願聞之。故
> 夫子告以惟如是而已。無復蘊奧也。猶告曾子以一貫之意。
> （《論語會箋》，〈述而第七〉，頁447）

此段箋文一反常例，並非直解經文字句或經義，而是先建構出此章對
話所以形成之「場面」，亦即對話之「語由」後，再以孔子告曾子
「吾道一以貫之」該章所謂孔門之道是在「忠恕」，而來解明〈子
曰：二三子以我為隱乎〉章中，雖孔子只說「吾無行而不與二三子
者」，但其隱含在話語文字背後的答案，其實清楚明瞭不過，始終就
是「忠恕」而已。在此，竹添承襲了龜井南冥《論語語由》中所謂：
詮解經典時，須注意有「言盡意」之經義，亦有「言不盡意」之經義
的這種細微觀察。[25]

---

24 有關安井息軒《論語集說》之注釋方法，詳參拙作：〈安井息軒的《論語》注釋方
　　法論〉，《乾嘉學者的治經方法（下）》（臺北：中央研究院中國文哲研究所籌備處，
　　2000年），頁818-863。
25 有關龜井南冥《論語語由》的注釋方法，詳參拙作：〈龜井南冥『論語語由』の日本
　　漢學史上における意義〉，《日本中國學會報》第53集（2001年10月），頁286-300。

2 歸納的研究

　　蓋自安井息軒《論語集說》以來，不囿陳說，兼採異說，即不盲從，亦不輕易詆毀的這種兼容並蓄之注經態度，已然確立。故竹添雖以朱子《論語集注》為依據而來撰作《論語會箋》，但並不墨守所謂「疏不破注」之成規，不僅對朱注加以疏通，補其不足之外，亦指出其缺失而一一加以辨明，充分顯示其不拘囿一家之說，實事求是之注經精神。以下茲舉一例說明竹添如何考辨朱注誤謬：

> 經文：子曰：「為政以德，譬如北辰居其所，而眾星共之。」
> 集注：為政以德，則無為而天下歸之。
> 箋曰：經明言為政，而《集注》稱無為，是大失準矣。且如
> 　　　（范氏）不言而信，無為而成等，所以稱贊盛德之至
> 　　　也，非論功夫者，則與此章固無干係。唐虞以來，唯稱
> 　　　舜為無為之治，別有意義，非所以通稱於眾聖賢也。眾
> 　　　星共之，以喻彼之順服耳。亦未有見於此之無為。孔子
> 　　　望於人以德，不以無為也。（《論語會箋》，〈為政第
> 　　　二〉，頁90）

竹添以為此章清清楚楚是在講「為政」，朱子、程子卻別言「無為」，無非牛頭不對馬嘴，實為兩事，不宜合而論之。並指出舜雖可無為而治，然非其他聖賢亦皆如此，蓋孔子就是以德服人，不以無為見稱。

　　而除了辨正《論語集注》謬誤，提出異見之外，竹添亦持平去取古注。其實《論語集注》書中本就援用不少漢、唐以來的舊注，故《論語會箋》中自然也就間取何晏《論語集解》之注文、與皇侃《論語義疏》之疏文。然對其誤謬者，亦能明白指出。例如〈先進篇·子路、曾晳、冉有、公西華侍坐〉章：

經文：子曰：「以吾一日長乎爾，毋吾以也。居則曰：『不吾知
　　　也！』如或知爾，則何以哉？」子路率爾而對曰：「千
　　　乘之國，攝乎大國之間，加之以師旅，因之以飢饉；由
　　　也為之，比及三年，可使有勇，且知方也。」

箋曰：〈曲禮〉：「侍於君子，不顧望而對，非禮也。」《注》
　　　云：「禮尚謙也。不顧望，若子路率爾而對。」皇
　　　《疏》云：「子路不起。」非也。後篇子曰：「由也，女
　　　聞六言六蔽矣乎？」對曰：「未也。」亦不記其作也。
　　　而下文有「居！吾語女」，則《論語》弟子對，皆起，
　　　而記者略之，以為所必然，不須記也。獨曾皙記
　　　「作」，以明其「舍瑟」爾。安得因「率爾」二字，而
　　　遂謂「不起而對」耶。（《論語會箋》，〈先進第十一〉，
　　　頁758-759、762-763）

竹添指出〈曲禮〉注文及皇《疏》之誤，乃在彼等因為「率爾」二
字，便以為子路在未站立起來的狀態下就回答孔子問題。然而其實只
要對照〈陽貨〉篇〈子曰由也女聞六言六蔽〉章，則可發現該章在記
載子由之答話時，亦只記：「對曰：『未也。』」並未加入表示站立起
來的「作」字。而且下文有關孔子的回答，則記為：「居！吾語
女。」也就是說孔子在回答前，示意要子由坐下，故說「居」。竹添
以為藉此足以判斷弟子在回對孔子話時，都是起立而後言，記錄者以
為理所當然而省略不記，故皇《疏》等誤以為子路不起立而答孔子。
至於何以又獨記載曾皙「舍瑟而作」，竹添以為此記法是為凸顯曾皙推
開瑟的這一舉動。因此，豈可因「率爾」二字，而以為子路未起立而
答夫子。竹添於此章中為了證明皇《疏》之誤，不僅援《論語》他章
互證，更援用《漢書·東方朔傳》「率然高舉」、《莊子·人間世》「率
然捬之」、宋玉〈風賦〉「有風颯然至」、〈曲禮〉「侍於君子，不顧望

而對」等資料，以歸納「率」字字義（《論語會箋》，頁762-765）。

　　蓋《論語會箋》通篇，歸納眾說以定經義者，比比皆是。如在〈學而・有子曰其為人也孝弟〉章中，竹添便援引《史記・仲尼弟子列傳》、邢昺《論語疏》、《禮記・檀弓》、裴駰《史記集解》中所引鄭玄語等資料，以解「有子」（《論語會箋》，頁46）。

3 前人注說之徵引

　　竹添光鴻在為《論語》作新疏時，雖根據朱注而間取古注，然《論語會箋》通篇頻繁出現劉寶楠《論語正義》之疏文，可說是朱子《論語集注》之外，《論語會箋》徵引最多者。蓋二十卷中，〈學而〉篇徵引《論語正義》計有四十四處；〈為政〉篇六十七處；〈八佾〉篇八十六處；〈里仁〉篇二十二處；〈公冶長〉篇七十四處；〈雍也〉篇七十六處；〈述而〉篇九十八處；〈泰伯〉篇七十三處；〈子罕〉篇一二八處；〈鄉黨〉篇一九〇處；〈先進〉篇一三七處；〈顏淵〉篇六十七處；〈子路〉篇六十處；〈憲問〉篇六十五處；〈衛靈公〉篇三十七處；〈季氏〉篇二十六處；〈陽貨〉篇四十五處；〈微子〉篇四十處；〈子張〉篇二十五處；〈堯曰〉篇二十處，共計徵引《論語正義》有一三八〇處。其中除〈學而〉、〈為政〉、〈泰伯〉、〈季氏〉、〈子張〉等五篇之外，其餘十五篇徵引《論語正義》的次數，有半數以上是原原本本援用，隻字未差。至於與《論語正義》原文不完全相同者，其徵引方式大致可以分以下幾類：

（1）省略字句者

　　　經文：子曰：「回也其庶乎，屢空。賜不受命，而貨殖焉，億則屢中。」

　　　正義：《論衡・知實篇》：「『賜不受命，而貨殖焉，億則屢中』，罪子貢善居積，意貴賤之期，數得其時，故貨殖

多，富比陶朱。」[26]

箋曰：《論衡》〈知實篇〉：「『賜不受命，而貨殖焉，億則屢
　　　中』，子貢善居積，意貴賤之期，數得其時，故貨殖
　　　多，富比陶朱。」（《論語會箋》，〈先進第十一〉，頁
　　　745）

竹添徵引《論語正義》注文，卻省略「罪」一字。

經文：子曰：「道千乘之國，敬事而信，節用而愛人，使人以
　　　時。」

正義：案：《司馬法》一書，未必真周公之制，所言與《孟
　　　子》、子產皆不合。信《司馬法》，何如信《孟子》耶？
　　　（《論語正義》，頁14-15）

箋曰：案《司馬法》一書，所言與《孟子》、子產皆不合，信
　　　《司馬法》，何如信《孟子》耶？（《論語會箋》，〈學而
　　　第一〉，頁54）

竹添徵引《論語正義》注文，但省略「未必真周公制」這一帶有價值
判斷的文句。

　　此兩例皆是竹添轉錄劉寶楠《論語正義》中所引前人資料，而刪
略引文字句。

---

26 〔清〕劉寶楠撰，高流水點校：《論語正義》，收入中華書局編：《十三經清人注疏》
　（北京：中華書局，1990年），卷14，〈先進第十一〉，頁459。以下為清耳目，凡引
　自《論語正義》之文獻，均只在引文後標明頁數。

（2）加入字句者

> 經文：子謂仲弓，曰：「犁牛之子騂且角，雖欲勿用，山川其
>   　　捨諸？」
> 正義：《周禮》用騂牲者三：祭天南郊，一也；宗廟，二也；
>   　　望祀南方山川，三也。（《論語正義》，〈八佾第三〉，頁
>   　　218）
> 箋曰：《周禮》用騂牲者三事：祭天南郊，一也；宗廟，二
>   　　也；望祀南方山川三也。（《論語會箋》，〈雍也第六〉，
>   　　頁357）

竹添徵引《論語正義》注文，但卻於「《周禮》用騂牲者三」句後，
加一「事」字，然文意未改。

> 經文：子曰：「父母在，不遠遊，遊必有方。」
> 正義：〈曲禮〉曰：『所遊必有常。』是也。」（《論語正義》，
>   　　頁157）
> 箋曰：〈曲禮〉：「為人子者，所遊必有常。」（《論語會箋》，
>   　　〈里仁第四〉，頁265）

竹添徵引《論語正義》注文，於轉錄〈曲禮〉之文時，卻補入「為人
子者」四字。顯然，竹添在援引《論語正義》時，曾再次查證原出
典。因為〈曲禮〉原文為：「夫為人子者，出必告，反必面，所遊必
有常，所習必有業。」[27]

---

27 〔漢〕鄭玄注，〔唐〕孔穎達正義，賈公彥疏：《禮記注疏》（臺北：藝文印書館，
　1955年），卷1，〈曲禮〉，頁38。

（3）改易引文前後次序

> 經文：樊遲請學稼。子曰：「吾不如老農。」請學為圃。曰：
> 　　　「吾不如老圃。」樊遲出。子曰：「小人哉，樊須也！
> 　　　上好禮，則民莫敢不敬；上好義，則民不敢不服；上好
> 　　　信，則民莫敢不用情。夫如是，則四方之民，襁負其子
> 　　　而至矣，焉用稼？」

> 正義：《說文》：「襁，褓襱也。」段《注》：「《呂覽·明理
> 　　　篇》：『道多襁緥』，高《注》：『襁，褸格上繩也。』又
> 　　　〈直諫篇〉《注》：『襁，褸格繩。』褸即縷，格即絡，
> 　　　織縷為絡，以負之於背，其繩謂之襁。高說最分明。
> 　　　《博物志》云：『織縷為之，廣八寸，長二尺。』乃謂
> 　　　其絡未及其繩也。」案：顏師古《漢書·宣紀》《注》：
> 　　　「襁，即今之小兒繃也。」（《論語正義》，頁525）

> 箋曰：《三國志·涼茂傳》注引《博物志》云：「襁，織縷為
> 　　　之。廣八寸，長尺二寸，以約小兒於背，負之而行。」
> 　　　《說文》：「襁，襱也。」《呂覽·明理篇》：『道多襁
> 　　　緥』，高《注》：『緥，小兒被也。襁，褸格繩也。』又
> 　　　〈直諫篇〉襁緥《注》：『襁，褸格繩。』褸即縷，格即
> 　　　絡，織縷為絡，以負之於背，其繩謂之襁。《博物志》
> 　　　謂：『其絡未及繩也。凡繩靷者謂之襁。古多襁褓連
> 　　　文，襁本以粗縷交結如網，故訓粗襱。牐，粗也。襱，
> 　　　多結如絲節也。』<u>顏師古《漢書·宣紀注》：「襁，即今
> 　　　之小兒繃也。</u>」（《論語會箋》，〈子路第十三〉，頁853）

在上段徵引《論語正義》的引文中，竹添不僅將原文次序前後改易，
劉寶楠原先錄自段玉裁《說文解字注》的《呂覽·明理篇》之資料，

也未標明段注，而是直接援引自《呂覽》。所以在轉錄《呂覽》高注之文時，不僅補入「緥，小兒被也」一句，下文的「繈，褸格繩也」一句，也刪去了「上」字，而高注原文並無「上」字，因為《呂覽》高注原文有言：「繈，褸格繩也。舊本格作袼，又作拾，下又衍一上字，皆訛。」[28]由此可看出竹添顯然是有查證原出典。

另在轉錄《博物志》之資料時，竹添同樣有重新查證原出典，故明白標示是「《三國志・涼茂傳》注引《博物志》」，但竹添所引《博物志》之資料，卻非《論語正義》引文的「長二尺」，而是在《魏書・涼茂傳》原文的「長尺二」後，加進一「寸」字，而成了「長尺二寸」。[29]且多補入「以約小兒於背，負之而行」一句。至於《論語正義》中原本在「長二尺」之後的「乃謂其絡，未及其繩也」一句，則又移自其轉錄《論語正義》引文的〈直諫篇〉注文之後。

而且，竹添在援用〈直諫篇〉時，又再度查證出典，故不僅標明出《論語正義》所轉錄的此段注文，乃是「繈緥」注，而且還補入「凡繩軔者為之繈。古多繈褓連文，繈本以粗縷交結如網，故訓粗類。軔，粗也。類，多結如絲節也」一段。最後，竹添在無有任何標示的情況下，既未明言劉寶楠之名，亦未明揭《論語正義》書名，看似一字不漏，未有任何改易地轉錄了劉寶楠的「案」語，亦即「顏師古《漢書・宣紀》《注》：繈，即今之小兒繃也」一句，而該句引文與《漢書》的原文完全一致。[30]故筆者認為設若竹添確實如前文所述，對於《論語正義》中劉寶楠所援引之出典，皆又曾再次查證原出典，則我們應該也不能說其就是刻意直接抄錄劉氏之說。

---

28 〔秦〕呂不韋撰：《呂氏春秋》（臺北：藝文印書館，1969年《百部叢書集成》影印《經訓堂叢書》本），卷6，〈明理〉，頁11。

29 〔晉〕陳壽撰，〔宋〕裴松之注：《魏書》，見楊家駱編：《新校本三國志注附索引》（臺北：鼎文書局，1987年第六版），卷11，〈涼茂傳〉，頁339。

30 〔漢〕班固撰，〔唐〕顏師古注：《漢書》，見楊家駱編：《新校本漢書集注并附編二種》（臺北：鼎文書局，1986年第六版），卷8，〈宣帝紀〉，頁235。

（4）以摘要取代整段引文

　　經文：子禽問於子貢曰：「夫子至於是邦也，必聞其政，求之
　　　　　與？抑與之與？」

　　正義：《漢石經》「抑與」作「意予」。案：〈周語〉：「抑人故
　　　　　也」，《賈子・禮容語・下》作「意人」。又《詩・十月
　　　　　之交》：「抑此皇父。」（《論語正義》，頁25）

　　箋曰：《漢石經》「抑」作「意」。《詩・十月之交》：「抑此皇
　　　　　父。」（《論語會箋》，〈學而第一〉，頁70）

在此例中竹添刪去劉寶楠之「案」語，只轉錄了《漢石經》與《詩
經》之資料，並且未全部抄錄，而是以摘要代之。

　　綜合上述《論語會箋》徵引《論語正義》之方式與《論語會箋》
之著述體例來看，由於注疏體例本就與清代考據學者之新疏相類似，
竹添在「箋曰」的疏解文中又大量採用劉寶楠的「正義曰」之疏文，
甚或劉寶楠之「案」語亦原原本本抄錄，以致內容上有相當的篇幅是
與《論語正義》重疊，甚至遭受所謂「剽竊」劉寶楠《論語正義》之
酷評。然而，《論語會箋》果真特意掠美？若是，其詳細原委為何？
若非，則吾人又該如何詮解此種注經作業所代表的意涵。

（二）發明

　　明治時期新銳西方哲學研究者谷川徹三（1895-1989）曾如下說
道：

　　　　吾人可以自典籍中導引抽取出作者未曾意識到之事，此舉既是
　　　　讀取，同時又是附加解讀。所有典籍皆如同自然，皆具有吸納
　　　　吾等各式各樣解釋之餘地。有矛盾之處就有矛盾地，無矛盾之

處則無矛盾地，吾人皆可立足於各自立場加以解釋，此處存在
著再創造。若由此見解而來看待古典，則所謂古典者，常藉由
呈現出與時俱新的一面，而提供了其於各個時代所觸及的時代
新義與新問題。就這層意義而言，古典乃與時共成長。當然，
各古典亦皆受制於被創作之各時代，……然其所以延續其生命
至今，則是其在幾百年、幾千年的長遠歲月間，於各個時代因
應各時代之須求，允許有其新感受、新解釋，若非如此，則無
法延續其生命至今。就此意義而言，古典常新如自然。故古典
可稱之為第二之自然。[31]

1 還原歷史現場

　　由於竹添在解《論語》時，多能依其時代背景、風氣乃至史實以
考察事件產生之原由，進而以之訓釋文義，俾令其所解之義合乎情
理，以達回復孔門真義。此種別具史眼，將經典文本置於時代社會背
景這一文本脈絡來考究經義的解經法，基本上亦為清代考據學者之擅
場。而竹添之所以能充分發揮之，應與《左傳會箋》已在此前成書此
點有關。蓋《論語會箋》首卷乃引朱子〈論語序說〉，並為之作注。
其中竹添在解「其先宋人，父叔梁紇，母顏氏，以魯襄公二十二年庚
戌之歲十一月庚子，生孔子於魯昌平鄉陬邑」時，說道：「十一月，
《穀梁》作十月。先儒謂『十月有庚子，十一月無庚子，當從《穀
梁》為定。』此說是也。予所著《左氏會箋》哀十六年詳之。」（《論
語會箋》，頁16）由此可知，《左傳會箋》之成書，可說是竹添得以別
具史眼以釋《論語》經義之有利條件。[32]

31　谷川徹三：〈讀書について〉，《文化と教養》，《谷川徹三選集》第2卷（東京：齋藤
　　書店，1946年），頁28-29。

32　有關竹添援用《左傳》以解《論語》之情形，詳見附表（三）「《論語會箋》徵引
　　《春秋》三傳總數統計表」。

　　而援《左傳》史實以明《論語》的實例，如在〈為政第二・子曰
吾與回言〉章中，竹添在疏解「退而省其私」之「私」字時，援《左
傳》以駁朱子所謂：「私，謂燕居獨處。」明言「私」乃指「私語」。
竹添說道：

> 私為私語。《左傳・文四年》，使行人私焉。〈襄十六年〉，國子
> 使晏平仲私於叔向。私字與此同，不必言燕居獨處。其在門
> 下，與諸子講明討論者，皆是私矣。如子夏告樊遲，舜還於眾
> 舉皋陶，曾子告門人忠恕而已矣，是其類也。(《論語會箋》，
> 〈為政第二〉，頁117)

　　除上述此種援《左傳》以解《論語》經文字句之例外，甚者亦有通篇
引《左傳》疏解《論語》經文之例，並引《史記》互證之。[33]
　　由上述竹添援用《左傳》等史書，而試圖透視《論語》古代世界
之歷史實相來看，筆者以為：對竹添而言，其詮釋《論語》的使命，
與其說是在闡明、傳達聖人孔子之道，亦即經書所載之真理；無寧說
對竹添而言，詮解經典乃在重新體驗、再次認識經典背後那個孕育出
經典文本之生活、歷史、意識的世界。因此，《論語》遂成為孔子、
弟子門人及時人等說話者思想、生活，乃至時代歷史之總體表現。若
如是，注經者必須具備一套有助於後人避免誤解《論語》文本、《論
語》中人物對話，乃至孔子所處該時代之歷史事件的解經方法。就該
層意義而言，解經者或恐須要比孔子更能理解《論語》文本。
　　也就是說，解經者要能從各層面進行經義之理解、分析，儼然是
一完全理性客觀的旁觀者，因而得以察覺到連經典文本作者亦未必自

---

33 詳參《論語會箋》，卷16，〈季氏第十六・孔子曰祿之去公室五世矣〉章，頁1052-
　　1056。

覺、意識到的作者自身之想法。而為達此目標,解經者因此必須重新
創造性地認識,甚至盡可能再建構經典作者之思想。而回復歷史時
空,進而將自己投身此歷史時空情境,以求重新開創性地認識並重建
經典所蘊含之思想,使得解經者與經典作者獲得一體感之心神會通。
例如在《論語會箋》卷第八,〈泰伯第八〉之〈子曰:興於詩,立於
禮,成於樂〉章中,竹添之「箋」文在解說完畢何謂「興於詩」、「立
於禮」、「成於樂」後,便如下言道:

> 伊藤長胤曰:此亦孔門學問之條目,猶前篇〈志於道〉章之云
> 也。但彼就修身上而言,此則專以事為而言,此為異耳。誦詩
> 三百則使人有所感發興起,固學問之首務,禮樂則可謂不可斯
> 須離者。而從事於斯則使人有所立以成其德,此學問之序也。
> 蓋古者之道,以禮樂為修身之具,起居動息,每必由焉。猶後
> 世學子之靠書冊弄文字也,不外乎道德仁義,而亦不與道德仁
> 義同。故前篇既有〈志於道〉章,而此則列敘詩禮樂,讀者致
> 思焉。沈無回曰:此夫子進人以經術之實益。今人動曰:人心
> 自有真詩、自有真禮、自有真樂,試思無所觸而能興,無所範
> 而能立,無所陶而能成者,雖在上智,能有幾人?假令日與之
> 言詩,日與之習禮,日與之和樂,雖下愚不肖,未有不興而立
> 而成者也。可見經學步步皆是實境,今人之說,是聖人作經之
> 精意,非後人窮經之實學。果爾,則先王之太史陳詩、春官興
> 禮、瞽宗合樂、俱是贅事。此便是清譚禍世之作俑,開人廢棄
> 經學之漸,故不可以不辨。(《論語會箋》,〈泰伯第八〉,頁
> 496-497)

竹添此種將《論語》詮解的焦點,由經文表面字義轉移至潛藏於
夫子言語背後的歷史隱含義,再證以竹添所處近代日本之生活事例

（「猶後世學子之靠書冊弄文字也」），並舉沈無回之言，強調經術所重乃在「實用效益」，使得孔子不再只是一歷史上的理想人物典型，而是一近代日本人亦能具體理解掌握其學思的理想人物像。竹添此種注經法，堪稱為一種藉由透視《論語》文本中古代世界之歷史實相，進而投身該歷史情境中，使今人所處之當代社會情境與此歷史情境相互交融的注經作業。

2 建構新人間經典

在注經之發明作業中，有關客觀語意分析中所謂「層面分析」這一經文義理之發掘，常見之作法便是將經典與解經者之自我人生經驗結合，藉由「體於己」、「徵於事」、乃至「稽於人情世故」之作法，亦即所謂「以己心體道」之方法，而建構出一注經者所處當代之與時俱進、與時常新的人間經典。然而此一作業雖為經典揖注了新生活水，但也極容易造成經典思想義理的被誤解，甚或歪曲變異，故不可不留意義理發明與文字訓詁過於乖離之可能危機。而竹添於此項發明作業中，不僅能融入己身之生涯於經義中，亦無過分牽強附會以致違異經義。

在〈子曰：視其所以〉章中，竹添「箋」文如此說道：

> 觀其所由，視直視也，觀廣瞻也。觀比視為周遍，察比觀為精細。由是由戶由道之由。以者，即日所為之事是也。由者，其人平素所由而行之道是也。蓋一時所為，不可以概其平生，故既先視其所為，而又觀驗之於其所胡由也。《集注》釋由為意之所從來，恐不然。
>
> 察其所安。察者精細伺察也，如《中庸》文理密察之察。安者，謂意之所安也。蓋其人平生之所由，或有出於不得已，而矯己之為，其迹有所避，而不得行用，故又察其所安之微也。

夫人行一善,有不為利疚、不為威惕者,有畏首畏尾、身其餘
幾者,有既行而無怨悔者,有既行而旋已自悔、且尤人者,人
同此一過,有寢不安席,食不甘味者,有自訟者,有自悔者,
有因而自棄者,有自以為得者,有恬然不以為事者,不安於
善,則不保其往矣,行善而安之,則善日進,有過而安之,則
惡日積,不在小大,在其所安,不可不察也。《集注》釋視所
以,兼言善惡,而所由所安,單就善上觀察,恐不妥。所以既
兼善惡,則所由所安,亦必有善惡可觀察。(《論語會箋》,〈為
政第二〉,頁119)

竹添一生幾經載浮載沉,可謂波瀾萬丈。而其人生道路上最重要
之轉折點,便是其任職朝鮮公使時「甲申政變」之爆發。此項人生經
歷似乎使得竹添對人一生善惡之評價,有了一種細膩且多角度的觀
察。竹添強調:人若能行善,則心必能安,心既能安,則何懼外人有
所毀譽之言。而此番評論又何嘗不是竹添的內心獨白與自我安立。

另在〈泰伯篇・子曰:篤信好學,守死善道〉章中,竹添則強調
人行走於人間江湖,亦不免身不由己,去留豈可盡決於己意,常是時
勢所逼。竹添曰:

言天下,則是無邦也。曰隱,則是避世也。比之不入不居,尚
有所擇者,更過之矣。然亦有身雖將隱,而託跡是邦。勢亦失
能即去,如柳下惠三黜之後而居魯;孔子當靈公、出公之時,
未返魯而居衛,是也。則唯有不居其位,則進退自如,足以歸
潔其身矣。大抵兩有道句皆陪說。蓋開章即說到守死,則本意
已跌重無道。今試以天下有道一句,及邦有道一層,置之陪
面、勿作對面,則不入不居,言去就也,則見隱言出處也。富
貴貧賤,則介乎入居之間,合乎見隱之道,而自成其去就出處

也。語雖有反正，詞雖有主客，而義意朗然。(《論語會箋》，
頁503-504)

筆者以為此番詮解，亦可看作是竹添宦海沉浮後的一番體悟。

五　《論語會箋》解經中的復原與發明

在多達一三八〇處徵引劉寶楠《論語正義》的引文中，竹添光鴻
於《論語會箋》中明白標示「劉寶楠曰」者，計二十七處；標示「劉
恭冕曰」者，僅二處。其中，〈學而〉、〈為政〉、〈八佾〉、〈里仁〉、
〈泰伯〉、〈子罕〉、〈子路〉等七篇的箋文中，皆從未見劉寶楠之名，
亦即劉寶楠之名，要到〈公冶長〉篇才開始出現。而令人好奇的是，
何段引文須標示劉氏之名；何段引文又不標明劉氏之名，關於這一問
題，若就二十卷的《論語會箋》來看，筆者以為顯然無有一清楚的準
則。蓋直指劉氏父子二人之名的二十九處引文中，既有解析字義者，
如〈公冶長・子曰孰謂微生高直〉章，援劉寶楠解「醯」；〈微子・子
路從而後〉章，援劉寶楠解「丈人」。亦有考究典章制度者，如〈憲
問・公伯寮愬子路於季孫〉章，援劉寶楠語解刑殺之制；〈陽貨・宰
我問三年之喪〉章，援劉寶楠語解守喪之禮；〈子張・叔孫武叔語大
夫於朝〉章，援劉寶楠解宮牆。其中更有援引劉寶楠語以明經文義理
者，如〈雍也・子曰君子博學於文〉章、〈顏淵・樊遲問仁〉章、〈衛
靈公・子曰道不同〉章等。

而《論語會箋》在一三五一處未標明出援引自劉氏父子二人的引
文中，竹添既有轉錄劉寶楠抄錄前人資料者，亦有援用劉氏「案」語
者。而誠如前文所述，《論語會箋》轉錄《論語正義》中劉寶楠所徵
引的前人資料，是有其相對一定之轉錄方法，但前人之名多直書，卻
獨諱劉氏之名；《論語會箋》兼引各家之說時，為何皆著錄各家之名

或其書之名，卻獨隱劉氏之名與《論語正義》之名？實未見有何規則。筆者以為，或許竹添認為，資料既是劉氏所轉錄，則本非劉氏之說，是否因此而不書劉氏之名。

而若說竹添光鴻箋《論語》是隨文附註，是無注經方法上的自覺意識的話，則其刻意刪去劉氏父子之名的作法，則又恰恰顯得其此種舉措，乃是一有意識察覺下的刻意經營作業。此由竹添在〈季氏·齊景公有馬千駟〉章中，箋文明言「劉恭冕曰」（《論語會箋》，頁1065），然《論語正義》原文中並無此三字一事亦可證明。因為由此舉足見竹添光鴻詳知《論語正義》一書在十七卷，亦即〈衛靈公篇〉之後，乃成於劉寶楠之子劉恭冕（1824-1883）之手。[34] 故《論語會箋》於〈衛靈公篇〉之後箋注《論語》〈季氏篇〉經文的箋文中，首次出現直書劉恭冕之名[35]，足見竹添並非無意識地隨文附註、徵引。

蓋由《論語會箋》徵引全貌來看，在名物典章制度方面，基本上是宗清儒漢學派傳注類學者，如劉寶楠《論語正義》、俞樾《論語鄭義》、潘維城《論語古注集箋》等；輔以考證類的學者，如毛奇齡《論語稽求篇》、江永《鄉黨圖考》、金鶚《鄉黨正義》、桂文燦《論語皇疏考證》、方觀旭《論語偶記》等。義理則宗今文學義理之屬的

---

34 其實《論語正義》十七卷以前，多有出於恭冕之手者，且與寶楠不分軒輊，斷非李慈銘於《越縵堂日記》光緒乙卯閏三月廿四日所言：「十八卷以下，採取不及以前之傳，則學識又不及其父也。」有關此一問題，陳鴻森：〈劉氏論語正義成書考〉，《中央研究院歷史語言研究所集刊》第65本第3分（1994年9月），頁477-508。文中已有獨到精闢之論述。

35 廣文書局影印本《論語會箋》首卷，〈論語序〉之序文前，竹添開頭便箋注曰：「劉恭冕曰：《經典釋文》……」但東京都立圖書館日比谷分館「諸橋文庫」所藏竹添光鴻再校手抄本《論語會箋》，則在「論語序」三字同一行下，以朱筆寫有「劉恭冕述」四字，而序文前的箋文則無「劉恭冕曰」四字，直接以「《經典釋文》……」起頭箋注。亦即竹添是將原本置於《論語正義》卷二十四的〈論語序〉之注文，移至《論語會箋》卷首，或許因《論語正義》卷十八〈衛靈公篇〉以後乃成於劉恭冕之手，故仿《論語正義·凡例》，記為「恭冕述」，但至定稿時則改為「劉恭冕曰」，而非《論語正義》原文的「正義曰」。

劉逢祿《論語述何》、宋翔鳳《論語說義》；以及漢學義理之屬的焦循
《論語通釋》、《論語補述》、阮元《論語論仁論》等兩相互參。然而
才主張《會箋》仍有一大致的注疏準則，但同是〈微子篇〉中，竹添
徵引《論語正義》的引文中，明示劉氏之名者有三。其中〈大師摰適
齊〉章與〈周公謂魯公曰〉章，兩章雖分置前後，但前章援《正義》
之文時，箋曰「劉恭冕曰」（《論語會箋》，頁1161）；後章援《論語正
義》之文時，卻曰「劉寶楠曰」（《論語會箋》，頁1162）。

　　由以上之說明看來，《論語會箋》標不標舉劉氏父子之名，或標
不標舉《論語正義》書名，顯然無一特定的注經法則。而其轉錄劉氏
所援前人之資料，若可以不具劉氏之名，則其援用劉氏「案」語者，
為何又隱其名？在此看似若有準則的無規則注釋作業中，究竟又有何
種意涵？

　　堪稱竹添學問之集大成的「三會箋」，亦即《左傳會箋》、《毛詩
會箋》、《論語會箋》三書，其著述體例、注疏方法，可謂皆擬清人之
新疏而作成。若只因表面文字之故，便簡單地斷言《論語會箋》多抄
襲自清人考據之注疏，則恐失輕妄。筆者以為竹添辭退東京帝大教官
一職，歷時近二十年完成一系列的經典疏解作業，在人生最後階段的
竹添，不當只是抱持「抄襲掠美」之私心而來從事注經事業。然因學
界早有《左傳會箋》剽竊、襲用他書之說而不注所出之論[36]，因而連
帶影響了學界對《論語會箋》、《毛詩會箋》的看法。假若吾人只能以
一句襲用、抄襲、剽竊來斷定竹添一生最浩大的注經事業，則有失淺
薄。對於《論語會箋》注經過程中資料雷同的問題，當從經典注釋的
傳統途徑來考察，並試圖解讀出其中意涵。

　　關於竹添轉錄劉寶楠《論語正義》中所徵引的前人資料一事，若

---

36 如李維棻：〈竹添光鴻《左傳會箋》論評〉，《大陸雜誌》第26卷第10期（1963年5
　　月），頁21-27。以及岡村繁著，陸曉光譯：〈竹添井井《左傳會箋》中的剽竊〉，《中
　　國比較文學》第1期（1991年7月），頁227-235。

立足於現代，以今人之標準學術規範眼光，僅就行文形式言之，便言
竹添《論語會箋》是為「抄襲」之作，則有待商榷。因朱熹《論語集
注》中，亦有大量抄錄漢唐以來古注資料者，此在筆者為釐清《論語
會箋》如何徵引《論語正義》時，藉由對照二書注文的過程中，確實
可以清楚看出《論語正義》徵引了不少《論語集注》[37]，而《論語集
注》又徵引了相當程度的漢儒古注舊說，而且亦未標示出被徵引者之
名。例如：

> 經文：子禽問於子貢曰：「夫子之於是邦也，必聞其政，求知
> 　　　與？抑與之與？」
> 鄭注：子禽，弟子陳亢也。子貢，弟子，姓端木，名賜。
> 集注：子禽，弟子陳亢也。子貢，弟子，姓端木，名賜。（〈學
> 　　　而〉）[38]

　　此種情形其實證明了注經作業在某種程度上，基本上必須不論
漢、宋，自有其必須承前沿襲的部分。有關注經作業中的「沿襲」前
人之說以求復原經義之情形，不妨回返到經學發展史來觀察。因為對
後世的任何一位注經者，經典的古代社會，就某種意義而言，可說是
一「禮壞樂崩」的時代。蓋對於注經者的「當代」而言，經典中的世
界，乃是一已然消失、崩壞、瓦解的古代社會。因此，注經作業的進
行，有一大部分必須從事一種堪稱之為「復原」的作業。亦即典章、
名物、制度、歷史諸現象的「復原」。而此「復原」作業可以視為經
學思想的「沿襲」，雖然這一「沿襲」作業中，亦有可能產生改易，

---

37 詳見附表（四）「《論語正義》各篇《論語》注文徵引朱注總數一覽表」。

38 分別見於〔魏〕何晏注，〔宋〕刑昺疏：《論語注疏》，《景印摛藻堂四庫全書薈要》
　　第70冊，卷1，頁10a；〔宋〕朱熹：《四書章句集注》（臺北：中華書局，1983年），
　　卷1，頁51。

但其目的則無非是要復原一更正確的古代經典世界。而在建構這一作業時，後人終究不免要採取「以聖人之言解經」的方法，但眼下嚴峻的問題卻是「古言」又分崩離析，不復原意，故在追索古文言意時，則又須依賴相對去古未遠的前人，以及歷代注經者持續建構而來的既有的復原作業基礎。

　　事實上，若就中國經學發展史而來觀察，吾人則不難發現：不獨現代如此，漢代古文經學家為各經作注，力求正確理解經文；魏、晉經學則據鄭玄以追求純古文學；南北朝經學則由魏、晉簡約之風，轉進繁瑣的「義疏」之學；唐貞觀之《五經正義》則據義疏之學而朝向整理經典文字、音讀、訓詁的方向發展；宋元明經學要等到程朱、陸王相爭不下，才回頭依據漢、唐古注，試圖解決經書脫闕亡佚、誤認作者、偽造仿冒、依託附會、刪改填補、羼雜異教等問題，故辨偽、考據之學乃興；清代經學乃據明中晚以來的辨偽學，進行「考文知音」的作業，至乾嘉時，細密整理經書的作業如火如荼展開。乾嘉考據學者在相信漢代古文家「去古未遠」的信念下，承襲漢代古文學，從辨偽、校勘、訓詁、輯佚等方面入手，從事治經工作。故此種依據前代之人經注的作法，堪稱是一種注經作業中廣義的「沿襲」；而非注經形式上狹義的「抄襲」。蓋經學注疏文化形成發展的過程中，「沿襲」是一種傳承、接續。因此，吾人若以現今之學術眼光、撰述論文標準來評判，恐未顧及經典注釋的歷史發展之必然脈絡。何況古來注經未必有其固定之法，如唐「五經正義」中多有襲南北朝人之義疏而掠其名者；朱熹《詩集傳》的基本訓詁泰半抄自《毛傳》，卻刪除毛亨之名；如：

1 〈周南・關雎〉

關關雎鳩，在河之洲。窈窕淑女，君子好逑。

毛《傳》：關關，和聲也。窈窕，幽閒也。淑，善。逑，匹。

朱《傳》：關關，雌雄相應之和聲也。窈窕，幽閒之意。淑，善也。[39]

參差荇菜，左右流之。
毛《傳》：荇，接余也。
朱《傳》：荇，接余也。[40]

2 〈周南・葛覃〉

（1）葛之覃兮，施于中谷。維葉萋萋，黃鳥于飛，集于灌木，其鳴喈喈。

毛《傳》：覃，延也。施，移也。中谷，谷中也。萋萋，茂盛貌。灌木，聚木也。喈喈，和聲之遠聞也。

朱《傳》：覃，延。施，移也。中谷，谷中也。萋萋，盛貌。灌木，叢木也。

喈喈，和聲之遠聞也。[41]

（2）是刈是濩，為絺為綌。

毛《傳》：濩，煮之也。精曰絺，麤曰綌。斁，厭也。

朱《傳》：濩，煮也。精曰絺，麤曰綌。斁，厭也。[42]

其他諸如此類之例不勝枚舉；而蔡沈（1167-1230）《書集傳》的基本訓詁則多有抄自《偽孔傳》者；如：

---

39 分別見於〔漢〕毛亨傳，鄭玄注，〔唐〕孔穎達疏：《毛詩注疏》，《景印摛藻堂四庫全書薈要》第23冊，卷1，頁24a-b；朱熹：《詩集傳》（臺北：中華書局，1971年），頁1。

40 毛《傳》同前註，卷1，頁26b；朱《傳》同前註，頁2。

41 毛《傳》同前註，卷1，頁34a-b；朱《傳》同前註，頁3。

42 毛《傳》同前註，卷1，頁35b；朱《傳》同前註，頁3。

1 虞書堯典

（1）黎民於變時雍

　　孔《傳》：時，是。雍，和也。

　　蔡《傳》：時，是。雍，和也。[43]

（2）宅嵎夷，……申命羲叔……日永星火。

　　孔《傳》：宅，居也……申，重也……永，長也。

　　蔡《傳》：宅，居也……申，重也……永，長也。[44]

（3）厥民夷。

　　孔《傳》：夷，平也。

　　蔡《傳》：夷，平也。[45]

2 虞書舜典

（1）格汝舜，詢事考言，乃言底可績，三載汝陟帝位。

　　孔《傳》：格，來。詢，謀。乃，汝。底，致。陟，升也。

　　蔡《傳》：格，來。詢，謀。乃，汝。底，致。陟，升也。[46]

　　又陳第（1541-1617）《毛詩古音考》中亦多有抄襲楊慎（1488-1559）者，以致日後楊慎第二十八代孫楊崇煥，為文指控陳第抄襲其祖先楊慎之說[47]；至顧炎武（1613-1682）時，其《音學五書》中則多有抄襲楊慎、陳第之說。今未見有人言朱子、蔡沈、陳第、顧炎武

43　分別見〔漢〕孔安國傳，〔唐〕孔穎達疏：《尚書注疏》，《景印摛藻堂四庫全書薈要》第16冊，卷1，頁7a；〔宋〕蔡沈：《書經集傳》（北京：中國書店，1994年），頁2。

44　孔《傳》同前註，卷1，頁9a-10a；蔡《傳》同前註，頁2-3。

45　孔《傳》同前註，卷1，頁10b；蔡《傳》同前註，頁3。

46　孔《傳》同前註，卷2，頁3a；蔡《傳》同前註，頁7。

47　詳參楊崇煥：〈陳第古音學出自楊升庵辨〉，收入林慶彰、賈順先編：《楊慎研究資料彙編（下）》（臺北：中央研究院中國文哲研究所籌備處，1992年），頁537-547。

「抄襲」，又何須獨責竹添光鴻掠劉寶楠《論語正義》之美。竹添自身亦說：

> 夫經所以載道也。道原於人心之所同然，然則他人說經獲我心者，道在斯可知矣。以所同然之心，求所同然之道，何必容彼我之別於其間。集眾說折衷之，要在闡明經旨。[48]

其實，竹添於《毛詩會箋》再校手抄本的第一冊首頁第二行，便先以墨筆寫道：

> 熔鑄群言，自為疏解。

其中「疏解」二字，日後又以朱筆改為「一貫」。同頁第三行又有朱筆寫道：

> 斂輯諸家之說，而非一人之獨見也。但諸家引證有言之，其說有醇疵各半者，則去其疵而存其醇。

而劉恭冕不也說：

> 諸儒經說，有一義之中是非錯見，但采其善而不箸其名，則嫌於掠美；若備引其說而並加駁難，又嫌於葛藤，故今所輯，舍短從長，同於節取，或祇撮大要，為某某說。（《論語正義》，頁2）

48　〈左傳會箋自序〉，《左傳會箋》，頁3。

　　事實上，由於「漢人去古未遠」，故使得每位後世的注經者，都必須克服其當下立足的那個「去古相對遠」的當代，故「沿襲」漢儒以來，甚或是只要較早於注經者自身的前人經注，也就成為注經者「復原」古代世界（經典世界）的重要憑藉之一。也就是說，歷代每一位前人的經注，彷彿是每個回溯經典原初世界的據點，而連接此每一據點，使之成為一道軌道，一道回溯「聖人之言」的軌跡途徑，目的無非就在方便注經者進入經典的古代世界。

　　至於《論語會箋》通篇何以對劉氏之名或標舉、或未明示這一問題，吾人可以嘗試就「成書時間」與「注經體例」兩者相互影響的關係來考量。事實上，據筆者檢閱東京都立圖書館日比谷分館「諸橋文庫」中所藏竹添光鴻親筆再校的《論語會箋》手抄本，與竹添親筆抄錄的《毛詩雜抄》、《毛詩會箋序說》抄本，和初校的《毛詩會箋》抄本（今僅存卷三、卷十七），以及再校的《毛詩會箋》（全二十卷二十冊共四帙）抄本後，此一問題確實可獲得進一步解決。由於《論語會箋》是一歷時多年才完成的長箋，故最初竹添光鴻在注疏《論語》之前，想必要對前人之《論語》注釋專著進行解讀分析。今日從成書後的《論語會箋》來看，竹添最初閱讀參考的《論語》注釋專著，極有可能是劉寶楠的《論語正義》，因此當初在閱讀時，亦同時隨讀抄錄資料，卻未必著錄劉氏其名，日後正式注解、校訂《論語》時，卻又改訂或正式著錄劉氏之名。事實上此種現象，亦同樣見於竹添援用中井履軒等江戶先儒之《論語》注解專著時，並非獨對劉氏父子。

　　而此種現象無非也是導因於長時累月箋注的結果，自然也就造成了《論語會箋》之注釋體例前後不一。此點由《論語會箋》通書中引用江戶先儒之注解者，人名或稱全名、或以號稱之，或稱其倣華擬漢之三字略名，亦可得到印證。例如書中引用中井履軒、古賀精里、伊藤仁齋、伊藤東涯、安井息軒、佐藤一齋者，在〈八佾篇〉以前，再校手抄本的《論語會箋》幾乎皆將原先以號稱之者，改稱其全名。例

如卷第一，四十一頁上頁，第七行的「齋曰」，就以朱筆改為「佐藤
一齋」，而且再校手抄本的《論語會箋》該處，另貼有附紙寫道「一
齋佐藤坦トスルカ、只一齋トスルカ」（一齋記為佐藤坦，或只記為
一齋）；同四十一頁上頁，第九行的「履軒」，也以朱筆改為「中井履
軒」；四十三頁上頁，第十一行的「物茂卿」，則以朱筆改為「徂來」
（而廣文書局影印的崇文本則再改為「徂徠」）。而自〈里仁篇〉以後
至〈子路篇〉，則又未將之改回全名，仍多以號稱之；但自〈憲問
篇〉以後，則或以名稱之、或以號稱之。然仍有例外，例如自〈為政
篇〉至〈子路篇〉，中井履軒則一概稱其號曰「中井積德」，但自〈憲
問篇〉以後，則或稱名、或稱號。[49]

足見《論語會箋》全書雖幾經改易校訂，但最後仍呈現注釋體例
不一之結果。事實上，除注記人名體例不一外，若就再校手抄本的
《論語會箋》來看，箋文的注寫體例亦不一致。如卷二、三、五、
七、十九、二十之箋文是分段注說；但其他卷之箋文則不分段，而是
以「○」記號斷開。又如竹添於再校手抄本的《論語會箋》，由第一
冊至第三冊，每篇第一頁上頁，於左下角欄外，以朱筆補上「獨抱
樓」三字，但第四冊以後則未有標示此三字。

據筆者檢閱東京都立圖書館「諸橋文庫」所藏竹添親筆再校之
《論語會箋》抄本看來，長箋作業確實費時日久，故二十卷十九冊
（十九、二十卷同冊）的《論語會箋》再校抄本，竹添所使用的抄寫
紙本亦不一致。其中，一、二、八至十六以及十八等卷之抄寫紙本，
並未印有製紙廠之商號；三、五卷使用的是十二號「積善堂製」抄寫
紙本；四、六卷使用的是十二號「鈴木紙店特製」抄寫紙本；七、十
七、十九、二十等卷則使用「芝久保町大菱屋製」的四號抄寫紙本。
又因經年累月持續箋注，全書幾經改易，故再校抄本的《論語會箋》

---

49 詳見附表（二）「《論語會箋》徵引江戶先儒總數統計表」。

中，除朱筆校訂之跡外，亦可看出先前有墨筆校訂過，此外尚有鋼筆、鉛筆改訂之處。

　　例如卷二〈為政・子曰詩三百〉章，再校抄本《論語會箋》自第十一頁上第十一行開始，至第十二頁下第二行為止，本有箋文：「崔述曰：〈世家〉云古者詩三千餘篇，及至孔子，去其重，取可施於禮義。……不必孔子刪之而後逸也。」竹添先以墨筆將該段劃出，並寫上四個「省」字，而後再以朱筆打上「×」號刪去。故今《論語會箋》該處箋文則是：「崔氏曰：〈國風〉自二〈南〉、〈豳〉以外，多衰世之音。……如果每君皆有詩，孔子不應盡刪其盛而獨存其衰。……孔子何為而盡刪之乎？」（頁96-97）又如第一冊至第三冊，其頁數皆標於每頁下頁欄外的左上處；第四冊之頁數則改標於每頁上頁欄外的左下處；而第五冊雖然每頁未標頁數，但在該冊首頁欄外右下，則以鉛筆標有「七十六枚」（七十六張）等字樣。而自第七卷開始，竹添於每卷最後一頁之最後一行，由上寫下「論語會箋卷第○終」。但第七、十卷是以鉛筆寫成；第八卷則是以墨筆寫成；第九、第十一至第十九卷卻是以鋼筆寫成；最後的第二十卷則以墨筆寫下「論語會箋終」，又於「箋」字後，再以鋼筆補進「卷第二十」四字，足見全書幾經校訂之痕跡。

　　上述《論語會箋》注釋體例不一之情形，就如同《毛詩會箋》成書之前，竹添先抄錄前人諸說，以成《毛詩雜抄》二冊，此如同讀書筆記，日後正式注解進而校訂《詩經》時，則多有改易，全書逐次刪增改易，甚至於校訂本時仍多有補遺於欄外之文，或有以朱筆刪除者。正因如此，故《毛詩會箋》初校抄本卷三的箋注內容〈邶國風〉，到《毛詩會箋》再校抄本時卻成了「卷第二」；但再校抄本《毛詩會箋》卷十七則與初校抄本《毛詩會箋》卷十七相同，皆在箋注〈大雅・生民之什〉至〈大雅・板〉的內容。也就是說，《毛詩會箋》不僅箋注內容的卷次安排有所更動，箋注的詳細內文亦多有改

動，以下茲舉〈唐風・綢繆〉一例以證。

　　形同讀書筆記的《毛詩雜抄》於該詩〈序〉下寫道：

　　　　傳以秋冬皆為昏姻之時，此篇述昏姻正法以刺今不能，然則其
　　　　時指秋冬，故解經三星為參，此箋非序意也。[50]

但再校抄本《毛詩會箋》則如下寫道：

　　　　綢繆刺晉亂也。箋曰：後序所謂昭公之後大亂五世，此其始也。

　　　　國亂則昏姻不得其時焉。箋曰：凡言昏姻得時不得時者，率謂男三十
　　　　娶，女二十嫁之時，……孔疏誤解敘意矣。[51]

而「綢繆束薪」二句下，《毛詩雜抄》原本寫道：

　　　　正義按薪芻各別植，束之則合而為一把，猶男也。……故古者
　　　　稱參為三星，今則嘴星亦移入其中矣。[52]

但再校抄本《毛詩會箋》則如下寫道：

　　　　興也，綢繆猶纏綿也。三星，參也。在天，謂始見東方也。男

50　本章以下所引《毛詩雜抄》之版本，乃日本東京都立圖書館日比谷分館特別文庫室
　　諸橋文庫所藏竹添光鴻抄寫本，原未標明頁數。

51　本章以下所引《毛詩會箋》之版本，乃日本東京都立圖書館日比谷分館特別文庫室
　　諸橋文庫所藏竹添光鴻抄寫本，原未標明頁數。

52　《毛詩雜抄》，日本東京都立圖書館日比谷分館特別文庫室諸橋文庫所藏竹添光鴻
　　抄寫本。

女待禮而婚，若薪芻待人事而後束也。三星在天，可以嫁娶矣。[53]

接著在「今夕何夕」二句下，《毛詩雜抄》原本寫道：

正義按傳訓下句兮為嗟茲，則亦嘉美此夕也。[54]

再校抄本《毛詩會箋》則只寫道：

良人美室也。[55]

　　由上述詩例看來，《毛詩雜抄》是最初抄錄諸說的讀書筆記，其中經初校抄本《毛詩會箋》，至再校抄本《毛詩會箋》時，箋注內容已多有刪增改易，全詩最後再以「箋曰」注出綜合諸說之己見。但因已是最後一道作業，似乎不再核校先前注經作業中的文獻資料，故箋文中或注、或不注徵引資料之所出。由此可知：「三會箋」是一耗費時日、長年累月持續的注經作業，本有其階段性的作業區分。就如《左傳會箋》雖從明治二十三年（1890）開始校勘《左傳》卷子本，但竹添於明治十七年（1884）便已著有《評注左傳抄》一書。故吾人亦可合理推論在《論語會箋》成書前，或恐亦有一類似「評注論語抄」或「論語雜抄」的前置作業。

---

53 《毛詩會箋》，日本東京都立圖書館日比谷分館特別文庫室諸橋文庫所藏竹添光鴻抄寫本。

54 《毛詩雜抄》，日本東京都立圖書館日比谷分館特別文庫室諸橋文庫所藏竹添光鴻抄寫本。

55 《毛詩會箋》，日本東京都立圖書館日比谷分館特別文庫室諸橋文庫所藏竹添光鴻抄寫本。

　　蓋不僅《論語會箋》一書在徵引文獻資料，未見一確定規則，其實在中國注經傳統中，基本上注經者對其自身所採的注經法，普遍缺乏方法上的自覺與反省。[56]相對於此，江戶以還的日本學者由於意識到漢籍終究是一外來的「他者」，故當彼等在注經時，相對地必先確立一套注經作業的方法，而非隨文附注。此由江戶古學派的伊藤仁齋、荻生徂徠、龜井南冥、安井息軒的《論語》注釋書中，便可得到證明。[57]然而竹添卻相當程度擺脫了江戶先學的注經路數，雖然《論語會箋》中亦援引了伊藤仁齋、伊藤東涯、荻生徂徠、中井履軒、佐藤一齋、古賀精里、龜井南冥、松崎慊堂、木下韡村、安井息軒等前人之說，以解經文字義、義理，但在方法形式上，竹添採取的是倣效乾隆末年以來清儒為群經作新疏的注經法，以朱子《論語集注》為據，重為《論語》作新疏。

---

56 筆者此處所謂中國先儒所採的注經法，乃相對日儒而言的普遍現象。指的是相對日儒強烈意識到以「漢文」寫成之漢籍，當其對之在進行聖人意旨與經典本義之探究時，由於「語言」是日儒首先必須面對克服的問題，故其首要之務便是要掌握一套其個人「如何可能正確」解明經書本義的「方法」。亦即，相對於中國儒者的注經作業，日本儒者通常無法在「解經方法」獲得以前，便自信且信他地認為經書本義是不證自明的、可直接探取聖人之微言大意的，故我們可以說日本注經者普遍對解經方法，特別是在解明經書本義方面，有著必須解決語言脈絡這一問題之相關障礙的，方法上的自覺與反省。當然筆者亦不否定：宋儒一系列探究經書「本義」的注經之作，如歐陽修的《詩本義》、朱子的《周易本義》等書，皆是在強烈意識下探詢經書本義的解經作為，但筆者以為宋儒此類注經之舉，重點不在方法上的自覺與反省，其所重視的乃在如何詮釋經書本義，或是闡述微言大意。另外，關於漢儒之注經，其方法大體而言，雖有通經大義、串講章句等作法，但就如鄭玄於《周禮注》中有意識地推尊《周禮》，或藉禮儀、讖緯解經的作法，其所自覺而看重的恐怕也不在其所採用的方法本身，而是藉此可能達到的詮釋功效與目的。而有關宋儒探究經書本義與鄭玄之解經法等問題，可參閱車行健：《詩本義析論：以歐陽修與蘇橙詩義論述為中心》（臺北：里仁書局，2002年）、《禮儀、讖緯與經義——鄭玄經學思想及其解經法》（臺北：輔仁大學中國文學研究所博士論文，1996年）。

57 請參閱筆者博士學位論文《江戶古學派に於ける《論語》注釋史の研究》（福岡：日本九州大學大學院文學研究科，2000年）。

　　在幕末到明治這一轉折變遷時期，相對於朱子學者，如森田節齋（1811-1868）是將朱子學與尊王攘夷運動相連結，或如阪谷朗廬（1822-1881）是將朱子學轉向忠誠於天皇的方向發展。陽明學者山田方谷（1805-1877）是將陽明學與藩政、幕政之改革運動相連結；津田真道（1829-1903）是將陽明學轉向物競天擇的社會進化論、功利主義的方向發展。竹添光鴻在明治時期為江戶古學、考證學所從事的轉型手段，乃是將之匯歸到清朝考證學，然結果卻終結了古學派發展至考證學派以來，一貫的「經世」實學精神。[58]

　　蓋相對於朱子學、陽明學在因應變局時，是由實踐倫理的儒學，轉向強調配合呼應政治需求的儒學道德或利己的功利論，以提供、協助解決現實國家社會之困境為其學問對象；竹添此種將學問全歸於考證學的意圖，不僅與亦師亦友、同時代的安井息軒所謂始終意在經世的學問態度，互為對照，亦與古學派發展至考證學派，一脈以來以社會為學問對象的為學目的作了訣別。筆者以為此或許與竹添在擔任韓國公使其間，歷經「甲申政變」之挫折以來的人生經驗有關，於是斷然將學問自現實政治、社會中隔絕獨立出來，雖然其真志向實在經世。[59]此點在《左傳會箋》中，亦可得到印證。蓋同樣成書於竹添辭退外交官後的《左傳會箋》，就一般看法而言，竹添起伏多變的外交生活，多少會影響或成為其研究《左傳》的背景、要素。但即使從該書序文中，亦未能窺探出任何有關竹添外交實務經驗的隻字片語。《左傳會箋》乃竹添以一嚴謹文獻學者之態度而從事的《左傳》注疏作業。就這點看來，便與同門的陸奧宗光（1844-1897）之態度立場

58　請參閱拙作：〈『論語集說』に見られ安井息軒の經世論〉，《斯文》第109號（2000年3月），頁36-50，以及〈儒學的社會實踐與制度化——以日本為例〉，收入鄭定國編：《漢學研究國際學術研討會論文集》（斗六：國立雲林科技大學，2003年），頁135-184。

59　例如《斯文》第10編第6號（1928年6月）的〈彙報〉中，諸橋轍次便提到竹添光鴻曾經送給張之洞一副對聯，寫道：「溫故知新真學問，穿山通軌大經綸。」（頁62）

相當懸殊。陸奧宗光於《左氏辭令一班》該書的〈序〉文中，便將當時日本所面對的國際情勢投射於《左傳》書中，故其於序文中說道明治日本的處境，乃：

> 方今海之內外，四方萬國，來往會同，爭誇文物，競張國勢，是春秋戰國而且大者也。若禮文修辭之術，豈得不講究之哉。因究《左氏》辭令中，抄錄其尤者數十章，命曰《左氏辭令一班》。世人若熟復玩味焉，則不翅得窺全豹之美；應接言論之際，變野為文、換直為婉，未必無少補於文明之治也。[60]

此種注經態度，堪稱是一種將經書與現實近代日本社會政治連結一起的實務家立場。

除陸奧宗光外，竹添光鴻之另一同門井上毅，以及其於明治元年（1868）奉藩命視察江戶、奧羽時的知音勝海舟（1823-1899），可以說皆為經世實務家。竹添之所以與彼等相交甚親，乃因截至明治十七年（1884）因「甲申事變」爆發而辭官以示負責為止，竹添亦是一活躍政治、外交界的實學經世家。但辭官以後，自明治二十三年（1890）開始校勘《左傳》以還，其間雖於明治二十六年（1893）也曾任職東京帝國大學文科大學，與摯友島田重禮一同擔任漢學支那語學第二講座教授，但兩年後的九月便卸下教職，專志於名山大業，埋首著述。在人生最後將近三十年的生涯中，竹添可以說是立功不成而轉立言，由實務轉學術。竹添自己清楚說道：「惟有不居其位，則進退自如，足以歸潔其身。」（《論語會箋》，頁504）然誠如其書齋「獨抱樓」之齋號一般，此種「獨抱」之感懷並非只是消極地自現實

---

60 見陸奧廣吉：〈左氏辭令一班序〉，《左氏辭令一班》，《伯爵陸奧宗光遺稿》（東京：岩波書店，1929年），頁659。

中退避，竹添相信「然有不為也，而後可以有為」（《論語會箋》，頁898）。

　　事實上，竹添並非徒務句讀之學，《論語會箋》中經學思想之衍義、亦即《論語》義理之發明作業，多植基於其個人特殊的人生經驗。但「體於己」等發明之作業，總不能過於遠離「考文知音」的復原作業，因為，雖然經典總是預留餘地，準備容納吾人所處當代之各種嶄新解釋，以延續經典命脈，使之與時常新；然因漢、唐以來注經之目的，既然是在「對聖人之意不無小補」，故此注經預設立場使得發明的幅度大受侷限。注經之作業，雖然是條與時俱進的歷時流線作業，但在此順時行進線的另一頭，卻有著一股「返古」、「原聖」的反作用力，使得經典義理的發明作業，亦即「以己心體道」的發揮，受到此股反作用力相當程度的牽制與制約，此乃中國經典注釋的顯著特色之一。

　　而有關竹添對《論語》義理之闡發，因篇幅所限，且非本章主要論述要旨，故另待日後撰文再論。

六　結語──竹添光鴻之歷史定位：「支那學」的胎動

　　藉由本章之考察爬梳，吾人應該對《論語會箋》的解經法有一清楚的理解，同時也可明瞭在經典注釋的方法上，日本學者雖比中國學者更意識到方法上的營為，但在經典注釋的路數上，概言之，中、日則不外乎是「以聖人之言解經」和「以己心體道」這兩條途徑。前者是一復原作業，故有其經學思想的沿襲，而沿襲中又有改易。後者是一發明的作業，故有其經學思想的衍義，而此衍義可能是一種創發或反省，甚而是一種對傳統的誤讀。只要試圖去理解注經方法所包藏的複雜性意涵，就不會以一種現代學術規範的眼光，僅因研究對象「引據不注」，而立下此研究對象是「剽竊」之武斷判定。

在江戶到明治的變遷時期，竹添乃處在一舊學轉新學的學術斷裂困境上。蓋處於轉折時期，人可以選擇謹慎退避或開放轉向，然轉向這一積極回應，雖可能帶來進步，但此進步同時亦將伴隨著某種退化。學問的轉向是一種摸索的緩慢進化，而某種過往的傳統卻必須有意識地盡力快速退化。而提供此學問轉型的條件，則須有環境背景與內在動力。竹添光鴻《論語會箋》等三《會箋》的成書，正可視為江戶考據學到京都支那學的轉型過渡期學問。其背景乃在清代學者為經典作新疏的風氣盛行，並流傳到日本，而影響到日本學者，觸發為經典作新疏的念頭，而成為一股日本傳統漢學者嘗試學問轉型的內在動力。另一方面，西式大學教育制度的確立又是一時代背景，而為因應作為一門大學教育中的科目，近代日本學者必須試圖使漢學成為一門具客觀性、科學性的學問，這一需求，又是另一股明治日本漢學自身轉型的內在動力。

而談及江戶漢學於近代轉變而後成型的明治漢學，究竟具體為何，毫無疑問地，一般多會指出京都「支那學」。而提及「支那學」的創始人，一般又多會指出狩野直喜。小島祐馬（1881-1966）曾說：

> 狩野先生於明治三十九年被任命為京都大學教授，擔任中國語學中國文學講座。……期間所講授之課程科目，普通課程在文學科講授中國文學史。
>
> 在哲學科講授中國哲學史。特殊課程在文學科講授六朝文學、隋朝文學、中國小說史、中國戲曲史、科舉與文學、兩漢學術考、魏晉學術考等。在哲學科講授《論語研究》、《孟子》研究、清朝學術史、《公羊》學等。其中《儀禮注疏》用力最多，為其特色之所在。如此一來，京都大學中國哲學史及中國語學、中

國文學講座，在形式及實質上，全由狩野先生建立其基礎。[61]

另外，若據吉川幸次郎的說法，狩野則是確立近代明治日本以清朝考據學為宗這一學風的重要人物。吉川說道：

> 先生嘗云：「經學方面，唐人之疏比清儒之研究更為充實，清儒之根本資料全自疏中而來。」經書研究者讀疏之事，在今日雖屬常識，然若無先生如此推獎，能產生如今日般之讀疏者乎？江戶時代徂徠門下雖亦嘗讀疏，然其曾細讀至何種程度，令人懷疑，似僅不過以疏為閱讀本文之參考。然先生對於疏之一字一句，則邊徵引其用例而加以研究。[62]

職是之故，吉川幸次郎評斷定位狩野直喜為：

> 是以日本漢學之改革者、創始者之姿出現。[63]

　　筆者亦不否認將中國學問還原成一學術研究客體，並採取客觀地把中國作為中國而來理解，再依據中國學問、文化發展的內在理路，來認識理解中國的為學態度，實有賴京都大學的成立。更因為狩野直喜、內藤湖南等提倡注重文獻收集與考證，並且在取法清朝考證學上，更將之發展到「雙重證據法」，亦即要能發現、挖掘出與傳世紙本文獻資料相印證的新文獻和新文物，而使得中國學問成為一文、史、哲不分離，三位一體的「支那學」，至此江戶漢學才真正在學問

61 小島祐馬：〈通儒としての狩野先生〉，《東光》第5號（「狩野先生永逝記念」專刊）（1948年4月），頁8-9。
62 吉川幸次郎：《吉川幸次郎演講集》（東京：筑摩書房，1996年），頁400-401。
63 狩野直喜：〈解說〉，《支那學文藪》（東京：みすず書房，1973年），頁500。

概念、內容及研究方法上近代轉型完成。然筆者在此要提出的是：誠如前文所述，學問的轉向是一種摸索的緩慢進化。在東京帝國大學於明治十年（1877）成立以來，到明治三十三年（1900）京都帝國大學成立為止的二十幾年間，近代日本學界難道無人從事類似於「支那學」的學問研究嗎？因為「支那學」的發展形成也絕非一夕完成。

事實上，竹添光鴻的注疏經典作業，比京都大學的讀疏研究早了二十年。因為據大正三年（1914）十月發行的《藝文》第五年第十號〈彙報〉看來，當時「京都文科大學新學年講義演習題目」記為「禮記（十三經注疏本內）」。大正五年（1916）十月發行的《藝文》第七年第十號〈彙報〉，當時「京都文科大學新學年度講義演習題目」記為「禮記（十三經注疏中）」。由此可以確定的是：自大正三年（1914）開始，狩野直喜已經以《禮記注疏》為其演習內容，所以《京都大學文學部五十年史》在記載狩野直喜歷年的課程時，便寫道「禮記注疏（大五）」。[64] 雖然該書也記載明治四十四（1911）年度，狩野所教授的演習課名為「周禮」，講讀課名為「毛詩」，但因無法考察其內容是否以注疏為主，故暫且置之不論。[65] 也就是說，距竹添光鴻於明治二十三（1890）年開始校勘注疏《左傳》，狩野直喜的讀疏至少晚了二十年以上。而即便將狩野講授注疏課程的時間，提前至明治三十九（1906）年，其被任命為京都帝國大學中國語學中國文學講座教授時便已開始，也距竹添從事注疏研究晚了約二十年。

由上述事實看來，自東京帝國大學成立至京都帝國大學成立的明治十年代與二十年代期間，所謂取法清朝考證學，注重文獻收集與考證，開始嘗試從事無關現實社會實踐的學院式研究之始祖，當推近三

---

64 京都大學文學部編：《京都大學文學部五十年史》（京都：京都大學文學部，1956年），頁215。

65 有關京都學派的注疏研究，張寶三：〈日本近代京都學派對注疏之研究〉，《唐代經學及日本近代京都學派中國學研究論集》（臺北：里仁書局，1998年），頁135-253，該文已有詳論，極具參考價值。

十年持續從事經典注疏研究，完成三《會箋》注經大業的竹添光鴻。也就是說，在江戶考證學轉型為「支那學」的過程中，竹添光鴻接續了松崎慊堂之漢唐古注疏學，到安井息軒漢唐古注與清朝考證學合一的學統，轉而做清人為群經作新疏的研究方法，試圖將學問純學術化。而此種學術經營作為恰好銜接了江戶考證學派自大田錦城到海保漁村，繼而到島田篁村，再過渡到狩野直喜之「支那學」時的空窗轉型期，遂成為江戶古注學、考證學合而為一，轉為依據漢唐古注，祖述清朝考證的新疏之學，此即江戶漢學發展到京都支那學的過渡橋樑。[66]

　　吾人因此可以得知：江戶漢學的近代化並非直接跨越到京都支那學，而是有近三十年的摸索期。江戶漢學者一夕跨進近代，彼等作為一介近代日本學者所能設想的有關先進的學問，仍是將視線投向中國試圖找尋舊學的新出路，結果便是仿清儒為群經作新疏。而這一作為

---

66 筆者於此所以稱竹添光鴻的一系列會箋作業，乃江戶考據學發展到京都支那學的過渡橋樑，實因新時代初期之學問，往往是舊時代學問之餘波，亦即竹添三《會箋》之學問，就某種程度而言，堪稱江戶舊學之集大成與終結，往下已然無發展之餘地。誠如中國晚清結束之際至民國初期，胡培翬《儀禮正義》、孫詒讓《周禮正義》、劉師培、章太炎鑽研古文經學等，皆可視為舊時代學術之遺風，故孫詒讓、劉師培、章太炎等，雖人在民國，但其所從事之學術卻仍是晚清學風。同樣地，竹添人雖處於明治新時代，但其所從事的江戶考證學，卻無法立即隨政權一夕轉型，在摸索學問轉型的過程中，其並無法如下一世代的明治新銳漢學者一樣，藉由新式教育和留學歐美的薰陶，而創發出一「古今殊異」的嶄新為學方法與研究課題，以區隔新舊學問。蓋其所能想見的最新學術，結果仍不脫一種「江戶」漢學的視野，亦即仍以中國為其問學的學習、仿效對象。換句話說，在江戶舊學往明治新學發展的過程中，取法清儒同時匯纂、集結前人研究成果的為學法，乃明治新時代之江戶舊漢學者們，自我發展並完結自身學問的途徑，而其所採用的此種為學路數，若將之置於日本漢學發展史的脈絡中來看，無非就是江戶漢學發展到京都支那學的過渡期學問，而其中又數竹添一系列的「會箋」作業最具代表性。故筆者此處所謂：「江戶考據學發展到京都支那學的過渡橋樑」一事，所重在於日本漢學由近世向近代發展的歷史事實，亦即存在本身即事實，而非指竹添之學問必然對所謂的京都支那學者產生任何具體影響。

恰與東京大學留歐回國的新銳學者，以西洋哲學直接套用在江戶漢學
的作法相對照，可以說是京都支那學的萌芽胎動，也是江戶考證學與
清朝考證學的匯流，日後終於形成涵塑京都支那學的重要元素。

　　東京大學於明治十年（1877）成立以後，日本漢學界的《論語》
研究，或者說經典研究，要經過十年左右的沈滯期，才使得傳統學術
開始摸索各種「新」經典研究法，而在《論語》研究學史方面，同時
試圖轉型的對比研究形態，便是明治二十年代以還，大量發行問世的
《論語講義》，與竹添長達近三十年的箋注作業。而江戶日本漢學近
代化的第一個階段，其實可以說就是竹添這類江戶傳統漢學者的自我
改造轉型。故筆者以為：《論語會箋》乃近世日本《論語》注釋轉為
近代日本《論語》研究，由舊學轉新學之過渡，竹添光鴻三《會箋》
之作業，基本上可視為日本傳統注疏學的總結，就誠如孫詒讓《周禮
正義》等經注著作，乃中國傳統注疏學之總結。[67]而此《會箋》作業
也預告著：日本漢學的舊時代即將結束；而新時代即將來臨。另外，
由竹添仿清儒為群經作新疏這一作為，更可以看出京都支那學中，清
朝考證學成份所以存在的這一日本漢學學術發展的內在一貫連續性。
而此即竹添光鴻三《會箋》於近代日本漢學發展史上之定位。

　　本文係筆者執行行政院國家科學委員會計畫「竹添光鴻《論語會
箋》解經法之研究」（NSC92-2420-H-224-005-）之部分研究成果，初
稿於二〇〇五年五月二十九日發表於淡江大學中國文學系與東亞漢學
學會合辦之「第八屆東亞漢學國際學術研討會」。

　　原載《中國文哲研究集刊》第30期（臺北：中央研究院中國文哲
研究所，2007年3月），頁307-353。

---

67 關於孫詒讓之《周禮》學，詳參葉純芳：《孫詒讓的《周禮》學研究》（臺北：東吳
　　大學中國文學研究所博士論文，2006年）。

附表（一）

《論語會箋》徵引江戶先儒總數統計表

日儒	總數	學而第一	為政第二	八佾第三	里仁第四	公冶長第五	雍也第六	述而第七	泰伯第八	子罕第九	鄉黨第十	先進第十一	顏淵第十二	子路第十三	憲問第十四	衛靈公第十五	季氏第十六	陽貨第十七	微子第十八	子張第十九	堯曰第二十
大田錦城	1	1																			
中井履軒	15	9													2	1	1		1	1	
中井積德	76		1		4	3	3	1		2	1	1	2	6	14	22	2	5	3	6	
木下犀村	15	5	3		2		1	1		1	1	1									
古賀煜	26				1	1			1	2		1	1	4	5	1	3	3	3		
古賀精里	3	3																			
伊藤仁齋	9			1		1								1	3		1	1			1
伊藤東涯	3												1							2	
伊藤長胤	32				4	3	2	1	4	2	1	1	5		2	4	2	1			
伊藤源佐	1											1									
伊藤維楨	9							2		3	1	1			1					1	
安井息軒	2	1	1																		
安井衡	16					1	1				1	1	1	2	1		2	1		4	1

	總數																		
佐藤一齋	10	7	1	1														1	
佐藤坦	35			2	1	2	2	2	1	2	2	12	5	3	2	2			
尾藤約山	1						1												
物茂卿	27	2	2	2	2	1	1	2	1	2	2	2	6	2					
海保漁村	2	2																	
荻生徂徠	1	1																	
慊堂松崎	1			1															
豬飼彥博	5				2		2				3								
龜井南溟	2	2																	
龜井昱	2		2																
龜井魯	10		1	1	1	2	1	2	2	1	1	1		2					
龜田興	2													2					
龜田鵬齋	1	1																	
饒引總章數	307	27	8	5	11	13	9	6	13	7	12	14	22	33	43	16	24	11	18
饒引總人數	26	7	5	4	4	11	7	3	7	6	9	8	8	11	7	8	5	7	4

※附註：中井積德即中井履軒；伊藤長胤即伊藤東涯
古賀煜即古賀精里；物茂卿即荻生徂徠
左藤坦即左藤一齋；龜井魯即龜井南溟
安井衡即安井息軒；龜井昱即龜井朝陽
伊藤源佐、伊藤維楨即伊藤仁齋；龜井與即龜井鵬齋

附表（二）

《論語會箋》核校日本流傳之古版本・古抄本總數統計表

古本＼篇章	總數	學而第一	為政第二	八佾第三	里仁第四	公冶長第五	雍也第六	述而第七	泰伯第八	子罕第九	鄉黨第十	先進第十一	顏淵第十二	子路第十三	憲問第十四	衛靈公第十五	季氏第十六	陽貨第十七	微子第十八	子張第十九	堯曰第二十
皇本	272	12	6	10	7	14	16	24	3	6	10	29	27	10	26	13	4	19	13	16	8
皇疏	47	3	2			3	2	6	2	3	9	6		3	3			1	2	2	
引皇侃語	9	2		1		2		1	1			1									
正平本	250	9	7	9	8	12	12	19	3	7	10	26	28	12	21	14	6	14	11	17	5
南宗本	122	3	6	6	3	3	8	7	1	3	6	11	21	7	11	4	3	5	3	6	5
足利本	3					1													1	1	1
菅氏本	2																		1		
菅家本	6											6									
核校總章數	712	29	21	26	18	35	38	57	10	19	36	79	76	32	61	31	13	39	31	42	19
核校古本數	9	5	4	4	3	7	4	5	5	4	5	5	3	4	4	3	3	4	6	5	4

附表（三）

《論語會箋》徵引《春秋》三傳總數統計表

三傳＼篇章	總數	學而第一	為政第二	八佾第三	里仁第四	公冶長第五	雍也第六	述而第七	泰伯第八	子罕第九	鄉黨第十	先進第十一	顏淵第十二	子路第十三	憲問第十四	衛靈公第十五	季氏第十六	陽貨第十七	微子第十八	子張第十九	堯曰第二十
春秋傳	24	4	3	5		1	1								5			1	2	2	
左傳	331	8	17	29	5	24	27	15	14	11	23	22	17	27	38	12	9	9	16	6	2
左氏言	2		2																		
左傳杜注	2					1		1													
左傳孔疏	1			1																	
賈逵左傳解詁	1																				1
公羊傳	42	2	4	7			1	3	1	3	2	4	1	1	5	2	1	3	1		
公羊傳疏	1			1																	
公羊傳何休注	2			1											1						
穀梁傳	8			3				2			1	1			1						
春秋	9			6			1						1			1					
春秋大事表	3			1				1						1							
徵引總章數	426	14	26	54	5	26	30	22	15	14	26	27	19	29	50	15	10	13	19	8	3
徵引書目數	12	3	4	9	1	3	4	5	2	2	3	3	3	3	5	3	2	3	3	2	2

附表（四）

《論語正義》各篇《論語》注文徵引朱注總數一覽表

篇目	徵引總數	全文一致之篇數
學而第一	2	1
為政第二	5	0
八佾第三	1	1
里仁第四	3	3
公冶長第五	2	1
雍也第六	2	1
述而第七	15	9
泰伯第八	12	2
子罕第九	17	6
鄉黨第十	10	3
先進第十一	16	13
顏淵第十二	3	2
子路第十三	1	1
憲問第十四	1	1
衛靈公第十五	15	2
季氏第十六	7	4
陽貨第十七	10	2
微子第十八	8	4
子張第十九	5	4
堯曰第二十	4	1

第三章

創新或守舊

—— 由松本豐多《四書辨妄》對服部宇之吉之拮抗論注
經之本質問題

一 前言

松本豐多[1]之師安井息軒（1799-1876），名衡，寬政十一年（1799）
生於飫肥藩（今宮崎縣）領宮崎郡、清武鄉之徂徠學派學者安井滄洲
家。息軒先後學於朱子學者篠崎小竹（1781-1851）以及考證學大家松
崎慊堂（1771-1844）門下，並數度入官學「昌平黌」學習，其間曾仕

---

1 關於松本豐多之生平略歷，筆者在查閱近藤春雄：《日本漢文學大事典》（東京：明
治書院，1985年）、長澤孝三編：《漢文學者總覽》（東京：汲古書院，1979年）、小
川貫道編：《漢學者傳記及著述集覽》（東京：關書院，1935年）、國史大辭典編集
委員會編：《國史大辭典》（東京：吉川弘文館，1979-1997年）、上田正昭等監修：
《講談社日本人名大辭典》（東京：講談社，2001年）等書後，皆未能查獲任何資
料。僅宮崎市定於〈論語を讀んだ人たち〉（《宮崎市定全集》第22卷，東京：岩波
書店，1992年）一文中說：「松本氏約年長服部博士二十歲左右。」（頁343）而松
本豐多於《漢文大系四書辨妄》（東京：嵩山房，1910年）中，針對服部宇之吉誤
以彌子瑕為賢大夫一事進行批駁時，曾自言：「豐多本年六十四歲，始就於學」（卷
4，頁143）而松本豐多操作《漢文大系四書辨妄》是在明治四十三年（1909），又
昔人多言虛歲，據此推之，則松本豐多恐怕應是一八四六年，亦即江戶弘化三年左
右出生之人。而由臺灣大學圖書館所藏松本豐多《書說摘要》抄本欄外寫有所謂：
「孔子否女間有禹字大正七年五月四日——十一月七日寫」等字看來，大正七年即
一九一八年，則豐多年壽當在七十以上。另於《漢文大系四書辨妄》該書封面上，
作者題為「無聲松本豐多著」。此處所謂「無聲」一詞，誠如筆者於本章結語中所
說明的，自有對抗當時之主流學術，特別是以服部宇之吉為首的學術團隊的意識在
其中。同時也表達出包含其自身在內的，不逮或不願追趕學術新風潮的，失落其原
有之知識世界的，一群傳統知識分子的處境與心聲。

於飫肥藩主伊東氏,任藩校「振德堂」助教。天保九年(1836)四十歲時移居江戶,之後開設私塾「三計塾」。文久二年(1862)六十四歲時,受將軍德川家茂拔擢為「昌平黌」儒官,與鹽谷宕陰(1809-1867)、芳野金陵(1803-1878)二人,人稱「文久三博士」。明治維新後致仕不就官,明治九年(1876)辭世,享年七十八。

息軒《論語集說》一書,自明治元年(1868)九月著手謄稿,明治五年(1872)八月全書完稿成書,同年九月由舊飫肥藩知事伊東祐歸(1855-1894)委託書肆稻田左兵衛刊行問世。息軒活躍於幕末到明治這一歷史轉換期,《論語集說》一書亦呈現一種雜糅多元注解觀點與價值觀的特性,該書雖據何晏《論語集解》為本,然亦兼採新注及江戶仁齋、徂徠等古學派先儒之經說,同時更參考了清朝考證學家劉台拱(1751-1805)等人之注說,再附以其自身之「案」語,堪稱明治時代最早問世的總合性《論語》研究專書,可以將之視為江戶《論語》研究之殿軍,同時又是明治以還日本《論語》研究之新出發點。[2]然而,《論語集說》之得以推廣流行於世,則有賴服部宇之吉(1867-1939)主編之《漢文大系》的出版問世,因為明治四十二年(1909)十一月出版的《漢文大系》第一冊中,就收錄進安井息軒《論語集說》、《孟子定本》、《大學說》、《中庸說》等《四書》研究著作。

《漢文大系》的出版,據吾師町田三郎先生的說法,乃是順應明治三十年代以還,日本由於甲午、日俄二戰凱旋勝利,奠定其為亞洲先進國家之地位,不僅來自中國的留學生日增,日本對亞洲,特別是對中國的關心亦日趨熾盛的這一時代潮流而有的產物。此時日本國內不僅著手籌編中文教科書,以森春濤(1819-1889)、森槐南(1863-

---

2 有關安井息軒《論語集說》之研究,請參閱拙作:〈安井息軒の經典注釋法について──『論語集說』を中心に──〉,《九州大學中國哲學論集》第25號(1999年10月);〈安井息軒的《論語集說》注釋方法論──何謂《論語集說》〉,收入蔣秋華編:《乾嘉學者的治經方法(下)》(臺北:中央研究院中國文哲研究所籌備處,2000年)。

1911）父子為中心的漢詩詩壇亦喧騰鼎盛一時，《漢文大系》便在此時機下應運而出。[3]而對於當時的時局，服部宇之吉自己則說：

> 明治四十二年時，有學生專攻漢文之學校，屈指可數者僅兩帝
> 國大學文科大學、兩高等師範學校（縱然其兼修國語、漢文）、
> 早稻田大學、國學院大學、二松學舍等。其後由於帝國大學增
> 設法文學部；私立高等專門學部之增設，專攻漢文或兼修國
> 語、漢文之學生乃顯著增加。於是漢籍之需求大增，因此，遑
> 論漢籍專賣店亦因此增多，兼營漢籍銷售之書店亦隨處可見，
> 相伴而來之必然現象，乃東洋學研究熱之更新。值此時運之
> 際，富山房刊行《漢文大系》，固為順應潮流，然其既是開啟奎
> 運，亦是順應時運而生者。……選定宜採擇之典籍，以及選定
> 擔任句讀、訓點、眉批之人選，吾自擔任之，爾來二十有餘
> 年，《漢文大系》成為學者之書齋、學校、圖書館等之必備書。[4]

服部所謂：「東洋學研究熱潮之更新」一事，吾人若對明治四十二年（1909）的東京漢學界作一回顧，便可有一初步理解。這一年，服部辭去北京大學堂師範館總教習一職而回到日本國內，是一留學德國、中國的新銳學者，正欲有所作為。同此時期，東京帝國大學東洋史科的同事白鳥庫吉（1865-1943）教授，於《東洋時報》一三一號（1909年8月）發表了〈支那古傳說の研究〉，否定堯舜禹的存在事實，卻引發了林泰輔（1854-1922）的反駁。明治四十二年（1909）秋，鹽谷溫（1878-1962）自德國趕赴中國，說是為了專研中文，卻

---

3 詳參町田三郎：〈『漢文大系』について〉，《明治の漢学者たち》（東京：研文出版，1998年），頁205。

4 詳參服部宇之吉：〈富山房五十年記念に際して〉，收入富山房編：《富山房五十年》（東京：富山房，1936年），頁261-262。

師事葉德輝（1864-1927）致力鑽研詞曲雜劇之俗文學，一別父祖輩鹽谷宕陰、鹽谷青山（1855-1925）以來的聖人之學。明治四十二年（1909）近代日本學界的各項轉變新契機，因緣際會，啟動了東京漢學界的新機運。

這一漢學新機運，在服部為《漢文大系》本《論語集說》（以下簡稱《論語集說》）所作的「標注」（眉批）中亦可窺見其端倪。也正因為服部「標注」中的「新」解釋，招致安井息軒之嫡傳弟子松本豐多不滿，豐多遂於明治四十四年（1911）一月出版了《漢文大系四書辨妄》（東京：嵩山房，1911年，以下簡稱《四書辨妄》）以駁斥服部之「標注」。本章擬探討松本豐多於《四書辨妄》中，其對服部宇之吉之「標注」進行了何種辨拮？將其辯駁服部「標注」的說法和論點，與朱子所主張的讀書法相對照，探討其中代表著中、日傳統注經者應具備何種條件與態度？又注經方法上的假設、規範與注意事項為何？依據此類注經之假設、規範、注意事項，具有那些意涵？以及由松本豐多對服部宇之吉的拮抗，凸顯了日本漢學在近代轉折發展過程中，新舊漢學者之間產生何種學術及思想上的齟齬？彼等各自面對何種學術困境？又注經、經學研究的新變代雄之道究竟何在？

二 松本豐多對服部宇之吉的拮抗

（一）〈漢文大系四書辨妄序〉之主張

蓋由所謂《漢文大系四書辨妄》此一書名，我們可以知道松本豐多所辨拮的對象，便是《漢文大系》第一冊之編校者全體，其中特別是服部宇之吉「標注」的部分。[5]此事由〈漢文大系四書辨妄序〉（以

---

5 據宮崎市定於〈論語を讀んだ人たち〉一文中的說法，當時協助服部宇之吉標注漢文大系本《論語集說》，以及校訂漢文大系《論語集說》之本文的人有：第一高等

下簡稱為〈辨妄序〉）與〈漢文大系四書辨妄凡例〉（以下簡稱為〈辨妄凡例〉）二文看來，便可一目了然。以下筆者首先將〈辨妄序〉中松本豐多之重要說明，原文詳列如下：

> 漢文大系所收《大學》、《中庸》二《說》，非息軒先生之著也。明治之初，豐多在先生門，聽二書口講，纂錄以為一書，未經先生修正。而校大系者，以稱先生之著，與《論語集說》、《孟子定本》合，上梓公世，可謂妄矣。又以邦文作《四書》標注，稱為先生（安井息軒）之說，而註誤百出，甚焉。則至以彌子瑕為賢大夫；以一瓢飲為酒；其他釋關雎之章，謂窈窕淑女，未得文王，輾轉反側。又釋丈夫生而願為之有室；女子生而願為之有家，以為男子欲得其妻；女子欲得其夫，其妄可驚也。夫彌子瑕者，衛靈嬖臣也。其巧佞善諛之狀，見《史記》〈韓非列傳〉，以此為賢大夫，可謂妄矣。夫瓢飲一句，與一簞食，共見顏子空乏之甚，其為水飲，勿論焉耳。若其酒也，顏子之貧，未至太甚，孔子何以謂：「人不堪其憂」乎？可謂妄矣。……其餘解釋，概皆此類，而稱為先生之說，是誣先生也。是欺後進也。嗟乎！斯文之不振久矣，具眼之人乏焉。或謂：「此書始出，紙價為貴。」乃不及今而辨其妄，恐先生之見誣益甚，後進之被欺愈多也。因不自揣，首辨《學》、《庸》二《說》之非先生之著，并及標注之妄，名曰《漢文大系四書辨妄》，附以《論語集說考譌》、《孟子定本考譌鈔》，供之參考云。[6]

學校之教授安井小太郎、島田鈞一；陸軍教授川野健作；文學士若木廣良；與宮崎市定之師，舊制松本高等學校的漢文教師安藤円秀。收入《宮崎市定全集》第22卷，頁331-363。

6 松本豐多：〈漢文大系四書辨妄序〉，《漢文大系四書辨妄》（東京：嵩山房，1911年，以下簡稱《四書辨妄》），頁1-4。

由松本豐多上述的說明看來，其擊駁服部宇之吉「標注」之妄者，基本上主要可歸結為以下兩個重點：

1 「作者」與「錄者」有別

亦即《大學說》、《中庸說》並非安井息軒所「著」，而是息軒門人松本豐多所纂錄，然《漢文大系》編者卻對之隻字未提。

2 「注者」與「疏者」有別

亦即服部宇之吉對《論語》或《論語集說》的「標注」，並非安井息軒《論語集說》對《論語》之「注」。

而松本豐多直接於〈辨妄序〉中，具體舉出服部宇之吉誤解《論語》經義例證，進而加以辯駁者有：

> 1. 服部錯以彌子瑕為賢大夫。
> 2. 服部錯以一瓢飲所飲者為酒。
> 3. 服部錯解〈關雎〉一詩為：窈窕淑女，未得文王，輾轉反側。男子欲得其妻，女子欲得其夫。

關於上述松本豐多所舉三個服部宇之吉誤解《論語》經義的例證中，前兩個例證顯然錯在服部，而第三個有關〈關雎〉解釋的問題，服部之「標注」是否皆不可採信？

蓋《論語集說》中，息軒對〈八佾第三·子曰關雎樂而不淫，哀而不傷〉章，在援引了何晏《論語集解》中「孔安國曰：樂不至淫，哀不至傷。言其和也。」以及皇侃《論語集疏》中「李充曰：關雎之興，樂得淑女以配君子。憂在進賢，不淫其色，是樂而不淫也。哀窈窕，思賢才，而無傷善之心，是哀而不傷也。」之後，息軒便下「案」語云：

孔云：「言其和也」，是以音言之，是也。李充據〈毛詩序〉釋
之，則專主乎詞矣。然樂主歌，歌至，音亦從而至，和之至
也。李說亦是。

而服部宇之吉的「標注」則如下說道：

〈關雎〉之歌者，云哀樂得其中也。關者關關和鳴聲，雎者雎
鳩也。以雎鳩之於河洲而有和樂樣，比窈窕淑女得君子，頌文
王后妃之德之詩也。其初未得君子，寤寐思服，輾轉反側，然
哀而不傷。其既得之，如琴瑟鼓之而有樂，然亦樂而不淫，蓋
不失性情之正也。[7]

　　有關《論語》該章之注解，古來注家多立足於詩言教之立場，而
將此詩解為頌揚文王后欲為文王求賢德淑女以為妃，而輾轉難眠的后
妃之德。然以今日眼光看來，〈關雎〉一詩顯然是首戀愛詩。服部也
許是因為認識到詩意與舊注間的矛盾，故而將該章解為男女和合之
義。松本豐多於《四書辨妄》中則批判服部的「標注」而說道：

豐多謂：關雎者，主稱周文王后妃之德之詩也。非稱文王及淑
女之詩也。……而服部博士比之於淑女得君子，立言以淑女為
主，有似稱淑女之德者。而又云頌文王后妃之德之詩也。主客
全然顛倒，不得解此章之旨。博士之言盡反豐多所聞。又先生
（安井息軒）著有《毛詩輯疏》，嘗有使吾校正、謄寫之，如
博士之說，吾未嘗見，亦所謂誣妄而已。[8]

7　《論語集說》，卷1，〈八佾第三〉，頁45。
8　《四書辨妄》，卷3，〈八佾篇〉，頁43。

誠如松本豐多所指摘的一般，服部之「標注」確實有其尚待商榷之處，且與息軒之說相差甚遠，如此一來，服部宇之吉在編《漢文大系》時又怎可說是：「標注必從息軒先生之說而記之也。」[9]當然，服部的「標注」確實有其前後自相矛盾之處，因為既然是「頌文王后妃之德之詩」，則〈關雎〉所比者，當是文王之后憂無淑女以進文王；怎會是「窈窕淑女得君子」？足見松本豐多的批評亦不無道理。但筆者以為服部將〈關雎〉一詩解為男女自由愛戀，平心而論則較貼近該詩原意，而且使《詩經》從歷來的經學性朝向文學性，使其堙沒已久的原音得以重現。

據前述宮崎市定的說法，當初《漢文大系（一）》出版前，安井息軒之外孫安井小太郎（朴堂）既然也是校訂者之一，如今面對祖父門生松本豐多之指責，安井小太郎亦有其應擔負之責任。關於這一問題，本書第四章〈注經到講義〉中將有更詳細之說明。另外，在此我們還須注意的是：松本豐多所極欲護守的，無論是師承，抑或是歷來注家之說，又豈能始終無有改易而通行不悖？關於此一問題，下文另有論述。

（二）〈漢文大系四書辨妄凡例〉之所辨

接著〈辨妄序〉之後，松本豐多於〈辨妄凡例〉中，首先除了再度申明〈辨妄序〉中的兩項重點之外，主要則在辨拮、指陳下述服部宇之吉「標注」顯而易見的問題：

> 1. 此書在辨《漢文大系》之校訂者，稱記我先生之說，揭不得要領之標注，以惑讀者、誣先生者。

---

9 服部宇之吉：〈四書例言〉，《漢文大系（一）：大學說‧中庸說‧論語集說‧孟子定本》（臺北：新文豐出版社，1978年翻印《漢文大系》本），頁3。

2. 此書汎辨標注之杜撰。即「冠者五、六人」之冠者，釋為壯者；「童子六、七人」之童子，釋為小兒；「浴乎沂」之浴，解為沐（沐，洗髮也）浴，如是也。

3. 此書在辨《漢文大系》訓點失本書之意者。辨其失截句之當者，辨其訓點與注義不相合者。

4. 此書所舉《漢文大系》文字之誤者，係偶然觸目者，非特訂之。故其不觸目之誤，未知幾何？姑且附《論語考讔》、《孟子考讔鈔》，以供參考。[10]

　　由上述凡例看來，服部宇之吉「標注」的問題，不僅出在底本選擇錯誤，其他諸如句讀斷定、文字校訂、訓詁校勘，乃至連日本古來以「訓讀」翻譯漢文的讀書法，以及對經義體察的不得要領等，甚至連典據出自何人亦有不實之說，可謂訛誤百出。此等錯誤一言以蔽之，無非就是經學、漢學基礎學養的不足，外加為學態度不夠踏實嚴謹，與缺乏不夾私心、至高至平地實事求是的客觀性。

　　松本豐多上述批判是否屬實、恰當？首先筆者茲就服部「標注」之原文與松本之辨，舉出其中關乎錯解字義者之代表性數例而論。

1. 原文：子曰：富與貴是人之所欲也。（〈里仁〉）
　　何注：時有否泰。
　　標注：否泰之否，運之好者；泰者，運之惡者。
　　辨妄：豐多謂：否泰之解互誤。此即使為服部氏偶然之誤，恐青年諸子信之，故辨之。[11]

---

10 松本豐多：〈辨妄凡例〉，《四書辨妄》，頁1-2。
11 松本豐多：《四書辨妄》，卷3，〈里仁篇〉，頁48。

2. **原文**：古者民有三疾，今也或是之亡也。古之狂也肆，今之
狂也蕩；古之矜也廉，今之矜也忿戾；古之愚也直，
今之愚也詐而已矣。

標注：古昔，民雖有三惡癖，今連其惡癖亦無。三惡癖者，
狂、矜、愚也。

辨妄：豐多謂：孔子嘗言：「不得中道而與之，必也狂獧
乎。狂者進取，獧者有所不為。」狂者之人格處於獧
者之上，雖不合中道，不可云之為惡癖。矜者，莊
也。持己者太嚴，雖無溫和之美，是亦不可云為惡
癖。愚者，出於天稟之劣，焉得云惡癖？凡稱惡癖
者，指害人賊物者而言之，上述三者無此所為。又未
聞我先生有此失當之言，惑後生者不細，故辨之。[12]

3. **原文**：季康子問：「弟子熟為好學？」孔子對曰：「有顏回者
好學，不幸短命死矣。今也則亡。」

標注：顏回不幸早逝，今不在世。

辨妄：豐多謂：若云「不幸短命而死」，可知既為亡世之
人。古文與今文異也，無此重複類句。博士蓋誤解朱
注而為此言也，不可從。當以云無好學者為正解。[13]

上述「否」、「泰」相互誤解的例子，當然極有可能是單純筆誤，因為
吾人實在難以想像，當時身為東京帝國大學教授的服部會犯下此種荒
謬錯誤。然而其解「狂」、「矜」、「愚」為「三惡癖」，或許就如其以
彌子瑕為賢大夫；以顏子一瓢飲為酒；解沐為沐浴，則是望文生義，
想當然爾地以「今言」解「古言」。服部所以作出此類似是而非的標

---

12 松本豐多：《四書辨妄》，卷3，〈陽貨篇〉，頁93。
13 松本豐多：《四書辨妄》，卷3，〈先進篇〉，頁69。

注，大體而言，無非就是不求甚解，而且未將孔子之言語置於《論語》文本脈絡，乃至中國古代社會之脈絡中來解釋，同時卻也可以看出服部在經典、訓詁方面的基礎訓練、學養不足。

又其解「今也則亡」之「亡」為「在らず」＝「亡而不存」，則可能是導因於服部宇之吉以「日文」解「漢文」，因「亡」字作「無」義時，中文讀為「Wu」，作「亡而不存」＝「死」義時，則中文讀為「Wang」。然以漢文訓讀解之，則其作「亡而不存」義時，亦可與作「無」義時相同，日文讀法皆可讀為「ナシ」，意指「死而不存」，而未必一定得讀為「滅亡」、「死亡」之義的「ホロブ」、「ウス」。加上孔子該句話之主詞為「顏回」，句中的時間副詞又為「今」，故以日文語順解之，就很容易將該句意義理解為是「顏回已經死了，所以現在不存在」。

但吾人必須注意的是：中文脈絡下的主詞則是季康子或哀公所提問的「弟子」，亦即季康子和哀公問話當下的「孔門弟子」中，究竟誰好學？故「今也則亡」的時間副詞「今」，當然是指「當今」孔門弟子中無人如顏回之好學，而非顏回今已不在。而且如此一來，孔子也就回答了季康子的提問，亦即「現在沒有像顏回這樣好學的人了」。如此便可與〈雍也〉篇〈哀公問弟子熟為好學〉章中，最後一句經文「未聞好學者也」相連貫，作為孔子回應季康子和哀公問話的回答。也就是在「有顏回者好學，不遷怒，不貳過，不幸短命死矣。」這一語氣完足的句子後面，以「現在弟子中沒有像顏回這樣好學的人了，沒有聽聞有愛好學習的人了」，這一上下相連的同義句來回答季康子和哀公的提問。

誠如眾所周知的，兩種語言文字之間，不存在完全的翻譯，翻譯宛若是原作品的來世。關於相異語言文字的相遇與其間彼此對話必然產生差異的這個深刻認識，荻生徂徠（1666-1728）的去訓讀論，堪稱是日本江戶漢學者中的先知。然自荻生徂徠生存的江戶中期以還，

到松本豐多質疑服部宇之吉的訓讀標點，與《論語》經文原意不符的
明治四十三年（1910），業已時過近兩百年。在此，姑且不論服部宇
之吉的訓讀有何對錯，筆者以為訓讀無法廢除的原因，不正也標誌著
日本學者是以一種日本的思維，亦即以日「文」而來理解漢「文」，
從而某種程度上確保了日本文化的主體性。[14]

　　此點若回到中國傳統注經作業來看，歷代的經注主要也是插入性
的解釋，而非翻譯。換言之，中國經典的注釋傳統並不在翻譯，所以
可以說始終相當程度保留了經典成書時期的「文」的完整性（或者說
文化思想意涵）。相對於此，日儒在注經之前，因為需施加訓點於經
書原文的「漢文」上，所以其實已經先以「日文」從事過一次翻譯作
業。也就是說，透過漢文訓讀，漢土之「文」已經轉為東土扶桑之
「文」。此一事實逼迫我們不得不關注到：「言」與「文」之間的扞格
何在，同時也有助於我們進一步理解，為何擅長口語中文的服部宇之
吉，未必可保證其具有等同程度的「漢文」素養。

---

14 筆者所以說：以日文來理解漢文的訓讀法，某種程度確保了日本文化的主體性。此
　問題若從反面來談，就如同荻生徂徠於《學則》中揭舉其主張廢除「訓讀」理由乃
　在：1、漢文、和文的文法有異。2、異字同訓、同字異訓所產生的言異差異（地域
　性的差異）。3、聖人之「教」（仁義、道德）本無可對應之和訓。4、語言之歷史發
　展所產生的言義差異（時間性的差異）。徂徠所提出的這四點廢除「訓讀」的理
　由，宛若明治日本知識份子面對的難題——「文化（文明）翻譯的不可能」。蓋文
　化、文明只能「開化」，卻不能「翻譯」。歷來日本民族的漢文、漢籍理解，其所以
　必須藉由「訓讀」，不也揭示了相當程度的「漢文化翻譯的不可能」。因為由可操作
　性來說，名物度數或典章制度的理解，其實是解經者廣泛的文化知識問題，而非一
　種可操作的技術。「訓讀」所關涉的問題層面，已然超越漢文、漢籍閱讀法這一技
　術面的層次；而是一日本人如何看待「日本文化」與認識「中國文化」到確立日本
　文化之主體性的跨界問題。「訓讀」法的存在，無非表示了日本的中國文化受容過
　程中，中日文化之間難免存在諸如絕、續；異、同；岐出、誤讀等問題，亦即我們
　從「訓讀」這一漢籍研讀法，可以發現日本自我文化內部的他者（中國），與異文
　化（中國文化）的自我內在化（日本化）。所以「訓讀」這一漢籍研讀法，不僅凸
　顯了其乃是一種從日本立場來理解中國文化的文化理解法，「訓讀」法亦等同於以
　日本語文而來從事中國文化的翻譯，始終保持住其日本文化的主體性。

　　而即便使用了具有相當歷史傳統的漢文訓讀法，以服部宇之吉為代表的《漢文大系》之校訂群，卻仍誤訓誤讀百出，此事除了某種程度說明服部宇之吉恐怕因為是東京帝國大學文科大學「哲學科」學生出身，故其在漢學，或者說經學方面素養上不足外，或恐也與近代日本時入明治四十年代，成長於明治年間，接受新式教育的新一代日本學者，其漢文解讀力衰退一事不無關係。此事由繼《漢文大系》出版後，早稻田大學主編的《先哲遺著漢籍國字解全書》繼而問世，漢籍叢書的出版形式，由「漢文」改為「國字解」此種「和文」翻譯形態而來出版一事，不也可以窺見其端倪。參與校訂《漢文大系》第一冊的安井小太郎就曾如下慨嘆道：

　　（安井先生）屢屢非常慨嘆而談論道：以經書為代表的重要典
　　籍，須於數度反覆誦讀，又數度重複教導之間，方將成為己身
　　之學。今稱為「漢學者」之人，真能讀書者又有幾人？而理解
　　日本漢學真髓之學者，幾已絕種。[15]

由安井小太郎的慨嘆中，我們不也可以得知當時能直讀漢文「白文」之近代日本漢學者，已然日益減少之實態。

（三）《漢文大系論語集說辨妄》之例證

　　關於服部宇之吉「標注」所存在的問題，除了上述〈辨妄序〉、〈辨妄凡例〉中已經舉出的具體問題之外，以下筆者主要則試圖就《四書辨妄》中松本豐多對服部「標注」《論語集說》的拮辨，並輔以《大學說》、《中庸說》中松本豐多所舉之相關例證，分項實際說明《四書辨妄》中松本豐多對服部的駁擊情形，並探討其間所具有的意涵。

---

15 近藤杢：〈朴堂先生を憶ふ〉，《斯文》第20編第7號（1938年7月），頁52。

1 江戶漢學素養的缺如

原文：哀公問：弟子孰為好學。（〈公冶長篇〉）

朱注：既云今也則亡，又言未聞好學者。蓋深惜之，又以見真
　　　好學者之難得也。

標注：今也則亡者，息軒解為弟子中今無好學者；朱子解為顏
　　　回今不在世。

辨妄：豐多謂：今也則亡，先生應是與朱子同義。夫言短命而
　　　死，自不待言地是指已經不在世的人。朱子雖迂，豈會
　　　不知此等事。最近我剛閱讀過早稻田大學出版發行的中
　　　村惕齋的《論語》邦文解釋，該句原文的解釋分明是今
　　　無好學者，與豐多所見相同。雖然如此，服部博士卻將
　　　朱注解為今顏回不在世，豐多實為不解。「今也則亡」
　　　四字，究竟意義為何？應該不是在說明所謂「短命而死
　　　矣」吧！若如是，則此不免又是博士之誤解。[16]

此與稍前所舉季康子問弟子孰為好學之例證基本上一樣，都是從
訓讀、字義而衍生出解釋有異的問題。但我們在此必須注意的是，當
松本豐多舉出中村惕齋《四書示蒙句解》，除了說是因為《漢籍國字
解全書》自明治四十二年（1909）開始陸續出版，是《漢文大系》之
外，當時日本漢學界的另一樁出版大事之外，松本豐多無非也指出了
明治已還的日本漢學界新生代，諸生不諳經義，甚至連江戶早期的漢
籍學習蒙書，抑或是對江戶中晚期的考證成果亦毫無繼承。而此種不
諳古典的學術風氣，就連「博士」服部宇之吉亦無例外。然而即便如
此，在服部宇之吉主持下所編輯而成的《漢文大系》，卻洛陽紙貴。
此事在松本豐多眼中看來，問題非同小可。因為新生代學子已經沒有

16 松本豐多：《四書辨妄》，卷3，〈雍也篇〉，頁53。

研讀傳統經書的風氣，其古典根基本就不足，若再誤信「博士」之解而誤以為是息軒先生所說，則豈非錯上加錯？則其學何日可成？

2　訓詁錯誤、誤解文義、望文生義

關於錯解經文字義的例證，除前述〈陽貨篇〉中，服部宇之吉解「三惡癖」為狂、矜、愚以外，再舉以下數例以證。

> 原文：仲尼祖述堯舜，憲章文武，上律天時，下襲水土。(《中庸》)
>
> 標注：云孔子之德盛大，而如天地日月化育萬物。孔子以堯舜之道為我祖而述之，以文王、武王之法度為標準而章明之於人，又從天時與地方之宜而定法度也。
>
> 辨妄：豐多按：標注自注首孔子二字至化育萬物二十八字（此指日文原文），如同是與本節經文無關之衍文。此標注就此四句之中，究竟在解釋哪句經文，非淺學如我者所能知。祖述者，祖而述也。憲者法也。憲章者，章明之以為法也。《論語》所為述而不作之意，謂非出於創意。故章明者，章明文王、武王之道而建政教之義，非章明之於人也。本節，先生參取朱子、仁齋之說，又自述所見，未言一絲章明於人。標注既吐如衍文之言，又述臆說以惑後生，不得不辨也。[17]

> 原文：好信不好學，其蔽也賊。(〈陽貨篇〉)
>
> 孔注：孔安國曰：父子不知相為隱之輩也。
>
> 祖徠：物茂卿云：信之賊，謂任俠之輩也。

---

17 松本豐多：《四書辨妄》，卷2，〈中庸〉，頁31-32。

集說：先生案：言必信，雖害人賊物之事，亦必為之，故其蔽
　　　也賊。

標注：輕信、過信之蔽，賊人。

辨妄：豐多謂：孔安國、物茂卿先生之說，皆就守己之信上言
　　　之，博士不從，以為是信他人之言，輕信、過信者，其
　　　人之病，若出於偶然之過，不可言好之。[18]

3 版本之選定、校勘之必要

原文：子夏問孝。子曰色難。(〈為政篇〉)

包注：包咸曰：色難者，謂承順父母顏色，乃為難。

朱注：朱熹云：孝子之有深愛者，必有和氣。有和氣者，必有
　　　愉色。有愉色者，必有婉容。故事親之際，惟色為難耳。

集說：色難，包、朱二說皆通，而包注稍優。

標注：見父母之顏色，順事其心者，實所困難也。

辨妄：豐多謂：服部博士不取朱注而從包說者，蓋以先生之斷
　　　案中云包注稍優也。卻不知「包注稍優」一句，乃朱注
　　　稍優之誤者。安井家有先生之親筆本，親筆本中有朱注
　　　稍優。凡《論語集說》之書法，若非優於原注，徒不錄
　　　異說，今所以錄朱注，以其優於包注也。故此際作《論
　　　語》解，以朱注為正解。《論語集說》之原本中，脫誤極
　　　多，就豐多所知者，大致有二、三百條左右。蓋《漢文
　　　大系》不加挍正，原原本本直接出版，故襲此誤也。[19]

原文：寬則得眾，(信則民任焉)。敏則有功，公則民說。(〈堯
　　　曰篇〉)

---

18 松本豐多：《四書辨妄》，卷3，〈陽貨篇〉，頁91-92。

19 松本豐多：《四書辨妄》，卷3，〈為政篇〉，頁35。

阮注：阮元云：《漢石經》、《皇本》、《高麗本》，並無「信則民任焉」句。案（息軒）：此句疑因〈陽貨篇〉〈子張問仁章〉誤衍。

集說：得眾下，《邢本》有「信則民任焉」一句，阮元云：《漢石經》、《皇本》、《高麗本》，並無此句，疑因〈陽貨篇〉〈子張問仁章〉誤衍。是也。「公則民說」，《唐石經》、《邢本》無民字。蓋《石經》、《邢本》衍「信則民任焉」一句，覺兩民相礙，故削此民字耳。今皆從《皇本》。先生又案：「寬則得眾」三句，孔子述二帝三王之所以治也。

辨妄：豐多謂：據以上所舉，先生明顯視「信則民任焉」一句為衍文。而皇侃之《義疏》本如上所述，則無此一句。先生既從《皇本》，故云「寬則得眾」三句乃孔子述二帝三王之所以治。因此，若《集說》本有此「信則民任焉」一句，則先生理當說「寬則得眾四句」，今不言四句，而言三句，此乃《集說》本無有「信則民任焉」此句原文的最好證明。《漢文大系》版《論語集說》的底本乃伊東家雕刻之本，擔任挍正者並不盡力，故誤脫極多。豐多在先生易簀後，受伊東家囑咐再度挍正時，通觀本文注疏，凡訂正二百四十餘條。《漢文大系》之挍正者對此未能注意，卻原原本本轉版原底本，故襲此誤者也。[20]

　　在上述兩個例證之中，松本豐多不僅再次強調底本選取的重要，以及諸本互校的必要性，在其駁斥服部宇之吉「標注」的說明中，我們更可理解到：在注疏體例中亦蘊藏著注經者不言而喻的褒貶、斷案。

---

20 松本豐多：《四書辨妄》，卷3，〈堯曰篇〉，頁99。

另外，無論是經書原文或前人注解，注經者皆應抱持應無有含混地逐字逐句確實細看的嚴謹態度，而此一態度堪稱是注經作業的基本前提。

4 人云亦云或過度詮解之家言

原文：一日克己復禮，天下歸仁。（〈顏淵篇〉）

標注：君子若能一日克己反禮，則天下之民皆歸往之。

辨妄：豐多謂：諸家之解率如此，雖言其效速而至大，然於事實恐非如斯。獨我先生之解，得孔子之旨。

集說：一日，猶一旦也。人或不能克己復禮，一旦奮然改志，能克己復禮，人不復議往日之過，天下翕然，歸服其仁矣。仁，安民之德也。人不知而用之，其澤不及於物，為仁若由人然。故又申之曰：「為仁由己，而由人乎哉。」言克己復禮，雖不施於有政，不妨其為行仁也。況其心既仁，人或知女，則仁政之行，沛然不可禦也。

辨妄：豐多謂：有如上之明解亦不取之，反從諸家之強說。博士之心，有不可以常識解之者。豈非《孟子》所謂：「不見子都而見狡童之類」耶？

松本豐多援引《詩經》〈鄭風·山有扶蘇〉所謂：「不見子都，乃見狂且」、「不見子充，乃見狡童」，與《孟子》〈告子上〉所謂：「不知子都之姣者，無目者也。」並借用了《詩序》以此詩為刺鄭昭公忽置不正之人於上位，而置有美德者於下位的說法來諷刺服部宇之吉有眼無珠，不識泰山，盲從前注人云亦云，竟無法判斷息軒之經解，才是深得孔子旨意者。如此一來，堂堂「博士」，竟成了「昏庸無明」之人。松本豐多之措辭雖嫌苛刻，但筆者以為，息軒將「一日」解為「一旦」，確實較符合邏輯，因為一個在上位的執政者若能有朝一日痛改前非，人民才有可能不計前嫌，翕然歸來。否則，如果只是一天的短暫仁政，則民眾又何敢歸於可預期的明日之暴政。故松本豐多在

此強調其師息軒之解，與馬融、皇侃、范甯等人之解相比，獨得孔子
旨意，堪稱是持平之論。與此相比，其對服部宇之吉的批駁，則不免
流於情緒，我們隱然可以感覺到在松本豐多批駁的言論中，包藏著某
種對服部宇之吉的主觀敵意。

> 原文：孔子曰：天下有道，則禮樂征伐自天子出。天下無道，
> 　　　則禮樂征伐自諸侯出。自諸侯出，蓋十世希不失矣。
> 　　　（〈季氏篇〉）
> 標注：失者，失政，謂國家滅亡。
> 辨妄：豐多謂：標注謂國家滅亡者，誤也。此以先生、仁齋之
> 　　　說為正解。仁齋雖言失其政，但未言滅國，其說如左：
> 　　　伊藤源佐云：齊桓公、晉文公，皆為諸侯之盟主。然齊
> 　　　至悼公，晉至惠公，皆十世，國已微弱，政在大夫。伊
> 　　　藤源佐即仁齋也。[21]

誠如松本豐多所辨，國勢衰微，政權旁落大夫手中，確實與國家滅亡
不同。因此，服部宇之吉將「失」字解為國家滅亡，除了有過度詮釋
經義之蔽外，不免予人不求甚解之嫌。

5 杜撰、稼接、翻轉、割裂

> 原文：割不正不食。（〈鄉黨篇〉）
> 皇侃：皇侃云：古人割肉必方正，若不方正割之，故不食也。
> 邢昺：邢昺云：割不正不食者，謂析解牲體，脊脅臂臑之屬。
> 　　　禮有正數，若解割不得其正，則不食也。
> 集說：先生案：割不正不食。皇訓方正，非也。古人析肉，以
> 　　　骨為主，貴者得貴骨，賤者得賤骨，故有脊脅臂臑之名。

---

21 松本豐多：《四書辨妄》，卷3，〈季氏篇〉，頁88。

　　　　　欲方正割之，固不可得，如肝，又絕祭之，其細長可知
　　　　　矣。邢謂禮有正數，解割不得其正，則不食，是也。

標注：割者，切裂縫也。切肉方法不正確則不食。

辨妄：豐多謂：先生舉皇侃、邢昺二說，而以皇說為非，邢說
　　　　　為是，又補其不足，無所間然。然而博士卻取其為非之
　　　　　皇說，此究竟為何意？不知是否不滿意先生之言？簡直
　　　　　就是未讀先生之斷案，不堪怪訝也。[22]

　　松本豐多所以說服部宇之吉「簡直就是未讀先生之斷案」，乃因
服部宇之吉在《漢文大系》第一冊的〈四書例言〉中分明清楚說道：
「標注必從息軒先生之說而記之也。」[23]所以關於服部宇之吉對息軒
於《論語集說》該章中，明言邢昺「禮有正數」之說是為正解此點，
視若無睹一事，松本豐多以為其若不是有所不滿於息軒之經解，就是
根本未曾讀過息軒之案語。我們從松本豐多的批駁中，除了可以看出
其對師承的尊重與固守，同時不也可以理解到：其認為〈例言〉乃一
書之體例的標示規範作用，但服部宇之吉卻前後自相矛盾，如何取信
於人的質疑。關於服部宇之吉有無讀看《論語集說》，筆者基本上並
不懷疑之，但其究竟「如何看」可能才是問題所在。因為《論語集
說》的注疏體例，是在經文下首列《論語集解》之注文，而後再將前
人諸注以「集疏」的形式列於「集解」之後，息軒自身之「案語」則
列於最後。而通常息軒會在「案語」中辨析諸家注解之是非正確與
否。因此，設若服部宇之吉或是其他協助校訂的學者，未能徹頭徹尾
自「集解」到「集疏」再到「案語」一路細讀下來，抑或是心中已經
有成說定見，這時未免目遇心喜者便自以為是。而既然未能一字、一

---

22 松本豐多：《四書辨妄》，卷3，〈鄉黨篇〉，頁67。

23 服部宇之吉：〈四書例言〉，《漢文大系（一）：大學說・中庸說・論語集說・孟子定
　　本》，頁3。

句詳細讀去，則誤解息軒之經注斷案的可能性當然也就於焉產生。

　　另外，服部宇之吉於〈四書例言〉中說：其因有鑒於息軒之說多與朱注有異，故在《漢文大系》第一冊出版時，遂將朱子《論語集注》附載於各章息軒案語之後，而且將朱注標讀《論語》經文字音者，亦標於天頭中，所以若有出現天頭所標的字音讀法，與其在說明息軒《論語集說》之「標注」中，意義相互有所齟齬時，請讀者勿在意此矛盾。[24]筆者以為服部宇之吉的此番聲明，除了畫蛇添足，而且「標注」體例自相矛盾之外，相當程度也表明了其對朱注的認同。也就是說，對服部宇之吉而言，息軒之說並非至高無上必然非遵守不可的「不可破」之注／師說。故松本豐多始終在意的，關於服部宇之吉的「標注」並非忠實於「先生之意」、「非先生之說」，其實在服部宇之吉看來，恐怕並不須要徹底貫徹遵守「先生之意」、「非先生之說」。所以其所謂的：「標注必從息軒先生之說而記之也」的「必從」，是經過其「認知」、「理解」過後的「必從」；而非松本豐多的「述從」。此由下述四個例證亦可得到證明。

> 原文：子曰：回也其庶乎。屢空。賜不受命，而貨值焉。億則
> 　　　屢中。(〈鄉黨篇〉)
>
> 皇侃：江熙云：賜不榮濁世之祿，亦庶幾道者也。雖然有貨殖
> 　　　之業，恬愉不足，所以不敢望回耳。賜雖不虛心如顏，
> 　　　而億度事理，必亦每中也。故《左傳》邾隱公朝魯，執
> 　　　玉高，其容仰；魯定公受玉卑，其容俯。子貢曰：以禮
> 　　　觀之，二君皆有死亡。君為主，其先亡乎。是歲，定公
> 　　　卒。仲尼曰：賜不幸而言中，是使賜多言者也。此億中
> 　　　之類也。

---

24 服部宇之吉：〈四書例言〉，頁3。

集說：先生案：屢空與貨殖對，明是窮乏。屢中與貨殖自別。
　　　如皇侃所引，定十五年子貢評魯邾二君之類是也。

辨妄：豐多謂：屢中之義，先生以皇疏為是，以為豫測未來之
　　　得失成敗而屢屢其言適中，不可動也。**然博士又不從**
　　　之，改釋如左。

標注：賜雖不受祿命，以貨值之計屢中，不空也。空者，空乏
　　　也。赤貧也。

辨妄：豐多謂：標注屢中之解，**於義雖通，然非先生之意也。**[25]

原文：曰：滔滔者天下皆是也。而誰以易之。（〈鄉黨篇〉）

集說：先生案：滔滔，作慆慆，宜訓亂貌。孔安國、鄭玄皆
　　　從古論，（經文）作悠悠，訓周流之貌。蓋本上文是知
　　　津矣。

標注：滔滔者，周流之貌。與所謂全都一致（オシナベテ）
　　　相同。

辨妄：豐多謂：**先生之說如上所舉，博士不從**，解孔注周流之
　　　貌為全都一致（オシナベテ），蓋周流為遍歷之義，非
　　　全都一致（オシナベテ）之意。[26]

原文：且而與其從辟人之士也，豈若從辟世之世哉。（〈鄉黨
　　　篇〉）

何晏：何晏曰：士有辟人之法，有辟世之法。長沮、桀溺謂孔
　　　子為士，從辟人之法。己之為士，則從辟世之法。

標注：辟者，避也。辟人之士者，擇可仕之人而東奔西走之
　　　士，指孔子。

25 松本豐多：《四書辨妄》，卷3，〈先進篇〉，頁71-72。
26 松本豐多：《四書辨妄》，卷3，〈微子篇〉，頁94。

辨妄：豐多謂：**此處先生無說，從何注也**。何注之辟人之士
　　　者，即上文所謂辟色、辟言之類，云視幾而作，辟危之
　　　士也。**博士不從，以為擇可仕之人而東奔西走之士，此
　　　非先生之意**。[27]

原文：湯之〈盤銘〉曰：苟日新，日日新，又日新。〈康誥〉
　　　曰：作新民。《詩》云：周雖舊邦，其命惟新，是故君
　　　子無所不用其極。

集說：衡案：古人引書，多斷章取義，不讀《詩》也。作新
　　　民，此當解為一新民俗。〈盤銘〉新其德，〈康誥〉新其
　　　民，《詩》新其命，不用道之極，皆不能新之，故云：
　　　無所不用其極。

辨妄：豐多所編緝之舊稿如右。**而服部博士將此自「衡案」至
　　　以下「也」字等十五字割裂，移至次節經文（詩云邦畿
　　　千里）之下**。[28]

6 不得要領與不解人情事理

原文：子罕言利，與命與仁。

標注：孔子言利者少。若言之時，或與命共云。利者，非必以
　　　人力可得也。或與仁共云，舍仁趨利，利遂不利也。

辨妄：豐多謂：**此注不得要領。不知博士以何意思為如此之
　　　注**。淺學苦於知之，恐新學小生認以為先生之說，因述
　　　先生之說於下。[29]

27　松本豐多：《四書辨妄》，卷3，〈微子篇〉，頁95。
28　松本豐多：《四書辨妄》，卷1，〈大學〉，頁12。
29　松本豐多：《四書辨妄》，卷3，〈子罕篇〉，頁58。

原文：不知禮無以立也。

標注：人若不依據禮，則不能使道德於我身確固定行。

辨妄：豐多謂：**此注不得要領**，先生之說如左：

集說：先生案：禮則為之，非禮則不敢為。威武不能屈，貧賤
　　　不能移，富貴不能淫，是能自立定腳根也。若不知禮，
　　　每遇一事，左徙右遷，前卻無度，故無以立也。

　　上述二例中，松本豐多所謂「不得要領」的批評，涉及服部宇之
吉在詮釋息軒於《論語集說》中的注解時，意義是否明確？意涵是否
深刻？所言是否具體？立論是否穩當？等問題。而此類問題又與下文
所舉三例中所謂「不解人情事理」之駁擊有其關聯之處。

原文：子曰：苗而不秀者有矣夫。秀而不實者有矣夫。

孔注：孔安國曰：言萬物有生而不育成者。喻人亦然。

標注：顏回若自學德云，已實；若自其年壽云，未實也。就其
　　　早死而嘆息也。

辨妄：豐多謂：先生云顏子卒年蓋四十一，四十曰強。仕，不
　　　可云不實。故曰：秀而實。又曰：此章之義孔注盡之。
　　　然博士卻云：若自其年壽云，未實也。就其早死而嘆息
　　　也。是顯然反抗先生之說者也。夫人四十一歲，已經有
　　　抱孫者，而死，此等之人，即便自年壽言，亦不可謂不
　　　實。**博士之言人情事理，不通者多，是亦其一也。**[30]

原文：去喪無所不佩。

標注：居喪時主簡，雖不事佩，喪去，於禮宜佩者，無不服。

---

30 松本豐多：《四書辨妄》，卷3，〈子罕篇〉，頁63-64。

辨妄：豐多謂：喪者，悲哀在內，故服斬衰齊衰，所以不修儀容，不佩玉也。非主簡。**標注之言，不解人情事理，可笑**。[31]

原文：子曰：何必高宗，古之人皆然。君薨百官總己，以聽於冢三年。

標注：故百官行己之職務，不待君命，總仕遂。

辨妄：豐多謂：**是亦博士之誤解，而害大義者殊大也**，請辨之。言百官云云者，非百官總己之職務而仕遂於專斷也。不然，若如博士之言，則紛議爭論群起，不得安靜，古之聖人何以立如此無檢束之制度？百官總己以聽於冢宰者，百官匯集職務，提交予冢宰，亦即總理大臣，仰其指令也，非恣意擅自仕遂職務也。顧念博士雖以邏輯自名，然至於世務人情之邏輯則茫乎。無所識別，不自覺其言害世道人心。**人各有長短，如釋斯文之義者，非博士之所長也**。[32]

　　現在姑且不論松本豐多對服部宇之吉「標注」的評斷，有無個人主觀情緒在其中，我們應該注意的是：松本豐多提出了所謂「名」、「實」不相符的問題。亦即，服部博士雖貴為留洋歸日的西方哲學博士，專研理則邏輯學，但一介博士卻不諳人情義理的處世行事邏輯。松本豐多在此無非提出了一個直接又切要的問題，亦即以「博士」為頭銜的學問，其究竟能否落實到「事實」上來？若只就文字注解上說經，能有何濟？又其學問的真實性何在？

　　上述松本豐多所指出的服部「標注」的問題，諸如無視文本版

31　松本豐多：《四書辨妄》，卷3，〈鄉黨篇〉，頁66。

32　松本豐多：《四書辨妄》，卷3，〈憲問篇〉，頁86-87。

本、本文校勘；缺乏根據的立論；人云亦云的不求經義之釐清；以己意過度詮釋經義等，無非就是未能在某種程度上本訓詁、考證以論經義，則容易陷入過度主觀，逸離經義過遠的弊病。另外，松本豐多批判服部所謂不解人情事理、不得要領的注解，則向吾人提示了生命體驗的深刻與解經之間的關聯。又後世之經典注解者，所以不能妄言「某某人曰」，乃因後人不可起聖人／先儒／先師／先人之白骨於地下而與之辨，故不可以自家之「家言」，代聖人／先儒／先師／先人之「微言」。松本豐多所提出的一系列注解經典時，關於注經者的條件與態度，以及注經之假設、規範、注意事項，乃至延伸到所謂注經、讀經、經學研究的新變代雄之道何在？等問題，實為關乎東亞經典詮釋的本質性問題。筆者於下文將針對此等問題逐一進行探討。

三　注經者的條件與態度

藉由上述之說明，我們可以將松本豐多對服部宇之吉的拮抗，視為是傳統漢學者認為在從事經典注釋時，注經者所必須具備的條件與態度，其主要可以歸納為以下三點：（一）「素養」缺如之問題；（二）「時間」積累之必要；（三）「至高至平」之態度。而傳統漢學者松本豐多所指出的注經、讀經，或者說是經學研究者之條件與態度，究竟只是其對服部宇之吉的苛求，還是其果真為一有其合理之處的要求，筆者以為我們不妨將之與朱子所主張的「讀書法」相互參照而來思考之。

（一）「素養」缺如之問題

在上述松本豐多對服部宇之吉的擊駁中，關於文字、聲韻、訓詁等小學能力的養成，版本之選定與校勘之必要，乃至對待前人注解的態度等，可以統稱為東亞注經傳統中的基礎「素養」。而關於視語言文

獻學訓練為注經之基礎工夫此點，應該無人持有異議。然所謂「素養」，實則除了包含語言文獻學訓練的具象「素養」外，另有抽象方面之「素養」。其中，抽象「素養」某種程度上則相當接近於「融事」，亦即經書對注經者、讀經者的啟悟，也就是注經者藉由自身某種關注力、觸發力、自覺力，在經書的召喚之下，使自己過往所學習的知識，與人生經驗、現時處境相結合，不僅使之成為學識，再鍛鍊學識成為學問，更因其心志被經書引發而趨向美善，故進而能將學問涵化成為生命思維的向度與實踐。換言之，此種「融學問於事實」的素養，勢必與注經者的生命歷練有著相當程度的關聯，朱子就說：

> 中年以後之人，讀書不要多，只少少玩索，自見道理。[33]

朱子此語，重點自然不在讀書須少，而是強調「中年」讀者以其前半人生之生命經驗，故自當可洞見書中道理。然必須注意的是，此時注經者、讀經者已然成為注經作業的詮釋主體，經書反而可能成為注經者的註腳，亦即所謂的「六經注我」。

　　而具象「素養」同時又指涉向注經者之學派立場，或稱其為「漢宋之爭」，或堅持家派之說以抨擊立場相異的對方，或相互指陳對方不是而僵持不下，或為彌平眾家相爭而兼採諸說以折衷，或提出己說新見以領風騷等。但無論是何者，注經者皆無可迴避地必須直接面對、理解、挑戰、破解其所處當代之前已然存在的「諸注」。換言之，具象「素養」的具象對象就在「諸注」。然注經者在面對「諸注」時所採的態度，其既可以是逐一面對的破解，但也可以是近乎整體跨越過地「無視」其存在，亦即親炙作者／聖人的方法。

---

33 〔宋〕黎德靖編，王星賢點校：《朱子語類》（北京：中華書局，1986年），卷10，〈學四‧讀書法上〉，頁175。

　　而採取逐一面對「諸注」的注經者，文字、聲韻、訓詁、版本、校勘則常是此注經者所必須具備的常識、本領、工夫，是注經作業的必備條件，其極欲探究或解決的對象，主要為經義的「原意」與典章制度。而採取親炙作者／聖人的注經者，雖仍必須擁有某種程度的具象「素養」，但其必須培養的工夫，則又相當接近於抽象「素養」，主要是在掌握「心」、「意」與「言」之間的距離。亦即在所謂注經者與作者／聖人皆同為「人」的前提底下，注經者的重點在培養一種藉「心」／「意」以定「言」的洞察力，故其極欲探究與掌握的對象，主要則為作者／聖人之「心志」與隱而不發之「微言大義」，此即注經者「以己心體道」、「以己意解經」的作業，雖然其極容易落入「舉今以曉古」之弊。相對於此，以具象「素養」為恃的注經者，則堪稱「以聖人之言解經」，此又易陷於餖飣瑣碎、無益於大道之末學。

（二）「時間」積累之必要

　　而上述「具象」或「抽象」素養的養成，無論其注經、讀經目的是在追求經書作者／聖人的「原意」，抑或是在藉經書之啟發以與自我生命感通、交流、對話，絕對都須要藉由時間的積累而來達成目的。蓋作為一位「後人」，我們勢必要解決注經者、讀經者自身的歷史侷限性，方可遙契經書作者／聖人於千載之後的異代甚至異域。而要解決歷史侷限性的阻礙，相當大的程度無非就在解決「時間」問題，而欲解決「時間」問題，恰恰就需要「時間」。無論是「具象」素養的學力，抑或是「抽象」素養的人情練達，曉喻義理，基本上無不需要「時間」的積累。而關於注經、讀經中「時間」積累的條件，是以何種形態於注經、讀經者的生活中被培養鍛鍊而成，朱子的說明可謂再具體不過。

　　　　讀書是格物一事。今且須逐段子細玩味，反來覆去，或一日，

或兩日，只看一段，則這一段便是我底。腳踏這一段了，又看第二段。如此逐旋捱去，捱得多後，卻見頭頭道理都到。……然用功亦須是勇做進前去，莫思退轉，始得。[34]

為人自是為人，讀書自是讀書。凡人若讀十遍不會，則讀二十遍；又不會，則讀三十遍至五十遍，必有見到處。五十遍瞑然不曉，便是氣質不好。今人未嘗讀得十遍，便道不可曉。讀書只要將理會得處，反覆又看。[35]

觀書，須靜著心，寬著意思，沉潛反覆，將久自會曉得去。[36]

大凡看文字要急迫不得。有疑處，且漸漸思量。若一下便要理會得，也無此理。[37]

因言讀書法，曰：且先讀十數過，已得文義四五分；然後看解，又得三二分；又卻讀正文，又得一二分。[38]

　　上述朱子所主張的讀書法，其實是轉用「行為」、「做法」，亦即「反來覆去」、「反覆又看」、「漸漸思量」等讀書法，或是具體實際的讀書行為之次數累計，而將讀經、注經這一作業，必須持續累積長久「時間」，方有所獲得的這一概念，清楚表達出來。另外，朱子的讀書法也提醒了對「漫長時間」捱得住、不退轉的必要，反過來說，讀書必須無有躁進。朱子的此項提醒，有助於我們進一步思考松本豐多

34　《朱子語類》，卷10，〈學四・讀書法上〉，頁167。
35　《朱子語類》，卷10，〈學四・讀書法上〉，頁172。
36　《朱子語類》，卷11，〈學五・讀書法下〉，頁180。
37　《朱子語類》，卷11，〈學五・讀書法下〉，頁185。
38　《朱子語類》，卷11，〈學五・讀書法下〉，頁190-191。

年長服部宇之吉二十歲左右一事，其在涵養注經作業之「具象」素養時，究竟又意味著什麼？

在藉由「讀書」以涵養素養的過程中，我們可以想像當「讀書」這一事件持續的時間過長，讀者通常會感覺時間過得太慢，甚而覺得「讀書」本身枯燥乏味。而當人們感受到的時間速度降低至某個關鍵點時，亦即心理學家所謂的「理想激勵標準點」（optimal arousal level）時，人們會感覺枯燥乏味是種無止盡的延續。如此一來，人們將對所有事情興趣缺缺，感覺百無聊賴。而想脫離此種狀態，必須有熱誠來創造一種新刺激。在朱子主張的讀書法中，此種新刺激，顯然是來自對閱讀對象逐字逐句的確實理解後，所獲得的心智歡愉。此種現象就是現代認知心理學家所謂的成功經驗的片刻歡愉時間感受。

> 歐恩斯坦就相信，一時片刻究竟有多長，這項認知是由我們對於一個情境之感受和記憶的多寡來決定。他說，一個成功的經驗，在記憶中，會組織得比失敗的經驗好。而組織良好的記憶包裹，會以較小的規模儲存起來，因此感覺上它所持續的時間就較短。換句話說，愉快的經驗在大腦皮質中占較少的空間，於是，感覺上經過的時間也較短。[39]

顯然，自我進步感覺，不僅可以讓人感覺自己在從事的是一件愉快的事，同時也能降低人們感覺時間「漫長」、「無止盡」的程度，甚至感覺時光「飛逝」。但要有多愉悅的經驗，才能將時間經過的速度感加快，恐怕也難有一確切的答案。但可以想見的是，「若一下便要理會得」，則勢必造成緊迫感，有了緊迫感，人們將愈益發覺時間經

---

39 勒范恩（Robert Levine）著，馮克芸、黃芳田、陳玲瓏譯：〈一時片刻：心理時鐘〉，《時間地圖：不同時代與民族對時間的不同解釋》（臺北：臺灣商務印書館，1997年），頁53-54。

過緩慢，越無法達到成就感。故朱熹言：

> 看文字，須是退步看，方可得見。若一向進前迫看，反為所遮
> 蔽，轉不見矣。[40]

> 學者觀書，病在只要向前，不肯退步看。愈向前，愈看得不分
> 曉。[41]

而如果我們將朱子的讀書法，與上述松本豐多對服部宇之吉「標
注」的批駁結合來看，則我們就不難明白，東亞傳統的讀經方法，其
所以必須經年累月地持續「讀」、「看」的作為，實因其努力追求的是
一種徹底並精確的「原意」掌握。故我們不也可以想見，在讀經之後
的注經作業，又是一多麼艱鉅的作業。朱子因此又提出了使讀書無有
緊迫感的節奏變快法，那就是所謂「平心讀去」的讀書法。

（三）「至高至平」之態度

當我們試圖思考諸如松本豐多為何於《四書辨妄》中，會質疑服
部宇之吉有「杜撰」其師息軒之說，而且懷疑服部宇之吉某種扭曲事
實的標注法，勢必有所「意圖」？乃至進一步思考服部宇之吉又何以
會誤解或誤判經義？等問題進行思考時，這類問題某種程度而言，皆
與注經者、標注者或辨妄者的微妙「心理」有關。而無有立場、不夾
私心、不預設定見的客觀解經態度，其所以為東亞傳統注經作業的重
要前提，乃因惟有如此，方能使注經者、讀經者所體悟、覺察的一切，
可能趨向「微言大義」。關於這個問題讓我們再來看朱子如何建議。

---

40 《朱子語類》，卷11，〈學五・讀書法下〉，頁185。
41 《朱子語類》，卷11，〈學五・讀書法下〉，頁185。

讀者不可有欲了底心，才有此心，便心只在背後白紙處了，無
益。[42]

讀書有箇法，只是刷刮淨了那心後去看。[43]

讀書須是虛心切己。虛心，方能得聖賢意；切己，則聖賢之言
不為虛說。[44]

觀書，須靜著心，寬著意思，沉潛反覆，將久自會曉得去。[45]

學者觀書，……大概病在執著，不肯放下。正如聽訟，心先有
主張乙底意思，便只尋甲底不是；先有主張甲底意思，便只見
乙底不是。不若故置甲乙之說，徐徐觀之，方能辨其曲直。橫
渠云：濯去舊見，以來新意。此說甚當。若不濯去舊見，何處
得來新意。今學者有二種病，一是主私意，一是舊有先入之
說，雖欲擺脫，亦被他自來相尋。[46]

問讀諸經之法。曰：亦無法，只是虛心平讀去。[47]

據左右腦分析領域專家傑爾・李維（Jerre Levy）的說法，人的
頭腦「左半球分析的是時間，右半球處理的則是空間。」[48]也就是

---

42 《朱子語類》，卷10，〈學四・讀書法上〉，頁173。
43 《朱子語類》，卷11，〈學五・讀書法下〉，頁177。
44 《朱子語類》，卷11，〈學五・讀書法下〉，頁179。
45 《朱子語類》，卷11，〈學五・讀書法下〉，頁181。
46 《朱子語類》，卷11，〈學五・讀書法下〉，頁186。
47 《朱子語類》，卷11，〈學五・讀書法下〉，頁187。
48 勒范恩（Robert Levine）著，馮克芸等譯：〈一時片刻：心理時鐘〉，頁63。

說，本來讀經、注經的作業，應是屬於左半腦球的工作，其是透過語言性、分析性的思路，根據邏輯來做理性陳述，也是對時間有所控制的工作。但如果人可以去除私心，進入一種對閱讀對象真正的專注，則此時讀者的讀經、注經作為，就等於轉成為一種「觀察」的練習，亦即等同啟發右半腦球的機制，於是讀者就等同脫離了既有的邏輯（成見），將閱讀對象的每樣元素，以一種直覺主動的覺察與聯想，「如實」的觀察對象，而此種右半腦球的工作，又是不涉及時間（指對時間無所意識的狀況）的作業。

而當注經、讀經作業進入右半腦球這種對時間無所意識，「如實」觀看覺察對象／經書時，這就是心理學上講的「入流」（flow）狀態，則此時讀者或注經者，不僅宛若置身於時間的緊迫性與冗長性之外，而且還可達到「游於藝」的創發狀態中。筆者以為值此之際，讀經者或注經者方才有可能遙契經書作者／聖人之心志於異代、異域，覺察出「微言大義」。藍格爾（Madeleine L‘Engel）曾以孩童的遊戲狀態來描述藝術家的創作：

> 真正的遊戲，需要真正的專注。這時候的孩子不只是置身於時間之外，他甚至置身於自身之外。他已經把自己徹底投入到正在進行的事情之中，……他的自我意識已經消失，他的意識完全集中在自身之外。[49]

去除私心，「至高至平」地讀經、注經態度，不就是一完全集中在自身之外的態度與狀態的獲致，藉由以經書為主體，進而對之全然投注的過程，讀經者與注經者於是可能趨向一個超脫時間限制的永恆感覺，進而藉由經書的興發，開啟自身的永恆性。此時，讀經者、注

---

49 勒范恩（Robert Levine）著，馮克芸等譯：〈一時片刻：心理時鐘〉，頁64。

經者於是有可能獲致其自身摩挲經典，尚友聖人的主體性意義。關於此點，服部宇之吉有所企圖，但卻過於躁進，忽略關乎時間的諸多複雜問題；松本豐多則因拘泥師說、家法，而無法進入游藝狀態。前者使其「標注」缺乏普遍的共感共鳴；後者則無法開創出經典的當代性。

四　注經的規範、假設與注意事項

藉由松本豐多對服部宇之吉的詰難，接著我們不妨來思考有關東亞傳統經典注釋的幾個方法上的本質性問題。亦即何謂「離經言道」、「對聖人之意不無小補」、以及「家言」與「微言」之間的差異等問題，因為這些問題攸關注經作業的規範、假設與注意事項。

（一）離經言道即為歧出

蓋「離經言道」基本上又可視為「自創家言」，此本非注經之主流企圖，因傳統的經學研究，特別是注經作業，概括而言，乃是一「述而不作」的作業。極端而言，注經真正的運作模式，很大的部分是在仿照前人之作法或成果，以復原經典的原初世界圖像，誠如所謂：「經說異同，從來儒先所共有。」[50]因此注經作業中必然有極大部分的經注或答案是與前人重複或相似，故結果當然或多或少地有其出入，甚至失誤，以及別出心裁處，此即下文所謂的「對聖人之意不無小補」，當然也有可能是「對聖人之意不無小誤」。朱子就曾如下說道：

> 聖人言語如千花，遠望都見好。須端的真見好處，始得。須著力子細看。工夫只在子細看上，別無術。[51]

---

50 〔清〕朱一新：〈附刻來書一〉，《朱蓉生駁康學書劄》（上海：商務印書館，民國年間鉛印本），頁19。

51 《朱子語類》，卷10，〈學四・讀書法上〉，頁172。

須是看《論語》，專只看《論語》；看《孟子》，專只看《孟子》。讀這一章，更不看後章；讀這一句，更不得看後句；這一字理會未得，更不得看下字。如此，則專一而功可成。若所看不一，氾濫無統，雖卒歲窮年，無有透徹之期。某舊時文字，只是守此拙法，以至於今。思之，只有此法，更無他法。[52]

學者觀書，先須讀得正文，記得注解，成誦精熟。注中訓釋文意、事物、名義，發明經指，相穿紐處，一一認得，如自己做出來底一般，方能玩味反覆，向上有透處。[53]

從上述觀點來看，注經作業宛若一門行之有年的行業，每個注經者都須歷經一段「學徒」過程，來訓練其對注經作業的熟練操作與掌控，此所以前述筆者所謂：「時間」作為經學研究之必要條件之理由所在。而注經者所以確信其考究分析、注解的成果能夠獲得某種普遍的認可，多是因其經注論斷常是根據先師宗匠們的經注基礎，而非其本身單獨獲致某種獨到的注經之方法理論。[54]事實上，歷代注經者的最大興趣或目的，也不在方法理論上的清晰探求。因為方法理論的確實獲得，其作為「學徒」過程之一環，要從確實的經注作業中，實際演練訓詁校讎等之具象「素養」工夫，以確保其解釋判定的與經文相關之過去一切種種，可以等同於、或近於「真實」。

---

52 《朱子語類》，卷11，〈學五‧讀書法下〉，頁189。

53 《朱子語類》，卷11，〈學五‧讀書法下〉，頁191。

54 誠如胡楚生先生於《訓詁學大綱》（臺北：華正書局，2005年）中所說的：「在秦漢之時，研究經學及小學的學者，為了解釋古書，自然也有了他們的一些訓釋古書的方法，但是，那只是從經驗中體會出來的一些片段的方法而已，有時是能行而並不一定即能真知其意的，所以，也並不能自覺地推行成一套比較有完整系統的理論。」（頁3）。也就是說，「訓詁」雖是注解經書之法，但卻是從實際演練中去習得，而非自始就有一套完整的理論系統。

　　換句話說，其方法要能在一手資料與二手資料等史料、文獻、遺跡中，將可能脈絡化的事件或關係加以重整，並精確建構其相互的脈絡意義。而且注經者的個人解釋意欲與衝動，被要求必須盡量壓抑，在注經的論述作業中儘可能朝向陳述事實或解釋事實。如此一來，注經者便在此一訓練作業中，自然習得其注經方法，同時傳播承前而來的某一特定的歷史文化、思想意涵，乃至意識形態，諸如某種政治上的最高指導原則、某種是非褒貶的準據、某種歷史演變的規律等。換言之，注經者必須將此特定的論述內化為自身學術、思想、文化、生命的一部分，並將之傳承下去。極端而言，注經者究竟論述、闡明了那種個人己見，常常不是被關注的首要對象，問題在於注經者能否在某種程度上參與某種歷來具有特定形式意涵的傳統論述，並在此種論述中清楚表達之。若注經者具備此種表達能力，即等同注經理論方法的獲致，而且其重要性在注經作業中，遠比注經者如何表達其自身之想法更為至關重要。故若有「離經言道」之注經者，即屬歧出。

（二）對聖人之意不無小補

　　朱子曾言：

> 傳注，惟古注不作文，卻好看。只隨經句分說，不離經意，最好。疏亦然。今人解書，且圖要作文，又加辨說，百般生疑。故其文雖可讀，而經意殊遠。[55]

> 解經謂之解者，只要解釋出來，將聖賢之語解開了，庶易讀。[56]

55　《朱子語類》，卷11，〈學五・讀書法下〉，頁193。
56　《朱子語類》，卷11，〈學五・讀書法下〉，頁193。

誠如前文所述，傳統經學家注經的首要任務，主要是在闡發、引申某種特定的意涵論述。因此每一位注經者基本上彷彿都是積極整理過往文獻、史料、遺跡的參與者。透過注經者的整理方法、建構手段，文獻、史料、遺跡方有可能支持某種特定論述，此時文獻、史料、遺跡方可成為所謂的「證據」。若如是，則統合文字、聲韻、訓詁、版本、校讎等具象「素養」能力的考證作業，其所尋求的稱之為「證據」的一切，某種意義上永遠是注經者論述、填補、嫁接、翻轉、甚或緣飾經書作者／聖人原意的產物。亦即，「證據」永遠必須支持表述經書作者／聖人之原意的「經文」。換言之，「過往之證據」對「經義」的把握，事實上是注經者對於「經義」的掌握論述，在注經者的「注」經作業之前，「過去之證據」本身對「經義」可說並無過問權力。

　　所以，「對聖人之意不無小補」，乃是注經者在以配合諸如所謂「注不破經」、「疏不破注」等特殊形式下論述某種特定意識形態，同時也在此種論述中明確表達其涵塑了此種特殊表述能力，並保持此種論述模式之規範。當然，有時注經者亦必須視需要而踵事增華。因此，經書藉著此種「對聖人之意不無小補」的注經假設，除確保、穩固住經書高度的權威性，同時更不斷輻射經書「含天蓋地」這一預設經書性質的幅員。

　　然我們在此必須提出一個疑問，那就是：有沒有一種全然完整之原意的復原？因為如果載於經書中的經義，是經書作者／聖人心中所設想、思維之事物歷史之總合整體的話，則全部的經義儼然就是一部思想史。則後世的注經者勢必得進入那些為經書注入意義、生命的偉大心靈、頭腦，亦即經書之作者／聖人的心志，而以一種與經書作者／聖人相同的心志來設想、思維，只為獲得載於經書的諸多有關作者／聖人心志運作下的事物歷史與過往世界的真確總合圖像。從這一層次而言，注經作業的假設，自然存在著某種程度的神聖理想性壓力，

同時也蘊含著某種特定的意識形態。

既然注經作業的假設是對「聖人之意不無小補」,是在「設身處地」以一種「他人」的觀點來觀察世界,進而理性衡量各種選擇,無有偏見地。則此一注經假設當然會被注經者之「學養」、「素養」;注經者之私心、意識形態;歷史性、局限性所左右。其中有關注經者的私心、意識形態,除卻主觀性的偏見,我們實在懷疑可以有一種完全排除人╱我差異,與古╱今霄淵隔的全然完整的「設身處地」。也就是說,即使注經作業的核心精神是理性與平衡,並藉由「設身處地」而將所有有志於「補苴所遺」、「糾繩太過」的所謂客觀理性,而且平衡不偏不倚的人,召喚到此一核心價值。而此種注經方法,同時也將原本非常局部,而且具有時間之有限性的各種特定論述與意識形態,在時空條件上將之加以普遍化。

但是即便如此,注經者終究只能趨近「原意」,因為沒有一種完全與經書原意密合的「經注」。問題就出在經書抑或先師宗匠之經注的「古言」,與現今注經者所處當代的「今言」,其間的霄淵隔;注經者試圖設身處地掌握經書「原意」的「心」,與經書作者╱聖人之「心」其間的距離;包括注經者本人難道不也是阻礙「原意」呈現傳達的阻礙嗎?

(三)「家言」與「微言」

對於如何才可以揣摩測得聖人心志這一問題的思考,意在理性平衡地掌握「微言大義」。反言之,注經者基本上並無意藉由注經而來建構自我意義,設若經注中有任何自我意義的注解,此種情形理應是在不自覺的注經作業中形成,絕非有意建構。因此,若有一種以注經為名的作業,主要目的卻不在追求「原意」,則我們當可清楚判斷此一注經作業本身,或許已經不能再稱之為注經,而是自我「一家之言」的建構。從這個角度來看,是否為「家言」的判準甚為清楚。那

麼，「微言」又是否就一定是注經者準確掌握到的，隱藏於經文底層的聖心「微言大義」呢？抑或只是程度不同的「家言」呢？因為此時此地的「此心」，與彼時彼地的「彼心」，其間的差異，勢必造成同體大道的結果有所不同；而且歷經歷史脈絡斷裂的「言」，則包含諸多游離、乃至不復存在的眾多複雜意涵。

　　關於這一問題，首先不妨讓我們來想想語言之於人類的意義。事物基本上是通過語言而被賦予意義，人類則藉由語言這一象徵性的符號而來認識這個世界，但這並不表示語言文字符號即等同於客觀世界。也就是說，自古至今，不同時代、不同社會、不同文化中的不同人們，皆說著不同的「話語」，亦即語言文字底層那一含攝個人、時代、社會、文化、生命等總體意涵的語言之「深層原意」，註定必然無法為後人所完全掌握。因此，所有語言文字的深層意涵，以及所有歷史敘事，應被視為是一禁錮於某一時空之中的整體，因此離開其原有時空的任何詮解，皆可視為是其特定、非完全的「局部」意義之展現。

　　若如是，則歷代經注的總合，可以視為是一個經書「原意」的持續改變過程。因為構成經文的每一個文字語言之細節總是浮動游移的，基本上永遠可以允許讓特定事物或對象，或多或少表示其意義，卻又仍然可以普遍維持一般性的同意。換言之，注經的主流傳統，就是歷代解釋性的活動雖然伴隨注經作業持續地進行，但卻只在「原意的週邊地帶」或多或少移動（轉化）其意義的邊界，因為歷代的注經者並不懷疑其所處當代中，為大部分人所共同認可並擁有的中心意義。但問題就在於當注經者試圖對於彼時彼地的經書作者／聖人／前人／他人的心靈「設身處地」時，卻由於上述此種因時空轉化，而使歷代注經者歷次注經所掌握到的「原意」，永遠產生移動、轉化、改變，結果導致此時此地的注經者，無法傳釋彼時彼地的經書作者／聖人／前人／他人的心靈。

　　因此，強調同為「人」，「人性不變」、「萬古皆同」的「以己心體

道」而來體察「微言」的注經法，是否真能在歷史脈絡斷裂的「言」中，掌握住一自來、現在皆一如的「人」？其間永遠存在的想像、空白空間，是否真得可以用正確的「人性」來補綴、填滿、復現？抑或所謂的「人性」也是被後人／注經者所選擇的呢？如此一來，後人／注經者豈不也成了經書「原意」的遮蔽物？筆者並不是說「原意」的復現只能靠當時當地的當事人自身的說法，雖然當事人的親身說法本為文史研究最直接的證據。當我們無有直接證據，轉而求諸周邊人物之「言」，而試圖建構其與「原意」之間的脈絡時，顯然地，人「心」的認知幾乎就是千差萬別的，何況私心作祟。故「以意逆志」，恐怕「志」與「意」也只能相「通」，而不能相「同」。因為「志」已經在作者；然「意」卻在後人。

若如是，則我們註定無法知道真正的過去，雖然我們深信原始或一手的資料，相當程度可帶領我們回返經典的原初世界，可以不羼雜注經者個人之私心看法地描摹出經書作者／聖人的想法。然事實的結果終究事與願違。這就如同服部宇之吉號稱是息軒先生之說的「標注」，卻屢與息軒原說歧出；松本豐多雖明言聲稱在息軒先生門下聽書口講，所纂錄而成的《大學說》、《中庸說》，卻仍得詳加辯駁，為免口說無憑。然正確真相究竟如何？我們難到就能完全無疑於松本豐多嗎？

所以，嚴格說來，並沒有未羼雜任何一絲注經者之心志的經注，「家言」與「微言」之間，就在注經者儘可能保持所謂：不預設見、不夾私心、至高至平地歸納性探求事實的這一注經態度。並預設其所作經注對聖人之意不無小補，再以探究「言」→「文」的語文全面深淺層意涵為最大目的，而且不是有意識地建構自我意義，戒慎恐懼未免誤入「離經言道」之歧途。如此一來，則「微言大義」方有可能被揭顯。所以，關於後人經注是否確為「微言大義」，按理說只有注經者在心志、態度上保持一貫的「虛心平讀去」[57]，而沒有所謂注

---

57 《朱子語類》，卷11，〈學五・讀書法下〉，頁187。

經者所領會體得的所謂：此說、此義就一定是作者／聖人之「微言」的某種必然固定意涵。但是，只要注經者保持「正確」／「主流」／「正統」的注經態度，則其在經書召喚之下，結合其自身包含生命經驗在內的抽象、具象「素養」，而詮釋出的「微言大義」，將極有可能趨向經書作者／聖人之「心志」。

五　新變代雄之道

　　若綜合松本豐多擊駁服部宇之吉的論斷主張，我們當然同意東亞經典注釋自有其傳統，經學研究的轉型也應該無有躁進。而包括服部宇之吉在內的，任何一個試圖代前雄以領風騷的後人，又豈可無新變代雄之道？然我們也要問：東亞經典注釋的傳統中，有無某些超越時空限制的注經、讀經與經學研究的典範門徑，藉由這些典範門徑，便可以預見一個理想經注的可能產生。

（一）訓詁明則義理明——由「言」到「文」

　　「訓詁」作為一種注經之法，據胡楚生先生綜合古來諸家之解釋，其定義如下：

> 訓詁二字，分別地說，「訓」是依順名物的本性，而解釋它的形貌、性質、和意義。「詁」是依順語言的本性，用今字去解釋古字，用今語去解釋古語，或是用方言雅言去互相解釋。我們也可以說，「訓」是解釋對象，偏重在有具體形貌可尋的名物方面，「詁」的解釋對象，偏重在有抽象意義的語言方面，不過，這也只是一個大略的區分而已。實際上，在古籍中，訓詁二字複合使用，往往是代表一種比較籠統的意義，那就是對於古籍詞義的解釋，而且，在古籍中，即使是單用訓字或詁

字，它們的意義，也都表示對於詞義的解釋，而很少只是專門指稱名物，或只是專門指稱語言的。[58]

可見所謂「訓詁明則義理明」，乃是從「就字說義」、「即物言理」到「得意忘言」。亦即，「微言」存於考據、典章制度之中，精研絕學而後洞見本源。如同前文所述，以經書為代表的文字世界，無疑就是一語言藝術的世界。簡言之則稱「文學」，亦即《論語》〈先進篇〉所謂的：「文學，子游、子夏」的文學，也就是學問、學術整體，意味著藉由語言藝術而表現出的高度文化——文明。由語言而至文學（「言」→「文」），亦即由語言而趨向文化、文明，發展成整個人文歷史的總合。換言之，語文作為一表現符號，常常涵蓋了思想、歷史、文學、藝術等範疇，實際則是含括了過去到現在的文學、思想、教育、政治、經濟等，統稱為社會「文化」的生活方式。職是之故，語言文字自成一具有文化意義的符號世界。

誠如《四庫全書》〈經部總序〉有言道：「經稟聖裁，垂型萬世，刪定之旨，如日中天，無所容其贊述，所論次者，詁經之說而已。」[59]足見注疏解經首推訓詁之法，此乃注經之主流傳統。而注經上統稱為「訓詁」的具象素養，基本上就在解決語言文字所包含的諸多繁複符號世界的意義。然我們要問：「訓詁」之目的何在？關於這個問題，我們不妨來看郭樸〈爾雅序〉如何說。

> 夫《爾雅》者，所以通訓詁之指歸，敍詩人之興詠，總絕代之離詞，辨同實而殊號者也。誠九流之津涉，六藝之鈐鍵，學覽者之潭奧，擒翰者之華苑也。若乃可以博物不惑，多識於鳥獸

---

58 胡楚生：《訓詁學大綱》，頁2-3。

59 〔清〕永瑢等：〈經部・經部總敍〉，《四庫全書總目》（北京：中華書局，1965年）卷1，頁1。

草木之名者，莫近於《爾雅》。[60]

陸德明〈經典釋文序錄〉亦如下說道：

> 《爾雅》者，所以訓釋五經，辨章同異，實九流之通路，百氏
> 之指南，多識鳥獸草木之名，博覽而不惑者也。[61]

　　而這一問題若再配合《爾雅》一書的內容來看，原來所謂「訓詁」之學，乃在藉由文字、聲韻、名物制度，就字說義，即物言理，對象可以是古今字義、人事典制、地理名稱、鳥獸草木蟲魚等，目的是為了正確理解諸多事物對象，亦即所謂的「近正」。[62]也就是說，「訓詁」的目的就在正確認識並解釋世界，而且是這個以語言文字所建構成的符號世界，也是在理解此符號世界之文化／文明意義整體。若如是，則此符號世界之文化／文明意義整體，即為所謂的「義理」。如此一來，此「訓詁」明而後明的「義理」，無非就是一由語言文字所形構而成的符號／虛的世界，抑或抽象的精神文明，尤其是思想、品德和情操的修養，乃至一個包含知識、信仰、藝術、宗教、道德、律法、風俗，以及包含注經者在內的，作為社會成員之一分子，其所習得的任何其他能力和習慣的複合整體，亦即所謂的文化。因此，「訓詁明則義理明」的注經途徑，無非就是在訓練一種由「言」到「文」的深刻理解，從實際操作具象注經素養的經驗中，體會、形塑抽象注經素養，達到具象、抽象素養二者兼具的境地。

60　〔晉〕郭璞：《爾雅疏》（臺北：藝文印書館，1965年《十三經注疏》本），卷1，頁4。

61　〔唐〕陸德明：〈序錄〉，《經典釋文》（北京：中華書局，1985年《叢書集成初編》本），卷1，頁56。

62　胡楚生先生據《釋名》〈釋典藝〉、《經典釋文》而以為：「對於《爾雅》此一名稱的意義，一般都採取『近正』的解釋。」詳參胡楚生：《訓詁學大綱》，頁241。

（二）博贍而能通貫——「問」與「思」

朱子曾言：

> 解經已是不得已，若只就注解上說，將來何濟。[63]

既然沒有一種必然可以導向真理、完全復現經書「原意」的注經方法，復加「訓詁」又是得魚忘筌的手段工具，則注經的理想工夫、典範門徑究竟為何？於是朱子又言：

> 看經傳有不可曉處，且要旁通。待其浹洽，則當觸類而可通矣。[64]

> 精神長者，博取之，所得多。[65]

> 大凡看書，要看了又看，逐段、逐句、逐字理會，仍參諸解、傳，說教通透，使道理與自家心相肯，方得。讀書要自家道理浹洽透徹。杜元凱云：優而柔之，使自求之，厭而飫之，使自趨之。若江海之浸，膏澤之潤，渙然冰釋，怡然理順，然後為得也。[66]

陳寅恪也曾說道：

63　《朱子語類》，卷11，〈學五‧讀書法下〉，頁181。
64　《朱子語類》，卷11，〈學五‧讀書法下〉，頁190。
65　《朱子語類》，卷10，〈學四‧讀書法上〉，頁175。
66　《朱子語類》，卷10，〈學四‧讀書法上〉，頁162。

（經學）材料往往殘闕而又寡少，其解釋尤不確定，以謹愿之
人而治經學，則但能依據文句個別解釋，而不能綜合貫通，成
一有系統之論述。[67]

　　上述朱子所謂的「觸類」、「博取」、「參諸解」，與杜預所謂的
「綜合」，標舉的是一種博贍的讀書工夫；而杜預所謂的「渙然冰
釋」，正是陳寅恪所主張的「貫通」、「有系統」，足見「博贍」與「貫
通」後，方可有「系統」，此法才是真正的注經、讀經之法。而如何
方能貫通，除了資料證據的全面網羅，當然有賴全面素養的涵塑，方
有可能在客觀分析、歸納、掌握實證後，分析條貫事物之原委始末，
進一步確保經注、論斷趨向正確的可能性。顯然在論及注經的理想門
徑時，當注經者藉由第一步的訓詁等基礎具象素養知識，解決了字
義、名物、典章制度等問題，進而獲得符號世界之整體文化意涵後，
學問終究不能只是侷限於「經學」或者「某經」本身，也不能停留在
「學問」層次，必須重新落實到生命「事實」上來。在此種前提下，
經書作為研究學習的對象，當然要能全面展開，進而要能使經書在經
學性之外，展現其歷史性、文學性等其他層面的意涵。如此一來，注
經者自然要從事一種全方位的閱讀，也就是各領域學問的多面向「義
理」，都要能被加以闡明，如此方能有「貫通」之可能。

　　然誠如所謂：「博學而篤志，切問而近思。」[68]學習、觀察的全方
位、全視域開展，關鍵仍需要有「問（疑）」、「思」等懷疑與思考力
的配合，否則何能「通」、「貫」？故朱子曾言：

---

67 陳寅恪：〈陳垣元西域人華化考序〉，《陳寅恪文集》第2冊（臺北：里仁書局，1981
　　年），頁238。
68 〔宋〕朱熹著，簡野道明補註：《論語集註》（東京：明治書院，1972年），〈子張第
　　十九〉，頁233。

讀書著意玩味，方見得義理從文字中迸出。[69]

讀書之法，讀了一遍了，又思量一遍；思量一遍，又讀一遍。
讀誦者，所以助其思量，常教此心在上面流轉。若只是口裏
讀，心裏不思量，看如何也記不子細。[70]

讀書無疑者，須教有疑；有疑者，卻要無疑，到這裏方是長
進。[71]

人之病，只知他人之說可疑，而不知己說之可疑。試以詰難他
人者以自詰難，庶幾自見得失。[72]

亦即，有疑不通，無思不貫（融），「博雅融通」堪稱注經、讀經、經
學研究之王道正途。所以，如果說「訓詁明則義理明」是專才
（specialist）的訓練，「博贍而能通貫」則是通才（generalist）的養
成。而專才所以須要具備通才的視野，乃是為了要能認識其所從事的
高度專業工作，具有何種意義？以及其在社會中的自我定位如何？也
就是說，通才的觀點與視野，可以協助專才描繪自我專業的鳥瞰圖，
亦即此專門學問在「事實上」的位置。而此點即便是就所謂預設經書
具有一「含天蓋地」的性質來看，「博雅融通」的閱讀、研究視域，
亦同樣有其必要性。

---

69 《朱子語類》，卷10，〈學四・讀書法上〉，頁173。
70 《朱子語類》，卷10，〈學四・讀書法上〉，頁170。
71 《朱子語類》，卷10，〈學四・讀書法上〉，頁173。
72 《朱子語類》，卷11，〈學五・讀書法下〉，頁187。

（三）通經以致用——「虛」與「實」

　　「博雅融通」既然是注經、讀經、經學研究之王道正途，而言及「通」儒，自不待言地，漢代有鄭玄（127-200）；宋朝有朱熹；明清則有顧炎武（1613-1682）。關於為學須博通一事，朱熹曾言：

> 然聖人教人，須要讀這書時，蓋為自家雖有這道理，須是經歷過，方得。[73]

> 讀書，須要切己體驗。不可只作文字看。[74]

> 今人讀書，多不就切己上體察，但於紙上看，文義上說得去便了。如此，濟得甚事。[75]

> 讀書而講究其義理，判別其是非，臨事即此理。[76]

另外，《四庫全書總目》對顧炎武的學問則如下評論道：

> 炎武學有本原，博贍而能通貫，每一事必詳其始末，參其證佐，而後筆之於書，故引據浩繁，而抵牾者少。[77]

由以上引文看來，我們可以明白注經、讀經、經學研究在博贍融通後，最後終須指向「事實上」，關於此點，即便是收攝經學為心學，

73　《朱子語類》，卷10，〈學四・讀書法上〉，頁161。
74　《朱子語類》，卷11，〈學五・讀書法下〉，頁181。
75　《朱子語類》，卷11，〈學五・讀書法下〉，頁181。
76　《朱子語類》，卷11，〈學五・讀書法下〉，頁183。
77　〔清〕永瑢等：《四庫全書總目》，卷119，〈子部・雜家類三〉，頁1029。

主張不必藉讀經、累積知識，只須求諸吾心以「致良知」的王陽明
（1472-1529），亦無例外。陽明雖然承襲宋代理學之風，讀書主在
《四書》與《易傳》，但其卻早已提倡「五經皆史」，更主張學問要能
「事上磨練」。[78]事實上，宋明儒者追求內聖，強調心性修養、德性養
成，從灑掃應對進退上求下學上達，故以《四書》、《易傳》作為學習
對象，自有其合理必要。

然而自晚明以還，凌虛蹈空之心性成了儒者反思儒學、抨擊宋明
儒的最大原因，清儒或者說清學的最大特色之一，就在拒斥強調、發
展內在超越面向，追求「事實上」思考的具體實踐。而當學問朝「外
王」方向發展時，對外的學問更需要有博贍通貫的能力，方能經世致
用。於是五經之典章制度乃至十三經全體，皆成了學習借鏡的對象。
例如顧炎武《天下郡國利病書》的撰作，或許就是其讀經博贍通貫
後，通經以致用的最好代表。為求治水，顧炎武著手研究〈禹貢〉，
繼而參考《水經》以輔助，然因《水經》終究是過往歷史記載的水文
地理書，未能切合實際，顧炎武乃自行撰作《天下郡國利病書》。顧
炎武的經書研究進路，使得經書從經學性（倫理教化性）朝經書的歷
史性（史實正確性）發展，進而相互證成。

此即以六經為根柢，求諸過往、證諸現今「事實上」的通經致用
法。換個說法，這便是以黃宗羲（1610-1695）為宗祖的浙東學派所
堅決主張的「近儒談經，似於人事之外別有所謂義理矣。浙東之學言
性命者，必究於史，此其所以卓也。」[79]又是趙翼（1727-1814）所強
調的「經與史豈有二學哉？」[80]當然也是王陽明的「五經皆史」、章學

---

78 關於王陽明的經學主張，詳參林慶彰：〈王陽明的經學思想〉，《明代經學研究論集》
　　（臺北：文史哲出版社，1994年），頁61-77。

79 〔清〕章學誠：《文史通義》（北京：中華書局，1992年《四部備要》本），卷5，
　　〈浙東學術篇〉，頁24。

80 〔清〕錢大昕：〈廿二史劄記序〉，趙翼：《廿二史劄記》，收入嚴一萍選輯：《原刻影
　　印百部叢書集成》（臺北：藝文印書館，1971年），頁1。

誠的「六經皆史」。這不也就是「事實上」訓詁得清清楚楚後,「義理」其實也就明明白白了的最好證明。

　　而經書除了具有經學性、歷史性之外,亦具有文學性。此三種經書性質彼此如何過渡、相互證成,當然會因經書的特性而有所差異。在此,我們必須注意的是:在「通經致用」的理想目標下,當經書從經學性往歷史性發展過渡時,注經、讀經者極有可能對「被認定的事實」提出質疑,而企圖找尋「真事實」。亦即,注經者或讀經者設法在某種程度上,將經書從既已形成的價值觀╱道中抽離開來,而往發掘事實,還原真相的方向前進,試圖重新獲致一種「觀看世界」的嶄新方法。此一作業就某個角度而言,可以說是一個由「虛」到「實」的注經、讀經作業。相對於此,如果當經書從經學性往文學性發展過渡時,經書便允許注經、讀經者有想像、虛構的可能,則注經、讀經者必須努力於經書中的空白、模稜、粗略處,進行填補、連結、聯想、建構等再發現的作業。而此一作業就某個角度而言,則可以說是一個由「實」到「虛」的注經、讀經作業。故我們可以說,通經致用之「用」,既有「實用」,亦有「虛用」,然都要能「有所用」。

六　與時俱進╱永恆的經學研究

　　服部宇之吉拋卻訓詁重荷所新啟的《論語》詮解,雖不免給人粗疏躁進之感,但筆者以為透過服部宇之吉的「標注」,我們是否也應重新思考如何才能有與時俱進的「有所用」的經學研究?在明治日本漢學的發展流變中,興盛於江戶末年的考證學,在新式教育體制的改革確立過程中,多被視為是無用於世、缺乏思想、缺乏理論的學問。在當時被稱作考證學者的人士看來,其所面臨的嚴峻現實,是一關涉其所從事的學問本身存滅與否的問題。故自明治二十年代初期開始,立足東京帝國大學文科大學國史科講堂的重野成齋(1827-1910),便

已試圖力挽考證學之頹勢，重野成齋除了重新定義考證學的特質以廓清世人之誤解外，其更戮力使考證學合乎時代潮流。

出身薩摩藩鹿兒島郡的重野成齋，十三歲便進入藩校「造士館」就學，二十歲便被升為句讀師助，二十二歲上京入江戶幕府官學「昌平黌」就讀，師事龜田綾瀨（1778-1853）、安積艮齋（1791-1861）、古賀茶溪（1816-1884）、安井息軒。重野成齋的漢學研究路數，基本上初奉朱子學，後轉為古學、折衷學合一的考證學，同時亦兼學水戶學，並從羽倉簡堂（1790-1862）修習洋學。重野成齋的學問進路，正好代表著幕末知識分子為因應多變世局，而企圖融會折衷諸學以應世變的摸索。然而在明治維新以後，重野成齋卻有了身為考證學者的自覺，其曾自言：

> 我在往昔的長久歲月中，因為信奉朱子學，故較之於古註更精於新註。但是維新後，學校制度亦有變革，反而可以隨意讀經書。[81]

> 迫維新後居東京，愈益專力於考據之學，或講《爾雅》，或興說文會之廢，求訓詁之精。[82]

與重野成齋的考證學者自覺互為對照的，便是明治初年以還維新政府有意廢除、貶抑漢學的政策，換言之，重野成齋的考證學者／漢學者覺醒，無非意味著其須面對考證學／漢學的「文明開化」，亦即漢學的近代化課題。

---

81 重野成齋：〈內田君の駁擊に答ふ〉，《重野博士史學論文集（下卷）》（東京：雄山閣，1939年），頁400。

82 重野成齋：〈成齋先生行狀資料〉，《重野博士史學論文集（上卷）》（東京：雄山閣，1938年），頁40。

　　而要「開化」考證學之文明，首要之務便是必須破除世人視考證為脫離現實之桌上學問的成見。例如大久保利謙（1900-1995）就曾如此形容江戶幕末考證學的特質說：考證學是「在野的，市民的，浪人的」、「無所事事的消遣」、「市民文藝」，而考證學者是「市民的最高知識人階層，又是具有高尚趣味與教養的人」、「嗜好戲劇，懂得風流瀟灑，於考證世界中感覺到樂趣的文化人」，同時還是「脫離現實，遊於考證，而且是具有反抗官學，取笑官學者之野心奢望而自命清高之心思者。」[83] 由此可以想見，重野成齋若欲「開化」考證學／漢學，其勢必要為其自身所從事的考證學，找到一切實的「實用」性。換言之，考證學的近代化課題，就在闡發考證學的「實用性」功能，或者說在「建構」考證學成為「實用性」之學。重野成齋如下說明道：

　　　　我邦之漢學者，主講其義理，以文字語言為次，至全不講習語言。故論說常失之於高尚而缺乏實用。[84]

於是，重野成齋具體提出植基於漢學的「實用」之學乃是：

　　　　今我與支那鄰國相接，軍國之重事如往歲臺灣之役者，後來未必可保無之，若值爭其曲直，決其和戰等之際，幸正以同文同俗之國，援古證今，或以經典為引據，縱橫論辯，言文並用，方可奏漢學之實效。是豈今之漢學者之所能乎？又豈長崎譯官之所能乎？[85]

---

83 有關大久保利謙的考證學認識，詳參大久保利謙：《日本近代史學史》（東京：白揚社，1940年）一書。

84 重野成齋：〈漢學宜く正則一科を設け少年秀才を選み清國に留學せしむべき學議〉，《重野博士史學論文集（下卷）》，頁350。

85 重野成齋：〈漢學宜く正則一科を設け少年秀才を選み清國に留學せしむべき學議〉，頁350。

　　在此姑且不論重野成齋此番言論背後的政治意涵為何？其從說明
日本與中國「同文同種」，到主張「言文並用」的學問形態，重野成
齋其實試圖破除一般人所以為的：考證學就只是一過時的學問，就只
是在解決文字訓詁問題的這一刻版印象，並為考證學重新建構一個更
廣域的學問涵蓋範疇，使其可以成為是涵蓋政治、軍事、外交、國家
利益的「事實」學問。而且這一有關國家人民各實際層面的學問，並
不是今日明治十年代初期，無法「言語」（說中國語）的漢學者，或
是長崎不知「文」與「俗」（中國的文明傳統）的中國語翻譯官所能
從事的學問。也就是說，重野成齋主張要像考證學者這類深諳中國語
言文字，清楚中國典章制度之原委始末乃至傳統文化整體，能發揮漢
學之「事實」效用的人，才是國家現時在實際層面最需求的人才。重
野成齋又言：

> 所謂考證者，始於支那，云以經學為主者。……今後之學者，
> 愈益擴張之，不問何學，皆以踏實考證為首要之急務。[86]

> 考據學，一一究事物之道理者，取證據以成物。……。以既往
> 測將來，其不言空者，是為考據學，所有研究皆據實而從事。
> 考證之學雖是如此之學，清人卻以為考據學只在正注疏之異
> 同，其實絕非如此。一般所謂義理考據之學，義理者，言今之
> 性命道理，言道德。而考據則據實而考究。此義理、考據二
> 者，缺一不宜，此先哲雖亦曾言及，但此義理之學問，因自往
> 昔以來愈益發達，故不可一日缺之，但考據之學，如今所述，
> 自唐以來便與真正之考據學相去甚遠。直到西洋學者來到支
> 那，真正之考據學大為發明，諸學者悉盡務實學。[87]

---

86 重野成齋：〈學問は遂に考證に歸す〉，《重野博士史學論文集（上卷）》，頁47。
87 重野成齋：〈漢學と實學〉，《重野博士史學論文集（上卷）》，頁413。

　　由上述引文看來，顯然重野成齋所說的考據學，並非漢唐或清朝的考據學。也就是說，其所理解的考據學必須是義理、考據兼具，而且還要有西方學者的「實證」依據，方能成為所謂「真正」「實用」的「考據學」。重野成齋所理解的此種考據學，拒斥停留在語言文字的「虛」的世界中，強調要能從現實生活中取得「實證」，從事「事實」上發揮效用之學問。換言之，其所認定的考據學，是一應用「虛」、「實」兩方面證據，求「用」於「事實」的學問，也就是所謂的「實學」。筆者以為重野成齋所主張的為學法，使我們可以從另一個角度來思考：幕末到明治日本的經學者／漢學者們在從事所謂「考證學」時，其學問性質與為學企圖究竟為何？

　　與重野成齋同樣活躍於「史學會」的東京帝國大學同僚久米邦武（1839-1931），曾形容重野成齋為「網羅經史子集之漢學大家」、「是在漢學衰頹時代標榜抬高儒者，意志堅固而且多藝，才氣橫溢之人」、「是吸入考證學空氣之人」、「是考證學時代的產物」，久米邦武進而如下形容重野成齋的為學樣貌：

> 於眾書前堆垛整頓，順次披覽而書付箋以貼。……草稿若寫成，則端正置於桌上，展皺目讀，誤字直書修改，正誤用之字，持續靜視思考時，有啃爪之癖。持續啃爪之間，尋看出文中最生硬處、甚不熟之處等，並修正之。[88]

我們如果將久米邦武對重野成齋學問形態、為學樣貌的描述，與前述大久保利謙對幕末考證學者的形容合而看之，則我們不禁要問：考證學者為學的真正企圖究竟為何？難道他們只為尋找證據本身嗎？他們難道不是察覺到由語言文字所建構的意義世界整體，同樣以語言文字

---

88 久米邦武：〈余が見たる重野博士〉，《久米邦武歷史著作集》第3卷（東京：吉川弘文館，1990年），頁105-106。

恰足以顛覆之的巨大秘密嗎？亦即在考證學者的眼中，文字證據的發掘，恰好使得藉由語言文字所建構的所謂「事實」世界本身的反諷性，亦即藉由語言文字所獲得的世界整體之理解的「虛構性」，昭然若揭。

換言之，人們所理解以為的「真實」的世界，其實某種程度上就是一由主流論述所建構的、「被認定」的語言文字世界。考證學者難道不是覺察到參與建構／顛覆「被認定」之事實世界的樂趣，故而樂此不疲嗎？故筆者以為：考證的意義就在重新獲致一種觀看世界的視角，使那一個我們以為「如是」的世界，獲得敘事、論述上的合理性。因此，「實證」的取得雖更具說服力，但「實證」亦隸屬於「如是」之世界的敘事、論述。從幕末到明治，日本經學／漢學的考證學研究，難道不是在重新取得某種建構「如是」世界的合理性、正統性，同時也在企圖獲得經學／漢學這一學問世界的普遍性、近代性嗎？而其同時也是傳統經學／漢學的活化再生之途。

重野成齋顯然是試圖將經學轉化為古史學，而疑古辨偽，旨在考信。但我們進一步要問的是：為學方法本身的改革與否，果真就能使學問本身獲致再生的動能嗎？「方法」與其所從事的學問也許或多或少有所關聯，諸如解決學術上的爭議性問題，但未必然會關聯到「事實」上來。我們想問的是：有沒有實證主義亟欲尋求的「一個真相」？真相也許就在持續的詮釋論述裡。又如果任何一種方法終究是得魚後必須忘卻的「筌」，則「事實」上世界整體意義的理解和參與論述，難道會是在方法上的如何？世界存有的本原，既然不在語言文字的言說處，則默而識之者，或許才是意義真正的所在。

在此，筆者所謂的默而識之，並非限定指抽象意義的範疇，而是指實存於特殊具體時空條件中的人們，那些人與人、群與群、地域與地域等等，文明與文明相互遷移、交流、往來，雜以成「文」後的永恆價值共識。因此，如果說經典是觸及了人類永恆不變的本質性（人

性）的書籍，則經典的學習、閱讀與研究，無非在喚醒一個人之所以
為人的最基本人性，而且是人性的恆常不變之道。所以，也許只有是
觸及永恆的，方能與時俱進。

　　如此一來，注經者、讀經者或經學研究者，最須要追問的或許不
在「經書原意」與「一個真相」如何如何，其應關切的或恐就在經書
對其生命本身興發何種永恆的啟迪與領悟。而當注經、讀經或經學研
究，由文獻、證據之學朝向人文生命之學時，我們或許才真正從事了
所謂「事實」上的、「與時俱進」的、「恆常不變」的「經」學研究。
雖然此種注經、讀經、經學研究相當程度逸離了漢唐以來所謂的注
經、讀經傳統，但未必遠離聖人孔子之原意。當所謂的經學研究以經
書為其核心，在涉及經書作者、版本、文字、聲韻、名物、典章制度
之研究後，進而解決注經方法、經義探討、經學史等問題，更輻射至
思想、哲學範疇，乃至與他「文」之「經」對話的研究時，經學研究
的意義便可全然開展。

　　若能如此，經學研究乃是古典學、文化遺產的繼承與發揚光大，
對我們而言如同天職，是文化傳承之責，無可逃避。而此事大可不必
全數後人皆從事之，但只要有部分後人為之，則其意義既是「有功於
古」，而且又「有裨於後」。而每一個人都有其生命、文化之歷史源
頭，故對參與經學研究的每一位成員而言，其自身也都有接續傳統文
化血脈的教育需求，所以經學研究對其自身而言則「有益於身」。而
當經學研究不侷限在文字語言的解讀，當人受到經書的興發而進行一
種「由此」→「在此」→「為此」的就「事實」上覺察時，經典終於
可以展現其當代意義，成為我們生活乃至生命的指導原則。此時經學
研究也就「有益於世」。上述經學研究的意義得以全面開展時，我們
也許就能清楚認識到並向人說明：經學研究過程中對經典「原意」的
探索與了解，只是我們了解古典文化、古典生命的必經過程，而非目
的全部。

故經典研究或經典教育，不僅關涉個人的生命狀態，還攸關社會本身與教養。亦即，如果我們將面對當今生活中的諸多現實問題，視為是一個不斷現代化的學習過程，則當我們能夠重新釋放出經典的智慧時，其不僅有助我們現代化，我們更可將古典的素養陶冶入社會總體中，除有助於社會批判與文化治療，更有助於我們血緣、生命、文化的「靈根再植」。

具備上述的認知，我們也就可以進一步理解到，服部宇之吉的「標注」，堪稱是明治二十年代中後期以還的傳統漢學開化改革壓力，發展至明治末年階段，乃以另一種形態呈現出來。松本豐多的攻擊批駁自然不無道理，但我們不也從服部宇之吉身上，看見了處於學術轉型期的學者，如何致力於學問轉型之嘗試。其所試圖開啟的各種豐富可能性，以及其開創性的不成熟新作法，其是非優劣自有公斷，而其作法無論當時、日後是否為學術之主流、旁支、潛流、甚或是偏鋒，不也都有啟發我們反省自身所學之功？

七　結語——誰的日本漢學史？

誠如本章所作之考察，松本豐多於《四書辨妄》中對服部宇之吉「標注」的批判，其實觸及了東亞傳統經典注釋作業中，諸如注經者的條件，態度；注經的規範、假設、注意事項；以及後世注經者若欲新變代雄以領風騷，其應採取的典範門徑究竟為何等注經與經學研究之本質性問題。而若將之置於近代日本漢學發展史的脈絡來看，其亦反應出學術轉型期傳統知識分子的尷尬處境，同時也讓我們有機會重新審視江戶漢學如何面對近代化的學術轉型演化實態。

關於松本豐多年長服部宇之吉二十歲左右一事，除了意味著其在從事注經作業時，無論具象、抽象素養理應比服部來得有專業素養以外，我們又應該如何理解兩人之間二十年的時間差距，究竟包藏著多

少複雜的學術意涵？簡而言之，這就是明治留洋新銳漢學者與江戶考證學者[89]的差距。蓋松本豐多所學習的江戶漢學，或者說考證學，可以說是其全部的學問素養，而在其年約二十歲左右，日本一夕之間進入明治維新，隨著接踵而來的學校體制改革，主要是官學與各地藩校皆被迫變革，而在經歷一連串廢聖堂、藩校、私塾、寺子屋、家塾的變遷後，原佔日本教育龍頭地位的傳統漢學，不僅其主導地位不復存在，還被排除在整個新式大學體制外。在政府一片獎勵新學的聲浪中，學習傳統學問的讀書人，處境實在堪憐，而其心中之憤慨亦可想而知。據牧野謙次郎（1863-1937）的說法，江戶官學「昌平黌」內的孔廟「湯島聖堂」被廢時，某書生寫詩如下：

> 儒生可坑書可焚，難亡天下人心公。《源氏物語》《枕草子》，本科奉之代六經。地下美人應一笑，針線遊戲字治清。一痕殘月茫不明，君不見昌平橋頭妖鳥呼，青竹之重鎖孔廟。[90]

我們不妨將此詩所描寫的漢學衰頹敗象，看作是二十出頭歲的年輕書生松本豐多親身所經歷的「文明開化」景象。其自小靠「時間」積累的學問素養，一夕之間，一切有為法，如夢幻泡影。待到學制改革初步確定，東京帝國大學終於在文學部中增設「和漢文學科」時，已經是明治十年（1877）九月的事，是年松本豐多已過而立之年，恐難再度有志於「新」學。

筆者以為：以松本豐多為代表的世代，堪稱是一個被迫失落其自身學問主體的世代。在新時代巨輪轉動的那一刻，書生們瞬間被推向

---

89 筆者以為松本豐多既然生於江戶考證學興盛的幕末弘化年間，又是折衷古學與考證學為一的安井息軒之高足，則視其為考證學者應屬合理。

90 牧野謙次郎：〈明治時代（第一期）〉，《日本漢學史》（東京：世界堂書店，1938年），頁253。

時間的另一頭，徒負空有一身好本領，一生竟未獲世間青睞，無怪乎
《四書辨妄》的封面，作者題為「無聲松本豐多著」。而此事由松本
豐多在耳順之年，亦即堪稱是一個人文學者學思成熟之際，執筆批駁
東京帝國大學教授注經之不是，除卻其中部分情緒性批判，其所言多
不假。然綜觀日本近代以還的漢學相關字辭典，卻皆未提及松本豐多
其人其事。另外，從服部宇之吉在編定《漢文大系》時，竟然從未徵
詢收錄進該書的《大學說》、《中庸說》二書之原纂錄人松本豐多有何
意見，甚至也未將松本豐多納入校訂群中的這一事實，我們不也可以
窺知松本豐多這一失落其自身學問主體世代的現實處境。

　　如果我們能對松本豐多這一被時代遺棄的傳統漢學家世代的尷尬
處境有所瞭解，則我們自然也就能理解在《四書辨妄》中，松本豐多
為何在說明完服部宇之吉錯解〈關雎〉詩之旨意後，居然宛若一情緒
失控之人，如下說道：

> 聽聞博士以非常熟悉孔子聞名，似乎常於稠人廣坐中進行演
> 說，然而博士難道真的以為前述類於癡情淫奔之詩，而且居然
> 還在《三百篇》開卷第一首，這樣的詩會是孔子所編定的嗎？
> 由此可知博士不僅不知孔子，恐怕連《詩經》也未曾讀過
> 吧。……博士名滿天下，以此名而號稱是我息軒先生之說，如
> 登高一呼，所聞極遠，青年諸子信之，至於展現其所信於行
> 事、於文章，實非同小可之大事，祈望主木鐸者，稍稍留意
> 之。[91]

而在批駁服部居然將顏回「一瓢飲」所飲者，誤解為「酒」時，松本
豐多則語帶風涼地說道：

91　松本豐多：《四書弁妄》，卷3，〈八佾篇〉，頁44-45。

居孔門四科之筆頭，德性第一的顏子，萬萬不可能如幕末之際
的書生，在書桌旁擺上圓身窄口酒壺，大口大口地喝著涼酒。

筆者以為上述松本豐多的話語中，除了明指服部這一留德的新銳
洋博士，竟然誤以為顏回像幕末書生般放蕩之外，其實服部宇之吉出
生翌年便是明治維新，換言之服部並未親見幕末書生，按理說未必清
楚理解幕末書生的生活形態。然松本豐多卻又說：顏回不是像服部博
士您瞭解的幕末書生那樣放蕩粗俗。這不就在說，服部宇之吉所瞭解
的又豈是真正的幕末書生？故松本豐多該句話，不也包含著所謂：像
服部博士您這樣受到世人期許肯定的高貴留洋學者，又怎能理解幕末
粗俗書生所以生命處境淪落至此的理由呢？松本豐多無法保持「至高
至平」之態度，偶爾流露出對服部宇之吉的情緒性攻擊言論，或者是
挪揄諷刺性字眼，與其說只是針對服部宇之吉而來的，毋寧說其以服
部宇之吉作為一情緒發洩之代表對象，其中亦包含了松本豐多對整個
「荒謬不合理」，或者說「匪夷所思」、「不公義」的世界以及世道人
心的吶喊與質問。

一群被迫遭受時代遺棄，無法參與過往榮光，亦不及追趕新風潮
的失落知識世界的世代，關於彼等是否受到近代日本刻意的擱置乃至
無視其存在，這個事實讓我們必須再度嚴肅思考，我們現在藉由所謂
「客觀公正」的文獻史料，或者是權威性正統學者之說法，所認識到
的近代日本漢學史，或者是有關江戶漢學向明治漢學過渡的既成理
解，其實恐怕都只是、或者說原本就是一「部份的」、「被認定」的主
流價值的學術論述。「文明」開化已過百年，不也到了應該重新發
掘、認識、看待、評價那些「無聲」資料的時候。因為跟主流喧囂聲
音相對的，常是淵默的「無聲」。

　　本文係筆者執行日本財團法人住友財團二○○四年度アジア諸國における日本關聯研究助成計畫「近代日本における《論語》注釋研究」（NSC92-2420-H-224-005-）之部分研究成果，初稿於二○○七年十一月十八日發表於政治大學中國文學系與中國經學研究會合辦之「第五屆中國經學國際學術研討會」。

　　原載《第五屆中國經學國際學術研討會論文集》（臺北：政治大學中國文學系，2009年5月），頁113-150。

第四章
注經到講義
——由安井小太郎《論語講義》論近代日本《論語》研究之轉折

一　前言：《論語講義》之成書經過

　　昭和十年（1935）由大東文化協會出版的《論語講義》，有作者安井小太郎（號朴堂，1858-1938）所寫之該書〈例言〉，〈例言〉之第一條如下寫道：

> 本書乃七、八年前於二松學舍之講義，由青山貞子君、今之土屋氏，以速記法記錄之，進而數次審諦者。[1]

或許是由於朴堂該條例言之故，讓人有《論語講義》就是在昭和十年（1935）刊行之感。[2]然而該書於朴堂所撰〈例言〉一文之前，著錄有大東文化協會常任理事成田千里所撰〈重刊の辭〉一文，成田千里於該文中如下說道：

> 本書乃碩學安井息軒之令孫安井小太郎先生，其七十年學究生

1　安井小太郎：〈例言〉，《論語講義》（東京：大東文化協會，1935年），頁1。
2　如町田三郎先生就說：「昭和十年（1935）朴堂刊行了《論語講義》。」，參見町田三郎著，金培懿譯：〈安井家學與安井小太郎之漢學業績——滄洲・息軒而後堂——〉，收入鄭定國編：《二〇〇二漢學研究國際學術研討會論文集》（斗六：國立雲技大學，2003年），頁87。

> 活之結晶，實自其人生生涯之生活中所孕育出的生命之
> 書。……恰逢紀元二千六百年，我學院為儒學研鑽之學府，又
> 得擁斯學之碩學鴻儒而誇於天下，於其紀念出版之首位，重刊
> 此書，併重新依先生之氣息，《大學》、《中庸》各講義亦得以
> 上梓。(〈重刊の辭〉，頁1-2)

由此段引文可知，該書之前已曾刊行問世，而且除了《論語講義》
外，大東文化協會於昭和十年（1935）亦重刊了朴堂先前所著之《大
學講義》、《中庸講義》二書。

今若據〈朴堂先生著述論文目錄〉[3]所記來看，明治二十八、二
十九年（1895、1896）時，哲學館便已刊行了朴堂於哲學館大學漢學
專修科的漢學講義——《論語講義》、《大學講義》、《中庸講義》三
書，其中《論語講義》一書，便是哲學館講義錄中的漢學科第二輯，
全書共五一六頁。該書於明治二十八年（1895）首刊之後，於明治三
十八年（1905）十二月，首次由藤井圓順編輯，改由東洋大學出版部
再版，惟再版時該書書後出版頁所記之「發行所」，卻仍是哲學館大
學。由此可知昭和十年（1935）三月由大東文化協會出版之《論語講
義》，已是該書之第三版。並且誠如成田千里所言，此書乃朴堂逝世
三年前七十八歲時，其學思成熟之餘，就青山貞子（即土屋竹雨夫
人）記錄七、八年前朴堂於二松學舍之授課講義錄，並經朴堂自身數
次審查改訂而成，因此由原先初版的五一六頁，增加至八九七頁，堪
稱是朴堂一生學問、生命之結晶的「生命之書」。

事實上若就《斯文》第二十編第七號（1938年7月）所收錄之〈安
井朴堂先生追悼錄〉看來，朴堂之友人門生亦多言及其長久以來便致
力於《論語》研究及講義。例如與朴堂同樣於明治二十五年（1812）

3　分別收錄於安井小太郎著：〈附錄〉，《日本儒學史》（東京：富山房，1939年），頁18-
　　24。以及〈安井朴堂先生追悼錄〉，《斯文》第20編第7號（1938年7月），頁23-25。

九月同時被任命為學習院教授的松井簡治（1863-1945）便說：

> 當時漢文教師有池田、小林兩位副教授，由於幹事之工藤一記
> 君亦為漢學者，故組織了所謂「論語會」者，每週從事一次
> 《論語》之研究。吾自身偶爾亦參加之。小林氏每吐奇拔之議
> 論而驚人；工藤氏亦常提出嶄新之新說，結果被採用者多是安
> 井君穩健之意見。[4]

而朴堂之門生中，與鈴木由次郎、尾崎三郎二人推舉朴堂為中心指導
人物，於昭和六年（1931）十一月二十八日組織成立「漢學會」的朴
堂大東文化學院之門生岡村利平（1864-1933）則說：

> （昭和）七年六月此回，便如從前一般，開始會日之講讀，最
> 初為《莊子》。……繼而《論語》講讀開始，連講數十回後，
> 先生罹病。[5]

而除了《論語》研究講讀會，朴堂於大學課堂上的《論語》講義，除
了有前述的哲學館、二松學舍之漢文講義課程外，朴堂於明治四十年
（1907）九月十一日擔任第一高等學校教授以來，亦於該校講授《論
語》。而朴堂第一高等學校的學生長澤規矩也（1902-1980）便說：

> 總之，我在獲得史談會指導教授，亦即副校長齋藤教授的允許
> 後，便直接與安井先生洽談，希望能在自己學科停課時，去旁
> 聽先生的《論語》講義。……所幸當排課與先生之《論語》講

---

4 松井簡治：〈安井朴堂君の追憶〉，《斯文》第20編第7號，頁33。
5 岡村利平：〈漢學會のことども〉，《斯文》第20編第7號，頁47。

義衡堂時，自己的學科卻都常常停課。[6]

　　由上述資料看來，我們可以說：成書於朴堂辭世三年前的《論語講義》，可說是其任教學習院大學以還，繼承其祖父安井息軒以來研究《論語》的家學傳統，歷四十餘年筆削添加而成的畢生學問代表作。該書於昭和十年（1935）三月由大東文化協會重刊後，五年後的昭和十五年（1940），再度由東洋圖書再版刊行問世。

二　作為授課的「講義」：由「注」到「講」的《論語》研究新動向

　　蓋「講義」一詞，若據《廣辭苑》的解釋，又等於「講說」，其義有二，一是：說明書籍或學說之意義者，同講說。一是：於大學等機構，教授講說其學問研究之一端者。通常是與「講讀」和「演習」相對而言，又可說是指大學授課之全體。[7]由此看來，《論語講義》即可說是朴堂說明、講解《論語》之意義者；同時亦是朴堂講說其自身《論語》研究之一端。

　　朴堂自任教學習院大學以來，其講義皆以平易簡明著稱。例如朴堂任教第一高等學校時的學生高田真治（1893-1975）與長澤規矩也；以及其大東文化學院之學生近藤杢（1884-1965）；甚至是其於「斯文會」所舉辦之講習會時的社會人士學生菅谷軍次郎等人，言及朴堂之講義，無不稱讚道：「易懂」、「簡明」、「平易明晰」、「明瞭有力」。[8]高田真治更明確地指出朴堂《論語講義》之特色乃是：

6　長澤規矩也：〈安井先生を憶うて〉，《斯文》第20編第7號，頁53。

7　詳見新村出：《廣辭苑》（東京：岩波書店，1989年），頁795。

8　詳參高田真治：〈朴堂先生を憶ふ〉，《斯文》第20編第7號，頁42。長澤規矩也：〈安井先生を憶うて〉，《斯文》第20編第7號，頁53。近藤杢：〈朴堂先生を憶

所存息軒先生以來之衣缽。若進而從經學上而言，便是《論語
講義》中可以見到的，其所施以親切明快、周到剴切之解釋。
於平易之說明中，屢屢言及前人所未發之透徹明訓。[9]

至於朴堂諸門生皆言其講義簡明易懂，然具體情況究竟為何這一問
題？吾人今則可從《論語講義》中，朴堂多舉日常生活事例為證，以
解意涵抽象之經文，使經義具象、具體化一事，而得以窺見其講義之
一斑。

　　例如在講說〈述而・子之燕居〉章時，朴堂為了具體說明「申申
如也」、「夭夭如也」，所指究竟是何種安適舒緩的心理情境狀態時，
當其在說明此乃心情「輕鬆、悠然自得（伸伸）」、「朝氣有活力（元
氣がある）」；「不陷於憂愁、無有操心（憂に沈むとか、屈托をする
といふ樣子は一ちもない。）」之後，朴堂便不再以抽象的形容詞來
說明何為「申申」、「夭夭」；而是另闢蹊徑，將說明重點點轉為有何
方法可以使人達到「申申」、「夭夭」之氣象。朴堂言：

　　　　吾常對人言，欲得申申、夭夭之氣象，必須不拖延的處理、解
　　　　決不得不做之事，即不積壓事情。若能不積壓事情，當然，生
　　　　病另當別論，人當常能申申、夭夭。事情若能快速解決處理，
　　　　這並非是件那麼困難的事，然而若一積壓下來就難以處理，將
　　　　變得提不起勁來。就連回信這件事，若是回個一、兩封還可以
　　　　立刻提筆，若積壓個五、六封就嫌麻煩了。但是不回信又不能
　　　　全然忘記這件事，於是就始終掛意著不能不回信、不能不回
　　　　信……。如此一來，便無申申、夭夭之心情。……不拖延地處

ふ〉，《斯文》第20編第7號，頁51。菅谷軍次郎：〈安井朴堂先生を憶ふ〉，《斯文》
第20編第7號，頁55。等諸文。

9　高田真治：〈朴堂先生を憶ふ〉，《斯文》第20編第7號，頁44。

理事情這件事，不就是獲得申申、夭夭之氣象的方法之一嗎？
（《論語講義》，〈述而第七〉，頁316-317）

　　申申、夭夭這一氣象，雖然有其更細膩幽微的心理情緒蘊含其
中，但基本上就如同朴堂所言，是一輕鬆、明快、無有牽掛的心理狀
態，而雖然輕鬆、明快、無有牽掛的狀態亦並非僅有一種，然透過朴
堂的此番講說，每位聽講者想必可以比較具體地掌握到所謂「申
申」、「夭夭」的這一身心狀態，並且認識到其自身亦可以在日常行事
中達到此境界。亦即，朴堂此番講解可以令學生相信：聖人孔子之境
界是可以學而至的。如此一來，聖人德性之學習模倣乃至實踐，豈不
就在日常行事之中。

　　另外，在〈學而・子曰學而時習之〉章的講義中，朴堂言：

此章言人必須心常保持悅樂，但是由於在追求此悅樂時，有惡
質者、又有非常高價者，為避免此類惡質、高價者，便要追求
任誰皆能容易得到的悅樂才好。此事所指為何，即所謂「學而
時習之」或者「有朋自遠方來」等事，此種事若能成為悅樂之
事，則無須花錢，乃任誰皆可以做得到的事。而心中若有悅樂
之事，則能做到「人不知而不慍」。（《論語講義》，〈學而第
一〉，頁26-27）

話雖如此，然而所謂：任誰皆可以做得到的「學而時習之」等事，究
竟具體所指為何？朴堂則在朱子所定義出的：「學」有「效也」、「覺
也」二義[10]這一基礎上，首先確定該章「學」字之義應是「效」，亦即

---

10 〔宋〕朱熹：《論語集注》，《四書章句集注》（北京：中華書局，1983年），卷1，
　　〈學而第一〉中有言：「學之為言效也。人性皆善，而覺有先後，後覺者必效先覺
　　之所為，乃可以明善而復其初也。」（頁47）。

「效做」之義，其所持理由在於「時習之」一語。因為有「時習之」一語，可見此章之「學」字，乃是：

> 在此，所學者，言其所學者為何，乃始初己身不能，因而向能者做效。此乃所謂效這一方面的「學」，「學」一詞乃「倣效」之變者，言倣效之事也。例如射弓、騎馬、繪畫、習字等，起初皆在倣效，一而再，再而三的倣效下去，則如同天生就會的人一般，此種情形便稱為習。言再三從事而會者。所謂「學」者，皆用於此種場合。……無論是騎馬或任何事都一樣，如此一來便會產生濃厚的興趣。而所謂悅樂，雖然世上有無數種，然這類倣效之事也是悅樂之一。（《論語講義》，〈學而第一〉，頁24-25）

朴堂顯然是將「學」字具體定義為「模倣」、「倣效」，又將「學」的對象限定為「技能」之事，而且是多數日本學生皆可能從事過的「繪畫」、「習字」、「騎馬」、「射箭」等學藝項目，進而提醒學生注意：這些也是人生中的悅樂之一。[11]

　　朴堂此番講解，使得「學」字落實到日常生活行事的層面來，而且成為每位學生共同具有的生活經驗，並藉此喚起學生們曾有的學習悅樂，再提醒其此乃人人皆可做到的人生樂趣之一。此番講義不可不謂簡明易懂，並且可以付諸實踐。

　　事實上，除了所謂簡明易懂之外，朴堂主張：讀《論語》之法，終究在求實踐。[12]其於大正八年（1919）為門生萩原擴、內野台嶺

---

11 朴堂言：「『亦』一字，歷來注釋並不太注意解說此字。『亦』是比較的詞語，言『不亦悅乎』，此『亦』字乃用在說明：雖然可悅樂者很多，但此亦為悅樂之一。」詳參《論語講義》，〈學而第一〉，頁25。

12 與此主張相呼應的是：《斯文》第5編第3號（1923年6月）的〈會報〉中，記載了該

（1884-1953）、竹林貫一等人所著之《論語講義》撰寫序文時便言及：

> 然《論語》所以難解者不在文字也。昔者宋文憲狀集賢大學士
> 吳公云：「公讀書欲通大義，務在力行，不為區區章句之學。
> 其於魯論言忠信及事君能致其身之語，尤深有契悟，終身言必
> 思踐。至於國家有急，輒忘軀徇之，而不以為難。」嗚呼！是
> 可以為讀《論語》之法。學者以吳公為法，依此書為津梁，則
> 溯洙泗之源，必不難也。方今天下治化休明，人人浴雍熙之
> 澤，而有遠識者，咸忡忡焉如有殷憂，此其故何耶。[13]

由上述所謂簡明平易講解經義，再舉當代日常生活中人人皆可付諸實
踐之事例以證的這兩種講義方法，確實也符合朴堂自身所主張的讀
《論語》之法。然這畢竟是將《論語》視為一門大學課程中的授課科
目時，所呈現出的一種講授課業的風格。又因為這並非是伏案提筆的
「注經」作業；而是面對眼前的學生，以「人」為對象的「講經」作
業。而既是講義、授課，則理所當然要在當下接受並解決聽講者的反
應與質疑，故從所謂使之理解，並進而使之實踐力行的教學目標而
言，前述朴堂簡明易懂、力求實踐的講義風格，倒也堪稱符合大學授
課要求，甚至可以說是相當成功的古典教授法。[14]朴堂第一高等學校
之學生谷川徹三（1895-1989）就說道：

> 吾於高等學校時，《論語》受教於安井小太郎先生。至當時為
> 止，吾以為《論語》該書，乃是已經發霉的無趣書籍，但自此

年舉行第四次祭孔大會時，舉辦了「《論語》展覽會」活動。其〈《論語》展覽會目
錄〉中，著錄了安井小太郎著有《論語實踐哲學》一書，頁74。
13 安井小太郎：〈論語講義序〉，《斯文》第1編第5號（1919年10月），頁44-45。
14 朴堂於《論語講義》，〈例言〉第五條便言：「講義以平易流暢為主，相當程度回避
訓詁之繁。」（頁1）。

刻開始，方才了解《論語》乃偉大之書籍。[15]

谷川徹三此番告白，意味著朴堂的《論語》講義課程，不僅引發了這位十七、八歲高中生興起讀《論語》的興趣，也使得谷川徹三等年輕學子所抱持的所謂：《論語》、漢文乃過時、落伍之學問的既成偏見，有了峰迴路轉的轉圜。

三 《論語講義》之著述體例──「雙重證據法」[16]的運用

---

15 谷川徹三：〈讀書について〉，《文化と教養》，收入《谷川徹三選集》第2卷（東京：齋藤書店，1946年），頁29。

16 在此筆者所謂「雙重證據法」，係指日本京都支那學派的實證主義本與近代任何國家地域之近代學術發展形成時相同，為描繪出真確的史實與追求客觀的知識，本就應注重文獻收集與考證。但與東京大學實證主義之源頭乃德國之「蘭克（Reopold von Ranke，1795-1886）史學」相異的，日本京都學派的實證主義更多是取法清朝考證學，並將清朝考證學發展到「雙重證據法」。亦即強調要能發現與原有傳世文獻相應證的新文獻、新文物，並重視對新史料和地下文物的發現與利用，同時輔以日本舊藏之典籍與江戶先儒之研究成果，再援引西方之為學觀念，其中特別是法國自十九世紀以還，自雷慕莎（Rémusat, Jean-Pierre Abel，1788-1832）以還，經沙畹（Chavannes, Édouard Émmannuel，1865-1918）和儒蓮（Julien, Stanislas，1799-1873）所發展確立出的科學性法國「支那學」。而在京都支那派所謂取法清朝考證學，並將清朝考證學發展到「雙重證據法」的過程中，羅振玉與王國維於辛亥革命之際避居日本，帶來部分甲骨文等新出土文物的衝擊，亦有助於京都支那學的發展與確立。蓋有關王國維一生學術之特徵，陳寅恪曾如下說道：「其學術內容及其治學方法，殆可舉三目以概括之者。一曰取地下之實物與紙上之遺文互相釋證。凡屬於考古學及上古史之作，如《殷卜辭中所見先公先王考》及《鬼方昆夷獫狁考》等是也。二曰取異族之故書與吾國之舊籍互相補正。凡屬於遼、金、元史事及邊疆地理之作，如《萌古考》及《元朝秘史之主因亦兒堅考》等是也。三曰取外來之觀念與固有之材料互相參證。凡屬於文藝批評及小說戲曲之作，如《紅樓夢評論》及《宋元戲曲考》、《唐宋大曲考》等是也。」見〈王靜安先生遺書〉，《金明館叢稿二編·隋唐制度淵源略論稿》，收入《陳寅恪先生文集》第2冊（臺北：里仁書局，1982年），頁219。事實上，在發現新文獻、新文物乃至異族之故書以與原有文獻相應證方面，京都支那學派開創者之一的內藤湖南，自二十世紀伊始便對滿、蒙文史

　　相較於授課的「講義」;行諸文字成書後的《論語講義》,吾人進一步可藉由通觀全書而窺知朴堂該講義之講說、著述動機,及其解說、解讀《論語》之方法與特色。以下,筆者首先將介紹《論語講義》一書之著述形式。

　　《論語講義》一書前有〈例言〉九條,用以說明:該書乃是由青山貞子所記,朴堂自己數度審訂記錄內容,再由渡部信治郎校訂而成之講義錄。又該書《論語》本文部分乃根據南宋理宗淳祐六年(1246)大字本《四書章句集注》之《論語集注》十卷,亦即所謂「淳祐大字本」《論語集注》,再參校各古版本、古抄本,並以陸德明《經典釋文》校之,藉以知三論及古論之異同。而因為講義力求平易,故相當程度回避了繁瑣訓詁,而且《論語》本文之訓讀往往有依據當代日常會話之日語音便法者。另外,在引用諸家注說方面,若普遍為古來之定說者則不舉說者之名;然若為特別之見解者,則特舉說者其名。又古注、新注相互為異、莫衷一是者,則辨其是非。至於古來固為難解存疑者,則斷以己見。

料展開收集,使其對中國東北地區的研究獨具慧眼。詳參《內藤湖南全集》第6卷(東京:筑摩書店,1972年),〈東洋史學の近狀〉一文,頁17-21;神田信夫:《滿學十五年》(東京:刀水書店,1992年),頁12-33。而中國方面,則要待至一九二○年以後,才有金毓黻《東北叢刊》;羅振玉在搜羅清朝內閣檔案後發行《史料叢刊》,此或可視為是受到內藤湖南之影響。另外,大谷探險隊對敦煌文物的持續追蹤、發掘,亦奠定了京都支那學派敦煌學研究之根基。至於援取外來之觀念與固有之材料相互參證方面,京都支那學派另一開創者狩野直喜,因曾前往法國留學,故和該時期的法國漢學家如沙畹、伯希和(Pelliot, Paul,1878-1945)等人往來密切,亦開啟其研究敦煌變文與俗文學的學術視野。返日後的狩野自一九一六年開始,便於京都大學文學部的機關誌《藝文》,持續介紹敦煌變文與俗文學的資料。先前,狩野也介紹了俄國科學院所藏的《劉知遠諸宮調》殘本,另外亦復刊了羅振玉所藏的《元刊古今雜劇三十種》,並自一九二○年至一九二四年之間,以羅振玉所贈的基金刊行了《京都帝國大學文學部影印舊鈔本》十集。而在狩野的學術研究基礎上,日後其門生青木正兒與吉川幸次郎亦在考證學的學術研究基礎上,運用外來之觀念,從事中國戲曲之研究。足見京都支那學派之學風與王國維之為學特徵,以及羅振玉與狩野直喜等日本學者之彼此交流應有相互影響之處。

　　《論語講義》〈例言〉之後有〈解題〉一文，置於《論語》本文前，〈解題〉文中說明了《論語》之〈編纂時代〉、〈編纂者及名義〉、〈漢代之三論〉、〈張侯論〉、〈鄭注論語〉、〈何晏之集解〉、〈孔安國注〉等七個主題，儼然是一《論語》版本、文獻、注釋的發展史解說。進入《論語》本文部分，全書不分卷次，惟按〈學而第一〉、〈為政第二〉、〈八佾第三〉……〈堯曰第二十〉之《論語》原文各篇前後順序而成書。每篇前之篇章說明，或有或無，其中篇前無說明者，有時則在該篇首章進行說明。[17]而各章原文後先附以《經典釋文》之說，以見《論語》經文字句之差異，繼而附以漢文訓讀，最後則是朴堂以口語日文講義之講解全文。以下且舉一實例，提供本書讀者理解《論語講義》該書之著述體例，如〈公冶長第五〉：

　　此の篇は門人や其の他の人の批評が多く集つて居る樣である。子謂公冶長。可妻也。雖在縲絏之中。非其罪也。以其子妻之。子謂南容。邦有道不廢。邦無道免於刑戮。以其兄之子妻之。

釋文：絏本今作紲。

訓讀：子公冶長を謂ふ。妻はす可きなり。縲絏の中に在りと雖も、其の罪に非ざるなり。其の子を以て之に妻はす。子南容を謂ふ。邦道有れば廢せられず。邦道無きも刑戮に免る。其の兄の子を以て之に妻はす。

講義：公冶長は、史記の仲尼弟子列傳にも孔子の門人として出て居る人であるが、他に如何なる事をした人かよく分らない。可妻とは必ず自分の女とか、親類の女とか

---

17 例如〈微子第十八〉篇之前並無任何說明該篇之文字，但在該篇首章〈微子去之〉章的講義中，首先朴堂便說道：「〈微子〉篇主要多隱者風之話語」（頁833），此話便等同在解說〈微子〉篇之內容。

を自分が世話する事を云ひ、唯に妻帶しても善いと云
ふ意味ではない……。(《論語講義》,〈公冶長第五〉,
頁204)

　　上述《論語講義》之著述體例,在〈例言〉中所提出的讀《論
語》法中,筆者除了將在下文中進一步說明有關所謂「講義」這一方
法之具體內容外,〈例言〉中所謂:據淳祐大字本《論語集注》,再參校
《經典釋文》和諸版本的經文校勘法,則與日後狩野直喜所提倡的中
國古典之研究法不謀而合。誠如狩野直喜於《中國哲學史》一書中提
及有關研究中國古典這一問題,在本文研究方面的校勘一項時所說的:

> 蓋古典其文字極簡,一字之異同,往往與全文之意義有著極大
> 之關係,校勘學之不可殆忽之理由便在於此。……此所謂古本
> 者,乃傳來我博士家之古鈔本,所謂足利本者,乃以足利學校
> 舊鈔本為底本而刊以活字本。……但山井於足利學校研究一
> 事,乃享保年間之事,年代久遠,又足利學校之書亦並非最
> 善。今日,宮內省圖書寮之數點經書等等,若從其價值而言,
> 實非足利學校之宋本、古本等所能及。[18]

在此段引文之後,狩野接著舉《論語》〈君子務本,本立而道生。孝弟
也者,其為仁之本與。〉一章為例,說明若依程子之解釋,該章經文
中的「為仁」之「為」字將變得極為重要,但在日本流傳的古版本中,
該章卻無「為」字。而若無「為」字,則程子解釋有子之言的說明,
便將徹底地被顛覆掉。狩野因此呼籲:雖然自山井鼎(1680-1728)以
來,江戶日本尚有狩谷棭齋(1775-1835)、市野迷庵(1765-1826)等

---

18 狩野直喜:《中國哲學史》(東京:岩波書店,1953年),頁19-21。

校勘家,但對於此等日本所存古書之研究,江戶校勘家前輩並未盡發其秘;復加敦煌千佛洞亦有新出之經書資料,故該方面之研究猶有十分可用力之餘地。[19]

其實,朴堂就是依據敦煌本《論語集解》以考校今本何晏《論語集解》中所謂「孔安國曰」者之真偽。[20]蓋朴堂《論語講義》〈解題〉一文中,除詳細說明《論語》之成書過程與成書時代,以及編者等問題外,朴堂斷案獨到者有三:

1. 鄭注《論語》所參者,並非如《隋書・經籍志》所言乃:「漢末鄭玄以張侯論為本,參考齊論、古論,而為之注」一般,朴堂以為《隋書・經籍志》所言有誤。其所持理由是:張侯論本就據魯論、齊論而來,則鄭玄既然已經參考了張侯論,便表示也已經參考了魯論、齊論,那麼就只須再參考古論便可,何須再參考齊論。而設若鄭玄因為某種緣故而果真再次參考了齊論,則為何其所改易處,無一處是齊論者?而唐朝陸德明《經典釋文》亦認為:《隋書・經籍志》雖言鄭玄是:「以張侯論為本,參考齊論、古論而為之注。」但鄭玄改易之五十餘處,卻皆出自古論,而無一據齊論而來。朴堂因此斷言:「三論雖曾並立,然漸漸地開始比較研究三論,最終由鄭玄《論語》合而為一。」(《論語講義》,〈解題〉,頁14-15)

2. 《論語》本文至何晏《論語集解》出,始獲得一定。然今日所傳十三經注疏本《論語集解》本中所謂未舉注者之名的注文,並非何晏自己所下之注。朴堂所持理由是:依據日本所存之皇侃《論語義疏》看來,十三經注疏本《論語集解》中未舉注者之名者,

---

19 狩野直喜:《中國哲學史》,頁21-22。

20 據《斯文》第5編第3號(1923年6月),〈會報〉所載〈《論語》展覽會書目〉看來,在當時朴堂手中便已藏有敦煌本鄭注《論語》,詳參頁78。

或為孔安國之注、或為包咸之注。又十三經注疏本《論語集解》中所謂「馬曰」者，實非馬融之說，而是鄭玄之注。或是未記注者之名之注文，實際則為王肅之說。亦即，今本《論語集解》中所謂「某某曰」、「某曰」、或未舉注者之名者，多有訛誤。（《論語講義》，〈解題〉，頁17-18）

3. 清朝考證學家中自劉台拱（1751-1805）、陳鱣（1753-1817）、臧庸以來，便有疑於《論語集解》中所謂「孔安國曰」者，至沈濤《論語孔注辨疑》，則指出《論語集解》中之「孔安國曰」者，乃何晏假孔安國之名以說己見，繼而潘維城《論語古注集箋》一書，則盡去《論語集解》中所謂「孔安國曰」者，以為此乃何晏偽撰。朴堂則參考《文選》、《史記》等各類文獻，考證今本《論語集解》由〈學而〉篇至〈鄉黨〉篇中所謂「孔安國曰」者，再核校敦煌出土的《論語》相關文獻，發現今本《論語集解》中之「孔安國曰」者，多為鄭玄之說。因此，朴堂提醒道：

> 如此一來，沈濤所攻擊之孔安國者，亦有鄭玄者；又潘維城所捨棄之孔安國者，亦有鄭玄者。在行此攻擊、棄捨前，必須考察何晏《論語集解》中所舉出之人名是否確實。（《論語講義》，〈解題〉，頁20）

朴堂並進一步指出：「然何晏所據之《論語》本文，是以何本為定本而撰成《論語集解》？其定本既非孔安國本，亦非鄭玄本，而是另有其物。」（《論語講義》，〈學而第一〉，頁59）

朴堂所以得出此結論，乃因〈學而第一‧子貢曰貧而無諂〉章中，原文所謂：「未若貧而樂道，富而好禮者也。」一句，朴堂就《論語講義》所據淳祐本大字《論語集注》之本文來看，則無「道」字。然而若就存於日本之皇侃《論語義疏》，以及《史記》〈仲尼弟子

列傳〉所載《論語》本文來看，卻有「道」字，朴堂以為原本之《論語》本文應有「道」字才是，而且朴堂還認為應將此句讀為「樂道」較好。但是，今本《論語集解》在該章「貧而樂」之處，注為：「鄭玄曰：樂謂志於道，不以貧賤為憂苦也。」由此注文看來，朴堂以為：鄭注《論語》之該章原文應無「道」字，否則不當如此注解。而且在該章所謂：「子貢曰：詩云如切如磋，如琢如磨」原文處，今本《論語集解》卻注為：「孔安國曰：能貧而樂道，富而好禮者，……」，由此可見孔安國所據之《論語》本文應有「道」字才是。而今本《論語集解》中所以有此差異，蓋因何晏之《論語集解》一書，乃集結諸家注說而成，諸家所見版本則誠如這般各相違異，故何晏亦原原本本集結各家之說，惟其自身又另有所據之定本。（《論語講義》，〈學而第一〉，頁58-59）

透過對《論語講義》著述體例之討論，吾人得以窺知：朴堂研究《論語》時，是採取何種版本校勘法以定《論語》經文，以及其如何釐清鄭玄、孔安國、何晏等古注學者於《論語》注釋發展史上所發揮之關鍵作用，朴堂進而對彼等注解進行判定論斷。而值得注意的是：朴堂在處理此類問題時，除了利用歷來的諸家版本以互校《論語》經文外，也已開始參校新出土的敦煌文獻，以定《論語》經文。

由此可知，安井小太郎於《論語講義》中已運用了日後京都學派所謂的「雙重證據法」。今學界多將京都「支那學」，視為日本漢學由傳統向現代科學化研究發展後的典型代表，而有關早期「支那學」的代表學者，學界也多提及內藤湖南與狩野直喜二人。然若從近代日本《論語》研究的發展史來看，狩野直喜的《論語研究》成書於明治四十二年（1909），較之成書於明治二十八年（1895）的朴堂之《論語講義》，約晚了十四年。因此，如果狩野直喜的《論語研究》已然是一日本漢學近代化後的日本代表性《論語》研究成果的話，則朴堂的《論語講義》便堪稱是近代日本《論語》研究的轉折點。

四 《論語講義》之著述動機——舊學的承繼與新學的開創

下文筆者將就《論語講義》之講義內容以窺探其著述動機。

(一) 承繼家學、相續先學

吉川幸次郎於昭和四十五年（1970）的「岩波文化演講會」上，以「江戶儒學私見」為題，曾經如下說道：

> 原本所謂日本思想者，誠如起初所說的一般，其所以為日本學界所閒置，乃因為一般普遍抱有所謂：明治以前之思想家與吾人無有連接，彼等與吾人為非連續性之存在這一意識。或者說必須要忘卻彼等思想家，於是彼等思想家作為必須被積極忘卻的對象而遭吾人遺忘，所以才產生此種被學界閒置的結果。然而，現今吾人雖然看似與明治以前之思想家斷絕，但是其實在各個層面，吾人不自覺地皆與江戶時代之儒者們的思維有所關連。[21]

關於江戶儒學與明治漢學的相續連結性，如何為了「開化」這一目的，而在日本舉國追求西洋學術的同時，不得不被刻意割裂。亦即，在江戶到明治的變遷時期，漢學者們可說是處在舊學轉新學的學術斷裂困境上。蓋處於轉折時期，人可以選擇謹慎退避或開放轉向，然轉向這一積極回應，其雖可能帶來進步，但此進步同時亦將伴隨著某種退化。亦即，學問的轉向是一種摸索的緩慢進化，而某種過往的傳統卻必須在某種程度上有意識地快速退化。明治十年代、二十年代的漢

---

21 吉川幸次郎：〈江戶儒學私見〉，《吉川幸次郎演講集》（東京：朝日新聞社，1974年），頁198。

詩文熱潮，到三十年代已達鼎盛，然明治漢學界內部已然醞釀出一股追求學問轉型的內在動力。町田三郎先生就說：

> 時代確實已然改變。例如漢學者由曾是「經學・文章」之練達者，全然改頭換面為批判詮釋者，文章遂成次要之物。習作「漢學」的時代已然告終。……此時，亦有部分人士提倡日本主義，看似繁華似錦，然毫不留情的本質性轉換已經開始。內藤湖南、白鳥庫吉等早已主張由漢學內部脫離「漢學」。[22]

筆者以為：追求「古今殊異」之學問課題、為學方法，已是明治三十年代以還，近代日本漢學界刻不容緩的學術課題。[23]

　　關於在型塑近代日本漢學的過程中，江戶漢學究竟是被割裂、忘卻的對象；抑或是一可以被擷取、相續的活水源頭？朴堂顯然有意採取後者立場，而且態度明確。《論語講義》書中處處可見朴堂承襲闡發其祖父安井息軒及荻生徂徠等江戶先儒說經之痕跡。町田三郎先生曾說：

> 《論語講義》全書的解說，就像上述這般平易分明，而且與息軒《論語集說》相關連者亦多。……要言之，朴堂的《論語講義》好像是在繼承息軒《論語集說》時，還將其一字一句翻譯成現代口語日文。[24]

---

22 町田三郎：〈『漢文大系』について〉，《明治の漢学者たち》（東京：研文出版，1998年），頁205-206。

23 關於明治三十年代以還，近代日本漢學界如何積極試圖建構並確立一新漢學研究體系，以與江戶漢學作區隔一事，詳參拙作：〈近代日本中國學者的儒學反思義涵〉，收入林慶彰主編：《國際漢學論叢》第2輯，臺北：樂學書局，2005年2月。

24 町田三郎著，金培懿譯：〈安井家學與安井小太郎之漢學業績——滄洲・息軒而後朴堂——〉，頁87。

關於朴堂《論語講義》如何承繼息軒《論語集說》一事，今茲舉〈學
而第一・子曰父在觀其志〉章以證。《論語集說》該章之注解如下：

子曰父在觀其志。父沒觀其行。

> 集解　孔安國曰。父在子不得自專。故觀其志而已。父沒乃觀
> 其行也。

三年無改於父之道。可謂孝矣。

> 集解　孔安國曰。孝子在喪哀慕。由若父存。無所改於父之道
> 也。

> 集疏　皇侃云。或問曰。若父政善。則不改為可。若父政惡。
> 惡教傷民。寧可不改乎。答曰。本不論父之善惡。自謂孝
> 子之心耳。若人君風聲之惡。則冢宰自行政。或卿大夫之
> 心惡。則其家相邑宰自行事。無關於孝子也。物茂卿云。
> 父在觀其志。父沒觀其行。觀人之法也。然三年無改於父
> 之道。可謂孝矣。則父雖沒。由有未可觀其行者也。此上
> 二句蓋古語。下二句。孔子補其意。

案　父政惡。而子不改之。必至於喪國亡家。故自皇侃既疑其
　　義。設問以發之。然此章兼天下之為人子者而言之。而皇唯
　　辨君與大夫之事。其義有所未盡也。至趙宋歐陽脩。遂疑此
　　語失孔子本旨。葉適因以三年無改為句。云終三年之間。而
　　不改其在喪之意。則於事父之道。可謂之孝。其謬益甚。大
　　抵後儒。欲以一言該萬事。故紛紛至此。此章之義。孔注盡
　　之。而物以觀人法述之。深得其意矣。但以上二句為古語。
　　未是。蓋父所行惡。而子哀慕不忍改。不可以為道。然亦可
　　謂之孝矣。或夫亡國家。陷不義者。當父在時。子猶爭之。父
　　怒笞之。號泣而隨之。以必改為期。況父既沒。安得踵行其

惡。以覆國家。賊民生哉。此則別有其道。此章所得該也。²⁵

　　針對此章之說明，朴堂於《論語講義》的「講義」中，首先說道：「此章古注新注皆同。徂徠言此章觀人之法，此說實有意思。」（〈學而第一〉，頁50）接下來之講義內容，多達三頁，然幾乎都是在其祖父息軒《論語集說》的基礎上進一步作更詳細之說明。例如息軒和朴堂都提及徂徠《論語徵》中所謂此章乃言「觀人之法」，但朴堂則在孔安國所謂：「父在，子不得自專，故觀其志而已。父沒，乃觀其行也」的注說上衍申道：父在，觀其行未必能代表其志，須觀志以知人；而非觀行以知人。因為其行事非己身之本意，故只見其行事，不易得知其是為父，或是為己。但是在息軒的解說基礎上，朴堂也提出自己的判斷，其如下主張說：

> 由於是父喪期間，故父喪期間還是別改易其父之作法比較好的此種說法，毋寧說是就情這方面立言，而非從是非對錯上立言。（《論語講義》，〈學而第一〉，頁51）

　　至於息軒「案」語中所說的：「至趙宋歐陽脩，遂疑此語失孔子本旨」一事，朴堂於《論語講義》中則詳細說明：宋神宗時王安石（1021-1086）行變法新政，然神宗崩殂後，其子哲宗改易王安石新法而引發朝廷爭議，朝中有人於是引《論語》此章，欲指責哲宗改變其父之道，是為不孝。此時司馬光（1019-1086）卻回擊說：聽政者既然是皇太后，則改易神宗之道者，乃皇太后而非兒子哲宗。朴堂在說明此歷史事件後，明白指出司馬溫公模糊了問題的焦點。朴堂所持的論點是：重點不在「是誰」改易父道；而是：「即便是家庭內之事，若此事攸關一家之興廢，則另當別論。」（〈學而第一〉，頁52）

25　《論語集說》，〈學而第一〉，頁10-11。

　　朴堂此說其實是更進一步清楚說明了息軒「案」語中所謂的：
「父政惡，而子不改之，必至於喪國亡家。……然此章兼天下之為人
子者而言之」[26]的這一觀點。也就是說：人子究竟要不要改易父道？
重要的判準乃在改易這一作為，有無牽涉到家、國之安危存亡，而非
「何人」才可改易，或「何人」則不可改易父之道這一問題。其實，
《論語講義》中諸如此類基於息軒《論語集說》，或援史實，或旁徵
博引經、史、子、文、詩，或舉日常事例，進而詳細清楚衍說息軒原
注之例者，不勝枚舉。

　　另外，江戶先儒研究成果的採用，則除了上述例文中徂徠之《論
語徵》以外，尚有仁齋之《論語古義》與佐藤一齋之《論語欄外
書》。其實，朴堂對江戶漢學的關心並不只限定在其祖父和上述三人
而已，其對江戶漢學所揖注之心血，可說是終其畢生精力亦不為過。
與朴堂同於明治二十五年（1892）九月成為學習院教授的同事松井簡
治回憶說：

> 　　當時販售和漢古書之店家，淺草之「淺倉屋」為最大之書肆。
> 每當有珍奇異書進貨，店家便考慮其領域，讓小廝將書送來。
> 送到安井君處的是我國先儒有關經學之著作；送到我自己及萩
> 野君（萩野由之）處的，則是有關國文、國史者。[27]

　　而此種長期蒐購江戶漢學者著作的成果，吾人今可由其門生渡部
信治郎、大塚伴鹿二人抄錄出的〈安井文庫日本儒學史關係藏書目
錄〉[28]中所著錄之江戶儒學相關書籍，可見一斑。而據抄錄者所言，
此亦僅是朴堂日本漢學相關藏書中之一部分，由此便可窺知朴堂所收

26　《論語集說》，〈學而第一〉，頁11。

27　松井簡治：〈安井朴堂君の追憶〉，《斯文》第20編第7號，頁34。

28　該目錄收錄進安井朴堂：〈附錄〉，《日本儒學史》（東京：富山房，1939年）。

江戶漢學文獻之規模。而其對該方面文獻資料之留意關注，想必對其日後撰成《日本儒學史》一書，亦產生莫大之助益。該書闡述了江戶儒學之流變，以及江戶儒學如何受中國學術思潮所影響，而在融合日本既有之學術傳統後，又開創出具有日本特色之儒學。[29]因此，與朴堂同為島田篁村之女婿的服部宇之吉，便說朴堂與林泰輔（1854-1922），同為當時「日本儒學史研究之雙璧」。[30]

　　由上述內容看來，無論是在承繼安井家學或是發揚江戶先學上，朴堂皆不遺餘力。

（二）新舊漢學間之中道

　　誠如本書第三章〈一　前言〉中所言，安井小太郎之祖父安井息軒係出生於飫肥藩徂徠學派學者安井滄洲家。息軒先後學於篠崎小竹（1781-1851）、松崎慊堂（1771-1844）門下，並數度入官學「昌平黌」學習，學通朱子學與考證學。受到飫肥藩主伊東氏賞識，擔任藩校助教。後移居江戶則開設私塾「三計塾」，晚年更高就「昌平黌」儒官，人稱「文久三博士」之一。息軒之學問，結合江戶古注學與考證學，著作中《管子纂詁》與《論語集說》二書堪稱雙璧。《論語集說》不僅是其解經之代表作，更是江戶時代《論語》注解研究之殿軍，同時也可說是明治日本新《論語》研究之出發點。蓋《論語集說》一書，除了標誌著日本《論語》研究由「注解」向「講解」過渡的轉換期著作特性，書中亦呈現出雜糅多元觀點、整理統合先儒經說的特質，由此亦可窺知《論語集說》的「幕末」經注性格。

　　《論語集說》既依據漢魏古注，亦兼採朱子新注，更參考江戶古學派先儒經說，除此之外，更能吸納當時堪稱嶄新學術的清朝考證

---

29 有關安井朴堂該方面之研究，詳參連清吉：《日本江戶時代的考證學家及其學問》（臺北：臺灣學生書局，1998年），頁145-175。

30 服部宇之吉：〈安井小太郎君を憶ふ〉，《斯文》第20編第7號，頁31。

學。在揉合融匯歷代諸說，辨別是非妥當與否之前提下，息軒進而再以「案」語形式提出其解經己意。換言之，《論語集說》乃江戶、明治過渡期，息軒總匯、權衡古今、中日之《論語》經解，自身再進行《論語》經義斷奪之《論語》注解代表作。而《論語集說》該書也因為息軒曾身為儒官的學術正統代表性，復加明治開國要臣多出自其「三計塾」門下，息軒於明治初年漢學界可說舉足輕重。故當服部宇之吉在策劃籌編出版《漢文大系》時，息軒有關《四書》的經注，亦即《大學說》、《中庸說》、《論語集說》、《孟子定本》等解經著作，遂被收錄進《漢文大系》首卷。又因為《漢文大系》該套叢書，乃是呼應明治後期近代日本之中國熱而問世的產物[31]，且因其同時又必須作為帝國大學，乃至帝國大學以下之高等師範等各級學校之「漢籍」學習範本，故《漢文大系》叢書中所收中日兩國漢籍相關著作，當然就必須針對此等著作之漢文與經解，進行標定、句讀、訓點以及眉批等作業，以利積極從事西化的近代日本學子學習漢籍。[32]

亦即，在明治日本的漢學新機運中應運問世的《漢文大系》本《論語集說》，在息軒原有的經注之外，亦加入了服部宇之吉對《論語》經文、朱子《論語集注》，以及息軒《論語集說》的「再詮釋」——「標註」。也就是說，《漢文大系》本《論語集說》中的「標註」，其實是服部宇之吉的重作經解，而且服部的「標註」就以「眉批」形式標於《漢文大系》本《論語集說》每頁天頭處。我們可以推知服部此一作法，應該是試圖以此「標註」，以作為學子讀《論語》／《論語集說》之引導與參考。而誠如本書第三章〈創新或守舊〉已

---

31 詳參町田三郎：〈『漢文大系』について〉，《明治の漢學者たち》（東京：研文出版，1998年），頁205。

32 服部宇之吉明言有關《漢文大系》所收漢文著作，究竟由誰來對之進行句讀、訓點、眉批等作業，基本上乃由服部自己選任，而其自身也參與其中。詳參服部宇之吉：〈富山房五十年記念に際して〉，收入富山房編：《富山房五十年》（東京：富山房，1936年）。

有考察研究，也正因為服部「標註」中的新解釋，招致安井息軒之嫡傳弟子松本豐多不滿，其遂於明治四十四年（1911）一月出版了《漢文大系四書辨妄》（東京：嵩山房）一書以駁斥服部之「標註」。松本豐多於該書序文中明言：

> 而校大系者，……又以邦文作四書標注，稱為先生（安井息軒）之說，而註誤百出，甚焉。則至以彌子瑕為賢大夫；以一瓢飲為酒；其他釋關雎之章，謂窈窕淑女，未得文王，輾轉反側。又釋丈夫生而願為之有室；女子生而願為之有家，以為男子欲得其妻；女子欲得其夫，其妄可驚也。[33]

關於松本豐多的指責是否屬實、恰當，本書於第三章第二節〈松本豐多對服部宇之吉的拮抗〉中，業已舉出代表性例證加以說明。在此，為求凸顯安井小太郎之《論語講義》具有試圖權衡新舊漢學，折衷論斷服部宇之吉與松本豐多二人所詮解之《論語》經義的企圖，同時為顧及讀者閱讀之便，本節此處乃不避重複，如下襲用本書第三章第二節就〈八佾第三‧子曰關雎樂而不淫，哀而不傷〉章，筆者對息軒、服部、豐多三人之經解所進行的比較說明內容後，進而隨即說明安井小太郎如何權衡、判斷服部與豐多二人之經說，乃至其祖父息軒之經注，究竟孰是孰非，進而又是如何提出其己見。筆者藉此以利讀者於此前後參閱，便於閱讀。

　　蓋《論語集說》中，息軒對〈八佾第三‧子曰關雎樂而不淫，哀而不傷〉章，在援引了何晏《論語集解》中「孔安國曰：樂不至淫，哀不至傷。言其和也。」以及皇侃《論語集疏》中「李充曰：關雎之興，樂得淑女以配君子。憂在進賢，不淫其色，是樂而不淫也。哀窈

---

33 松本豐多：〈漢文大系四書辨妄序〉，《漢文大系四書辨妄》，頁1-2。

窕，思賢才，而無傷善之心，是哀而不傷也。」之後，息軒便下
「案」語云：

> 孔云：「言其和也」，是以音言之，是也。李充據〈毛詩序〉釋
> 之，則專主乎詞矣。然樂主歌，歌至，音亦從而至，和之至
> 也。李說亦是。

而服部宇之吉的「標註」則如下說道：

> 〈關雎〉之歌者，云哀樂得其中也。關者關關和鳴聲，雎者雎
> 鳩也。以雎鳩之於河洲而有和樂樣，比窈窕淑女得君子，頌文
> 王后妃之德之詩也。其初未得君子，寤寐思服，輾轉反側，然
> 哀而不傷。其既得之，如琴瑟鼓之而有樂，然亦樂而不淫，蓋
> 不失性情之正也。[34]

有關《論語》該章之注解，古來注家多立足於詩言教之立場，而將此
詩解為頌揚文王后欲為文王求賢德淑女以為妃，而輾轉難眠的后妃之
德。然以今日眼光看來，〈關雎〉一詩顯然是首戀愛詩。服部也許認
識到詩意與舊注間的矛盾，而將該章解為男女和合之義。松本豐多於
《漢文大系四書辨妄》中則批判服部的「標註」而說道：

> 豐多謂：關雎者，主稱周文王后妃之德之詩也。非稱文王及淑
> 女之詩也。……而服部博士比之於淑女得君子，立言以淑女為
> 主，有似稱淑女之德者。而又云頌文王后妃之德之詩也。主客
> 全然顛倒，不得解此章之旨。博士之言盡反豐多所聞。又先生
> （安井息軒）著有《毛詩輯疏》，嘗有使吾校正、謄寫之，如

---

34 《論語集說》，卷1，〈八佾第三〉，頁45。

博士之說，吾未嘗見，亦所謂誣妄而已。[35]

　　誠如松本豐多所指摘的一般，服部之「標註」確實有其尚待商榷
之處，且與息軒之說相差甚遠，如此一來怎可說是：「標註必從息軒
先生之說而記之也。」[36]然筆者以為：松本豐多極欲護守的師承，或
是歷來注家之說，又豈能始終無有改易而通行不悖。當然，服部的
「標註」確實有其前後自相矛盾之處，因為既然是「頌文王后妃之德
之詩」，則〈關雎〉所比者，當是文王之后憂無淑女以進文王；怎會
是「窈窕淑女得君子」？但其將〈關雎〉一詩解為男女自由愛戀，平
心而論則較貼近該詩原意。然而，松本豐多的批評亦不無道理。

　　誠如宮崎市定所指出的，當初《漢文大系（一）》出版前，安井
朴堂既然也是校訂者之一，如今面對祖父門生松本豐多之指責，亦有
其應擔負之責任。朴堂於《論語講義》中，對該章之講說如下：

　　此章乃《論語》中頗有爭議、甚為難解之章。原因在於《詩
　　經》中有〈關雎〉之詩篇，……此章乃孔子批評此詩者。……
　　孔子所評之「樂而不淫」之淫字，甚為難解。蓋作詩之人為第
　　三者，第三者言其不淫，實為奇怪。因為非彼思欲婦人之人，
　　不能言不淫。正因如此，故劉台拱《論語駢枝》以為：《儀
　　禮》中多有合奏〈關雎〉、〈葛覃〉、〈卷耳〉三者之記載，由於
　　此三者幾乎皆一同被演奏，故此處所言之〈關雎〉，非〈關
　　雎〉篇，而是合〈葛覃〉、〈卷耳〉，故「樂而不淫者」，乃〈關
　　雎〉與〈葛覃〉二篇之心情。亦有說「關雎」非言詩之辭，而
　　是言詩之曲調。然其曲調今既已無存，要皆想像之說。此類想

35　《漢文大系四書辨妄》，卷3，〈八佾篇〉，頁43。
36　服部宇之吉：〈四書例言〉，《漢文大系（一）：大學說・中庸說・論語集說・孟子定
　　本》（臺北：新文豐，1978年翻印本），頁3。

像之說之所以出，實因注家之說不能合於孔子之批評。(〈八佾第三〉，頁156)

朴堂首先說明該章本就難解，難解者就在「淫」一字，進而指出歷來注家之說多未符合孔子之評語。筆者以為吾人在此必須注意的是：朴堂一句「注家之說不能符合孔子之批評」，實已同時否定了包括其祖父息軒、松本豐多、服部宇之吉在內的注解。朴堂的講義接著說道：

在此，吾自作如下解。該章乃某男子欲娶得適合自己之妻子。……所謂欲得家庭之樂者，則「樂而不淫」。……若將此章視為描述第三者之心情而來解的話，則始終不能與孔子之評語相合。(〈八佾第三〉，頁157)

朴堂既言此〈關雎〉之詩不在描述第三者之心情，則自毛亨以來，至其祖父安井息軒，乃至松本豐多之說，皆一併被推翻，而其所謂：「某男子欲娶得適合自己之妻子」的解釋，實際就等於將該詩解為男女愛戀之詩，但並非服部所說的「窈窕淑女欲得君子」，如此一來，才能合理解釋孔子評為「不淫」，因為詩中男子所求乃「家庭之樂」，合於節度，是為不淫。而朴堂將思欲這一動作的主詞定為「男子」，則不違悖《詩經》原文「君子好逑」這一字句中，主詞乃是「君子」一事。

筆者以為：今若姑且不論〈關雎〉是否要合〈葛覃〉、〈卷耳〉二詩以解其義，亦不拘泥在《詩序》所謂：〈關雎〉主稱周文王后妃之德，按儒家經書特質之一，《詩經》作為古代之主要教科書之一，以及《詩經》曾被刪修、增潤、編整過的事實看來，〈關雎〉既為《詩經》首篇，理當有編詩者如此安排之特別意涵蘊藏其中。蓋〈關雎〉所以被視為夫婦之德的典範，筆者以為此乃因為其作為一首愛情詩，

不僅從感情的原初，就是「君子」與「淑女」雙方，以婚姻為其交往
的明確目的，亦即地位、德性兼備的男子，與美貌、德性兼備的女子
相結合，描述了一種理想典範的婚姻結合。而這對彼此互為理想對象
的男女，因愛慕而有的愛戀行為也始終保持住一種節制性──合乎
「禮」的節度。最後還伴以琴瑟、鐘鼓，以藝術形式──「樂」昇華
了情感，進而表現出幸福和樂歡慶的氣氛。也就是說，此種以婚姻和
諧目的為前提，感情有節度，行為有規矩的愛情，因為其延長線上，
就是社會之基礎的家庭的和諧穩定。亦即，只有當男女之間因為相互
吸引而引發的複雜情緒，有所克制、修養，其生活規範與社會秩序才
可保持和諧穩定，其非常符合儒家所提倡的夫婦之德。

　　相較於松本豐多對師承的尊崇、對傳統的固守姿態；以及服部宇
之吉試圖拋卻訓詁重荷、重啟經典詮釋別徑的躁進，朴堂上述注解所
採取的途徑，毋寧說是新舊漢學兩相拉拒之間的中道。朴堂大東文化
學院之學生近藤杢回憶說：

　　（先生）屢屢非常慨嘆而談論道：以經書為代表的重要典籍，
　　須數度反覆誦讀，又數度重複教導之間，方將成為己身之學。
　　今稱為「漢學者」之人，真能讀書者又有幾人？而理解日本漢
　　學真髓之學者，幾已絕種。[37]

朴堂在漢學研究新典範尚未確立，漢籍古典素養卻快速流失的近代日
本漢學新舊轉折交接點上，看出時人徒務「新學」（或可稱之為新研
究法）而忘卻江戶以來著力於典籍考據的江戶日本漢學之真精神的缺
失。朴堂此種提醒，亦成為日後日本支那學代表之一的武內義雄之為
學主張。武內義雄如下呼籲道：

37　近藤杢：〈朴堂先生を憶ふ〉，《斯文》第20編第7號，頁52。

我深切期望年輕學者們於完成此輝煌事業上無有躁進，切實穩
固其基礎而向前邁進。針對此事，首務之急，不可不由正確解
讀支那文獻開始。[38]

尊重承繼先學，立足典籍，不盲從潮流，便是朴堂的中道為學立
場。戰後，吉川幸次郎重新提醒日本學界：江戶仍是日本中國學學者
應該學習取法之對象。吉川幸次郎提醒說：

江戶人所具備之能力，吾人果真亦具足？從此點看來，雖然現
今吾人之文明似乎有了長足之進展，但仍能使吾人反省其尚有
不足之層面。……所謂江戶時代，在明治以前的日本而言，無
論如何，無疑是一最進步的時代。吾人在思考自身之生存方式
以及學問方法時，不妨重新再度審視江戶該時代。[39]

（三）方法創新、提出創見[40]

關於如何吸納傳統精萃以開創新局，朴堂在解〈為政第二‧子曰
溫故知新〉章時，針對近代日本學者的為師之道，如下建議道：

盡教往昔之事，則無為師之價值。根本雖不得不在往昔之古
典，然今日須仔細充分查閱之，而得知今日不得不如此做之新

---

38 武內義雄：〈東洋學の使命〉，《武內義雄全集》第4卷（東京：角川書店，1979年），
　頁373。

39 吉川幸次郎：〈江戶儒學私見〉，頁214。

40 下文在說明朴堂此注解法時，筆者將引用傅偉勳、勞思光、施萊爾馬赫（F. D. E,
　Schleiemacher，1768-1834）等人之說法以助說明，雖然此三位先生之詮釋學方法
　論，海峽兩岸三地之學者歷來已多有批評、討論、修正，然為便於說明，筆者在此
　仍先作援引，關於安井之《論語》詮釋所涉獵的詮釋學根柢實極為複雜，亦有可借
　鏡中國傳統經學之豐富詮釋資源者，關於此議題之探討，另待他日為文再論。

事情，如此則可以為師。只知求新而無有思慮者則不足為師。溫故知新者實為難事，若往昔之事盡依照往昔說法以教之，並非啥難事。又，不奠基於往昔者，以為今日如此才是，而盡教新鮮事，此亦非啥難事。**惟溫故式的知新是為難事**。（〈為政第二〉，頁92）

然而，何謂溫故式的知新呢？朴堂第一高等學校的門生谷川徹三曾如此說道：

> 吾人可以自典籍中導引抽取出作者未曾意識到之事，此舉既是讀取，同時又是附加解讀。所有典籍皆如同自然，皆具有吸納吾等各式各樣解釋之餘地。有矛盾之處就有矛盾地；無矛盾之處則無矛盾地，吾人皆可立足於各自立場加以解釋，於此存在著再創造。若由此見解而來看待古典，則所謂古典者，常藉由呈現出與時俱新的一面，而提供了其於各個時代所觸及的時代新義與新問題。就這層意義而言，古典乃與時共成長。當然，各古典皆受制於被創作之各時代，……然其所以延續其生命至今，則是其在幾百年、幾千年的長遠歲月間，於各個時代因應各時代之須求，允許有其新感受、新解釋，若非如此，則無法延續其生命至今。就此意義而言，古典常新如自然。古典可稱之為第二之自然。[41]

關於谷川徹三所謂「提出創見」一事，朴堂於《論語講義》〈例言〉中也明白說道：「《論語》古來已成疑問之章，且斷下卑見，就教於大方，若得高教，所為大幸也。」（〈例言〉，頁1）事實上，誠如前

---

41 谷川徹三：〈讀書について〉，頁28-29。

文所舉朴堂解〈子曰關雎樂而不淫〉章一樣，《論語講義》通書多可
見到朴堂致力發揮其學識、素養、理解力以解經文窒礙處者。除此之
外，亦可見朴堂通觀《論語》全書的系統性獨到見解。其中，不可不
謂特別且耐人尋味之見解，便是朴堂認為：《論語》中散見孔子對老
子學說或道家人物的批判。例如朴堂以為：

（1）〈陽貨第十七・子曰鄉原德之賊也〉章之「鄉原」，乃「老子
　　　風格之人」。（頁811）

（2）〈憲問第十四・或曰以德報怨何如〉章，乃有人以《老子》六
　　　十三章之「以德報怨」提問，試圖求聞孔子對老子之批評。
　　　（頁676-677）

（3）〈述而第七・子曰善人吾不得見之矣〉章、〈先進第十一・子
　　　張問善人之道〉章、〈子路第十三・子曰善人為邦百年〉、〈子
　　　路第十三・子曰善人教民七年〉等章，其中所謂「善人」，即
　　　從事老子學問或道家之人物。

（4）〈公冶長第五・子曰十室之邑〉章、〈雍也第六・子曰質勝文
　　　則野〉章、〈顏淵第十二・棘子成曰君子質而已矣〉章中孔子
　　　之言論，皆在駁斥《老子》三十八章中「夫禮者忠信之薄，
　　　而亂之首。」這一觀點。

　　朴堂所以有如上之獨特見解，乃在其認為：《論語》中孔子的某
些發言，是因孔子對老子等道家人物有著相當的意識。此番見解今姑
且不論仍有其待商榷之處，但此見解結論，乃是就《論語》文本而對
相關文獻中前後關連之文句，作一歸納性考證，以梳理出一條理論線
索，再確定某一經義意涵或內容。筆者以為朴堂此種解經法相當於所
謂：客觀語意分析中的「脈絡分析」（contextual analysis）和「邏輯

分析」（logical analysis）。另外，朴堂也透過一種所謂心理學解釋[42]，而將語意分析中所謂的「層面分析」（dimensional analysis）這一文本之多元意涵給發掘出來。[43]朴堂在此析讀出的便是：孔子內心對學說主張與自己多有衝突扞格的老子這一人物的意識性。

誠如筆者於本書第二章〈復原與發明〉中已曾提及的，蓋對任何一部經典的詮釋，皆須面對兩個問題，一是復原，亦即以聖人之言解

---

[42] 所謂心理學解釋，係按照施萊爾馬赫之說法：「心理學的解釋所關心的則是作者的個性和特殊性。語法的解釋是外在的，心理學的解釋是內在的，但兩者同樣重要，彼此相互結合。如果只強調語法的解釋，那麼我們就會因考慮共同的語言而忘記了作者；反之，如果只強調心理學的解釋，那麼我們就會因理解一位個別的作者而忘記了語言的共同性，唯有把這兩種解釋結合起來，我們才能獲得深刻而具體的見解。例如對我們古代經典《論語》中『克己復禮為仁』一句，我們可以從語法上解釋它的字面意義，但要理解它的深刻含義，唯有從心理上掌握孔子當時的心態和生命歷程，以及他當時處於周禮崩潰時代的各種感受。心理學解釋在施萊爾馬赫解釋，實際上是一種他所謂的預感行為（eindivinatorisches Verhalten），即是一種心理轉換，一種把自己置於作者的整個創作中的活動，一種通過想像、體驗去對作者創作活動的模仿，因此在施萊爾馬赫看來，理解就是對原來的生產品的再生產，對已認識的東西的再認識。」洪漢鼎：《詮釋學史》（臺北：桂冠圖書，2003年），頁74。

[43] 所謂客觀語意分析之定義，係參考傅偉勳先生所言：「主體性層面的隨性體驗固然重要，更重要的是對於原典本身的了解與詮釋，亦即對於原思想家的『意謂』有『如實客觀』的了解與詮釋。然而所謂『如實客觀』，祇是就詮釋學的最高理想而說，實際上根本不可能有『意謂』的詮釋客觀性可言。雖是如此，詮釋者仍要盡可能地設法『如實』了解原典章句的真正意思或涵義，故需一番儘量『客觀』的語意分析。針對原典『意謂』的語意分析，大致來說，包括三種，即脈絡分析（contextual analysis）、邏輯分析（logical analysis）、以及層面（或次元）分析（dimensional analysis）。脈絡分析的主要功能，是要專就語句（字辭或字句）在各別不同的特定脈絡範圍，析出該與句的脈絡意義及蘊含（contextual meaning and implication）。……與脈絡分析息息相關的是邏輯分析，藉此分析，我們通過原典前後文的對比對照，設法儘量除去祇是表面上的思想或語句表達的前後矛盾或不一特性（contradiction or inconsistency）。祇有表面性質（apparent）的矛盾可以除去，如果矛盾屬於深層內在性質（deeply imbedded），則無法在『意謂』層次通過邏輯分析予以解消，卻必須在『當謂』及『必謂』層次才有辦法適予解決。……除了脈絡分析與邏輯分析之外，層面（或次元）分析在『意謂』層次亦屬必需，同時應用。」傅偉勳：〈創造的詮釋學及其應用〉，《從創造的詮釋學到大乘佛學：「哲學與宗教」四集》（臺北：東大圖書，1990年），頁20-21、23、24。

經；一是發明，亦即以己心體道。復原方面主要在解決「語言脈絡」的問題，而此語言脈絡又可二分為「常用語言」和「特殊語言」。[44]前者之「常用語言」又可再二分為：一是文本經文之字義、名物、制度之訓詁解釋，屬小學方面。二是解經者就其所處當代之個殊時空背景，賦予常用語言以嶄新的「個殊意義」。此項可視為等同於「特殊語言」。而後者之「特殊語言」中，同樣可再二分為：一是文本形式之時空背景下，「常用語言」在此時空背景下有何「共通性」用法（此即如同仁齋主張的「古義」、徂徠的「古文辭」）。此項與「常用語言」中的第一項，基本上屬於語意分析中的「脈絡分析」和「邏輯分析」，又可視為解經中的「復原」作業。二是對文本作者的心理狀態的感知、理解。此項與「常用語言」中的第二項，基本上屬於語意分析中的「層面分析」，又可視為解經作業中的「發明」作業。

朴堂的《論語講義》的解經作業中，當然相當程度繼承了自江戶古學派主張語言之優先性以來所奠定的成果。事實上，日本經歷了一千多年讀《論語》的經驗，特別是江戶近二百七十多年來注解《論語》的經驗，在語意分析方面，特別是訓詁意義上的「常用語言」的掌握、理解，日本學者可說已達到相當水準。此由安井息軒以來，特別是竹添光鴻《論語會箋》中，江戶先儒注說之採用，已由仁齋、徂徠、東涯、南冥等人，更廣泛徵引了佐藤一齋、中井履軒、豬飼彥博、尾藤二洲、古賀精里、大田錦城、松崎慊堂、安井息軒等，以及

---

44 有關「常用語言」和「特殊語言」之定義，係參考勞思光所言：「舊日治訓詁以說經之學者，大抵皆先考求某字某語在古代之常用語義，然後據以釋經籍；此一方法若以之處理一般古代文件，則確屬最合科學標準之方法。但當吾人面對某一特殊哲學理論時，則即不能忽略此處有『特殊語言』與『常用語言』之分別問題；蓋立一理論時，此論者常因所言之理非常人所已言及者，故不得不予舊有之語言以新意義，因而構成其特殊語言。在此種情況下，學者只能據其立論之內部語脈以了解其特殊語言，而不可再拘於常用語言中某字之意義，而強以之釋此理論也。」勞思光：《新編中國哲學史（三下）》（臺北：三民書局，1995年增訂第八版），頁839-840。

其師木下韡村之注說看出。足見竹添光鴻在列舉歷來注說時，對江戶先儒之注說，已是相當認可並採信之。事實上，日後高田真治在介紹日本《論語》之流傳時，所舉江戶時代的《論語》研究之代表，幾乎與竹添光鴻於《論語會箋》當中所援引者大同小異。[45]有關江戶的《論語》研究成績，宮崎市定曾如下說道：

> 日本儒學深蒙朱子學影響一事，自不待言，然日本自古以來，便盛行以《論語》為中心之講學。宮中之講經以《論語》為主，極少及於五經。宋學傳入後此風愈熾，特別是江戶時代，持續的和平復加幕府之獎勵，儒學興隆，《論語》研究殊盛。[46]

而吉川幸次郎於昭和四十四年（1969）七月五日於慶應義塾大學「小泉信三記念講座」上講授〈《論語》について〉一題時，亦曾如此說道：

> 誠如眾所周知的，談及日本江戶時代之學問，漢學為優先，漢學中最被閱讀之典籍則是《論語》。不單單只是閱讀，江戶時代之學者，乃至文化人，皆可記誦由五百章成書之《論語》。[47]

　　江戶後期以來至明治初年，江戶的《論語》注解成果多被學人所援用，成為多數近代日本學者孕育個人獨到《論語》研究見解的源泉。然誠如高田真治所言：

---

45 詳參高田真治：〈論語の文獻・餘說〉，《論語の文獻・注釋書》（東京：春陽堂書店，1937年），頁51-55。

46 宮崎市定：〈論語を読んだ人たち〉，《宮崎市定全集》第22集（東京：岩波書店，1974年），頁332。

47 吉川幸次郎：〈《論語》について〉，《吉川幸次郎講演集》，頁174。

此（《論語》）雖然已被充分消化而化為血肉，但亦不得不依據
西歐之精神、科學之真髓，重新審視《論語》，開始展開新研
究。[48]

相較於江戶先儒乃至竹添光鴻，筆者以為朴堂於賦予「常用語言」嶄
新的「個殊意義」；以及在感知、理解作者的「心理解釋」上，皆有
其新意。在賦予「常用語言」以嶄新的「個殊意義」這點，茲舉以下
二例以證。

朴堂於講解〈學而第一・有子曰禮之用和為貴〉章時，提出了其
相當具個人特色的注解，亦即：「禮」具有隔離人的力量。朴堂說：

若每事行禮，則人將逐漸遠離。其證據便是：家庭中最親近的
親子之間，禮最為簡略。……故禮雖為交際時之必要物，然言
及禮之性質，則在其具有離人之力。（〈學而第一〉，頁53）

今日，他國之人，多言日本是一「有禮」、「和諧」之社會，若就朴堂
上述對禮的解釋，似乎亦可使吾人理解到：一和諧有禮的社會，並非
因其「好」禮、「有」禮，而使得該社會獲得某種程度的和諧；而是
因為禮本身所具有的「離人之力」，而使得人與人之間有了距離，得
以保持某種程度的疏離，避免摩擦衝擊而導致和諧破壞。也就是說：
維持人際關係之「和」之狀態的是「禮」的力量，而非「好禮」這一
作為本身。蓋人我關係相當程度是建立在禮貌上的，在群體生活中吾
人可以藉由禮儀一定程度消弭彼此歧見所產生之緊張感，促進彼此的
關懷，進而達成社會的共同成長。

另外，在講解〈子罕第九・子欲居九夷〉章時，朴堂在界定「夷」
國時的判準，並非以「開發」、「開化」來判別，而是說：「即便居於

---

48 高田真治：〈論語の文獻・餘說〉，頁56。

開發（開化）之國，道若不行，亦無啥用；即便前往未開發（開化）
之國，道若能行即可，至何處皆好。」（〈子罕第九〉，頁422）朴堂將
去留判準、華夷判準置於「行道」與否；而非「開發」、「開化」與
否。朴堂此種主張的提出，在當時競逐西洋，力求文明開化的近代日
本社會，無疑是一記警鐘。而其不隨波逐流之風骨，實與其祖父息軒
相同。[49]山本邦彥日後在追憶「斯文學會」諸耆宿會員時曾言：

> 明治初年學會創立當時，老儒碩學雲集林立，真是奎運極為隆
> 盛。今日雖不乏學者，若毫無忌憚直言之，則與當年大家相
> 比，不免有幾分遜色。獨先生（安井朴堂）為雞群之一鶴，超
> 然立於博士學士之上。[50]

　　至於在感知、理解作者之心理狀態的「心理解釋」方面，以下茲
舉〈微子第十八・柳下惠為士師〉章以說明。關於該章之經義，息軒
《論語集說》該章之「案」語如下：

> 此章無子曰字者，以無斷語者。義明不待斷也。《論語》孔子
> 家書，其所載為孔子之言可知矣。故記而不論者，皆不著子曰
> 字，他皆效此。[51]

蓋息軒此處所說的「義明不待斷」者，其所謂「義明」之「義」，所
指的應當是其於〈微子〉篇該篇開頭「案」語中所說的：

---

49 安井息軒於其辭世前三年的明治六年（1873），曾著有《弁妄》一書，駁斥《聖
　經》之謬，力主東西文化互異，基督教偏狹之弊害，未必可原原本本適用於東方世
　界，以警惕日本無需盲目崇拜西洋。
50 山本邦彥：〈斯文學會の時代回顧（二二）〉，《斯文》第10編第6號（1928年6月），頁
　53。
51 《論語集說》，〈微子第十八〉，頁25-26。

> 古今賢哲逢亂世者，率避世絕物之事，以影出孔子雖不遇，猶
> 汲汲於濟世，乃所以為大聖也。[52]

而既然是「義明不待斷」，故朴堂於《論語講義》中亦未進行任何裁
斷，而是在口語日文譯文後，提出其自身見解而說道：

> 三黜而仍不去，乃因柳下惠心中有所覺悟，抱持著一種超越的
> 信仰。而此一超越信仰即柳下惠之所以為逸民之故。(〈微子第
> 十八〉，頁835)

　　筆者以為：賢哲所以為避亂世而率皆「避世絕物」，原因乃在處
於亂世而欲謀政事，實易引發禍端，此即〈楚狂接輿歌而過孔子〉章
中，接輿對孔子的規勸。但在此賢哲走避之際，孔子卻仍執意行走江
湖人間，這是一種理想的貫徹與責任的承擔，所以才說是「覺悟」。
此處所謂「覺悟」這一心理作用，乃是一攸關生存方式與生命信仰的
問題；而非所居邦國為何的問題正所謂「任重道遠」是也。
　　而朴堂直指柳下惠之心理狀態以解此章，既符合將此章置於所
謂：「〈微子篇〉主要多隱者風之話」(〈微子第十八〉，頁833)的〈微
子〉篇中，以凸顯出柳下惠與隱逸人士相比，猶辱身以求直道行事，
是為「聖之和」也的這一《論語》編輯者如此評價柳下惠的意圖。同
時亦說明了柳下惠為貫徹信念，覺悟到：凡人所不能忍的降志辱身等
事，遠不如真理昭顯、不被扭曲來得重要的這一深刻的生命體悟，是
故朴堂乃言：柳下惠心中有所「覺悟」。

---

52 《論語集說》，〈微子第十八〉，頁24。

五　結論──《論語講義》之提問：近代日本漢學研究之新課題

昭和二年（1927）二月，鈴木榮藏於《斯文》第九編第二號之〈文苑〉欄，發表〈論漢學〉一文，文中言及：

> 漢學之入我國，已一千六百餘年矣。雖非無盛衰消長，而能與國體融化。名稱漢學，實皇國之學也，況其神髓獨存我國乎。……近世習西學者，蓋巧言令色足恭，而剛毅木訥不可侵犯者，多見之修漢學者，何也？且今不問其鳥跡文與蟹行字，名家鉅匠，而不需於斯學者，果有幾人？**漢學豈可廢乎？其尤有益於人世，不可廢者，《論語》是也**。文無詰屈聱牙之態，平坦中存無限味，顏氏所謂仰之彌高，鑽之彌堅者。隨讀隨深，意見夫子之大，仁齋氏所謂：「最上至極宇宙第一書」者，信矣。**經世家不可不讀焉。教育家不可不讀焉。商家亦不可不取鑒戒於此也**。得意者讀之，可以去驕吝；失意者讀之，可以遠怨尤也。正綱常、敦風教者，幸賴此書之存。人人自此等處入，則有思過半者也。誰謂斯學亡國之遺書不足學？是坐於不知其實之存于我國而彼徒有其名耳。[53]

鈴木榮藏所言未必全然為是，但其對西洋文化、學問乃至學習西學者所抱持之偏見則顯而易見，其維護漢學之立場鮮明，故所言不免偏執一端。然其所謂《論語》不可廢，經世家、教育家、乃至商家皆須讀《論語》的訴求，與其說是種呼籲，毋寧說是一既存的事實。在經歷明治十年代中期以來至二十年代中期的「鹿鳴館」歐化主義時期，近

---

53 鈴木榮藏：〈論漢學〉，《斯文》第9編第2號（1927年2月），頁33-35。

代日本國民已認識到文明的倣效非僅止於外在形式，在實質文化內容方面，日本應當亦有其足以昭告世人而足以自豪者。明治三十年代以還，《論語》不僅是近代日本在競逐倣效西歐文明時一股切割不斷的日本傳統文化血脈，更是一部日本足以自恃於外的古典。此由明治二十年代中期以還，以「論語講義」為名之《論語》研究書陸續出版問世一事，亦可獲得佐證。[54]

　　事實上，筆者以為：吾人當可以此《論語講義》為考察對象而進行研究。以《論語》作為日本思想之基軸，藉以探討近世日本與近代日本；日本與中國之間的思想連鎖性，以及彼等《論語》講義中的獨特詮釋、思想構造究竟企圖建構出何種思想、文化乃至於政治、社會空間。此種以《論語》為思考基軸所探討出的漢學、或者說是儒學思想（包含學問體系與實踐體驗），因為與日本這一民族國家社會的現實動向（practice）相互關連，故顯得深具意涵。如此一來，吾人所探討出的日本思想，將不再只是一建構於抽象，甚至是虛象的「觀念史」，而是一由日本人本身對其自身存在，乃至於歷史、國族、文化進行論述的實相、具象思想。

　　耗時約四十年，不斷修正增補而成的安井朴堂之《論語講義》，筆者以為我們可將之視為明治二十年代後期以還，近代日本新《論語》研究之轉折點。而安井朴堂之《論語講義》向吾人拋擲的提問有以下數點：

1. 近代日本漢學，乃至現代日本之中國學，其該以何種型態承繼、賡續江戶漢學？
2. 近現代日本漢學的建構，如何才能不背離古典又能挹注活水予古典，再創古典新生命。

---

54 近代日本以「論語講義」、「論語講說」、「論語講話」為名之《論語》研究書，其出版問世情形詳參文後附表。

3. 對研究對象的尊崇與信仰，是否牽制了吾人對研究對象進行客觀研究進而公正評判的可能性？

4. 解經過程中，訓詁重荷的拋卻與新啟詮解別徑之間如何權衡？此問題的延伸便是：生存方式及人生信仰與古典文化生命之間該如何揉合。

5. 如何面對漢籍詮釋過程中，日本主體性確立的同時，中國主體性卻因而相對消解掉的互為拉拒現象。亦即，解經者作為日本文化之一環，其如何在漢籍中確立日本主體的安適性。

6. 在研究解讀漢籍的這一作業場域中，漢字與日本國字的互斥性該如何解決？是否即便漢學已內化成日本文化之血肉，但漢字卻仍是一「他者」？若是，則吾人又該如何因應？

7. 在面對西方文明之衝擊、甚或與西方文明衝突時，日本、或者說是東方，當有何種其自身賴以自豪，且足夠與西方對話的文化傳統。

　　藉由本章之考察，筆者以為：安井朴堂所重新開啟的《論語》解說途徑，已不再堅持古學派所主張的語言優先性，也不僅只在藉由設身處地去重新認識、建構作者的思想、生活、歷史背景；而是藉由重新體驗過去的精神和生命，亦即由個人向生命表現之總體貼近，而來解釋當下人存在本身的現象，亦即被講說的對象常常已非文本或作者，而是解說者本身。當解經的終極目的已不再是為闡明和傳達文本所載負的真理時，問題也許不在做什麼？而是，究竟是什麼超越了人們的行動與意願，而與時代、人們一起發生？

　　一百一十年前，安井朴堂向近代日本漢學界拋擲出的提問，不也仍是二十一世紀的日本中國學者，乃至東亞各國中國學研究者或是漢學研究者，必須面對的重要課題！

附表

「近代日本以講義、講說、講話、講解為名之《論語》詮解專書一覽表」

	書名	作者	出版地	出版年	版本資料	備註
1	默齋先生論語講義20卷	稻葉正信（默齋）著 花澤秀直編	鈴木榮次	明治年間抄	20冊	
2	論語講說備考	平岡寬信編	平岡寬信	1873（明治6年抄）	1冊	
3	論語講義	書籍局建設著手之議	東京；華族會館	1875（明治8年）		收錄於《會館記事》第3號〈附錄〉，內容乃《論語》〈學而〉篇首章講義。
4	論語講義筆記	吉村彰著		1882（明治15年）	43丁	抄本。
5	論語講義第2	堀江允（惺齋）著 堀江章（半峯）補	東京：有鄰堂	1883（明治16年）	56p	
6	經史詩文講義筆記	鳳文館講義科編	東京：鳳文館講義科	1883-1885（明治16-18年）	39冊	第1-15集：秋月韋軒講：《四書》 第16-37集：秋月韋軒講：《論語》 第38-39集：秋月韋軒講、豐島侗齋連講：《論語》

	書名	作者	出版地	出版年	版本資料	備註
7	論語講義	小永井小舟講義中根豐〔等〕筆記	東京：法樹書屋	1883（明治16年）	1冊	其他筆記者：妻鹿廉、岡田正之、前島清三郎、青木當壯。該書於明治19年（1886）、明治23年（1890）再印。
8	論語講義筆記第2號	藤井狷庵述伊藤由太郎記	名古屋：與斯文館	1883（明治16年）	17葉	
9	論語講義第2-8、10-34集	堀江惺齋述堀江半峯（章）補	東京：有鄰堂	1884-1888（明治17-21年）	32冊	
10	論語經註講義初篇卷1	川窪予章著	神戶：淳古書室	1885（明治18年）	27葉	
11	論語講義：偉論卓說集而大成	佐藤志在（宇吉）著	幸高村：斌斌學會	1886（明治19年）	2冊	
12	論語講義1卷	鈴木無隱著	出版地不詳	1887（明治20年）	1冊	附元田永孚：《經筵進講》。
13	論語講義	荻原裕（西疇）講述	出版地不詳	出版年不詳	2冊，490p	該書有明治21年（1888）之跋文。
14	論語講說	田村看山著	出版地不詳	1888（明治21年）	5冊	該書為田村看山手稿本。隔年初稿本出版（別名：艮齋先生論語講說）。

	書名	作者	出版地	出版年	版本資料	備註
15	論語講義	吉村彰著	廣島：廣島縣尋常師範學校	1890-1891（明治23-24年）	不詳	抄本。筆者所見各號內容及注記如下：第2號：自〈八佾〉至〈里仁〉。庚寅九月十二日起稿，仝月二十日卒業。第5號：自〈子罕〉至〈鄉黨〉。庚寅十月念三起稿，十一月旬一畢。第7號：自〈子路〉至〈憲問〉。辛卯八月三十一日起稿，仝九月八日卒業。
16	論語講義	稻垣真久章講述	東京：興文社	1891（明治24年）	1冊	收錄於興文社編：《少年叢書漢文學講義》第5編《四書講義》。該書日後陸續再版情形如下：1. 稻垣真久章講述：《論語講義》，東京：興文社，1892年增訂版。2. 興文社編：《增訂四書講

	書名	作者	出版地	出版年	版本資料	備註
						義》，東京：興文社，1911年。 3. 興文社編：《增訂四書講義》，東京：興文社，1921年。 4. 稻垣真久章講述：《論語講義》，收錄於《漢文學叢書》第3編《四書講義》，東京：興文社，1926年。
17	論語講義	內藤恥叟講述	東京：博文館	明治25年（1892）		收入《支那文學全書》第1編，《四書講義》上卷。
18	論語講義2卷	花輪時之輔著 深井鑑一郎編	東京：誠之堂	1893（明治26年）	2冊	收錄於《中等教育和漢文講義》第5編。 該書於明治27年（1894）年再印，別名「插圖論語講義」，此後於明治31年（1898）、明治36年（1903）、明治44年（1911）分別再印。
19	紹成講義論語部第1-5集	岡松甕谷著	東京：岡松甕谷〔等〕共同刊行：北畠茂兵衛	1886（明治19年）	541p	該書亦作為「尋常師範學科講義錄」。 該書日後出版情

	書名	作者	出版地	出版年	版本資料	備註
						形： 岡松甕谷著：《論語講義》，東京：明治講學會，1894年。
20	四書講義學庸論語	木山鴻吉著	東京：小林喜右衛門等	1892（明治25年）	238p	該書於明治25年（1892）再印。
21	論語講義	荻原裕（西疇）著	出版地不詳	出版年不詳	266p	該書有明治27年（1894）之跋文。
22	論語講義	安井小太郎講青山貞子筆記	東京：哲學館	1895（明治28年）	516p	該書為「哲學館漢學專修科漢學講義」。該書日後陸續再版情形如下： 1. 安井小太郎講述，青山貞子筆記：《論語講義》，東京：哲學館，1899年。 2. 藤井圓順編輯，安井小太郎著：《論語講義》，東京：東洋大學出版部，1905年。 3. 安井小太郎講述，青山貞子筆記：《論語講義》，東京：大東文化協會，1935年。

	書名	作者	出版地	出版年	版本資料	備註
						4. 安井小太郎講述，青山貞子筆記：《論語講義》，東京：東洋圖書，1940年。
23	論語講義1-8	鈴木無隱著	東京：木耳社	1897.01-05（明治30年1-5月）		刊載於岡田武彥監修復刻版鐵華書院編：《陽明學》第2卷第12、13、14、15、17、18、19、23號。第12號，p.1-6（1897.1）。第13號，p.7-14（1897.1）。第14號，p.15-20（1897.1）。第15號，p.21-26（1897.2）。第17號，p.27-34（1897.3）。第18號，p.35-40（1897.4）。第19號，p.41-48（1897.4）。第23號，p.49-54（1897.5）。
24	論語講義	根本通明（羽嶽）著	東京：早稻田大學出版部	1906（明治39年）	706p	該書至1924年已出版至第八版（為縮刷版）。

	書名	作者	出版地	出版年	版本資料	備註
25	論語講話	大江文城著	東京：東洋大學	1909（明治42年）	492p	
26	論語講義10卷	一戶隆次郎著	東京：大成社	1910（明治43年）	290p	
27	論語講義	萩原西疇（裕）著	東京：益友社	1910（明治43年）	552p	該書為「漢文學講義錄」。
28	論語講義第1-30講、59-70講	細川潤次郎（十洲）述川口芳之助記	東京：行道學會	1910（明治43年）至1917（大正6年）	5冊	
29	袖珍論語講解	河原美治著	東京：修文館	1910（明治43年）	426p	
30	論孟首章講義	三宅正明著	大阪：懷德堂紀念會	1911（明治44年）	1冊	收錄於西村時彥編：《懷德堂五種》（別名：官許學問所懷德堂講義）。該書另收錄有：中井誠之：《五孝子傳富貴村良農事狀》；中井積善：《蒙養篇》、《貞婦記錄》。
31	論語講義1-6	東敬治講述安井春雄、桑原壽一筆記	東京：東洋學會	1911.06-11（明治44年6-11月）		刊載於陽明學會編：《陽明學》第32-37號。第32號，p.22-25（1911.6）。第33號，p.16-17（1911.7）。

	書名	作者	出版地	出版年	版本資料	備註
						第34號，p.17-18（1911.8）。第35號，p.19-21（1911.9）。第36號，p.21-24（1911.10）。第37號，p.20-21（1911.11）。
32	四書小學講義	牧野謙次郎述	東京：早稻田大學出版部	1912（明治45年）	196p	該書與青柳篤恒：《支那時文講義》合刊。該書出版年係根據《支那時文講義》之〈附言〉而記。
33	新譯論語講義	和田銳夫（天外）著	神戶：熊谷久榮堂	1912（明治45年）	602p	
34	論語講義1-2	桑原壽一講安井春雄筆記	東京：陽明學會	1912.02-03（明治45年2-3月）		刊載於陽明學會編：《陽明學》第40、41號。第40號，p.27-29（1912.2）。第41號，p.23-25（1912.3）。
35	論語講義20卷	尾立維孝編澀澤榮一校		大正年間抄	12冊	有澀澤榮一親筆訂正。
36	系統的論語講話	柴原砂次郎著	東京：新修養社	1913（大正2年）	411p	
37	論語講義	根本通明著	東京：修學堂	1915（大正4年）	539p	收錄於《新撰百科全書》第122編。

	書名	作者	出版地	出版年	版本資料	備註
38	論語應用講話	江藤孝本著	大分：江藤孝本	1916（大正5年）	72p，圖版	附〈實驗談〉。
39	論語講義	三島毅著	東京：明治出版	1917（大正6年）	164p	作者以漢文註釋全書。
40	論語講義8卷	細川潤次郎、南摩綱紀著 行道學會事務所編	東京：吉川弘文館	1919（大正8年）	1187p	
41	論語講義	萩原擴、內野台嶺、竹林貫一著	出版地不詳	1919（大正8年）	不詳	該書有安井小太郎序文。而據小太郎的說法，萩原擴等三人畢業自高等師範學校，並留校任教，曾受教於小太郎，三人晨夕討論《論語》數年，著成《論語講義》1卷。詳參《斯文》第1編第5號（1919年10月）所收安井小太郎：〈論語講義序〉。
42	論語1-9	宮內默藏著	東京：二松學舍	1920-1921（大正9-10年）		刊載於大正9年至10年（1920-1921），二松學舍編：《二松學舍講義錄》第5、7、8、9、10、12、16、17、18號。

	書名	作者	出版地	出版年	版本資料	備註
						第5號，p.25-40（1920.5）。第7號，p.41-56（1920.7）。第8號，p.57-72（1920.7）。第9號，p.73-96（1920.8）。第10號，p.97-120（1920.10）。第12號，p.153-168（1920.12）。第16號，p.169-176（1921.5）。第17號，p.177-192（1921.7）。第18號，p.193-208（1921.7）。
43	口語全譯論語講義	川岸華岳著	東京：中央出版社	1922（大正11年）	437p	
44	解說批判論語講義	經學攷究會著	東京：光風館	1922（大正11年）	1248p，圖版	
45	新しき論語講義	荻生雙松（徂徠）著樋口酬藏（秋山）補祥雲碓悟校	大阪：小嶋文開堂	1923（大正12年）	468p	該書原名《論語辨》。該書於昭和8年（1933）再印。
46	現代に活かした論語講話	西川光二郎著	東京：丙午出版社	1923（大正12年）	266p	該書於大正13年（1924）再印。
47	論語講義第1	宇野哲人	東京：茗香會	1925（大正14年）	134p	收錄於《茗香會文庫》第1輯。

	書名	作者	出版地	出版年	版本資料	備註
						該書令收錄有：佐佐木勇之助：〈論語講演會開講之辭〉、服部宇之吉：〈儒教の根本義〉、宇野哲人：〈我國の將來に關する一考察〉、澀澤榮一：〈第一銀行に於ける論語の開講に就て〉。
48	論語講義乾、坤	澀澤榮一口述尾高維孝筆錄	東京：二松學舍出版部	1925（大正14年）	2冊	刊載於大正12年（1923）4月至大正14年（1925）9月之《漢學專門二松學舍講義錄》，共10卷。刊載於《漢學專門二松學舍講義錄》第1、2、3、4、5、6、7、8、9、10、11、13、14、15、16、17、18、19、20、21、22、23、24、25、26、27、28、29、30號。該書日後陸續再版：

	書名	作者	出版地	出版年	版本資料	備註
						1. 澀澤榮一：《論語講義》，東京：二松學舍大學出版部，1975年。 2. 澀澤榮一：《論語講義》，東京：講談社，1977年。該書共7冊，收錄於「講談社學術文庫」。
49	論語の講義 上、中、下	武者小路實篤著	東京：改造社	1926.05-07（大正15年5-7月）		刊載於《改造》。上：大正15年5月號，p.1-22（1926.5）。中：大正15年6月號，p.73-94（1926.6）。下：大正15年7月號，p.35-64（1926.7）。
50	四書講義	近藤元粹著	東京：三盟舍	1927（昭和2年）	1冊	
51	集註論語講本	島田鈞一著	東京：有精堂	1930（昭和5年）	236p	
52	論語新講	井原正平著	東京：三省堂	1933（昭和8年）	148p	收錄於《新撰漢文叢書》。該書於昭和13年（1938）再印。
53	論語の講義（1）、	武者小路實篤著	東京：重光發行所	1933.08-09		刊載於《重光》第2卷8、9號。

	書名	作者	出版地	出版年	版本資料	備註
	（2）			（昭和8年8-9月）		第2卷8號，p.1-23（1933.8）。第2卷9號，p.1-8（1933.9）。
54	論語講義	岡田正三著	東京：第一書房	1934（昭和9年）	436p	
55	論語講義	倉田熱血著	大阪：前田書店	1934（昭和9年）	309p	
56	新論語講話	諸橋轍次著	東京：章華社	1934（昭和9年）	274p，圖版	
57	修養論語講話	江口天峰著	東京：荻原星文館	1934（昭和9年）	448p	該書於昭和12年（1937）再印。
58	論語講義	飯島忠夫著	長野縣飯田町：信濃教育會下伊那部會	1936（昭和11年）	96p	
59	精撰論語百講	松田金重編	東京：三省堂	1936（昭和11年）	111p	
60	論語講話	西川光二郎著	成田町：新更會刊行部	1936（昭和11年）	58p	
61	論語講義（1）、（2）	和歌川潤著	東京：東洋文化學會	1936.07-08（昭和11年7-8月）		刊載於東洋文化學會編：《東洋文化》，第143、144號。第143號，p.34-37（1936.7）。第144號，p.48-52（1936.8）。
62	大學・中庸・論語講義	興文社編	東京：興文社	1938（昭和13年）	24；41；208p	

	書名	作者	出版地	出版年	版本資料	備註
63	論語一貫章講義 1 卷	豬飼彥博著	東京：東洋圖書刊行會	1938（昭和13年）	4p	收錄於關儀一郎編：《儒林雜纂》。
64	明解論語講話：昭和新譯	仁木松雄著	東京：東江堂	1938（昭和13年）	574p，圖版	該書於昭和16年（1941）再印。
65	論語新講義	齋藤真吾著	東京：大明社	1939（昭和14年）	191p	
66	論語上、下	小林一郎著	東京：平凡社	1938-1939（昭和13-14年）	2冊	收錄於《經書大講》第1、2卷。同年再印。
67	論語講話	諸橋轍次著	東京：成光館書店	1941（昭和16年）	274p	

　　本文係筆者執行行政院國家科學委員會計畫「安井小太郎《論語講義》研究」（NSC93-2411-H-194-031-）之部分研究成果，初稿於二〇〇五年五月十四日發表於日本九州中國學會舉辦之「平成十七年度（第五十三回）九州中國學大會」。

　　原載《國文學報》第40期（臺北：臺灣師範大學國文學系，2006年12月），頁19-73。

第五章
敘事以建構
——由澀澤榮一《論語講義》論經解如何參與國族文化建構

一　前言

　　學界有關澀澤榮一（1840-1931）的研究，主要多從「社會公益事業」、「國際外交協調」以及「道德經濟合一」等三個觀點來研究澀澤榮一之學問思想，當中有關其道德經濟合一論，當代學者幾乎多只就澀澤榮一之《論語と算盤》一書而來討論，如王家驊先生刊載於《澀澤研究》第7號（1994年10月）的〈澀澤榮一の「論語算盤說」と日本的な資本主義精神〉、與黃俊傑先生所著〈澀澤榮一解釋《論語》的兩個切入點〉等文便是。[1]另外，嚴紹璗先生所著〈明治儒學的實用性：從澀澤榮一看明治時代的經濟與儒學〉一文[2]，則較全面性地從澀澤的著作來討論其經濟倫理觀與近代日本資本主義發展的關係。當然，我們不可否定的是：《論語と算盤》一書，至今仍深獲日本社會，特別是企業界所推崇。而日本以外的世界各地，也多有此書的翻譯本，如臺灣方面就有蔡哲茂與吳璧雍兩先生合譯，由允晨文化公司於一九八七年出版的《論語與算盤》，以及洪墩謨先生所翻譯的，由正中書局於一九八八年出版的《論語與算盤》。

1　收入黃俊傑：〈澀澤榮一解釋《論語》的兩個切入點〉，《德川日本《論語》詮釋史論》（臺北：臺灣大學出版中心，2006年），頁319-333。

2　嚴紹璗：〈明治儒學的實用性：從澀澤榮一看明治時代的經濟與儒學〉，收入劉岳兵編：《明治儒學與近代日本》（上海：上海古籍出版社，2005年），頁106-155。

　　然而，對於澀澤榮一多達一〇六四頁的代表巨著《論語講義》，
至今卻仍舊乏人研究。蓋《論語講義》可以視為是澀澤榮一自小在故
鄉武藏國榛澤郡血洗島（今琦玉縣深谷市），從其堂兄尾高惇忠
（1830-1901）學習《論語》的一種延伸。因為雖然澀澤榮一一生經
歷過尊王攘夷運動，成為將軍德川慶喜（1837-1913）之家臣，進而
成為明治新政府之一員，活躍於企業界、外交界，並推動社會公益。
但在絢爛璀璨發光發熱之後，在其人生最後階段，澀澤榮一仍選擇回
歸到其文化生命原初之發端的「漢學」來，返回孔子跟前聆聽聖人教
誨並訴說其自身之人生智慧，故而成就了《論語講義》。遺憾的是：
目前以《論語講義》為對象的研究專論或專著仍然有限。[3]

　　明治時代以來之《論語》研究專著何其多，筆者所以選定澀澤榮
一《論語講義》為研究對象，除了是延續筆者持續多年以近代日本之
《論語》注解書為研究主題的這一因素之外，原因之一乃在澀澤致力
以平易明暸的白話口語日文重新講解《論語》，向日本民間大眾力倡
道德經濟合一論，不可不謂是當時的「新」《論語》詮釋。然澀澤之
解說風格又與明治中期以來如雨後春筍般陸續問世的「論語講義」大
不相同。[4]例如其與三十三年前，成書於明治二十八年（1895）的安
井小太郎《論語講義》相比，性質上便有明顯的差異。兩部「講
義」，一在明治；一在大正，皆試圖以一種最貼近近代日本人的語言
來傳達《論語》精神。而彼等所面對的對象，雖然皆是大學生，但兩
者藉由《論語》這部經典所欲闡述、傳遞的理念與現實生活的縫隙之

3　據筆者調查，目前鮮有以《論語講義》為研究對象的專論；而專書方面主要雖然有
　　深澤賢治：《澀澤論語をよむ》（東京：明德出版社，1996年）與竹內均：《澀澤榮
　　一「論語」の讀み方》（東京：三笠書房，2004年）二書，但皆只是萃取《論語講
　　義》中之部份篇章講義來重新作解說。

4　據筆者調查，明治中期以還至終戰為止，以「論語講義」為名出版問世的《論語》
　　解說書，多達六十七種。詳參本書第四章〈注經到講義──由安井小太郎《論語講
　　義》論近代日本《論語》研究之轉折〉、附表「近代日本以講義、講說、講話、講
　　解為名之《論語》詮解專書一覽表」。

間，有關其角色扮演，一注重經典的知識學科化；一注重經典的社會
實踐性。足見明治到大正，兩種《論語講義》，雖皆名之為「講義」，
但《論語》的解讀與研究顯然有了轉向，而此種轉向何以產生？其與
大正日本的社會風氣、時代思潮、學術氛圍究竟有何關聯？此等問題
皆值得深入探討。

　　本章透過對澀澤《論語講義》的研究，擬探討澀澤榮一是如何將
傳統經典文化精神，融入其所處的明治、大正近代日本？又其所採用
的所謂「講義」的解經法，凸顯了何種日本《論語》研究的沿革與創
新？是如何使經典與社會產生關聯？而使經典生命得以別開生面？筆
者試圖透過對此等問題之研究，以解明近代日本如何重新融納《論
語》這一傳統經典。故藉由本章之研究，除可究明近代日本《論語》
注解的歷史性發展變遷，關於日本漢學如何由近世向近代轉變的實
態，以及近代日本社會中傳統思想所具有的意義為何？傳統經典文化
之精神有何變易遞嬗等問題，皆可進一步獲得釐清。

二　澀澤榮一的讀《論語》法

（一）經典與講經者的旁白

　　具體而言，蓋《論語講義》此種所謂「講義」的解經方法，可以
看作是在經典所陳述的歷史事實發生後所添加進的旁白（voice-
over）。筆者之所以將澀澤榮一此種所謂「講義」的解經法，視為史
實發生後解經者所加進的旁白，乃因「講義」一詞的「講」字，意味
著向聽眾對象的說明陳述，而此番說明陳述，除在釐清文字表面的意
涵（「表義」，denotation）之外，重點多在藉由帶進講經者個人的生
活經驗、價值認同、生命情境之說明等作法，而對經義進行一種「溫
故知新」的作業，進而使得講經者個人於意識形態層面上得以更加沉
澱的同時，亦可瞭解到經文字義在講經者個人所處文化社會背景之上

下文中所具有的隱藏義（「深義」，connotation）。

　　所以，此種所謂「講義」的旁白敘事解經法，相當於所謂的「非敘事引導的聲音」（non-diegetic sound）。因此，講經者多以「回溯」（flashback）的方式，加以回溯經典中的歷史事實、對話、發語原由。而藉由講經者的旁白敘事，讀者被引導進入經典世界的事件核心與原始場景，而講經者個人在回溯經典中的歷史事實、對話、發語原由的同時，講經者一併藉由其個人的生命回溯與內在獨白，使得讀者／聽者在聞見講經者生命中的重要場景、人生理念、價值認同的同時，也瞭解到經典的精髓與意義。

　　換言之，在所謂「講義」此種堪稱「旁白敘事」的解經法中，吾人可以觀察出講經者究竟是使用何種文化語言來進行何種敘事修辭？究竟藉此試圖傳達何種個人、時代或國家的聲音？以建構何種嶄新的經典意象。亦即，透過上述所謂「講義」此種解經法中諸如語言論述、聲音、意象等元素，講經者藉由在完成其某種或多種敘事目的的同時，亦重新建構出何種屬於講經者之國家民族、個人及經典的文化身分認同與主體性的論述。

　　而在旁白敘事的解經過程中，吾人除了可就字面所指涉的「字面義」（literal），來探究文本真正處理到的歷史與社會脈絡之外，亦可進一步究明講經者是如何透過「託寓」（literal）、轉義、虛構這種更加抽象的表達形式，影射出其對其所處時代之社會、政治現實，始終抱持著何種道德和政治、社會的批判關懷。另外，吾人在釐清講經者如何藉由上述諸多解經法，而使得各個歷史片斷得以重新發展形構其歷史意涵的同時，亦可窮究講經者是透過何種辨証、論述方式，而將經典中過往歷史所隱抑不言、與經典在文化社會背景下的隱藏義（connotation）、或是講經者將文本背後的意識形態與文化意涵加以重新建構，進而於其所處現實生活中企圖將此建構傳達出來的部分加以呈現出來。

　　而且與上述諸問題點相關連的，本章亦參照澀澤榮一《論語講義》以外的其他著作，以及前人之研究成果，除了描繪出澀澤榮一的思想全貌之外，還試圖究明其處於舊價值觀瓦解，新價值觀尚待建立的現代大正日本社會中，澀澤榮一的《論語講義》既然是在「講說」《論語》，顯然地，澀澤乃試圖找出被投射在《論語》這一文本中而且尚未完成的，有關社會、歷史與文化想像的深義（connotation）。也就是說：澀澤榮一是在另一個時空——近代大正日本，如何透過重新的瞭解，以還原其所認為的原初的《論語》文本意義？同時如何利用感情的共鳴共感，以重新建構《論語》文本背後可能具有的近代大正日本的意識形態與文化意涵，其試圖建立起何種近代日本社會的新價值觀？而《論語》又如何在近代日本社會中被重新定位？上述諸問題點的考察究明，將有助於重新評估近代日本《論語》研究之發展史。

（二）宛若孔子再現的旁白者

　　蓋《論語講義》一書乃澀澤榮一以八十四歲之高齡，自大正十二年（1923）四月開始，歷時二年半，於三島中洲（1830-1919）所創辦的二松學舍，結合其自身八十四年的生活體驗而來講解《論語》的成果。期間由三島中洲之門人尾立維孝（1860-1927）筆述澀澤之課堂講義，於大正十四年（1925）十月出版刊行。[5]而早在《論語講義》問世前，大正十一年（1922）澀澤便有《澀澤子爵活論語》[6]與《實驗論語處世談》[7]二書相繼問世。在此二書中，已經可看出日後澀澤榮一於《論語講義》中的諸多主張、特色。如《澀澤子爵活論

5　詳參澀澤青淵記念財團龍門社編：《澀澤榮一傳記資料》第41卷（東京：澀澤榮一傳記資料刊行會，1962年），頁360-361。

6　安達大壽計編：《澀澤子爵活論語》（東京：宣傳社，1922年）。

7　澀澤榮一：《實驗論語處世談》（東京：實業之世界社，1922年），該書日後於昭和三年（1928）九月，改名為《處世之大道》而重新出版。

語》的編者安達大壽計於該書〈緒言〉中說道：

> 一日，編者先生訪飛鳥山之寓邸，為記念孔夫子逝世二千四百
> 年，欲刊行先生有關《論語》之講話。此時先生向余說道：
> 「吾並非無原無故說《論語》，蓋《論語》之教訓，皆是可資
> 實踐躬行者。上自王侯將相，下至匹夫匹婦，任誰皆得行之。
> 又無論其為可行者，後世學者誤解之，穿溝渠於學問與實際之
> 間，《論語》為《論語》，實行為實行，終至於視學究與實際為
> 全然之別物，實為遺憾。余不肖希圖使兩者之隔離接近，聊所
> 努力宣傳。孔子之真意亦必在茲。」或舉朱子一派之說而駁
> 之，或引《論》、《孟》之語、《史記》〈孔子世家〉之文以證
> 之，其言極懇切，足以知先生欲活用《論語》之念慮熾盛。[8]

又，在澀澤榮一另一著作《實驗論語處世談》書前所附的〈《實驗論
語處世談》刊行に就て〉一文中，則如下提及：

> 世間所謂：「讀《論語》而不知《論語》」的多數人之中，非學
> 者的子爵乃《論語》之實踐躬行者，對之實在除敬服之外無
> 他。故本書乃子爵據《論語》以行動的體驗處世談，另一方面
> 亦可說是子爵自身的言行錄。又因子爵將其自身的行動、與自
> 明治、大正回溯至維新前其自身所接觸的各個層面的諸多人等
> 的性格行動，依據《論語》，頗無忌憚地，斷下批評，故讀者
> 除可資自身之修養，同時亦可一併知悉當年歷史，其間亦有不
> 少有趣逸聞。就此點而言，本書可謂與世上流傳之無味枯燥的
> 道學先生之《論語講義》，其選全異。又，其實本書堪稱是：

8　《澀澤榮一傳記資料》第41卷，頁353。

由《論語》而來觀察明治、大正的社會、政治、思想史。[9]

事實上，通觀《論語講義》全書，澀澤榮一與其說是在回溯經典中的歷史事實、對話、發語原由；毋寧說主要是在回溯其八十四歲的自我人生，或說是在回溯幕末以來至大正時代為止的近代日本的國家歷史，並藉此發聲進而宣揚其理念主張、確立其價值認同，而使得日本這一國族的身分、文化價值與主體性得以確立彰顯。正因為如此，讀者透過澀澤榮一的《論語》講說，與其說是掌握到了具體的孔子形象、《論語》精髓；毋寧說是澀澤榮一這一鮮明的講經者形像栩栩如生，近代日本的國家形成、民族發展乃至文化精神，躍然於紙上。

> 余其實立足於此知行合一之見地，咀嚼《論語》，至八十四歲的今日為止，視之為公私內外之規準而遵奉之，以富國強國而努力於平天下。余期望其他同胞事業家亦可勤讀《論語》，民間知行合一之事業家陸續輩出，出現高品味之先覺者。以此，余以不學，雖本非專門之漢學者，敢不自揣，於此欲為《論語》之講義。……願共與鼓吹東洋之仁義道德，而為修身處世之規矩準繩。又若重申一言，則名教學術依實業而貴，農工商之實業依名教道德而發光，二者本為一致，決不許相互睽離，若二者睽離，則學問成為死物，名教道德亦皆成為紙上之空談，必將至於所謂：讀《論語》而不知《論語》。……願欲達知行合一之境而不息。余抱此主義，據八十年來之體驗，而膽敢講說《論語》。[10]

吾人不難想像講臺上的澀澤，為了使其自身最初的信念正當化，

9　《澀澤榮一傳記資料》第41卷，頁355。

10　澀澤榮一：〈總說〉，《論語講義》卷の一（東京：明德出版社，1975年），頁16。

而且能進一步獲得滿足與發展，就必須尋求更高的權威與更合理的依
據本源。澀澤榮一於《論語講義》中屢屢援引其人生體驗為例以證明
孔子所言不假，語氣堅定並充滿自豪，而這無非是一反向操作。因為
講義的主要內容既然是澀澤個人的人生經歷、理念、價值、主張等，
則當其說「據八十年來之體驗，而膽敢講說《論語》」時，則與其說
其想證明的是孔子於《論語》中所說的真理；毋寧說孔子是其人生經
歷、理念、價值、主張的見證保證人，澀澤如下言道：

> 若能言忠信、行篤敬，則無論於官界或民間，皆必須相信其
> 人，余八十年來之體驗即是如此。[11]

> 無論是事主君或交朋友，於物皆有其程度，此即所謂禮也。若
> 超過其程度而過度頻繁數落主君，縱使自己有心獻言盡忠義，
> 反而會被主君感到厭煩，終至自取其辱。……以上之見解乃余
> 以八十五歲之老成所獲得之結果，年少時余亦相當反抗他人之
> 意見，熱烈地大發議論。如明治五年余反對大久保大藏卿而陳
> 述己見一事，前文已有論述，余並非期望青年諸君直接變得老
> 成，此事長上、交朋友的心得，乃余於本章中所體會出的子游
> 說法之旨趣，此乃處世之密訣。[12]

在此，《論語》顯然不僅是日本年輕人大學教育中的主要古典教
科書之一，也是澀澤論述問題時的最有力依據與最高權威解答。澀澤
以一種經歷八十幾載之考驗、淬練後，仍可成功屹立於世的自信與
自豪，召喚近代日本青年的信仰。而當澀澤這一明治老人八十四年的
人生經驗，竟與孔子之諸多理念不謀而合時，此明治老人已經不再只

---

11 澀澤榮一：《論語講義》卷の一，〈為政第二・子張學干祿〉，頁80。
12 澀澤榮一：《論語講義》卷の二，〈里仁第四・子游曰事君數斯辱矣〉，頁189-190。

是一活躍於明治、大正近代日本各界的事業成功人士，其人物影像遂
與孔子形象相互重疊，宛若分身現前，就是一活躍於近代日本的當
代孔子。

　　澀澤對孔子和《論語》的推崇，從信奉《論語》，以《論語》為
規矩準繩，到抱持孔子之志，以孔子之心為己心，如其言：

> 爾來四十餘年，吾常愛讀此《論語》，而吾所謂愛讀《論語》
> 一事，是因吾感受到：原本商人乃爭奪錙銖之利者，即便是賢
> 者，若誤一步，則有為利失道之事，何況於商人？此無論如何
> 是在俗世間，若無有可依據的不誤身之規矩準繩，實為危險。[13]

> 吾相信只要能恪守《論語》之教訓而生活，則人能修身齊家，
> 其生涯庶幾可無大過矣。[14]

> 然吾原本不敢僭越而以孔子自任，但孔夫子總是想到如果自己
> 出來，該國之政治或許將變好，故只要有國家招聘，其無論何
> 國皆願出仕。因此吾亦有心認為：若吾這一老人出來奔走，或
> 多或少或許能樹立有益於世間之事。故電燈問題產生吾就出
> 面；一說有美國問題，吾亦前往交涉；與中國之間爆發外交事
> 件，吾亦出面協調。要在學孔夫子忠其志，其精神不外是希望
> 多少為福國利民貢獻。[15]

　　吾人甚至可以在《論語講義》中看見澀澤宛若孔子之化身，例如
〈子罕〉篇中孔子曰：「吾有知乎哉？無知也。有鄙夫來問於我，空

13　《澀澤榮一傳記資料》第41卷，頁381。
14　《澀澤榮一傳記資料》第41卷，頁382。
15　《澀澤榮一傳記資料》第41卷，頁386。

空如也。我叩其兩端而竭焉。」澀澤於該章講義中如下說道：

> 余常以孔子此章之心為我心，以接人應事。余今年雖已達八十
> 五歲之老齡，但沒有一日不是每朝接待十人左右之訪客，其或
> 問物、或望事、或依賴周旋，目的千差萬別。余最遲早上六點
> 半起而入浴……。來訪者之目的各式各樣，或有詢問事業方面
> 之意見者、或有前來募款者、或有欲赴海外而求余介紹周旋
> 者、亦有希望余引薦就職者，不可一一勝數，甚或有不少人欲
> 利用余而來訪者。該日之訪問者亦有半數左右是未知未見之
> 人，因此會面之後，雖然亦有所謂悾悾如者，但余對任何人，
> 每朝至九點半或十點為止，只要時間允許皆與之面談。又對於
> 其目的，亦抱持儘量為其解決之主義。其中若有未能即刻解答
> 者、或有無法滿足訪問者之意志的情形，余自身首先會捫心自
> 問而來作判斷，以期不違忠恕、親切、以及余自身所抱持之主
> 義，如此而據此判斷來陳述一己之見，若先前有違誤則改正
> 之。亦有人一時無法贊同余之看法而感到不滿足，小為該人之
> 將來，大為社會人類，余仍率直開陳余自身之信念而欲使之無
> 誤。余視此舉為人類當然之義務而履行之，亦即試圖叩竭事物
> 之兩端。[16]

《論語》此章若按歷來注解，多將重點放在孔子強調要以推理思
考的能力，恰當地回答他人之疑問。但今觀澀澤之講義，則是著重在
孔子對貧賤富貴一視同仁，無論是針對何種疑難問答皆懇切回答，藉
此以影出孔子格高德邵。而澀澤所以作出此種詮解，其實是依據江戶
古學派儒者龜井南溟《論語語由》之注解而來。在此筆者且將南溟之
注解揭示如下：

---

16 澀澤榮一：《論語講義》卷の五，〈子罕第九・子曰吾有知乎哉〉，頁442。

記聖人無所不知。

鄙夫者何？言細民事鄙事者。鄙事者何？言耕稼陶漁等之事。
夫子平居不語門弟子以鄙事，樊遲問稼圃，夫子不對，又以小
人戒之，可以見矣。偶有一鄙夫來，以耕稼若陶漁為問，意色
淳樸，懇惻可愍，於是夫子不忍拒之，詳語而盡之，鄙夫已退
去，夫子迺顧門弟子在側者曰：吾有知乎哉？無知也。但憐彼
懇請不已，故漫言至委屈如是耳。言語鄙事之非素志也。記者
因上章有多能鄙事之語，以類記之，且以示無所不知也。諸註
恐皆失語由矣。[17]

澀澤稱讚南溟此解說：

> 若如此解，語源亦為明確……若比之於古來諸說，更覺適切於
> 事理。龜井昭陽讚此言曰：「此章先考始探得驪珠，讀者宜味
> 輯錄之意，相顧眄鄙事鄙夫之文字。」余亦共鳴於此讚語。[18]

蓋龜井南溟是合前章孔子所謂「吾少也賤，故多能鄙事」一語，
從《論語》編輯者所謂「以類相從」之原則來考量，因而斷定此兩章
前後相連，足以證明孔子年少時的人生經驗，使其連鄙事亦無不知。
再依據〈樊遲問稼圃〉章，斷言孔子平時對門弟子不言耕稼此類鄙
事，進而推論出此章孔子所以會言及平日不常言者之發語原由，乃因
偶有鄙夫來問，其態度誠懇，夫子憫其求教之心真切，遂盡己所能仔
細回答之。[19]

---

17 龜井南溟：《論語語由》，收入關儀一郎編：《日本名家四書註釋全書》第4卷（東
　京：鳳出版，1973年），卷9，〈子罕・吾有知乎哉〉，頁155。
18 澀澤榮一：《論語講義》卷之五，〈子罕第九・子曰吾有知乎哉〉，頁442。
19 有關龜井南溟《論語語由》之注解特色，乃在發掘《論語》各章經文之「發語原
　由」一事，請參閱拙作：〈龜井南溟『論語語由』の日本漢學史上における意義〉，

　　若依據南溟此解，本章《論語》經義，當然就是其注解開頭所謂的：「聖人無所不知」，而且也形構出一親切誠懇、格高德邵之孔子形象。澀澤則在南溟之詮解基礎上，將《論語》此章經文置入其自身之具體生活經驗中而作進一步之細部說明，使得「鄙事」的內容具體化成為：如詢問事業方面之意見者、前來募款者、欲赴海外而求介紹周旋者、希望引薦就職者等等屬於其個人的真實經驗。

　　但吾人在此必須注意的是：當澀澤將語錄體的《論語》經文，置入其自身之人生經驗的上下文中時，《論語》經文的「直接意義」在某種程度上遂被解消掉，而隨著經文被置入多少澀澤自身人生經驗的上下文中，則該章《論語》經文就會產生多少「間接意義」，甚至是「言外之意」。例如當澀澤強調自己「對任何人，每朝至九點半或十點為止，只要時間允許皆與之面談。又對於其目的，亦抱持儘量為其解決之主義」時，吾人便捕捉到所謂：「其宛若是一孔子再現」的這一言外義涵。而且也因為澀澤之人生經驗的這一「現在」，使得其自身與聽者有了「進入」過往經典傳統宇宙的憑藉；而在進入到過往經典傳統宇宙後，聽者又因所謂澀澤宛若是一孔子再現的這一言外義涵，使得聽者與澀澤所處的近代日本這一「現在」，與《論語》這一過往經典傳統宇宙之間有其關聯性、意象性。《論語》甚至只是澀澤表述其自我人生經驗的取材對象。「龍門社」[20]社友的菜花野人就曾如下說道：

　　　　澀澤翁的《論語》研究天下有名。……其並非以自身經驗為
　　　　《論語》注腳；而是以《論語》為其自身經驗之注腳，此點作
　　　　為澀澤翁自身之《論語》，具有非常大之價值。若用些想象力

《日本中國學會報》第53集（2001年10月），頁286-300；〈龜井南溟《論語語由》之解經法〉，《漢學論壇》第1期（2002年6月），頁63-92。

20　「龍門社」乃由澀澤之一門知己所組成的同仁社團。

來思考的話，澀澤翁若生在中國古代，或許會渡過如孔子般的
生涯，而孔子若生於日本面對明治時代，或許會渡過如澀澤翁
一樣的人生。……青淵翁之《論語》實為活《論語》，因為是
藉《論語》文字而來說明其某種得自其自身長期經驗的安身立
命，故今日漢學者所說之《論語》雖幾乎皆為死物，但青淵翁
之《論語》則全然為活物。[21]

作為澀澤之一門知己的同仁之一，菜花野人此番所謂：澀澤「是以
《論語》為其自身經驗之注腳，……澀澤翁若生在中國古代，或許會
渡過如孔子般的生涯」的見解，不僅如實且中肯地道出澀澤講述《論
語》的最大特色，並進一步將澀澤與孔子等同視之，使得澀澤成為一
「日本的孔子」。

（三）孔子以外的解經依據——荻生徂徠、龜井父子與三島中洲

1 江戶古文辭學派的承繼

澀澤一再強調其所主張之讀《論語》法，乃是捨棄文句解釋、不
重考證之講義，但以孔子之精神為準，主實踐躬行，以求活用，故倡
折衷。其言：

余原本並非如學者般研究《論語》，故不從事考證性的閱讀，
只是對《論語》字面上展現出孔子之精神者忖度閱讀，此即余
之讀《論語》法。[22]

---

21 《澀澤榮一傳記資料》第41卷，頁449-450。
22 《澀澤榮一傳記資料》第41卷，頁372。

然後人誇張之，視之如某種聖書，而將「仁」說明成「愛之理，心之德」，或說成如禪家所謂的「虛靈不昧」等。然而針對子貢問道：「如有博施於民而能濟眾，何如？可謂仁乎？」孔子以為仁並非如此困難之事，故對子貢說：「夫仁者，己欲立而立人，己欲達而達人。」教導其仁乃身體直接力行之事，此即《論語》作為日常之教訓而值得受尊敬的理由。吾以為將《論語》視如聖書般而來從事考證性的研究，便已然陷入某種弊病。[23]

若古注乃作於去夫子未遠之時，則其應有不少近於真實的可取之處，不可一概棄之。然欲舉修身齊家之效，則以從新注之說為捷徑。但新注若馳於高遠、入於幽玄，往往不免有不適於實用者，則宜去之而以孔子為標準，宜以實踐躬行為主眼，此即折衷學者所提倡，余所左袒也。[24]

但通觀《論語講義》全書，澀澤在解決經典中之相關歷史事實、對話、發語原由時，主要多借助龜井南溟及其子龜井昭陽、其次為荻生徂徠。以下茲就〈里仁篇〉首章為例，列舉徂徠《論語徵》、南溟《論語語由》、昭陽《語由述志》及澀澤《論語講義》之注解、講說，互參為證。

經文：子曰里仁為美，擇不處仁，焉得知。
《論語徵》：里仁為美，古言，孔子引之，何者？里訓居，《孟》
《荀》可徵焉。居仁曰里仁，非孔子時之言，故知
其為古言也。擇不處仁，焉得知，孔子之言也。何

---

23 《澀澤榮一傳記資料》第41卷，頁373。
24 澀澤榮一：〈總說〉，《論語講義》卷の一，頁8。

以知之？變里為處也。……。[25]

《論語語由》：語由曰：語知者必居仁也。

茂卿（即物茂卿，徂徠也）曰：里仁為美，古言。擇不處仁，焉得知，孔子之言也。何以知之？變里為處也。魯（南溟也）按里仁難字，古來未得明解，茂卿最為近理，今從之。……。[26]

《語由述志》：此章有物子而始明。按里仁為美，猶曰古者以里仁為美。……。[27]

《論語講義》：物徂徠曰：「里仁為美，古言。擇不處仁，焉得知，孔子之言也。」龜井昭陽曰：「此章有物子而始明。按里仁為美，猶曰古者以里仁為美。」此兩說得解本章，明瞭也。蓋人不得不擇居住，風俗習慣暗暗之中潛移人心，其關係不小。……右上大致基於先儒之說而作解釋，然余愚說以為：只此解釋則頗失於狹義，似有所不足，故思更進一步擴張之而廣義解釋之。因為孔夫子之精神恐無謂居住於何處，探究其意義當是：人應該使仁德成為自我心靈之故鄉。此見他日孔夫子言：「君子居之，何陋之有？」（子罕篇）亦可知其有此義。……化黨鄉於仁風乃先覺者之任務。如前所述，余生於武州深谷驛以北一里所謂血洗島的鄉下小地方，小村落中只有五、六十戶人家。……余原本並不太思念故里，但自

---

25 荻生徂徠：《論語徵》，收入關儀一郎編：《日本名家四書註釋全書》第7卷（東京：鳳出版，1973年），乙卷，〈里仁第四・子曰里仁為美章〉，頁73。

26 龜井南溟：《論語語由》，〈里仁第四・子曰里仁為美〉，頁55。

27 龜井昭陽：《語由述志》（荒木見悟先生所藏原橫田藏抄本），卷2，〈里仁第四・子曰里仁為美〉，頁29。

明治三年余居住到東京開始自己一個人生活，就
無法忽視故里，覺得應該為我出生的故鄉盡份心
意，我確信這不外乎就是實踐孔夫子之遺訓「里
仁為美」。……但不可以只是保存醇風美俗，在
保存醇風美俗的同時，還經常要輸入世界新知識
以應用於各自的職業，勢必到達文明開化之境
域。余以為應將重點放在學校教育，……昔日，
被稱為近江聖人的中江藤樹所誕生的近江國高島
郡小川村，因受中江藤樹之德所感化，連馬丁亦
路不拾遺，仁厚之風至今尚存。時至寬政年間，
豐後所謂杵築領安岐之地，有學者三浦梅園，經
常照顧村莊之人，率先實行忠孝之道，一鄉蔚然
受其德化。……蓋心隨萬境轉乃臨濟和尚之語，
以人常隨境遇轉變心意。孟母三遷之教亦因為如
此，……擇仁而處，施名於後世，若如近江聖人
與三浦梅園，誰如其知，誰如其知。[28]

蓋該章經文有關字義考證、發語原由等問題，澀澤全依據徂徠與
南溟父子，但若只是講典故、字面意義，則無法使《論語》直接與其
自身所處之近代日本當下所有一切現實產生關聯，如此一來又豈可談
活用《論語》？澀澤於是再一次將《論語》經文置入其人生經驗與近
代日本的上下文脈絡中，以及過往日本歷史中，使該章經文之「間接
意義」大幅度地擴增，終至成為澀澤與日本之國家、歷史的注腳。吾
人不難想見《論語講義》的聽講者乃至讀者們，藉由澀澤這條串接
線，他們接連起古、今；中、日；孔子與澀澤；乃至孔子與中江藤

---

28 澀澤榮一：《論語講義》卷の二，〈里仁第四・子曰里仁為美〉，頁143-147。

樹、三浦梅園，而透過此再三的串接解釋，所有聽講者、讀者們便一
再往後者，亦即那個屬於澀澤當下或歷史的日本全體宇宙回歸，《論
語》因此也成了一部日本全體之注腳的經典。

　　而《論語講義》有的講義內容，澀澤甚至只是翻譯徂徠、南溟之
注說，例如在講解〈泰伯篇〉「子曰巍巍乎，舜禹之有天下也而不與
焉。」時，講義部份一開頭便說：

> 此章諸家雖有註說，但如物徂徠之說、及龜井南溟分疏徂徠說
> 法的註說最為是。今若將之意譯則如左下，……。[29]

由以上所舉例文看來，澀澤確實在解決《論語》經文之字義考證、及
判斷諸家注說之優劣與否等問題時，多以徂徠及龜井父子之《論語》
注說為準據。而其以為：讀《論語》必須先考察孔子何以發出此語？
又此語是針對什麼事物而發？如此才可從中體會孔子說此話語之精神
用意，方可進一步活用《論語》於日常生活中的這一觀點，其實無非
就是上述龜井南溟注解《論語》時首重「語由」的主張。至於所謂活
用《論語》以經世濟民的訴求，甚至是不喜章句訓詁、折衷為學、以
孔子為最高判準的主張，可以說皆與龜井南溟之學風一致。江戶幕府
官學「昌平黌」儒官安井息軒之孫安井小太郎，曾如下評斷龜井南溟
之學問：

> 南溟之學雖非漢唐古學，亦非程朱之新學，取於徂徠者雖多，
> 然亦未必墨守之，大意主事功，忽略義利、王霸、心性等之
> 說。[30]

---

29 澀澤榮一：《論語講義》卷の四，〈泰伯・子曰巍巍乎〉，頁422。
30 安井小太郎：〈論語語由解題〉，收入關儀一郎編：《日本名家四書註釋全書》第4卷。

龜井昭陽亦對其父親之學問如下分析道:

> 傳述者聖人之任也。始終於仲尼,而萬世通行,辟如天地,其
> 有副者邪?人之躋《孟子》配《論語》者,未知仲尼之為宇宙
> 一人者。……先考志在經世,不喜章句,謂《論語》聖人活用
> 活物之書也,而特尊之,終身注其精神。[31]

由上述安井小太郎與龜井昭陽對南溟的評判看來,筆者以為吾人幾乎
可以說:澀澤榮一無非就是龜井南溟的私淑弟子。

其實,在大正十二年(1923)四月,澀澤開始於二松學舍講授
《論語》前,大正八年(1919)二月,其便複製了附有龜井昭陽親自
朱筆傍註的玻璃版《論語語由》,並將之頒送給親朋好友,例如諸橋
轍次便是其中一人。[32]澀澤於此玻璃版《論語語由》第十冊末尾,附
貼上其自身寫在紙上的〈刻論語語由跋〉一文,文中如下說道:

> 余從事實業,其志在圖國利民福,別無其他之企望。……爾來
> 數十年,居常以《論語》治心處世,終身一貫期不敢渝,曾主
> 張道德經濟合一之說,又詳論《論語》算盤併用之旨,朝夕誦
> 《論語》,以其位、時、處,雖信其說不變,然長年以為:若
> 更有能明先聖垂訓之緣由者,則欲得之。及偶自友人安川敬一
> 郎處,借筑前鴻儒南冥龜井先生所著之《論語語由》讀之,庶
> 幾得曩昔之所瞻望者。蓋《語由》之書,文化三年丙寅之冬,
> 秋月藩主黑田侯雖嘗刻之,然未普行於世。而余借覽之原本,
> 乃著者之嗣子昭陽先生親以朱筆傍註者,實希覯之珍籍。余因

---

31 龜井昭陽:《家學小言》,關儀一郎編:《日本儒林叢書》第6卷(東京:鳳出版,
   1978年),頁1-3。

32 《澀澤榮一傳記資料》第41卷,頁283。

此將之複製為玻璃版，刊行之而頒予諸友。此固然雖是出自余
之好事，然此亦欲於動搖世道人心之際，苟若有翫味此書而以
為處世之指針，則余此微舉必不無小補。[33]

　　蓋由上述引文中，澀澤所謂：借覽《論語語由》後，感覺到「庶
幾得曩昔之所瞻望者」，吾人便可確定其對南溟《論語語由》的認同
與肯定，進而遂成為南溟的後生知己。三年後的大正十一年（1922）
九月，澀澤同樣再將南溟之子昭陽的《語由述志》複製為玻璃版，並
頒予諸友。[34]足見其對龜井一門《論語》學的推崇。

2 三島中洲《論語講義》的承繼

　　澀澤讀《論語》之法與龜井《論語》學的高度一致性，因並非本
章主旨，故在此姑且不作細論，惟南溟所忽略的義利問題，實堪稱澀
澤講說《論語》時的主要核心價值，亦即所謂的「道德經濟合一」
論。澀澤言：

儒教與經濟之合致，亦即教與行成為合一不二之物。……余堅
信學問者非為學問之學問，為人類日常生活之指南車者是為學
問，即學問乃人生處世上之規準，故離實際則無學問，同時亦
無離學問之實業。以此，余平生企圖唱「論語與算盤說」，欲
使實業與《論語》一致。余所尊信之故三島中洲先生，可說與
余異曲同工，其說欲使《論語》與經濟合一。[35]

蓋澀澤與三島中洲的深厚交情，乃奠基於三島贊同澀澤的「道德經濟

33　《澀澤榮一傳記資料》第41卷，頁281。
34　《澀澤榮一傳記資料》第41卷，頁284。
35　澀澤榮一：〈總說〉，《論語講義》卷の一，頁15。

合一論」，澀澤曾自言道：

> 先生（三島中洲）於一橋高等商業學校，進行記念孔子演講會
> 時，吾亦於其席上，並進行一場演講。余在逐次闡說所謂經濟
> 與道德一致時，引用《論語》來作論述，發表孔子之教決非無
> 關於經濟，而是始終與經濟一致。當時，今已物故之三島中洲
> 翁亦在席上，翁對余說大為贊成而說道：「至極同感，且必須
> 如此才是。」因有此原故，余遂與中洲翁意氣相投。[36]

> 蓋學問乃人生處世上之規準也。故無離實際之學問的同時，亦
> 不存在離學問之實業也。以是，余平生唱《論語》與算盤說，
> 企圖使實業與《論語》一致。余尊信之故三島中洲先生，亦可
> 謂與余異曲同工，其闡說試圖使《論語》與經濟合一。[37]

另外，當時任職於東京大學的井上哲次郎亦曾如下說道：

> 並非子爵依據三島中洲之說而云《論語》與算盤，亦非三島中
> 洲依據子爵而得「義利合一論」，而是二人之說自相一致。[38]

事實上，三島不僅同澀澤一樣倡導「義利合一論」，而且其還是澀澤喜好的陽明學者[39]，或許因為學問理念的相契相合，故澀澤於

---

36 《澀澤榮一傳記資料》第41卷，頁391。
37 《澀澤榮一傳記資料》第41卷，頁368。
38 《澀澤榮一傳記資料》第41卷，頁454。
39 山田準曾言：「王陽明之良知實行主義與簡易直截之學風，必有契合於先生（澀澤榮一）之心者。往年先生曾支持於東京組成陽明學會、發行《陽明雜誌》的東敬治此人，並於自家宅邸主持《陽明全集》讀書會，近年更於其事務所每個月開辦二次「陽明學研究會」，余亦參加其中。」見《澀澤榮一傳記資料》第41卷，頁449。

《論語講義》中提倡所謂「道德經濟合一」論時，多有借助三島中洲之說者。又澀澤因為與三島親交甚篤，遂於明治四十三年（1910）五月，就任三島所創設的二松學舍之「財團法人二松義會」顧問，大正六年（1917）三月接任二松學舍會長，大正八年（1919）三島辭世後，澀澤繼之任二松學舍舍長、理事，日後不僅繼承三島的教育事業，發展二松學舍使之成為專門學校，澀澤近千頁的《論語講義》通書，無論是在字辭解釋、章旨闡明或義理發揮，皆相當程度沿襲了三島中洲《論語講義》[40]的解經之說。而除了上述所謂講解《論語》的核心理念一致，以及對陽明學的推崇之外，在講解《論語》時，澀澤亦透過以下兩種作法來承繼三島中洲《論語講義》。其一：澀澤《論語講義》幾乎完全沿用三島中洲《論語講義》中「摘解」之經文字義解釋之內容，惟改其名稱為「字解」。其二：澀澤《論語講義》基於三島中洲《論語講義》之「章意」以及「講義」，而來敷陳己說之「講義」。現為求便於說明，以下茲舉一例以證。

　　經文：子曰：能以禮讓為國乎，何有？不能以禮讓為國，如禮
　　　　　何？

　　三島中洲《論語講義》

---

40 三島中洲：《論語講義》（東京：明治出版社，1917年）。該書乃據中洲先前所著四冊未刊本《論語私錄》而來，書中於《論語》經文後，分「章意」、「摘解」、「講義」三部份，「章意」部份據朱子《論語集注》揭示每章經文「章意」，難解者則折衷諸家之說；「摘解」部份乃選取每章經文重要或難解之字詞來對之進行字義注解；「講義」部份則據「章意」與「摘解」而來敷陳講說經義。書後〈附錄〉收有〈孔子非守舊家弁〉、〈孔子兼內修外修說〉、〈性の說〉、〈陽明四句訣の略解〉、〈古禮即今法の說〉等十一篇演講稿。該書至一九二一年三月已經發行七版，足見其廣為時人所閱讀以及受歡迎之程度。

章意：虛禮は國を治むるに足らざるを言ふ。（筆者譯：言虛
　　　禮不足治國。）

摘解：◎禮讓　讓は禮の實なり、故に禮の字に連ねて用ふ、
　　　禮は辭讓の心より發して行爲に現はるる者なり、故に
　　　讓は禮の實にして、拜跪升降等許多の節文は皆讓を飾
　　　る所以なり、◎為國　為は治なり、◎何有　難からざ
　　　るなり、◎如禮何の禮は、節文を言ふ。（筆者譯：◎
　　　禮讓　讓者禮之實也，故與禮字連用。禮者發自辭讓之
　　　心而現於行為者也，故讓者禮之實、拜跪升降等許多節
　　　文皆所以飾讓也。◎為國　為者治也、◎何有　不難
　　　也。◎如禮何之禮者，言節文。）

講義：此の章は讓の字を重んじて、禮の字を重んぜず、凡べ
　　　て世の爭亂は、人々利欲を縱にして相奪ひ、辭讓せざ
　　　るより生ず、故に古の聖人、禮を制して人の放縱の行
　　　を防ぎ、互に相讓り、尊を辭して卑に居り、富を辭し
　　　て貧に居らしむ、此の如く人々互に相讓りて爭はざれ
　　　ば、世は自ら治まりて亂るることなし、故に孔子曰
　　　ふ、人の上たる者、能く禮讓を以て國政を料理すれ
　　　ば、之れを治むること甚だ容易にして、何の難きこと
　　　なし、若しも國政を為すに、禮の實なる讓を借て用ひ
　　　ざれば、籩籩玉帛の物を具へ、拜跪坐立進退升降の節
　　　文を行ふとも、其の禮たるや虛禮にして、實效あるこ
　　　となし、何ぞ以て國家を治むるに足らんや。[41]

41　三島中洲：《論語講義》，卷之1，〈里仁第四・子曰能以禮讓為國乎〉，頁79。

（筆者譯：此章重讓之字，不重禮之字。凡世之爭亂，生於人人縱利欲相奪而不辭讓，故古之聖人，制禮而防人放縱之行，使互相讓，辭尊而居卑；辭富而居貧。如此，若人人互相讓而不爭，世自治而無亂事。故孔子曰：人之上者，若能以禮讓料理國政，則治之甚容易，無有何難。若為國政，不借用禮之實的讓，即使籩籩玉帛之物具備，行拜跪坐立、進退升降之節文，其禮者是為虛禮、無有實效，何足以治國家耶？）

澀澤榮一《論語講義》

（＊以下引文有襯底反黑者，乃同於三島《論語講義》者）

訓讀：子曰く、能く禮讓を以て國を為めんか。何かあらん。
　　　禮讓を以て國を為むる能はざれば、禮を如何せんや。

字解：○禮讓—讓は禮の實なり。故に禮の字に連ねて用ふ。禮は辭讓の心の發して形而上の行爲に露見するものなり。故に讓は禮の實にして、拜跪升降起臥動作の節文はみな禮を飾る所以なり。○為國—爲は治なり。○何有—難からざるをいふ。○如禮何—禮は禮の節文をいふなり。（筆者譯：◎禮讓　讓者禮之實也，故與禮字連用。禮者辭讓之心發而露見於形而上之行為者也，故讓者禮之實、跪拜升降起臥動作之節文皆所以飾禮也。◎為國　為者治也、◎何有　言不難。◎如禮何　禮者，言禮之節文也。）[42]

---

[42] 譯文中畫底線者為澀澤《論語講義》與三島《論語講義》同中有異，遣詞用句有出入之處。

講義：三島中洲先生曰く「本章は虛禮は國を治むるに足らざるをいふ」と、實にその通りなり。故に本章は讓の字を重んじて禮の字を重んぜず。前章は利によりて行へば怨み多きをいひ、本章は禮讓を以て國を治むべきをいふ。たがひに參看せばその義更に彰明せん。それ禮讓は國の幹なり。禮讓の國における、これを木の幹あるに譬ふ。幹あつて枝あらざるは未だこれあらざるなり。しかるに今禮讓を舍て、功利政をなす。人々利慾を縱ままにしてあひ奪ふ。これみな辭讓せざるより生ずる弊なり。故に古への聖人、禮を制して人の放縱を防ぎ、互にあひ讓り、尊を辭して卑にをり、富を辭して貧にをらしむ。かくのごとく人々互にあひ讓りて爭はざれば、世は自ら治まりて亂るることなし。故に孔夫子いふ「人の上たる者、よく禮讓を以て國を治めんか。これを治むること容易にして、何の難きことかこれあらん。これに反して國を爲むるに、禮の實なる讓を措いて用ひざれば、玉帛を陳らね、坐作進退の節文を行ふとも、これただ虛禮にして、實效あらず。何ぞ以て國家を治むるに足らん。」

今日世界を通觀するに、國も人もあひ率ゐて、權利を主張し、禮讓を迂なりとする傾きあるがごとし。・……要するに國家も個人も禮讓を根蔕として、國務を料理し職業を遂行すれば、安全に世の中を渡り行かるべし。[43]

---

43 澀澤榮一：《論語講義》卷の二，〈里仁第四・子曰能以禮讓爲國乎〉，頁169。引文反黑部分，表示其與三島中洲《論語講義》之注解雷同者；但譯文中未反黑部分，則爲澀澤榮一自行敷衍成說之經義；譯文中畫底線者爲澀澤《論語講義》與三島

（筆者譯：三島中洲先生曰：「本章言虛禮不足治國。實如
先生所言。故本章重讓之字，不重禮之字。前章言若自利
行則怨多，本章言宜以禮讓治國，若互相參看則義更彰
明。此因禮讓乃國之幹。禮讓之於國家，譬之於木之有幹
也。有幹而無枝，未之有也。然今卻捨禮讓而為功利政，
人人縱利欲相奪而不辭讓，故古之聖人，制禮而防人之放
縱，使互相讓，辭尊而居卑；辭富而居貧。如此，若人人
互相讓而不爭，世自治而無亂事。故孔夫子曰：人之上
者，能以禮讓治國乎？治之容易，又有何難。反之，為國
不措用禮之實的讓，即使陳玉帛，行坐作進退之節文，此
僅是虛禮，非實效，何足以治國家？」

通觀今日世界，如國家、人民皆相率主張權利，有以禮讓為迂
腐之傾向，……要之，若國家與個人皆以禮讓為根蒂，料理國
務、遂行職業，則可安全行走於人世之中。）

　　從上述例子可以明顯看出澀澤《論語講義》，無論是「字解」或
「講義」的部份，都相當程度承繼了三島中洲《論語講義》的解說，
若說其中有澀澤個人見解的部份，應該就是「講義」當中澀澤帶進其
所處當下現實世界的解說。因此，對該部份的解讀，應該就是吾人認
識澀澤《論語講義》思想最重要的關鍵。

（四）朱子學的傳統抑或古學的傳統？

　　由前文之說明看來，澀澤《論語講義》堪稱具有鮮明的江戶古文

《論語講義》同中有異，遣詞用句有出入之處。譯文中「通觀今日世界」該段則為
澀澤榮一援引其所處當代日本社會實況，而來闡發《論語》該章經義，抑或抒發其
一己對當時日本社會、政治、經濟、文化等問題之看法。

辭學派色彩。然而吾人在此必須注意的是：誠如後文所指出的，澀澤於《論語講義》中屢屢表示其對宋學的嫌惡，然即便其不認同朱子的學問性格，但當其在相當程度上，原原本本援引三島中洲《論語講義》之「摘解」而來講解《論語》經文字義時，澀澤等於也就無有扞格地沿襲朱子《論語集注》對《論語》經文的字義注解。因為三島中洲於《論語講義》〈例言〉中即如下明白說道：

> 余講《論語》，主據朱熹《集註》。《集註》歷來廣行於世，易入人心。又為初學講授時，與其旁徵博引羅列異說，寧以《集註》之簡易，據修養上益多者為宜。但非無異論於《集註》，其不可從者，另擇和漢諸儒之說而取之，又揭卑說。[44]

亦即，縱使時代已然進入大正時代的近代日本，朱子學仍不失為當時知識分子乃至一般普羅大眾的漢學基礎素養。因此澀澤在學說思想上雖然對朱子採拒斥的態度；但澀澤在講解《論語》經文時，或許是因二松學舍本為三島中洲所創設，故當其繼三島中洲之後而立於二松學舍之課堂講臺講授《論語》時，遂採取沿襲三島中洲《論語講義》的基本講解；又或許澀澤確實對朱子之經文字義解釋抱持肯定態度。但因澀澤《論語講義》從開頭之〈總說〉乃至各章經文之講說，皆可清楚看出三島中洲《論語講義》的影子，故筆者以為其對朱子字義解釋的依賴，應是原原本本沿襲三島中洲《論語講義》而來。

在此，關於一位學問主要尊崇古學，拒斥朱子學的人，其為何可以無有扞格地援引朱子對《論語》的字義解釋，不禁令人想起江戶古義學派儒者伊藤仁齋之《論語古義》。蓋伊藤仁齋《論語古義》之注經方法，形式上基本由「小注」、「大注」、「論注」所組成。「小注」

---

44 三島中洲：《論語講義》，卷首，〈例言四則〉，頁1。

主要在解決經文語彙之字義或該章之大意；「大注」多在闡說理解該章經文時宜注意的事項；「論注」則主要在論述仁齋個人之見解。而《論語古義》通書就以「朱子曰」的形式頻繁引用《論語集注》之說，其中有七十三章的「小注」引用八十五筆朱注；有二十二章的「大注」引用二十二筆朱注；而僅有一章的「論注」引用一筆朱注，全書共計有九十六章經文注解中引用了一〇八筆朱注。相較於仁齋所謂：「《論語》之義疏也」[45]的《孟子》，《論語古義》卻僅在三十九章中援引了四十一筆，足見朱子《論語集注》堪稱是仁齋注解《論語》時，用以斷定《論語》經文字義的字典。[46]

　　由此吾人不難明白：雖早自江戶時代前期以來，便不斷有非難朱子學之聲音相繼出現，如以伊藤仁齋為代表的古義學派；以荻生徂徠為代表的古文辭學派；以大田錦城為代表的考證學派等，然即便如此，此等學派在注解《論語》時，朱子《論語集注》仍是彼等必須面對、解決的重要對象。甚至在經歷寬政二年（1790）的「異學之禁」後，江戶漢學者並未往遵崇朱子學或抗拒朱子學的兩極端傾斜，而是發展出折衷的為學立場。因為由此時開始至幕府末年，諸如古學末流的古注學者安井息軒，其《論語集說》在結合仁齋古義學與徂徠古文辭學之二說的同時，安井息軒於《論語集說》〈集疏〉中亦頻繁引用《論語集注》，多達一二五筆，另外更旁徵《朱子語類》以解《論語》經文。正因如此，日後服部宇之吉將《論語集說》收入《漢文大系》時，遂於《論語》各章經文之後補入《論語集注》之注文，以供讀者參閱。而安井息軒之孫安井小太郎於明治二十年代與昭和初年，於哲學館大學漢學專修科與二松學舍的漢學講義——《論語講義》，於昭和

45　伊藤仁齋：《童子問》，收入井上哲次郎、蟹江義丸編：《日本倫理彙編》第5冊上，第五章。

46　關於伊藤仁齋《論語古義》之注經情形，詳參拙作：〈『論語古義』の注釋方法について〉，《九州中國學會報》第36卷（1998年5月），頁72-90。

十年（1935）三月由大東文化協會出版時，亦明辨朱注與舊注之異。[47]
時至大正十年代，拒斥朱子學，立足於實業家之立場的澀澤榮一，當
其面對社會大眾乃至二松學舍之大學生而來提倡「活《論語》」之際，
《論語集注》仍是其斷定《論語》經文字義乃至義理的重要依據。

　　換言之，明治維新以還，日本曾試圖割捨掉其發展至江戶時代為
止的漢學文化傳統，積極攝取西洋文明，闊步邁向近代化的路途。但
是，在日本自一八六八年以後的近代化過程中，《論語》作為日本的
傳統文化代表之一，這部傳統經典不僅從未自近代日本社會中消失，
而且在近代日本的《論語》研究學史中，朱子《論語集注》始終是一
與江戶先儒之《論語》注釋書相互參照的主要對象，朱子《論語集
注》仍是任何想藉《論語》以入聖學堂奧之後世學者，其為學所必經
的重要門徑。

（五）真實抑或虛構的旁白

　　綜合前文所述，澀澤於《論語講義》中所採的講經法，幾乎就在
援用朱注、三島毅、與以古文辭學派為代表的江戶先儒的注解，而來
斷定經文字義與章旨後，便大幅展開澀澤個人回溯其人生經驗與日本
歷史的「旁白敘事」式講義。而如果吾人將《論語》所載錄的過往世
界視為一歷史事實；而將澀澤講義中添加進的自我人生經驗、乃至日
本歷史的「旁白敘事」，看作是一遠離《論語》文本的、無關乎《論
語》文本原義的，或許可以稱之為「虛構」的敘事。如此一來，則原
本所謂「論語講義」這一試圖講說解明《論語》所代表的過往世界之
歷史事實的解經作為，某種意義上幾乎與虛構的文學無異。換言之，
澀澤《論語講義》所講述的《論語》內容，可以說是構築的與發覺到
的各自參半，是在澀澤這一具有當下觀念與意識形態立場的講經者，

從各種反觀性的層次上所操作建構出來的。

　　亦即，澀澤為了論述其認同、相信或期待的理念、價值、事情，藉由《論語》而挪用了其自身或日本這一國家的歷史事實，但此一歷史事實其實並非過去本身，而是經過某種選取後所存留下來的過去，再透過其自身的意識形態立場、編織情節乃至意義轉換等諸多步驟，而成為自我和日本的歷史書寫。[48]故上述澀澤所採用的「旁白敘事」講經法，使得《論語》所描述的過往歷史世界，與澀澤當下所處的近代日本之間，藉由澀澤的敘事語言，創造出一個聽者、讀者能夠談論、想像、假設、相信、進而期待的「可然世界」（possible worlds），而這一「可然世界」可以讓任何類型的世界，諸如高尚尊貴的武士道、卓越特殊的大和民族、萬世一系的國體、文明開化的近代日本、義利合一的邦國等，進入某種虛構的存在狀態，並以之來召喚近代日本。[49]

　　然而，澀澤一生在實踐「經濟道德合一」的過程中，亦曾屢次遭受挫折，故其曾如下感傷地說道：

> 余竊比於孔子，但此就單單只是余之理想，然無論吾自身如何竊比於孔子，不僅終究無法達成，世人也無法理解。[50]

澀澤榮一所以認為其崇高之理想並未獲得普世的共鳴，原因就在其於近代日本所推行的重大財政、公共政策常遭阻撓。例如澀澤榮一擔任大藏省「租稅正」一職時，於明治初期的改革措施中，曾提出所謂「地租改正」提案。此提案堪稱促成江戶以來之封建經濟體制解體、近代日本資本主義經濟體制形成的重要轉換關鍵，但此提案卻無法順

---

48 關於後現代史學主張歷史敘事幾乎與虛構文學無異一事，詳參Keith Jenkins著，江政寬譯：《後現代歷史學》（臺北：麥田出版社，2000年），頁293-294。

49 關於歷史敘事和虛構敘事之間存在「可然世界」的觀點，詳參Lubomir Dolezel著，馬海良譯：《新敘事學》（北京：北京大學出版社，2002年），頁183-191。

50 澀澤榮一：《論語講義》卷の四，〈述而第七・子曰述而不作〉，頁87。

利施行。除此之外，在爭取設立「第一國立銀行」、「商業會議所」的
過程中，亦讓澀澤倍感挫折。[51]

　　然越挫越勇的澀澤，仍舊有以天下為己任、任重道遠之覺悟。
其言：

> 如此老人澀澤業已達八十四歲，……故電燈問題發生，我便插
> 手解決；美國問題爆發，我則為之四處奔走；中國問題產生，
> 我亦出面協調。微意之所存乃在學孔夫子所以忠於其志，精神
> 不外是想對增進國家人民之幸福有所貢獻。[52]

其實，即使面對當下任何的新、舊之爭，澀澤亦能或藉《論語》以立
新；或藉《論語》以固舊。例如其在解釋〈為政・子曰溫故而知新〉
章時就如下說道：

> 余任所謂大藏省租稅正官職時，大藏省中設有所謂改正掛，余
> 成為其中一員，舉凡度量衡、驛傳法、幣制、鐵道等，皆由改
> 正掛來評議。余主要工作雖然在提出各種改正案，然其旨趣，
> 要之是在體會孔夫子《論語》本章所謂「溫故知新」之義，使
> 明治新政得以順利運行，試圖在「為師」之意上，建立整然之
> 制度。……由此看來，吾人可知：如何不打破故例而能有嶄新
> 的進步，此實困難之事。[53]

《論語》已然成為澀澤融通化解新、舊之矛盾衝突的介質、依據。儻

---

51 關於澀澤與近代日本資本主義發展的關係，相關研究詳參嚴紹璗：〈明治儒學的實
　　用性：從澀澤榮一看明治時代的經濟與儒學〉，頁111-130。
52 澀澤榮一：《論語講義》卷の一，〈總論〉，頁10。
53 澀澤榮一：《論語講義》卷の一，〈為政第二・子曰溫故而知新〉，頁70-71。

然就如澀澤所說的：

> 《論語》二十篇實為網羅人道之要的金科玉律，修身處世之法
> 悉盡於其中。[54]

　　澀澤於《論語講義》中所試圖建構的諸多理念，因為澀澤本人活
躍於近代日本政治、經濟、外交、教育各界，而且講義又平易近人，
加上先前澀澤已將其《論語講義》中有關諸如「道德經濟合一」等諸
多理念，濃縮成《論語と算盤》一書，而於大正五年（1916）首度出
版[55]，所以澀澤之《論語》觀，以及其讀《論語》之法遂於近代日本
廣為流傳。而據日本常民文化研究所的宮本常一（1907-1981）所
言，日本各地有不少人皆受《論語と算盤》影響。

> 被該書（《論語與算盤》）啟發的人意想不到的多，而且不只是
> 與實業相關之人士，該書似乎廣為全國人民所閱讀。即便是在
> 地方農村，也有相當多人受到《論語與算盤》的實學性教養。
> 日本常民文化研究所的宮本常一先生是一走遍廣泛地域的人，
> 據宮本先生所言，各地受該書影響之人實在不少。[56]

　　然澀澤藉於《論語講義》與《論語與算盤》等書中，除了一言以
蔽之的實學式「道德與經濟合一」之主張外，其透過《論語》一書又
試圖如何召喚、影響近代日本？以下筆者將從「其所欲傳達的聲音」
和「其所欲建構的意象」這兩個問題點，進一步探究澀澤《論語講

54　《澀澤榮一傳記資料》第41卷，頁408。

55　澀澤榮一：《論語と算盤》（東京：東亞堂書房，1916年）。日後再由東京忠誠堂與
　　青樹印刷株式會社，於昭和二年（1927）與昭和三十年（1955）兩度重刊問世。

56　《澀澤榮一傳記資料》第41卷，頁350。

義》究竟試圖對近代日本提出何種訴求？

三 《論語講義》所傳達的聲音——人外無道的日本《論語》實學

（一）澀澤《論語》算盤說的時代背景

　　誠如前文所述，澀澤讀《論語》之法，一言以蔽之，就是不重考證，捨棄文句解釋之講義，但求孔子之精神的讀《論語》法。目的則在使《論語》與經濟合一，以活用《論語》於現代生活中。澀澤此種思惟其實其來有自，蓋隨著德川幕府政權的瓦解，成就明治維新的精神主力——「尊王論」，遂轉換為支撐所謂：日本天皇乃天神之子，自開國以來便萬世一系擁有統治日本的政權，日本人民則為天皇世系所派生出的子民，故日本人民應該克盡其既為天皇之子孫，同時又是天皇之臣民的「忠孝一本」之義務此種以「國體」思想為主軸的國家主義。而凝聚幕末江戶日本舉國排外民心的「攘夷論」，在明治日本的近代化序幕揭開後，則逆轉為積極效仿西洋以自我編入列強之行伍的「文明開化」。

　　然就在舉世對西洋文明趨之若鶩之際，統稱為「漢學」的舊學卻依舊故步自封，遂招致知識分子的嚴厲批判。如福澤諭吉強烈反對不合日用的漢學，強調實學之必要；加藤弘之（1836-1916）亦明白指出明治漢學者之固陋，主張孔子是重視現實社會的；引介西方哲學的西周（1829-1897）亦強調實學，嫌惡宋學，但福澤諭吉、中村正直、西村茂樹亦皆反對無批判的歐化。[57]而澀澤對江戶幕府官學「朱子學」始終抱持否定態度，其言：

---

[57] 有關明治中期以還，近代日本知識份子對傳統漢學所抱持的態度，詳參三浦叶：《明治の漢學》（東京：汲古書院，1998年），頁52-139。

此朱子學所以陷於空理空學，學者被嘲：「讀《論語》而不知《論語》」之理由所在。我邦德川幕府之學政方針乃在教導朱子學，其弊害使學問為士大夫以上方可修習；而農工商三階級之多數人民終成無學文盲之徒。則學問與實業全然分離，學者不知實務，實業家不學道，舉國人民皆成殘缺不均衡之人。……要之，只要是人類之學問，不可有離實際生活之學問，同時亦不可有離學問之實際生活，惟兩者相合方可稱之為完全人類之學問。[58]

　　如引文所述，澀澤明確表示其對宋學，亦即朱子學的嫌惡。而為了解決學問空疏之弊，澀澤便如同江戶古學派先儒一般，以孔子來對抗朱子，以《論語》為學問最高準據而來與朱子學抗衡。

余不以儒教為宗教信仰，僅實際從事修身處世，以其為闡說人之所以為人之規矩準繩之教而循守之，遵從《論語》之所說，努力實踐躬行而不息。……亦有人問道：原本即使皆信奉儒教，其中有《大學》、有《中庸》，余何以捨之而獨選《論語》遵奉之？余所以選擇《論語》而為一生恪守之規準，乃因《大學》誠如其開卷第一章所明言，主旨在闡說治國平天下，較之修身齊家，毋寧說其教誨重點乃是有關政治。《中庸》則立足於更高一層之見地，如其有「致中和，天地位焉。萬物育焉」等悠遠之說，近於哲學而遠於修身齊家之道。而至於《論語》，其一言一語皆為可實際應用於日常處世上之教，其闡說者乃朝聞之，夕可實行之之道。此所以余服膺遵奉孔夫子之儒教，不據《學》、《庸》，特選《論語》拳拳服膺，期待終生不

58 澀澤榮一：《論語講義》卷の一，〈學而第一・子曰學而時習之〉，頁17-18。

敢或有違背之理由所在。余確信若能恪守《論語》之教訓，人
便可修身齊家，安穩無事地行走人間。……余無佛教之知識，
至於耶穌教更無所知，因此余立足實業界而自守之規矩準繩，
不能取之於佛、耶二教。關於儒教所知雖不充分，但因幼少時
即與之相親，其中特別是《論語》，因其一一詳示持身處世之
方法，只要能依據之，便可不悖人之所以為人之道，萬事無礙
圓通，任何事若有苦於判斷者，取《論語》之尺度以律之，余
確信必可免於過。[59]

澀澤更進一步提出歐美不像日本一樣官商懸隔，故以宋趙普（922-
992）所謂：「以半部《論語》治天下」之言，強調如此可以興家揚
名，並致大功於國。

余明治六年五月辭官以來，專唱經濟道德一致說，所以強調人
類生活上之經濟觀，與人道修飾上之道德觀乃不二論，其根源
就在本章的實踐式實學。……實業家所以如今日般卑屈，不受
世間尊敬，原因之一便是封建餘弊，另一原因則是世人對商人
的觀感不好。但歐美決不像日本一樣官商懸隔。余雖不肖，然
欲致力矯正此弊風。宋趙普有言以半部《論語》輔天子，以半
部《論語》修身；余決心以半部《論語》修身，以半部《論
語》矯正實業界。……青年諸君對父兄要行孝；崇奉天皇要心
存忠義；人在其職業上不僅要求一身之利益，更要忠實行動而
不傷及一國之公利公益；面對師匠要思及其為己身之道德及知
識之父母，尊敬之而不忘恩；與友人、世人交而主信義，特別
是言行要能不相違背，必集上下內外之信用於一身。如此則往

---

59 澀澤榮一：〈總說〉，《論語講義》卷の一，頁12-14。

往無所不可，必可興家揚名，致大功於國。此八十四歲之老人所保固者也。[60]

澀澤此舉，使得《論語》這部傳統經典因此與明治日本之文明開化有了連結，而且其明確定義適合近代日本之新學問，應是經濟道德合一、注重實踐、排斥空理、可以興家揚名並致大功於國的實學才是，此乃世人一般所以多將澀澤的思想稱為「《論語》算盤說」之原因所在。澀澤自言道：

> 余堅信學問非為學問本身之學問，而是為人類日常生活之指南車，亦即學問乃人生處世上之規準。故無離實際之學問的同時，亦無離學問之實業，以是，余平生唱《論語》與算盤說，企圖使實業與《論語》一致，余所遵信之故三島中洲先生，可謂與余有異曲同工之妙，亦試圖闡說《論語》與經濟合一。[61]

（二）人外無道的日本《論語》實學

明治時代以來，福澤諭吉反對不合日用的漢學，強調實學之必要；西周強調實學，嫌惡宋學；誠如加藤弘之亦明白指出明治漢學者之固陋，並主張孔子是重視現實社會的思想家。而雖然福澤諭吉、中村正直、西村茂樹亦對江戶以來的舊學抱持改革意見，然彼等亦皆反對無批判的歐化主義。澀澤則在反朱子學之空疏外，始終主張實學與聖學之實踐說，強調道德經濟並重、道在俗中。

余自青年時，以實學為主旨，嫌惡虛構的誇言豪語。自明治六

---

60 澀澤榮一：《論語講義》卷の一，〈學而第一・子夏曰賢賢易色〉，頁32-33。
61 澀澤榮一：〈總說〉，《論語講義》卷の一，頁15-16。

> 年投身於實業界以來至今日，敢墨守此方針而不易。余相信經
> 濟道德一致而不二，又只立足於聖學之實踐說。[62]

> 然《論語》決非艱難之學理，決不是非閱讀艱難學理之學者就
> 不能理解之。《論語》之教廣泛有其功能於俗用，原本易解之
> 理卻被學者艱難化，成為農、工、商等不須理解之書籍。[63]

同時澀澤亦稱讚山鹿素行所謂義利不兩立的功利主張，其言：

> 山鹿素行將重點置於此章（〈雍也‧如有博施於民〉），排斥朱
> 子學之性理說，不將仁之本體置於性理之上，而將之置於功課
> 之上，堂堂論之，著有《聖教要錄》，因此被斥為功利說，因為
> 遭受幕府儒官林大學頭之抗議，得罪於幕府，被貶謫至播州赤
> 穗。然若要說所謂活學者，則不獨山鹿素行一人，只要大家能
> 廣施於民而濟眾，舉功業於社會，如此沒有不被稱為仁者。[64]

而其以《論語》為最高行為準據一事，不禁令人聯想到另一古學者伊
藤仁齋。澀澤與仁齋兩人皆一致推崇《論語》的至高無上性。日後，
二松學舍的校長山田準（1867-1952）就如下說道：

> 先生於其中，依然是漢學信奉家，依然是儒道實行者。充分認
> 同西洋物質文明之長處的同時，卻仍保持主張精神乃東洋固有
> 道德較為殊勝，相信《論語》乃宇宙唯一之聖典，其如鐵石般
> 地堅信：一身、一家、一國乃至天下，依此《論語》一書，皆

---

62 澀澤榮一：《論語講義》卷の一，〈學而第一‧子曰弟子入則孝〉，頁30。
63 《澀澤榮一傳記資料》第41卷，頁378-379。
64 澀澤榮一：《論語講義》卷の六，〈雍也第六‧子貢曰如有博施於民〉，頁284-285。

得以開拓淨化，堪稱自有《論語》以來的一大《論語》崇拜
者。往時，伊藤仁齋言《論語》乃「最上知至極宇宙第一
書」，余以為先生之信仰在於其上。[65]

　　上述澀澤從反朱子學，主經濟道德合一，推崇山鹿素行的功利
說，與伊藤仁齋一樣標榜《論語》的崇高性，強調以《論語》為代表
的孔子之教，乃是一實用之學。澀澤嫌惡宋學，強調經世濟民的此一
呼聲，除了是古學派的傳統之外，筆者以為吾人可以將之視為大和民
族之學問體質。蓋山鹿素行雖然在闡明聖學古義與古典文獻學研究方
法上，未見有重大的創發與改造，但其否定宋儒新注的復古方向，就
是復原孔子之教，不取曾子、子思、孟子，甚至否定漢唐古注，主張
從日常彝倫立場獨自注解經典，並主張義利不兩立。[66]其言：

　　　寬文之初，吾見漢、唐、宋、明學者之書，觀之而不能解。故
　　　直見周公、孔子之書，以之為範本，云可正學問之道。自此，
　　　不用後世之書物，晝夜勤讀聖人之書，始明聖學之道，定聖學
　　　之則。……故聖學之道，文學、學問皆所不需，今日聞之，今
　　　日解之。工夫、持敬、靜坐，均不需要。因知縱言行正身修，
　　　語千言百句者，此乃雜學而非聖學之道也。[67]

　　　學問之極，唯在於窮致其事理日用。[68]

---

65 《澀澤榮一傳記資料》第41卷，頁448。
66 相關研究詳參今中寬司：《徂徠學の基礎的研究》（東京：吉川弘文館，1966年），
　　頁15。
67 山鹿素行：《配所殘筆》，收入廣瀨豐編：《山鹿素行全集》第12卷（東京：岩波書
　　店，1940年），頁595。
68 山鹿素行：《山鹿語類》，收入田原嗣郎、守本順一郎校注：《山鹿素行》，《日本思
　　想大系》第32卷（東京：岩波書店，1970年），卷41，頁465。

人皆有好利惡害二心，是謂好惡之心。依此心立教，遂述聖人
之極。……果無此利害之心，乃死灰槁木，非人也。[69]

而伊藤仁齋反宋學所提出的古義學，無非是試圖將宋儒以虛無空
寂為觀照的「道」，轉向日常人倫的實踐倫理，故倡《論語》乃「最
上至極宇宙第一書」，又《孟子》乃讀《論語》之法，乃聖學意味之
「血脈」，故其古義學是以《論》、《孟》為依據，來建構其學思體
系，主張「學」乃人倫日用而非空理，學問非儒士所能獨占。其言：

予嘗教學者以熟讀精思《語》、《孟》二書，使聖人之意思語脈
能瞭然於心目間焉。則非惟能識孔、孟之意味血脈，又能理會
其字義，而不至于大繆焉。[70]

凡聖人所謂道者，皆以人道而言之。……道者，人倫日用當行
之路。[71]

立天之道，曰陰與陽；立地之道，曰柔與剛；立人之道，曰仁
與義，不可混而一之。其不可以陰陽為人之道，猶不可以仁義
為天之道也。[72]

仁齋區別天道與人道的作法，日後亦影響到古文辭學派的創始者
荻生徂徠。惟徂徠認為：無論是天之道、地之道，抑或是先王之道、

69　山鹿素行：《謫居童問》，收入《山鹿素行全集》第12卷，頁54。

70　伊藤仁齋：《語孟字義》，收入吉川幸次郎、清水茂校注：《伊藤仁齋‧伊藤東涯》，
　　《日本思想大系》第33卷（東京：岩波書店，1985年），卷上，頁115。

71　伊藤仁齋：《語孟字義》，卷上，頁122。

72　伊藤仁齋：《語孟字義》，卷上，頁122。

聖人之道、孔子之道、儒者之道，皆是由先王聖人制作，而聖人因
依據人類本性來制作道，故聖人之道是以「人情」為中心，內容不外
乎是禮樂刑政，不外乎是治國平天下之政治經濟之術。又三代聖人
亡逝千年後，孔子集道之大成，發揚光大之，故其功如同聖人制作。
其言：

> 道者，統名也。舉禮樂刑政，凡先王所建者，合而命之也。非
> 離禮樂刑政，別有所謂道者也。[73]

> 有曰：天之道、地之道者。蓋日月星辰繫矣，風雷雲雨行焉，
> 寒暑晝夜，往來不已。……故謂天之道。載華嶽而不重，振河
> 海而不洩，旁礴不可窮，深厚不可盡，萬物資生，不為乏
> 焉。……故謂地之道。皆因有聖人之道，借以言之耳。[74]

> 古聖人之道，藉孔子以傳焉。使無孔子，則道之亡久矣。千歲
> 之下，道終不屬諸先王，而屬諸孔子，則我亦見其賢於堯舜也
> 矣。蓋孔子之前無孔子，孔子之後無孔子。[75]

　　其實，反動朱子學，肯定現實人間的主張，並非古學派的專利。
江戶幕府官學之開山祖師林羅山，其雖為朱子學者，但其亦反對理氣
二分，致力研究翻譯羅整庵的《困知記》，終而提出氣一元論之主
張。而九州地區的朱子學者貝原益軒，晚年著有《大疑錄》，書中力
駁朱子諸說，亦反對理氣二分。京都朱子學者山崎闇齋，雖言「學朱

73　荻生徂徠：《辨道》，收入今中寬司、奈良本辰也編：《荻生徂徠全集》第1卷（東
　　京：河出書房新社，1973年），頁413。

74　荻生徂徠：《辨名・上》，收入《荻生徂徠全集》第1卷，頁422。

75　荻生徂徠：《辨名・上》，頁427。

而與朱共謬」，致力追求純粹朱子學之學習，然日後其卻主張「理」
乃神道之「神」。既然「理乃神」，則「理」便已經是具象即物性，而
非抽象的形而上，故其可說是與林羅山、貝原益軒相同，皆是否定形
而上之「理」。而對於宋儒的天理說，澀澤亦如江戶先儒一樣持批判
態度，其如下說道：

> 宋儒雖說天者理也，然此僻說也。然則天者究竟何也？余相信
> 天者意味天命，蓋人類生活於世間即為天命。……人類只能遵
> 從天命而來行事，除此之外無他。[76]

筆者以為：由江戶時代以還，經明治而至澀澤講授《論語講義》
的大正晚期，大和民族心中面對現實、肯定生命、看重情感、關注日
常的傳統，乃是一股大和民族文化的精神主流。而毫無勉強且清醒地
凝視現實，便是大和民族的生命姿態。對彼等而言，生活從來就不是
虛構。設若有朝一日，日本舉國上下徒競虛構空理，則其將是大和民
族文化的異變。[77]然而就如終生倡導學問不離現實的澀澤，亦不免要
以明治天皇之〈教育敕語〉為精神信仰，高呼護翼天壤無窮之「國
體」。[78]時代進入昭和時期以後，遊離現實的虛構觀念，大鳴旗鼓，甚
囂塵上，與世為敵的戰爭號角尚未吹響，然山雨欲來的詭譎狂風，已
然吹亂了大和民族的文化思想基調。

---

76 澀澤榮一：《論語講義》卷の二，〈八佾第三·王孫賈問曰與其媚於奧〉，頁122。

77 關於宋學並非適合大和民族之思想產物一事，詳參藤井倫明：〈司馬遼太郎の日本
　觀——その「宋學」批判の根底にあるもの〉，《臺灣日本語教育論文集》第9號
　（2005年12月），頁389-413。

78 此處所謂的國體，意指日本乃是一個以所謂：一、天皇萬世一系的支配；二、天皇
　與億兆日本子民彼此之間，既是「皇孫」又是「人民」的重層結構親密性；三、億
　兆日本子民皆自然而然自發性地，且不得不對天皇盡忠孝之本分的奉公心等三大要
　素為軸心而構成的國族。

　　時值二次大戰戰敗，當時臥病在床的日本中國學界泰斗狩野直喜，面對舊熊本藩藩主細川護貞（1912-2005），充滿憾恨地如下說道：

　　　　宋學滅國。[79]

狩野直喜的悲鳴，宛若戰後日本中國學者實踐式宋學的封印。現代日本的中國學研究，相當程度有意識地選擇從豐富多變、活潑生動的現實世界中抽離開來，從「學」到「實踐」所學，大部分日本中國學研究者是將之切割開來的。林羅山於江戶時代初期所確立的日本「儒者」職分，由於敗戰的挫折與新漢學（此指戰後的「中國學」）為學法的發展確立，現代日本中國學研究者，恐怕並不樂意被人稱為「儒者」或「儒家」，其實這也不是他們所追求的。

　　蓋儒學於戰後的現代日本社會中，多被看作是支持封建舊社會的思想，而被大加撻伐，不僅被摒除於所謂「先進的」國家義務教育體制外，其作為危機時代中，知識分子於憂患意識下所凝聚的日本、或東方的學術思潮，顯然也已經喪失其最重要的本質——實踐哲學——的這一面向。然而，現代日本中國學研究者在吸收西方文明精華，追求學問客觀知識化的同時，或恐仍需回頭思考：如何才能發展出一種非「宋學」式徒競虛構空理的「實踐哲學」，以建構一既非中國、亦非西洋的「日本本土社會科學」。針對這一課題，筆者以為江戶時代以還，古學派所謂「人外無道」的學問基調，亦即對「人」的終極關懷，也許才是現代日本新中國學研究者極需建立的「學統」，或者說是彼等在「日本」這一特定的歷史和文化條件下，以其所繼承的風俗、習慣、制度、乃至傳統等文化遺產為基礎的「生活形式」。

---

79 詳參司馬遼太郎：〈宋學〉，《この國のかたち（三）》（東京：文藝春秋，1995年），頁208。

四 《論語講義》所建構的意象——近代國家的身分認同與民族文化主體價值的確立

誠如前文所述，澀澤講說《論語》的一貫核心價值，就在以孔子為準，求其精神，主實踐躬行，故不重考證，棄文句解釋，但求活用《論語》，目的在使《論語》與經濟合一，活用《論語》於其所處的近代日本生活中。而澀澤《論語講義》問世的大正、昭和之交，正是明治維新成功後，日本作為近代化國家之形式與內容，文明開化有成，甲午戰爭、日俄戰爭告捷後，日本俾倪亞洲，鄙視中國之際。故吾人於澀澤《論語講義》中，除可聽聞其所欲傳達的時代聲音，亦可發現其如何透過民族道德召喚，而欲建構近代日本的國家身分，與確立大和民族文化的主體價值。

（一）高尚尊貴的武士精神與獨特的大和民族

就如福澤諭吉亦主張：「士道」出自「儒魂」。澀澤透過講解《論語》，一再強調高尚尊貴的武士精神乃日本優良的文化傳統，並主張士道儒魂，而且強調《論語》最能培養武士精神之根柢。

> 我邦之武勇，中古以來，稱東男與京女，以關東男兒為武勇之標本；以京阪女子為容色之典型。所以以其關東男兒為武勇，乃因其一諾邁往，口無二辨，一旦受命於人則不辭水火，必完遂之以為男兒之本分。此即武俠也，武士道也。而義有重於泰山，命有輕於鴻毛，視死如歸的日本魂，即存於此氣魄中。[80]

> 我以為人生在世如果想立足，一定要具備武士精神，但僅偏愛

---

80 澀澤榮一：《論語講義》卷の六，〈顏淵第十二・子路無宿諾〉，頁628-629。

武士精神而無商才的話，在經濟上將容易招致自滅，所以有士魂必定也要有商才。要培養士魂雖有繁多書籍可供參考，但還是以《論語》最能培養武士的根底。……日本也有很多賢人豪傑，其中以德川家康公最擅於作戰及處世之道。……由此可知，家康公之所以有他特殊的處世術，並能夠開拓兩百多年的豐功偉業，其實這都是從《論語》得來的。日本人都以為漢學的教義承認了禪讓（堯傳舜；舜傳禹）與討伐（商湯伐夏桀；周武滅商紂），故與日本國體（萬世一系）不合。這種見解全然是只知其一而不知其二的說法。……我們可以充分看出孔子的意思是說像武王的革命，是一項他所無法贊同的事情。……可惜孔子既沒看到也不知道世界上還有像日本這種萬世一系的國體存在。假如他生在日本，或曾遊歷過日本，見到像我們這種萬世一系的國體的話，他不知會如何的讚美日本也說不定呢。我想孔子除了讚美日本為盡善盡美之外，更可能會感嘆得無以復加而連連表示稱讚尊敬才對。[81]

　　澀澤顯然認為：武士道這一日本傳統文化，雖然是從以《論語》為代表的儒家文化而涵化出來的，但卻青出於藍而勝於藍。此說意味著大和民族能從歷來的中日文化「華夷」主從地位關係中超脫出來，使日本得以以一種實踐《論語》之文化精神的姿態，躍居文化指導地位，其所持最有力的證據便是日本世世保有「萬世一系」的國族主體，這是一個連孔子都要讚嘆羨慕的國度。澀澤藉由此種權力論述，無非試圖確立其民族自我文化的主體價值。於是，日本人甚至可以反過來教導中國人讀《論語》。

---

81 澀澤榮一著，洪墩謨譯：《論語與算盤》（臺北：正中書局，1988年），頁3-5。

此與所謂「鷹飢不喙穗」、「武士未食卻剔牙」或「腹空不言飢」之類的教訓相同,我邦武士道之精華實存於此。甲午戰爭之役、日俄戰爭之役所以能戰勝,乃拜此武士道所賜。[82]

大凡學習心愈強的國家,國力會愈益茁壯。與此相反的,愈怠惰的國家,其國力會愈來愈衰弱。目前,我們的鄰國——中國,是這裏所謂不努力學習的好例子。[83]

成就我邦維新之鴻業者,乃幾多志士殺身成仁。……但如見近年蘇俄之慘狀,我維新之鴻業所以能如此圓滿達成,雖說此乃因為國體原本有所不同,但因投身於此事之志士無有一點野心,無人藉由改革來算計富貴利達,其專以憂慮國家前途為先。……也有如支那之袁世凱,其贏得大總統,卻進而興起當皇帝之野心而因此蹉跌,至今政局不可收拾的例子,皆是因以追求自身富貴為先,……維新元勳以下諸人,所以無自富自貴之念,一意思國君、拋身命而來行動,其根源堪稱受孔子教感化而生其力量。特別是誠如本章(〈述而‧子曰富而可求也〉)之教訓,志士忘卻一身之富貴榮達,以身盡瘁國事,是最大最有力的。以此足知可以證明漢學之素養,乃是支持我國體最適當之學問。[84]

此種所謂依據由儒教文化所涵養出的武士道高尚傳統,而達成建設近代日本國家的文化自豪,在進入軍國主義漸次彌漫全國的昭和初期,甚至出現以下諸如日本之優越已無需《論語》來助益的論調。昭

---

82 澀澤榮一:《論語講義》卷の六,〈顏淵第十二‧子貢問政〉,頁614。

83 澀澤榮一著,洪墩謨譯:《論語與算盤》,頁70。

84 澀澤榮一:《論語講義》卷の四,〈述而第七‧子曰富而可求也〉,頁312-313。

和六年（1931）十二月，菜花野人以〈澀澤青淵翁の生涯を語る〉為題，將該文發表於澀澤所組成的同仁社團「龍門社」機關誌——《龍門雜誌》，其言：

> 某次，岡本氏（岡本柳之助）對余（菜花野人）說道：「《論語》該書，宛如就是為支那人所寫的書。若不能使任性、蠻橫、自私、個人主義的支那人讀《論語》，則支那這一國家便無法得治。日本人因為正直、小心、深謀遠慮，故不可使其讀《論語》，雖然不會有不利益之處，但絕對也不會有利益之處。」岡本氏此一論點或許多少有些偏頗，但就我所了解的支那國民性，大致對當時岡本氏的議論深表同感。[85]

也就是說，因為能自儒學這一傳統文化素養，創造出並持續保有武士道這一大和民族所共有的文化傳統，則此事無非也就間接證明了大和民族的優越。而這一高尚無比的文化傳統，就連蔣介石也讚美日本保有東洋道德之美風。昭和十二年（1937）三月十六日，「訪支使節團」前往中國時，在歡迎宴會上，蔣介石如下說道：

> 日本經歷明治維新而成為如今日這般隆盛之國，現在中國恰如日本明治維新當時之光景，因為各位皆通曉日本建國之事情，具有豐富經驗，願各位將此經驗不吝賜教，給予指導。最後，今日想起澀澤先生實不勝感慨，請各位與我一起為先生祈禱一分鐘。[86]

85　《澀澤榮一傳記資料》第41卷，頁450。
86　《澀澤榮一傳記資料》第41卷，頁402。

默禱結束後，蔣介石氏繼續說道：「……日中之間，今後或恐尚會產生諸多問題，希望兒玉團長能基於《論語》此言（己所不欲，勿施於人）來考慮兩國之間的調和，而我自己也打算如此做。又日本歷來就有尊敬前輩之美風，此即東洋道德之真髓，此美風是吾人必須大大學習的。另外，革命尚未成功的我國在各方面仍須從事各項建設，余深切期望能藉此殘存於日本的東洋道德之美風，請使節團一行人指導吾人。[87]

　　蔣介石此番話隔日被刊登在《東京日日新聞》、《東京朝日新聞》，想必有不少日本人皆聽到了這個中國老大哥的求援。蔣介石此話當然有相當程度的外交辭令在其中，但吾人若將此話放進中日文化關係史的上下文脈來做觀察，則不難看出隨著日本藉由政治、軍事擴張而將其自身編列進近代文明國家的行伍，儒學作為其傳統文化素養，卻已經從中日兩國共有的文化傳統，藉由標舉武士道的壯烈犧牲、忠君殉死之精神，蛻變為「和漢殊異」的日本文化精華，同時也藉由此大和魂的顯露，確立其日本自身的傳統文化反優於「華」的價值判斷。而對此種大和民族優越傳統的認可與甘拜下風，卻是出自中華民族的領導者之口。

　　蓋「差異」乃是人們對其所思考的客體或對象所賦予的位置。武士道雖出自中日同一的儒學文化傳統，但隨著澀澤將之定位為日本特殊的文化傳統、以便思考日本文化本質與非本質的差別時，武士道這一「差異」於中國儒學的日本獨特之文化傳統，便很難再與先前中日「同一」的儒學傳統相容，其儼然已經是一源自儒學，卻在日本歷史中不斷向後開展、推衍出來的「衍異」儒學，此即《論語講義》中澀澤屢屢以「孔子教」來稱呼日本之儒學傳統的原因。而吾人同時可以

---

87 《澀澤榮一傳記資料》第41卷，頁401。

發現：此種「衍異」的發展，經常是與論說、文獻、乃至講道等諸多行動聯結起來作論述。因此，澀澤的「講義」，不單單只是一種單純的「言談」，而是藉由某種陳述系統，不僅使得其所處的現實世界可以為聽者、讀者所理解，進而應用且運作，目的則無非是在形構其自身文化主體與客體間的權力關係。

換句話說，澀澤所講說的不只是一「已在」的武士道這一大和民族的傳統文化而已，基本上澀澤是藉由「論述」，使得聽者、讀者與其自身之間，產生某種自我文化理解的意識與可能，並藉此來認知他者或世界，以產生自他相互對照下的意義，以建構其異於中國、西洋等他者的文化主體性。如此一來，當長期處於儒學文化主流之邊陲地帶的日本，覺醒到其擁有與文化母國的中國相當不同的生命情調與傳統時，其將藉由「大和民族」來作為認同集結的呼籲，以重新正視其自身獨特個殊文化傳承的迫切性。而當近代日本舉國上下透過記憶與想像，同時設想彼此皆屬於同一社群、並試圖形構彼此共同的生活與行為規範時，國家、公民的觀念便會逐漸形成，進而產生強烈歸屬感與同胞愛。於是，天皇制民族國家的既有體制便可獲得強烈的鞏固。澀澤大聲疾呼道：

> 日本古來便是尚勇之國，普天之下，率土之濱，遑論悉為皇土。諸侯割據時代，日本事實上分裂為數十國，值此時代，仍有臨危而不懼死，克盡勇士之本分而受人稱揚者，……各皆殉死，何其壯烈，此乃日本魂之顯露，武士道之精華也。今諸侯被撤廢，天下名實相符，悉為王土。……余更進一步呼籲：日本臣民無論何人皆應積極地恆常奮勉為國，避免使之成為危邦、亂邦。[88]

---

88 澀澤榮一：《論語講義》卷の四，〈泰伯第八・子曰篤信好學〉，頁416-417。

　　澀澤顯然欲使聽講者相信其自身的自我認知，是專注於道德層次的，是在省視其自身的道德天性，且是一種對共同體奉公盡忠的本分，而此乃日本人自古以來的天職。因為日本是一個由一系列的公共性職分所支撐起來的民族國家，是由日本人相互依助而建立的共同體。澀澤把對於領袖的忠誠與對國家的愛，融入「武士道」之中，而使得「忠誠」與「愛國」這兩者，比較像是動力而不是教義或教條。於是，所謂「忠誠」與「愛國」的武士道精神，遂成為大和民族優越且獨特的不變傳統，也是支撐大日本帝國旭日不墜的巨大動力。筆者以為：澀澤的此種呼籲，是試圖使武士們截至江戶時代為止，將其所效忠的對象多是某一特定之「主君」的情形，轉為效忠日本子民共同源頭的，代表國家的「天皇」。然而吾人不禁想問：近代日本還有武士嗎？

　　針對此一提問，新渡戶稻造（1862-1933）於其舉世聞名的《武士道》一書開卷的一段話，或許說明了明治開國以還，多數近代日本人心中的國族文化認識，或者說想像。

　　　　武士精神就像櫻花一樣，是日本土地上固有的花朵。武士精神
　　　　並未像其他已經滅絕的古老植物一樣，被細心保存在乾燥植物
　　　　標本集裡，成為歷史的一部分；它仍存活在我們的生活中，展
　　　　現出力與美。即使它並沒有具體的形象或形式，但是它形成的
　　　　氛圍卻隨時提醒我們，它強大的魔法仍然影響著我們。儘管促
　　　　成武士精神形成並茁壯的種種社會現象早已消逝，但這些曾經
　　　　一度大放光明的遙遙星星，至今仍然釋放光芒照耀著我們。而
　　　　源自於封建制度的武士精神也一樣，即使它的母體已不復存
　　　　在，但它的光芒仍然為我們照亮道德之路。[89]

---

89 新渡戶稻造著，吳容宸譯：《武士道——影響日本最深的力量》（臺北：先覺出版股份有限公司，2003年），頁7。

（二）明治日本的優越

　　蓋明治維新以還，近代日本知識分子積極從西方經驗中汲取諸如：政治主權之獨立、共和國家之建立、科學技術之引進、法治制度之確立、資本工商貿易之從事等等，象徵「近代文明國家」的形式與內容。姑且不論概念移植並不等於觀念移植，相同概念下必然隱含諸多觀念歧異，即便觀念一致後也勢必有其理解上的分歧。隨著西來的諸多理念、制度的「啟蒙」，近代日本知識分子覺察其身處於一個進步的世界潮流中。「文明開化」所進行的在政治、經濟、社會、思想等各領域的全面近代化，其所代表的意義，除了是日本這一國家主動積極將自我編入世界文明之行列，以建構其作為近代國家之身分，另外也意味著其將背向東洋；迎向西洋。而近代日本自信其乃東洋之文化一等國的意識形態，終於使其以一種帝國的視線，俾倪東洋，覷覦世界。明治十八年（1885）福澤諭吉「脫亞論」的提出，便是近代日本以其優越文化宣傳之姿態，昭告躋身世界列強的序曲，同時也隱藏著日本乃東洋之中心，是日本以外之東洋諸國所追隨的對象的此種文化霸權意涵。

　　澀澤於《論語講義》中再三強調明治日本就是孔子所說的盛世，而且其殊勝程度，既然是一連孔子都須羨慕的盛世，故明治天皇比堯舜更偉大。

> 我邦與支那，國體相異、國情相異，雖年代相隔亦大為懸殊，難以比較，然余膽敢比較之。明治大帝君臨天下，實巍巍乎，其較舜、禹更為偉大一事，余所親身拜觀。[90]

> 此章（〈子曰無為而治者其舜也〉）讚帝舜之盛德也。……我明

---

90 澀澤榮一：《論語講義》卷の四，〈泰伯第八・子曰巍巍乎〉，頁423。

治大帝多得文武賢臣，任之而成就中興大業，宛若與帝舜同賢良，但其聖德遠凌駕於帝舜。[91]

正因為明治天皇賢同舜帝，近代日本國體特殊，是一盛世，故連蔣介石也懇請日本協助中國維新。所以《論語講義》與《論語與算盤》中亦屢見澀澤對中國積弱不振、弊病叢生之批評，甚至批評中國與蘇俄一樣都是不忠恕的國家，所以才會在甲午戰爭與日俄戰爭中戰敗，而歐洲大戰的爆發也是導因於德國無忠恕之精神。

即使孔子教如此，但支那之實情卻與之背道而馳。多數國民只管一身之便利安全，眼中無天下安危與國家興廢，擔負天下國家之任者，不外無恒產之白面書生，或匪徒之類。[92]

這次中國之旅令我感受最深的是，儘管中國有上流社會，有下層社會，可是其間卻沒有形成國家中堅份子的中流社會存在。既有見識又有人格的卓越人士固然不少，但把國民全體拿來作一個全盤性的觀察時，我發現中國人的個人主義、利己主義很發達，國家觀念很缺乏，毫無憂國憂民之心。一國之中，中流社會這個階層既不存在，全體國民也缺乏國家觀念，這兩點可以說是當今中國的兩大缺點。[93]

觀察歷來國際關係所以破裂之軌跡，多歸咎於雙方其中一國缺乏忠恕之精神這點。試看甲午戰爭，乃導因於清國不誠意，亦即缺乏忠恕精神。又且看日俄戰爭，則起因於俄國不遜，亦即

---

91 澀澤榮一：《論語講義》卷の八，〈衛靈公第十五・子曰無為而治〉，頁781。
92 澀澤榮一：《論語講義》卷の七，〈憲問第十四・子曰士而懷居〉，頁708。
93 澀澤榮一著，洪墩謨譯：《論語與算盤》，頁191。

缺乏忠恕精神。另外再看歐洲大戰，實因德國橫暴，亦即皆因無忠恕精神所起。[94]

　　在上述的講義中，隨著澀澤將《論語》經文置入近代日本和當時世界局勢的上下文中，澀澤便可以在經文的「直接意義」之外，帶進其所欲創造的「間接意義」。但筆者以為：其真正想要傳達給聽者、讀者的，並非只是如字面所謂的：中國、蘇俄與德國皆是不忠恕之國家此種單純的意義。蓋孔子是「中國」乃至「東亞」儒教文化圈的文化精神領袖；蔣介石則是當時中國的政治領袖，澀澤以一種文化與政治的「中國」視線而來肯定認同日本的領先與超越，使得歷來的文化主從地位反轉過來，解體掉以「中國」為正統的「華夷」秩序，並藉由文明開化後所完成的近代國家之身分確立，與自我文化宣傳戰略，儼然為「亞洲東邊一大新英國」[95]，甚至進而挑戰德、俄帝國主義，使日本企圖重整東亞乃至國際政治秩序的野心，獲致合理性依據。澀澤因此呼籲日本全民要發揮《論語》之真精神，亦即遵從天皇與維護帝國之發展。

（三）義利合一的邦國

　　關於明治開國以來，近代日本舉國上下所關心的共通時代議題，便是如何藉由文明開化以富國強兵，此乃自不待言之事。然明治初年以來的「文明開化」，首先當然是攝取西方實用方面的知識，諸如機械工業、軍事、經濟乃至制度形式面等，因事有輕重緩急，當務之急便是能在軍事、工業、經濟方面趕上西洋。亦即，在西方的壓迫下，明治日本希望自我改革以躋身於世界中心的渴求異常迫切。而一意追

94　澀澤榮一：《論語講義》卷の二，〈里仁第四・子曰參乎，吾道一以貫之〉，頁174。
95　關於此一觀點，詳參子安宣邦：《「アジア」はどう語られてきたか──近代日本のオリエンタリズム》（東京：藤原書店，2005年），頁69-71。

求此種文明開化的結果，可以想見的便是一個極重視功利主義的社會必然產生。

而隨著甲午戰爭與日俄戰爭的告捷，明治四十年代以還的大多數日本國民，開始相信其自身開化有成，已經昇格為一等國家、一等國民。然此時期的知識分子也不再像明治初期以來至二十年代的知識分子一樣，自許為文明開化的旗手，始終充滿國家意識與社會意識。吾人不難想像明治四十年代以後的日本青年或知識分子，在認同自己國家已經是一等國家的同時，其眼中必定也會映照出戰後日本國內所產生的諸多現實社會問題，於是一等國家的美夢亦將隨之幻滅，包括明治開國以來企圖藉由文明開化所畫下的諸多未來幻想。故此時期的青年或知識分子在意識到文明開化的有限性後，理所當然地也就會從國家意識與社會意識中遊離開來，而將其熱情從政治、軍事、經濟等實際的國家社會實務中轉移，此事由「白樺派」在文壇的興起便可窺知一二。肯定欲望又追求心靈的「白樺派」作家們，彼等從人類必須充分實現其自身的角度而來批判社會，雖然質疑、反抗舊道德，但卻不否定道德本身，彼等確信其自身所擁有的才是嶄新的真實道德，並為了讓此新真實道德獲得社會認同而奮戰不懈。而為了確認嶄新的真實道德為何，彼等便以自身的生活為實驗場域，追求新的生活方式，追尋不只是科學實驗性真理的人類新道德。

進入大正時代，日本社會更加變動不安。大正六年（1917）受蘇俄解放革命影響，社會主義人士高唱工人解放；大正九年（1920）隨著一次世界大戰結束後，世界經濟大恐慌發生，全世界進入不景氣；大正十二年（1923）關東大地震，東京半個城市三天三夜處於火海之中；大正末年開始，勞工運動、農民運動、族群解放運動、學生運動等大規模的社會運動，受馬克思主義影響迎向其最盛期。也就是在此種社會背景下，澀澤於二松學舍展開其對青年學生的《論語》講義，其左批共產主義，右批社會主義的同時，更語重心長的呼籲：日本已是鳳鳥來儀、河出圖之國度，惟須重視道德涵養。其言：

案我國歷史，文武之朝因有慶雲之瑞，故改元慶雲；元政之朝，因有靈龜出於豐後之海這一祥瑞，故改元靈龜。然先帝（明治大帝）以來，但見國運異常發展，終至遭受諸外國嫉妒。此乃拜聖主在上、賢臣輔佐之所賜。或可稱之為鳳鳥來儀、河出圖等祥瑞顯露之盛世。然若從另一方面看來，人心一般傾向利己主義、利我主義，真為國家設想者甚少，……道德觀念逐漸澆薄，思想界一般之風氣，混亂而不知所歸嚮，如犧牲式精神或忠恕、感恩等漸次消耗。……遑論當局之為政者，國民之中特別是青年男女，今日首要深切反省者便在於此。[96]

國民道德若不能提昇，為政者一人無法崇尚之。然國民道德之培養，亦為負責教育義務的政府的責任。雖然〈教育敕語〉儼然以德育為主旨，然觀今日教育之實際情況，卻偏於智育一方而閑卻德育，此實最為遺憾。無論如何，若不稍致力於精神教育，則今後作為世界性國民之教養將會不足。[97]

誠如西村茂樹亦強調：品格才是一個國家強盛的真正力量[98]，此類呼聲皆是將富國強兵與文明開化的這一訴求，往求之於傳統文化以涵塑國民道德的提案、對策這一方向發展。澀澤甚至主張《論語》不僅可以建設日本，還可以拯救西歐、匡濟天下之時弊。顯然，其眼光所投射的方向，是朝向世界的。

今泰西之學風靡天下，即便遐陬僻邑亦沒有不讀洋書者，而至

---

96 澀澤榮一：《論語講義》卷の五，〈子罕第九・子曰鳳鳥不至〉，頁444。
97 澀澤榮一：《論語講義》卷の一，〈為政第二・子曰為政以德〉，頁50。
98 詳參三浦叶：《明治の漢學》，頁113。

於講道德、說仁義的孔子教，其精修者逐年缺乏，實晨星寥寥，此乃余所深深憂慮者。……值此之際，《英譯論語》成書，真是投於時弊之良藥，可謂足以制止彼亂倫破道之毒素者也。於是余更冀望：此書不僅止於制止彼毒素，還能廣為歐美哲學者所鑽研，他日作為世界哲學以同其見解，使五大洲人類之天理公道歸於一而猶如瞻仰太陽。若果能臻至此境界，則《論語》二十篇不獨為趙宋古宰之美談，而是可以使五大洲之為政者有志一同的好材料。[99]

據澀澤的說法，日本人因為奉行《論語》而得以創造江戶盛世與明治維新、開化之成功，故超越中國而成為實踐《論語》的典範。而且又進一步主張《論語》中所謂仁、義、禮、智等人倫根本，則有賴於明治天皇的〈教育敕語〉之頒布提倡，又〈教育敕語〉所言乃儒教所主張之人類義務，亦即「人道」。

以仁、義、禮、智、信五常為人倫之根本，此《論語》中亦有說明。誠如此道實有賴我明治天皇之〈教育敕語〉，此通於古今而不謬，施於中外而不悖，應該坐而行又起而行，此乃平平坦坦的實際處世訓。[100]

因此，澀澤主張：日本人民應據國體、尊天朝、遂維新大業，並且必須對天皇陛下盡忠，以謀求一國之公利公益。澀澤主張在道德規範下追求商業利益，養成國家觀念，使得個體私利與群體公利同榮共昌。強調對共同體奉公的職份，乃日本大和民族自古以來的天職。其如下言道：

---

99 《澀澤榮一傳記資料》第41卷，頁380。

100 澀澤榮一：《論語講義》卷の一，〈學而第一・有子曰其為人也孝弟〉，頁20。

誠如君上盡禮於下民，臣民沒有不慕皇室而竭忠義者。甲午、日俄兩役舉國一致博取全勝，此乃理所當然之事。青年諸君，今後仍應以皇室為中心，愈加團結一致，以竭盡忠誠之心。[101]

凡人生存於世間之根本，決非是為其個人一人，亦非為了其家庭。蓋有個人之共同體的社會，有社會然後有國家，如此，人類方可安全地生存於此世間。故擴充此意涵而來討論時，只要是社會之一員，國家之一民，任誰皆應覺悟到一國一鄉乃我所擁有。所有的人對自己出生以及生存其中的國家，自然原本有其權利義務。……故作為日本人，只要其生於日本國，其應自覺到作為國民之權利義務，必須抱持深厚的忠君愛國之念。[102]

吾人又應如何處理大事呢？……首先應該考慮的是事情要如何處理才能合乎道理？其次應考慮以合乎道理的方法去做的話，國家、社會有利否？第三，雖然自己無利可圖，但只要它合乎道理，對社會、國家有利的話，我將勇往直前，縱使犧牲自己也在所不惜。[103]

其實，澀澤在其所撰之〈家訓〉中的第一條，便告示其子孫要忠君愛國。

常二愛国忠君ノ意ヲ厚フシテ公二奉ズル事ヲ疎外ニス可ラズ（中譯：常懷深厚愛國忠君之意，不可疏於奉公之事）[104]

101 澀澤榮一：《論語講義》卷の二，〈八佾第三・定公問君使臣〉，頁131。
102 澀澤榮一：《新編青淵百話》，收入山本勇夫編：《澀澤榮一全集》第1卷（東京：平凡社，1930年），頁470。
103 澀澤榮一著，洪墩謨譯：《論語與算盤》，頁21。
104 澀澤榮一：《新編青淵百話》，頁466。

澀澤並進而呼籲日本青年、以及青年的近代日本這一國家,不可避開競爭,要與敵人競爭,國家才有進步發展的可能。

> 既生為人,尤其是在青年時代,絕對不可避開競爭,如有回避競爭的卑屈根性,這種人是無法求得進步、發達的。進一步說,為了社會的進步,競爭是必要的,不躲避強力的對手而與之競爭,同時等待時機之到來,也是人生處世不可或缺之要件。[105]

> 我國今天的狀態,不是以姑息的想法,一成不變的繼承傳統的事業就可以心滿意足的了。當今世局乃一創新的時代,我們不但要迎頭趕上先進諸國的發展,而且要凌駕超前先進諸國的進步。所以社會大眾要大大的有所覺悟出:這是一個舉國上下應該齊心協力,排除萬難,勇往猛進的時代。[106]

> 明治傳到大正的時代,雖然社會上往往有人這麼說:創業的時代既已過去,從此我們便要進入守成的時代了。但是,我們日本國民可不能如此安於小成的啊。蓋我國版圖小、人口眾多,而且人口還會漸漸增加,所以如此消極考量是不行的。吾人必須好好設計一下,看應如何整頓國內,同時還要向國外發展。……又北海道及其他新領土亦要投入所需的資金與勞力,盡其在我開發事業,如此大家協力,有限的土地還是有限,所以在整頓國內的同時,我們應該一面向海外力求發展,打開大和民族的發展途徑,片刻也不可鬆懈。[107]

---

105 澀澤榮一著,洪墩謨譯:《論語與算盤》,頁11。
106 澀澤榮一著,洪墩謨譯:《論語與算盤》,頁47。
107 澀澤榮一著,洪墩謨譯:《論語與算盤》,頁121-122。

　　然而誠如前文所述，如果《論語》中所謂仁、義、禮、智等人倫根本，有賴於明治天皇的〈教育敕語〉之頒布提倡，又〈教育敕語〉所言乃儒教所主張之人類義務，則澀澤所宗之對象，究竟是孔子之《論語》？抑或是明治天皇之〈教育敕語〉？此處顯然有一信仰上的掉轉與跳躍。

　　顯然，在澀澤的認識中，日本是一個由一系列的公共性職份所支撐起來的國家，是由日本民族每個人相互依助而建立的共同體。然筆者以為：以人為基本預設的共同體，就等於預設共同體必須完整效勞於自身本質的「正身」，而且這個共同體本身也就是每個個人的本質的完成。這使得為共同體犧牲奉獻，變得饒富意義，且理所當然。也就是說，在道德的召喚下，每個日本人皆有義務實踐完成其為萬世一系天皇之子孫的「正身」本質，亦即每個日本人皆應克盡其「忠孝一本」的子民義務，來支撐所謂諸如：鞏固以天皇為代表的正統政權；以維持日本國族之生存；以掌握近代日本國家之命運；以保障日本全國人民之性命等諸訴求，而此即澀澤欲積極建構的義利合一之邦國。

　　但是筆者以為：澀澤以一個從未在日本歷史中存在過的國族政治共同體作為召喚，並不代表每個天皇子民的日本人民皆可融入此一大家屬，相反的，對被要求必須義無反顧地犧牲奉獻的天皇子民之日本人民而言，隨著戰爭煙硝味的與日俱增，死亡隨伺在側，使得日本人民對其有限生命更容易覺察的同時，澀澤所建構的那一個攸關政治思想、規模宏大、榮耀且真誠、嚴肅且遠大的含括現實的未來，卻反而如同一個不可融入的「聖體」。

　　若從該層意義而言，澀澤的共同體論述，宛若是一場跨越歷史與虛構的敘事。其目的與其說是在描繪出澀澤所處當下大正日本的現在形象；毋寧說是在表達澀澤個人的生活目的與生命意志。因此，《論語講義》在面對日本歷史中已然發生的歷史事件「說故事」之際，其用之來講說《論語》經文的作法，或許可以稱之為既是事實的敘事，

同時也是虛構的敘事。澀澤是將散置於日本歷史中的諸多事件，組合成其自身試圖建構出的意義整體，吾人或許可以稱此種講經法為意識形態蘊義（ideological implication）的歷史敘事。

五　澀澤講說《論語》之特色

藉由本章之討論，筆者以為澀澤《論語講義》所呈現出的講經特色，大致有以下數點：

1. 澀澤在講說、詮解《論語》的過程中，常常藉由「教化」這一概念而展現出豐富的實踐面向。而其教化所欲涵養化成的內容，與其說是原始儒家的諸多德目，毋寧說是道道地地屬於日本人的傳統精神──「武士道」。而當日本過往的歷史人物，或者說是澀澤本人，其人格特質被視為相似或等同於堯、舜、禹等中國「聖人」時，則近代日本人可以取法的對象，便只要以日本歷史人物或澀澤為典範即可。澀澤此舉無非是日本大和民族之主體價值的標舉，因為其以此種手法反轉了中日歷來的文化「華夷」秩序，並且將日本人長期以來凝望仿效西洋的視線，拉回日本自身，確立了日本作為一近代國家的身分認同。

2. 無論是為了講求企業與國家利益合一的經營倫理，抑或為了追求個人與社會利益合一的社會責任，在澀澤身上，《論語》作為一部經典，其每一次的重出江湖，卻都能融通新、舊之扞格（諸如藉《論語》以推行資本主義制度，或藉《論語》以防禦共產社會主義），使澀澤之人生，乃至近代日本，同時都朝向《論語》所代表的神聖傳統宇宙回歸，進而確立其自身乃至近代日本的文化身分。

3. 澀澤於《論語講義》書中，不斷透過褒貶或意識形態蘊義

（ideological implication）的歷史敘事手法，揭示了其自身的諸多意識形態與價值認同。澀澤顯然欲透過其自身的講說與讀者的聆聽之間的相互影響作用，而來持續強化、豐富其自身之主張與認同的意義。換言之，澀澤於《論語講義》書中所採取的褒貶、意識形態蘊義的歷史敘事手法，與其說是在解說《論語》，毋寧說是在進行一種自我敘事。亦即，澀澤的《論語》學，就是一種體驗之學。因此，讀者或許很難藉由澀澤的《論語講義》而形構出《論語》作為一部流傳千古的經典的原初意義形貌。事實上，澀澤的目的也不在於此，筆者以為：藉由講說《論語》，在澀澤個人與近代日本的意義獲得充分開展的同時，《論語》作為一部經典的詮釋可能性，幾乎也被發揮到極致。

4. 澀澤的《論語》算盤說，有相當大的程度是江戶古學派「經世濟民」思想的極致顯露與發揮。而由前文所述看來，澀澤無論是其一、嫌惡宋學，其二、推崇南溟與徂徠，其三、義利合一的實學《論語》，皆可看出澀澤對古學思想的承繼。事實上，活躍於明治初年政壇的竹添光鴻與陸奧宗光，皆是木下韡村的門生，而木下韡村之師乃廣瀨淡窗，而廣瀨淡窗就是龜井南溟之子龜井昭陽之門生，而澀澤於《論語講義》中每每標舉龜井南溟與龜井昭陽。又同樣活躍於明治、大正期間，於新式大學教育體系中注重經典的知識學科化，同樣著有《論語講義》問世的安井小太郎，也是幕末古注學者安井息軒的外孫。故筆者以為：若說明治維新大業之奔走，陽明學者居功甚偉，則明治時代以來，從事建國大業的精神底流，當是陽明學「知行合一」與古學「經世濟民」思想的相乘效果。

5. 澀澤透過《論語》所欲傳達的諸如：闡揚武士道、養成國家觀念、維護共同體、追求公益、義利之辨、公私之辨等，並不單單只是一種呼聲，亦非只是一單一的小規模計畫，就澀澤而言，這

是一個攸關政治思想、規模宏大、榮耀且真誠、嚴肅且遠大的含括現實的未來建構。是從精神、靈魂、感情、思想與意志，宣告一個前所未有的盛世已然來臨，同時還將持續發展。並設想一個闡發實學《論語》，亦即「道理、事實與利益三者一致」思想[108]的國族，不僅在東亞，同時還將在日新月異、不斷進步的歐美諸國中，獨樹一幟。

6. 透過澀澤的《論語講義》，筆者以為：其經典詮釋乃是藉由敘事而被呈現出來。而純粹的語言敘事要如何才能與行為模式相互關聯？則講經者必須要能「脫離」與「進入」。亦即「現在」便是解經者「進入」過往經典傳統宇宙的憑藉；而在進入到過往經典傳統宇宙後，要如何才能不「脫離」「現在」，則講經者這一敘事者本人必須扮演一條串接的線索，方可使得現在與過往經典傳統宇宙之間有其關聯性、意象性。也就是說：解經者的敘事模式要展開其現在意義，必須有賴語言隱喻或轉義，又因為隱喻、轉義語言的展開多是以心理、精神分析或歷史敘事乃至虛構的方式來加以論述，故講經者的經典詮釋作業，遂由「表義」而進入「深義」，或者派生出「言外之意」，亦即由字面義的探討而進入講經者自我敘事的意象對話模式。澀澤的《論語講義》幾乎擺脫了重建經典原初世界的「注疏」作業，卻透過自我敘事以鋪陳講經者所處的現在場景，進而再使用隱喻、寓託乃至轉義的語言模式，而使過往經典傳統宇宙與現在當下現實達成某種視域融合，使得經典的「微言大義」獲得最大的意義向度。如此一來，澀澤也由《論語》經義的「聆聽者」，轉變為《論語》經義的發語者。

澀澤以其獨特的講經法，不僅使得大正日本有機會重新融納《論

---

108 澀澤言：「《論語與算盤》的文章，其內容是在強調道理、事實與利益三者一致的論點。」見澀澤榮一著，洪墩謨譯：《論語與算盤》，頁2。

語》這一傳統經典，同時也使得《論語》作為一部經典的生命，得以別開生面。

六　結語——活用《論語》與歷史傳統以躋身列強

　　誠如本書第二章已然提及的，蓋無論是色川大吉的《明治精神史》[109]，或是渡邊和靖的《明治思想史》[110]，都強調「明治人」自其青少年時期以來，便浸淫在一種堪稱為生活之共通體驗的「儒學經驗」中，而此經驗共通存在「明治人」的精神根柢。但就如同德富蘇峰所強調的，以他自己為代表的江戶文久年間（1861-1863）以後出生的，包括北村透谷、三宅雪嶺等「明治青年」，是與福澤諭吉、板垣退助等江戶天保年間（1830-1843）的「天保老人」相對立的。[111]而澀澤榮一不折不扣，正是天保十一年（1840）出生，德富蘇峰口中所謂的「天保老人」。在明治十年代後期，經歷自由民權運動逐漸後退，國粹主義漸興，天皇制體制趨於穩固的「明治青年」，其所追求的已不再是啟蒙主義便能使之滿足的，也不是道奉孔孟；技採西洋此種折衷主義就能使其心服的。關於此點早在明治二十年（1887）三月，德富蘇峰出版問世的《新日本青年》[112]一書中，便已大力抨擊舊有學問、固有道德，乃至啟蒙偏知主義。德富蘇峰言：

109 色川大吉：《明治精神史》（東京：講談社，1976年）。

110 渡邊和靖：〈方法論的考察——明治思想史の方法と課題〉，《明治思想史》（東京：ぺりかん社，1985年），頁20-23。

111 參見德富蘇峰：〈第十九世紀日本ノ青年及其教育〉一文。本章轉引自色川大吉：《明治精神史（下）》（東京：講談社，1992年第十五版），頁13。色川大吉並於該書〈明治二十年代の思想・文化——西歐派と國粹派の構想——〉一文中，以為蘇峰此區分不具效力，而自行將「明治青年」區分為一八五〇年代出生的「明治青年第一代」，和一八六〇年代出生的「明治青年第二代」，頁74-75。

112 複刻本，收入小川利夫、寺崎昌男編：《近代日本青年期教育叢書：第1期・青年期教育論》第1卷（東京：日本圖書センター，1990年）。

我社會者，既已於生活上、政治上、學問上等，無一不輸入泰
西之新主義。而今我社會既欲成為泰西式之社會，而獨此支配
社會之泰西式之道義法不輸入之，抑何耶？……願以自助論、
品行論等之道德，代彼之小學、《進思錄》之道德。[113]

顯然，一進入明治二十年代，「明治青年第二代」主張：道德亦
學泰西。漢學已然進退失據，無論是在學問上或道德上，「明治青
年」之新世代顯然唯西學是圖。誠如色川大吉所言，明治二十年代，
是一「分裂與孤立的時代」，色川大吉說：

明治二十年代，是處於壓倒性西歐文明之影響下的時代。該時
期之思想或文化等領域，無有不受此烙印者。[114]

社會上、思想上、文化上如此，大學內部的學生當然亦有其新要求。
「天保老人」澀澤榮一立足於大正末年的大學講堂，其面對的嚴峻情
況已不只是西學與漢學之爭；其所面對的是處於所謂西學全能這一迷
思破除，而舊道德已然崩解，但新價值尚有待確立，並且社會運動四
起，故政府不得不於大正十四年（1925）頒布〈治安維持法〉此種動
蕩社會中的青年學子，然澀澤卻仍堅信必須以《論語》來教育大正新
青年。

蓋教育包含教化與育成，吾人不難看出澀澤試圖透過《論語》，
以人格主義來感化青年學子，使其惑於時局，喪失目標的心識靈魂，
能被《論語》所代表的神聖傳統宇宙所召喚。其中，雖然充滿濃厚的

---

113 轉引自色川大吉：〈新日本の進路をもとめて──德富蘇峰の描いた未來像──〉，
《明治精神史（下）》，頁17-19。

114 色川大吉：〈明治明治二十年代の思想・文化──西歐派と國粹派の構想──〉，頁
112-113。

國粹主義色彩，但澀澤並非只是對西化採取防禦拒斥的姿態，而是活用各種歷史傳統以進入世界或試圖有所貢獻。

也就是說，新學問養成的同時，傳統學問必須相對地再生以樹立新傳統。從這一角度來看，近代化是一傳統與近代的雙重結構，而且可以藉由學問來認識此種雙重結構。換句話說，追求文化對等的正途，不在一味凝視、仿效西洋，而是在免除其作為日本人乃至東洋人的恥辱感。因此，文明開化如果是藉由否定傳統、學習西洋以達到同化於西洋；則國粹主義便是在舉世一片近代化等於西洋化的普世認識中，試圖找出一條屬於自我的非西洋式的近代化途徑，選擇性地攝取西洋文化，使之與日本同化，進而以之對抗西洋。然而遺憾的是：若從日本近代史的發展脈絡來看，則無論是文明開化抑或國粹主義，皆是在為日本支配亞洲作準備。

本文係筆者執行行政院國家科學委員會計畫「聲音傳達與意象建構－澀澤榮一《論語講義》研究」（NSC94-2411-H-194-028-）之部分研究成果，初稿於二○○五年五月二十八日發表於臺灣大學哲學系舉辦之「日本漢學的中國哲學、思想研究：觀點、方法論、以及其意義國際學術研討會」。

原載《中正大學中文學術年刊》第8期（嘉義：中正大學中國文學系，2006年12月），頁31-80。

第六章

《論語》帝王學
──諸橋轍次《論語》經筵進講及《論語》理解析論

一　近代日本的漢籍經筵進講及其特色

　　日本宮中進講制度，乃仿效中國經筵講義制度，行之有年。據日本古代王朝令制，太學博士隸屬於式部省，其既任學校教官，同時也擔任天子經筵的侍讀，為天皇進講經書。爾後該職成為世襲之業，為清原、中原兩博士家所獨佔，直至江戶幕府末年。而原本掌握在清原、中原兩博士家的侍讀、進講職掌，明治維新後則大致轉由當時的大學教授所擔任。

　　上述日本皇室宮中的經筵進講舊例，一般是在元月時舉行，明治二年（1869）新年伊始，維新政府開始詔令學者進宮為明治天皇與皇后進講國書、漢書、洋書講義，以後遂成慣例，每年元月幾乎皆詔令學者進講，而皇室其他皇族與政府高官亦可陪席於旁。現筆者將截至目前所調查得知的，由明治二年（1869）至終戰的昭和二十年（1945）為止，近代日本經筵進講的情形，包含年份、進講者、講題等資料，以表格方式羅列如下。

附表　「近代日本經筵講義資料一覽表」

進講年度	進講者姓名	進講題目
一、明治時代（自1869年至1912年）		
二年	東方城任長	《論語》
二年	中沼了三	《論語》
三年	中沼了三	講題未詳
四年	未舉行	
五年	元田永孚	《書經》〈堯典〉首章二節
六年	元田永孚	《大學》首章明明德
七年	元田永孚	《帝鑑圖說》李泌優待條
八年	元田永孚	《書經》〈大禹謨〉首章
九年	元田永孚	《論語》〈為政・子曰為政以德〉章
十年	元田永孚	《大學》傳之二章、湯之銘曰苟日新，日日新，又日新，至無所不用其極。
十一年	元田永孚	《論語》〈學而・道千乘之國〉章
十二年	元田永孚	《論語》〈顏淵・樊遲問仁〉章
十三年	元田永孚	《詩經》〈國風・關雎〉
十三年	西村茂樹	《易經》〈泰卦〉
十四年	元田永孚	《書經》〈堯典〉月正元日至達四聰
十五年	元田永孚	《書經》〈大禹謨〉人心惟危、道心惟微章
十五年	西村茂樹	《禮記》〈坊記〉子云有國家者章

進講年度	進講者姓名	進講題目
十五年	西尾為忠	《禮記》〈曲禮〉首三節
十六年	元田永孚	《論語》〈為政·德禮政刑〉章
十六年	川田剛	《貞觀政要》卷一、〈君道〉篇
十七年	元田永孚	《中庸》首章、天命之謂性章
十七年	兒玉源之丞	《論語》〈子路·子夏為莒父宰〉章
十八年	元田永孚	《書經》益稷末章、帝庸作歌曰一節
十九年	元田永孚	《書經》〈周官〉
十九年	根本通明	《周易》〈泰卦〉小往大來吉亨象辭
二〇年	元田永孚	《周易》〈乾卦〉象辭
二一年	元田永孚	《中庸》二十章哀公問政條中，天下之達道一節
二二年	西村茂樹	〈吳氏公法便覽內偃武論〉
二二年	元田永孚	《大學》治國平天下傳首一章
二三年	元田永孚	《周易》〈泰卦〉二爻包荒用馮河章
二四年	元田永孚	《書經》〈商書〉咸有一德一節
二五年	川田剛	《詩經》〈周頌·清廟〉
二六年	川田剛	《禮記·禮運篇》大道之行也天下為公章
二七年	川田剛	《周易》〈繫辭下〉傳、天地之大德曰生、聖人之大賢曰位節
二八年	未舉行	
二九年	川田剛	《周易·師卦》
三〇年	未舉行	

進講年度	進講者姓名	進講題目
三一年	未舉行	
三二年	三島毅	《周易・泰卦》
三三年	三島毅	《大學》絜矩章二節
三四年	三島毅	《書經》〈大禹謨〉禹曰於帝念哉一節
三五年	三島毅	《書經》〈大禹謨〉第七節禹曰於帝念哉一節
三六年	南摩綱紀	《中庸》首章、天命之謂性至故君子甚其獨也
三七年	南摩綱紀	《論語》〈顏淵・子貢問政〉章
三八年	重野安繹	《詩經》〈豳風・東山〉
三九年	三島毅	《詩經》〈雅蕩・江漢〉
四〇年	重野安繹	《書經》〈堯典〉曰若稽古帝堯至時雍
四一年	重野安繹	《中庸》朱子章句第二十七章大哉聖人
四二年	重野安繹	《易經》〈繫辭下〉傳、井居其所而遷一句
四三年	三島毅	《論語》〈泰伯・子曰禹吾無間然矣〉章
四四年	三島毅	《周易》〈大有卦〉
四五年	星野垣	《周易》〈觀卦〉象辭「觀盥而不薦有孚顒若」及象辭「風行地上、觀先王以省方、觀民設教」
二、大正時代（1912～1926）		
元年	未舉行	
二年	未舉行	

進講年度	進講者姓名	進講題目
三年	三島毅	《書經》〈周書無逸〉
四年	未舉行	
五年	土屋弘	《書經》〈咸有一德〉，自非天私我有商，至其難其慎惟和惟一四節
六年	土屋弘	《中庸》解說，「誠」一節
七年	服部宇之吉	《書經》〈皐陶謨〉都亦行有九德，亦言其人有德一節
八年	土屋弘	《易經・觀卦》〈象辭〉觀盥而不薦有孚顒若
九年	服部宇之吉	《書經》〈洪範〉九疇之皇極一節
十年	未舉行	
十一年	服部宇之吉	《論語》〈為政・吾十有五而志於學〉章
十二年	未舉行	
十三年	狩野直喜	《書經》〈堯典〉大意
十四年	市村瓚次郎	《論語》〈為政・子張問十世可知也〉章
十五年	岡田正之	《論語》〈學而・禮之用和為貴〉章、〈憲法十七條〉
三、昭和時代（1926～1972）		
元年	未舉行	
二年	狩野直喜（9月、10月）	〈關於古昔支那儒學的政治理想〉
三年	高瀨武次郎	〈《大學》三綱領〉
四年	狩野直喜	〈我國儒學的變遷〉

進講年度	進講者姓名	進講題目
	（11月2次）	
五年	鹽谷溫	《書經》之一節、昭和元號之出典
六年	內藤湖南	〈唐杜佑及其著書〉
七年	安井小太郎	《書經·皋陶謨》
七年	狩野直喜（6月2次）	〈儒學的政治原理〉
八年	鈴木虎雄	《詩經》〈周頌·思文〉
九年	未舉行	
十年	宇野哲人	《論語》〈為政·為政以德〉章
十一年	羽田亨	《金史》卷七、世宗本紀大定十三年四月條
十二年	諸橋轍次	《論語》〈憲問·子路問君子〉章
十三年	藤塚鄰	《中庸》首章
十四年	高田真治	《書經》〈洪範〉天子作民父母為天下王
十五年	小柳司氣太	《周易》一節
十六年	武內義雄	〈《論語》之學在日本〉
十七年	和田清	〈中國民族之發展〉
十八年	西晉一郎	《論語》〈顏淵·子貢問政〉章
十九年	池內宏	《元史·日本傳》一節，關於至元十八年征東役之世祖敕諭
二〇年	矢野仁一	〈中國文化尊重禮之特色〉

　　由上表看來，其中狩野直喜的進講屬於異例，因其並非於正月舉行，而分別選在夏、秋、冬之月舉行。而昭和初期裕仁天皇屢詔令狩

野進講的目的，從其講題內容看來，仍著重在理解儒家政治理論。而
根據上表可知：近代日本經筵講義的最大特色，便是進講教材中，五
經不採《春秋》，四書則摒除《孟子》，而《書經》被進講的次數雖然
最頻繁，多達十八次，主要著重在《書經》中帝王修德的篇章，但卻
迴避了其中與《孟子》一樣，主張放伐與異姓革命的言論。

　　針對此一現象，筆者以為：《春秋》所以被排斥在近代日本的漢
籍經筵進講之外，應是與其中的「大義名分」論與「華夷之辨」有
關。前者在「尊王倒幕」後幕府政權剛瓦解落幕的明治時代初期，難
免有其敏感性，恐怕難保不會觸動舊藩武士的敏感神經。而若欲討論
「華夷之辨」，則無非是在自貶大和民族，同時也將削弱大日本帝國
的神威性，此點江戶時代儒者，如伊藤仁齋、會澤正志齋等早已有異
議於此。如伊藤仁齋曾言：

> 諸侯用夷禮則夷之，夷而進於中國則中國之。蓋聖人之心，即
> 天地之心，遍覆包涵，無所不容，善其善而惡其惡，何有於華
> 夷之辨？後之說《春秋》者，甚嚴華夷之辨，大失聖人之旨
> 矣。[1]

在上述仁齋所謂：「夷而進於中國則中國之」的主張中，已經為日後
明治三十年代中期以還，所謂以日本為亞洲之首以對抗西方列強，不
惜為全亞洲之和平、光榮而戰的「興亞主義」[2]，預留思想論述的合
理空間。會澤正志齋更對江戶以來，儒者以明、清為華夏中國的論
點，展開嚴正批判，會澤如下說道：

1　伊藤仁齋：《論語古義》（京兆：文泉堂發行，文政己丑年〔1829〕再刻本），卷之
　2，〈八佾第三〉、〈夷狄之有君〉章，頁4-5。
2　關於明治以還，日本興亞論述的發展轉變過程，詳參拙著：〈日本的孔子教運動〉
　中有關孔子教與興亞的考察，收入林慶彰主編：《國際漢學論叢》第1輯（1999年7
　月），頁282-296。

近世陋儒俗學，不達大體任意談說，其如牽強經義而競新衒博
者，如舔毫鬥詞以釣名要利之流，紛紛擾擾，固無足言焉。而
或昧於名義，稱明、清為華夏中國，以污辱國體。或逐時徇
勢，亂名遺義，視天朝如寓公，上傷列聖之化，下害幕府之
義。……凡此皆非忠非孝，而非堯、舜、孔子之所謂道者也。[3]

幕末時期會澤正志齋的此番言論，不僅拒斥「嚴辨華夷」，並且預告
了日本將「以夷變夏」，同時也已經標舉出「國體」的崇高性。

　　至於《孟子》所以被剔除在經筵進講之外，乃因其中所謂：無論
何人，縱使其並非萬世一系之天子，設若其能施行王道，則此人便可
為王的這一思想，始終被日本視為是一有礙國體的問題思想，故也被
摒除於公學校教科書之外。近世以還，《孟子》的民本主義思想，在
日本儒學思想中，一向被視為異端。其中《孟子》肯定周武王基於所
謂商紂暴虐無道，因而喪失「天命」，亦即民眾的支持，故可以放伐
之的「易姓革命」思想，特別引起日儒之間的爭議。而《孟子》此種
「易姓革命」思想，又恰與試圖於「萬世一系」這一王統之持續性
中，尋求天皇支配之正統性的近代日本國體論相對立。

　　摒除《春秋》與《孟子》二書後，近代日本皇室的經筵進講，基
本上與中國的經筵進講一樣，五經中最重《書經》，然在四書的進講
上則與中國自宋代以還，在四書流行的元、明、清三朝中，經筵進講
四書中最重《大學》的情況有異，在近代日本的經筵進講中，四書方
面則最重《論語》。而各經被進講的次數，總計如下：

　　《詩經》：五次；《書經》：十八次；《禮記》：三次（「禮」：二
　　次）；《易經》：十二次；《大學》：五次；《中庸》：六次；《論
　　語》：十六次。

3　會澤正志齋：《新論》，收入今井宇三郎等校注：《水戶學》，《日本思想大系》第53
　卷（東京：岩波書店，1973年），頁388。

本章擬自上述經筵進講中，就諸橋轍次於昭和十二年（1937）進講《論語》〈憲問・子路問君子〉章之講義內容，再輔以日後諸橋轍次於《古典のかがみ》[4]（中譯：古典之明鏡）中，有關「修」己的道德內容，而來進行考察。試圖從諸橋轍次的《論語》理解，與其所主張的有關君王必修之道德的論述中，釐清諸如：諸橋轍次的帝王教育主張為何？目的欲涵塑何種帝王人格？以及其主張、目的背後具有何種思想脈絡意涵？進而探討近代日本帝王教育究竟具有何種特質？等問題。

二　君師諸橋轍次及其《論語》理解

（一）君師的不二人選：諸橋轍次

翻開日本近代史，保傅君德最具代表性的人物，自不待言地，當推元田永孚（1818-1891），其君師地位之不可撼動，就連始終與其政治立場相左對立的伊藤博文，也不免向明治天皇如下進言道：

> 永孚雖已薨逝，然亦不宜任命其後任。永孚之業，永孚始能為之，雖碩學博識之人亦不可代替之。[5]

相對於元田永孚對明治天皇的影響，筆者以為：諸橋轍次在近代日本皇室東宮太子的漢籍教育史中，亦發揮了漢學者舉足輕重的影響。

據年譜所載，諸橋轍次與皇室直接有所關聯，應肇始於昭和十一年（1936）一月十日，其正式被下詔委以向昭和天皇進講漢籍的任

---

4 諸橋轍次：《古典のかがみ》，收入鎌田正、米山寅太郎編：《諸橋轍次著作集》第10卷（東京：大修館書店，1977年）。

5 沼田哲、元田竹彥編：〈元田永孚略年譜〉，《元田永孚關係文書》，收入《近代日本史料選書》第14卷（東京：山川出版社，1985年），頁19。

務。翌年的昭和十二年（1937）一月十八日，皇室正式下令其入宮進
講，同年一月二十二日，諸橋入宮向昭和天皇進講《論語》〈憲問〉
篇「子路問君子」章。繼而於終戰該年的昭和二十年（1945）四月二
十七日，奉命教授當時的皇太子明仁親王（當今之平成天皇）漢籍，
同時被任命為「皇后宮職御用掛」。同年日本投降前夕的八月十日，
諸橋再被正式任命為「東宮職御用掛」。自戰後第一年的昭和二十一
年（1946）六月五日開始，諸橋便向皇太子明仁親王進講漢籍，爾後
每週兩次，皆於學習院大學教室持續向皇太子進講漢籍，至昭和二十
七年（1952）二月九日進講《論語》〈子路〉篇「為君難，為臣不
易」章為止，共長達六年之久。[6]

　　而除了於皇室或學習院大學進講漢籍外，諸橋也屢次擔任皇孫命
名之重任。而諸橋所以能與皇室保持親密互動，主要是因為其出身師
範體系之名門學校──東京高等師範學校，畢業時同時取得師範學
校、中學校、高等女學校之「修身科」；師範學校、高等女學校之
「教育科」；師範學校、中學校、高等女學校之「國語科」及「漢文
科」等各學校各科的教師證。[7]換言之，就專業能力而言，諸橋具備
了為人師表的具體能力證明。而諸橋自擔任教職以來，屢與文部省及
內閣有著密切的教育事務上的往來關係，例如內閣曾於大正六年
（1917）十月派任其出差中國，大正八年（1919）正式由文部省派遣
其赴中國兩年，研究中國哲學與中國文學，而諸橋受命後則於九月五
日啟程。[8]另外，除了屢被任命為教員檢定委員會委員、文部省視察
委員、教育調查委員外，昭和八年（1933）四月，諸橋更被任命為
「滿洲國文教調查委員會」的委員長。[9]而在昭和十三年（1938），諸

6　詳參鎌田正、米山寅太郎編：〈年譜〉，收入《諸橋轍次著作集》第10卷（東京：大
　修館書店，1977年），頁621-624。

7　鎌田正、米山寅太郎編：〈年譜〉，「明治四十一年」條，頁618。

8　鎌田正、米山寅太郎編：〈年譜〉，「大正六年」、「大正八年」條，頁619。

9　鎌田正、米山寅太郎編：〈年譜〉，「昭和八年」條，頁620。

橋還被文部省派遣至滿洲國及中華民國出差。[10]另外,諸橋更多次參
加皇室相關事務,例如大正十一年(1922)受帝國學士院委託擔任
「帝室制度之歷史性研究」的調查委員[11],昭和十三年(1938)則被
任命為「皇紀二千六百年及創立記念委員會」的委員。[12]

　　而論及諸橋的師友關係,其私淑竹添光鴻(1842-1917),又與竹
添之女婿嘉納治五郎(1860-1938)相交甚篤,竹添本是維新政府的舊
官員與東京大學的前教授,而嘉納治五郎則是諸橋的上司,亦即東京
高等師範學校的校長。另外,負責審查諸橋博士論文授予其學位的宇
野哲人(1875-1974),是師承井上哲次郎,並受到服部宇之吉賞識的
東京大學新銳教授,而且宇野哲人也曾於昭和十年(1935)為天皇進
講《論語》〈為政以德〉章。另外,自明治末年到大正時期,當時日本
漢學界經學研究的大本營,當屬以安井小太郎、島田鈞一、林泰輔所
主持的「研經會」,諸橋轍次則是經由安井小太郎與林泰輔的推薦加入
該會,而日後東京高等師範學校改制為東京文理科大學時,諸橋則接
受安井小太郎所推薦,引薦中國文學研究者古城貞吉,與英語教師石
田洋一郎兩人任教東京文理科大學,足見諸橋與安井小太郎交情之深
厚,而安井小太郎不僅是江戶末年幕府官學「昌平黌」儒官安井息軒
之孫,安井小太郎本身也曾於昭和七年(1932)入宮進講《書經》。[13]

　　至於諸橋的家庭出身背景也堪稱思想純正,其父親就是一位極度
崇敬天皇之人。諸橋曾如下描述其父於明治年間某日上京時,巧遇明
治天皇檢閱海軍大演習時的情景。

　　　　其時恰巧是海軍舉行大演習之際,而明治天皇要進行檢閱,然

---

10 鎌田正、米山寅太郎編:〈年譜〉,「昭和十三年」條,頁621。

11 鎌田正、米山寅太郎編:〈年譜〉,「大正十一年」條,頁619。

12 鎌田正、米山寅太郎編:〈年譜〉,「昭和十三年」條,頁621。

13 關於諸橋轍次的師友關係,詳參諸橋轍次:〈漢學界の回顧〉,《回顧》,收入《諸橋
　　轍次著作集》第10卷(東京:大修館書店,1977年),頁301-353。

因還幸時間未定，我便陪伴父親前往宮城前。列隊參觀的人海
不下十幾二十重，喧擾不已之間，在陛下的馬車終於接近時，
父親卻突然跪下來磕頭，我向他說站起來禮拜也不會失禮，但
父親卻對我不予理會，而我則心驚膽戰地擔心被人潮所壓倒。[14]

不僅父親如此，諸橋也曾如下描述其母親尊皇的側影：

母親是位安靜澀默之人，在日常家庭生活中也不會說教，但在
我進入學校後的第一個暑假，當我與友人一起頻繁使用所謂
「君（你）」、「僕（我）」等學生用語時，事後母親竟對我說
道：「所謂的『君』，不是指天皇嗎？隨意使用這樣的語言好
嗎？」當時的時代世風雖然已經不同，但父母的價值觀一生始
終如一。[15]

另外，從個人學養而論，諸橋也是聞名當時的漢學者，其除了在
東京高等學校專任外，更受聘為東京大學、駒澤大學、國學院大學等
多所大學的教授，更多次在「湯島聖堂」舉行釋奠祭儀時，講解《論
語》經文。大正七年（1918）「斯文會」創立之際，諸橋便擔任該會
之委員，大正十年（1921）八月結束在中國的留學生涯返日，同月受
岩崎男爵委託，擔任「靜嘉堂文庫」庫長。昭和三年（1928）六月，
受大修館書店店主鈴木一平委託編纂《大漢和辭典》，日後諸橋還因
此獲頒中華民國政府的文化獎。[16]

蓋無論是中國的三公、三師，或是日本自古以來的博士家，乃至

---

14 諸橋轍次：〈私の履歷書〉9，《回顧》，頁255。
15 諸橋轍次：〈私の履歷書〉9，頁256。
16 詳參鎌田正、米山寅太郎編：〈年譜〉，「大正七年」、「大正十年」、「昭和三年」等
   條，頁619、620。

近代以還的大學教授，碩學鴻儒如何才有資格進宮進講漢籍，除學識之外，多在考慮其能否以「道德」保導帝王。而就上述說明看來，諸橋轍次無論是就師範教育的專業背景、個人漢學素養、師友人際關係，或是就家庭出身背景等條件而言，其不只是一位「碩學鴻儒」，還是一位「思想純正」，適合保傅天皇、太子之德的君師。

（二）諸橋轍次的《論語》觀

論及諸橋轍次對《論語》究竟抱持著何種觀點，我們由其以下的宣言便可窺知一二：

> 《論語》乃我國國民最早擁有的典籍，就這點來說，我以為將之視為我國之古典亦無妨。往昔之人們將「發現」這件事說成是「創作」，而若從《論語》自東渡來日至今，我國之國民曾於該書中多有發現這點看來，則《論語》也是我國國民之創造物，確實可將《論語》視為我國之古典。[17]

> 《古事記》成書於《論語》東傳日本的四百二十七年後，《日本書紀》成書於《論語》東傳日本的四百三十五年後，而我國最早的和歌集《萬葉集》則成書於《論語》東傳日本的四百六十八年後，較我國最古老的《記》、《紀》、《萬葉》等古籍早四百數十年傳至我國的《論語》，自東傳日本後，因為廣為人們所閱讀，且為各家各戶所收藏，故已是我國人最熟稔的古典。[18]

在諸橋的認知中，《論語》既是日本人的古典，而且還是最熟悉且倍

---

17 諸橋轍次：〈論語心講〉，收入《諸橋轍次著作集》第6卷，頁556。
18 諸橋轍次：〈序にかえて〉，《古典のかがみ》，頁7。

感親切的古典，並且是值得一再玩味的古典。諸橋進而說明《論語》之教旨不離日常生活，既近切又務本，且教喻不落理窟。諸橋言：

> 孔子徹頭徹尾就是人，既非神亦非佛。由此點看來，孔子之教自然也就不離日常生活。……又《論語》一書非常明顯的特徵是書中文句極短。……因為孔子本來就不是好發議論之人，故表現在《論語》中的教喻也自然，多是短句，或言「仁者愛人」、或言「修己」，稍長者如「見義不為無勇」。但即使文句再短，越咀嚼則越能體會其深意者，是為《論語》之教喻。[19]

也正因為《論語》具有平易近人、實用不說教的特性，所以《論語》是普及於日本家家戶戶的漢籍，是一部浸潤人身的古典，然關於《論語》之教的性質究竟為何？諸橋則如下說道：

> 《論語》徹頭徹尾就是個人教育。這就是《論語》可以賦予我們巨大力量的另一個理由所在。今日之教育，雖然方法進步、形式改變，但教育終究必須是教人者與被教者之間的接觸。只要教育的根本在此，則教育的方法，歸根究底就必須是個人教育。[20]

但閱讀如此平易近人且不說教的《論語》，卻仍有其困難之處，原因就在於《論語》之教徹頭徹尾就是個人教育，而個人教育中修養堪稱是難度最高的，因為觀念的理解不等於實踐的保證。或許因為諸橋有此番理解，故我們不難理解當其有機會對昭和天皇進講漢籍時，所以會選擇《論語》〈憲問〉篇的「子路問君子」章，乃因其始終認為儒

---

19 諸橋轍次：〈序にかえて〉，《古典のかがみ》，頁7-9。
20 諸橋轍次：〈序にかえて〉，《古典のかがみ》，頁11。

家教育的根本要點就在：修己治人。而且，道德修養，當然必須落實到行為實踐，而帝王教育，更是如此。

三　古典明鏡《論語》的教諭——「修己」的帝王學

（一）諸橋轍次《論語》經筵進講

　　帝王教育的特殊性之一，就在受教的對象特殊，帝王貴為九五之尊，原本就高高在上、威儀凜凜，在身分地位上，本有其無法逾越的障礙，而執教者進講的目的無非試圖使帝王修德正身，以序人倫，德化於民，則風行草偃，眾星拱之，國治久安。故其教育目的不可不謂嚴肅，受教範圍廣及全國上下。但這一看似宏大嚴正的教育，卻因為受教者的身分地位而未必能嚴格施教。復加日本皇室元月的經筵進講的時間並不長，所以每位進講者等於必須要事先取決，其究竟是要將其所學的哪一部分精華，在如此短暫的時間內傳授給天皇，所以當然也要考慮教育方法的合理性與成效如何。何況天皇並非漢學者出身，因此教材的難易度也須考慮其合適性。而如前所述，諸橋既然認為《論語》是日本人的古典，並且是日本人最熟稔的古典，同時還是普及於日本家家戶戶的漢籍，故浸潤了每個日本人的身心。按諸橋之說，對日本人而言，《論語》堪稱是最易懂且最能被接受認同的漢籍。諸橋如下說道：

> 只要基於小學與中學時期所學的文字，再稍加幾分學習，任何人皆可輕鬆愉悅地閱讀《論語》。因此，當我在向社會各界人士推薦講讀古典時，古典之中我首先最想推薦的，就是我國最多人民深感熟稔的《論語》。[21]

21　諸橋轍次：〈序にかえて〉，《古典のかがみ》，頁12。

　　如上所述，正是在此種對《論語》的認識下，當昭和十一年
（1936）一月十日，皇室正式下詔諸橋，令其向昭和天皇進講漢籍，
翌年的昭和十二年（1937）一月十八日，皇室令其入宮進講時，諸橋
在此次經筵進講中，選定進講的漢籍自不待言地當然也是《論語》，
而且是〈憲問〉篇〈子路問君子〉章。顯而易見的，諸橋試圖教授昭
和天皇的，正是「堯舜其猶病諸乎」的「修己安人」、「修己安百姓」
的「聖人」之帝王學。

　　而誠如眾人所皆知的，〈子路問君子〉章指出堯舜都難以達成的
修養境界有三，一為修己以敬；二為修己安人；三為修己安百姓。諸
橋首先將原文訓讀並翻譯成現代日文，其中比較特別的是：諸橋將
「人」解為一般人民；將「百姓」解為百官有司，最後將該章重點總
結如下：

> 要之，君子乃聖德之人，其終極的到達點，則在聖人之境。而
> 人一生應該做的是所謂的修己，進而由此出發，廣安人民。後
> 世學者，以「治人」二字代替「安人」一語，遂更加易解幾
> 分。儒教以修己治人為最終目的，此目的與本章的君子修養一
> 致。另外，安人之「人」字，亦可解為親族朋友，安民之
> 「民」字，亦可解為天下之民。[22]

在此番看似再平常不過的講義，諸橋想要教授天皇的重點，顯然是在
「修己」一事，但對於為何修？如何修？修什麼？等進一步的問題，
或許因為進講時間有限，諸橋並無進一步說明。但因為其重點在
「修」天皇一己，故筆者於下文中將從諸橋轍次於《古典のかがみ》
書中論及「修」（修養）的部分，而來考察其教育主張為何？目的欲

---

22 諸橋轍次：《論語の講義》，收入《諸橋轍次著作集》第5卷，〈憲問第十四〉，頁301。

涵塑何種帝王人格？以及其中究竟蘊含著何種思想脈絡意涵？以及近代日本帝王教育究竟具有何種特質？等問題。

（二）帝王必修之德——「學以養德」、「孝以化民」、「敬以執事」

諸橋轍次向昭和天皇進講《論語》〈憲問・子路問君子〉章，講的是「修己治人」、「修己安百姓」，而要能安人、安百姓，自不待言地，前提條件首在「修己」。而就如同修整儀容，常須攬鏡自照，然修正調整自我心態行為的明鏡何在？良師益友，切磋琢磨，摩挲古典、尚友古人，寄託信仰，自我救贖，無一不是「修己」之明鏡。諸橋轍次就主張：《論語》是一面映照自我的明鏡，其言：

> 《論語》者，與其說是要閱讀之，毋寧將之作為一面映照自我的明鏡。[23]

諸橋在戰後所撰成的《古典のかがみ》一書中，將《論語》的教旨分為「修」、「己」、「治」、「人」四部分，並明言「修」、「己」兩部分多是人一般的修養；「治」多是政治教訓；「人」的部分則在瞻仰孔子的人格風範。而如前所述，因為諸橋於昭和十二年（1937）元月進講時，其所選擇的是《論語》〈憲問〉篇的「子路問君子」，筆者以為諸橋所欲標舉的帝王教育之重點，顯然是在所謂的「修己」（修養自我），故以下本章試圖輔以《古典のかがみ》的「修」、「己」、「治」、「人」四部分中，特別就諸橋對「修」的說明，具體闡明其所欲涵養的君德為何。

諸橋在談論「修」的主要內容時，除「滄浪之水」以外，總共援

---

23 諸橋轍次：〈論語心講〉，頁551。

引十一章《論語》原文，提出以下十個要點：和為貴（語出《論語》
〈學而〉「禮之用，和為貴。」）；切問近思（語出《論語》〈子張〉「切
問近思，仁在其中。」）；古之學者為己（語出《論語》〈憲問〉「古之
學者為己，今之學者為人。」）；父母唯其疾之憂（語出《論語》〈為
政〉「父母唯其疾之憂。」）；啟予足，啟予手（語出《論語》〈泰伯〉
曾子有疾，召門弟子曰：「啟予足！啟予手！《詩》云：『戰戰兢兢，
如臨深淵，如履薄冰。』而今而後，吾知免夫！小子。」）；無遠慮必
有近憂（語出《論語》〈衛靈公〉子曰：「人無遠慮，必有近憂。」）；
任重道遠（語出《論語》〈泰伯〉「士不可不弘毅，任重道遠。仁以為
己任，不亦重乎？死而後已，不亦遠乎？」）；滄浪之水；學不厭（語
出《論語》〈述而〉子曰：「默而識之，學而不厭，誨人不倦。」）；執
事以敬（語出《論語》〈子路〉樊遲問仁。子曰：「居處恭，執事敬，
與人忠。雖之夷狄，不可棄也。」；〈憲問〉「君子修己以敬。」；〈學
而〉子曰：「道千乘之國，敬事而信，節用而愛人，使民以時。」）

　　而上述諸橋所揭舉出的十個修養要點，主要又可歸納為三個帝王
教育的主題，亦即「學以養德」、「孝以化民」、「敬以執事」。本章以
下便就此三個主題，說明諸橋之《論語》經筵進講，其所欲教導之帝
王教育的思想內涵及其特點。

1 學以養德

　　首先，在上述諸橋所標舉的十個修養要點中，所謂「切問近
思」、「古之學者為己」、「學不厭」等有關問、思、學的標舉，都是在
確保務使天皇能夠學問功至，理欲判然。蓋有關帝王治國平天下之
法，實不下百千，然務必要求帝王往勤學一路去尋，不須另闢蹊徑的
教法，實堪稱傳統儒家政治理想之表徵。因為治國理民固須政術，然
更貴在用心。而欲治天下者，必先建事，欲建事則莫重於師古，欲師
古當然須急求多聞，惟有多聞以真得古聖賢王之理念真髓，方是用心

所在。中國政治以人治為基幹，人君不學即無以養德，無德即易荒道
廢政，蒼生遭殃。

　　而從諸橋所提出的修養課題中，我們也不難看出其中有所謂：
「心正而天不違之，……聖心正而天心自順」[24]此種君王即為「天之
子」，以天之名行治於世，若不能自我省修，則天意不慊，無以報天
之德，喪亂恐近在眼前的思惟蘊含其中。故天皇宜戮力修學，篤志求
道，游藝養心，方是祈天永命之道。換言之，人君治國理事的最大目
標，當然主在天下承平，海內晏安，進而長治久安。而君德之養成，
則成為治亂興衰之指標，因為：「德日新者，有以致萬邦之懷；儀不
忒者，足以致四國之正。」[25]由此看來，我們不難發現：日本皇室的
進講制度，也有相當程度是在使天皇或太子可以親近碩學鴻儒，講道
論德，進君子，退小人，以回「天」意的此種用意在其中。

　　蓋自明治天皇的侍講元田永孚以來，「修德乃政治之根本」的這
一主張，始終是元田永孚保傅君德教育的重點。[26]事實上，昭和天皇
即位翌年，便破例於昭和二年（1927）九月、十月，兩次詔令狩野直
喜入宮進講「古昔支那儒學の政治に關する原理」（「關於古昔中國儒
學之政治原理」），昭和七年（1932）六月，再度破例兩次詔令狩野直
喜入宮進講「儒學の政治原理」（「儒學之政治原理」）。狩野於進講中
亦明白表示：其為天皇進講漢籍，就如同中國之三公、三師，是以道
德傅相天子、以道德保安天子，也就是以道德使天皇可安居於道德之
地位[27]，並非如一般行政官吏，有具體的行政職務。因此，天皇於進

24　〔明〕劉球：〈敷陳十事疏〉，收入清高宗敕選：《明臣奏議》（北京：中華書局，
　　1936年《叢書集成初編》本），卷2，頁27。

25　〔明〕張原：〈時政疏〉，《明臣奏議》，卷13，頁237。

26　關於元田永孚之經筵進講，詳參陶德民：〈元田永孚的「君德輔導」與論語解釋：
　　關於《經筵論語進講錄》的考察〉，收入黃俊傑編：《中日《四書》詮釋傳統初探
　　（上）》（臺北：國立臺灣大學出版中心，2004年），頁213-235。

27　筆者以為狩野直喜在此所說的「使天皇可安居於道德之地位」（道德の地位に安ら

講教育中所要涵養的，主要也是道德修養。狩野直喜如下說道：

> 論政治之理想，乃在以道德輔弼天皇上御一人。……帝王自身
> 當然須親裁萬機，但其實只須裁定帝王所委任之各大臣所上奏
> 的事務即可，帝王之重責大任，除琢磨君德之外無他。[28]

2 孝以化民

　　繼而諸橋舉出所謂「父母唯其疾之憂」，與「啟予足，啟予手」
之說，此自不待言地，就是在標舉「孝道」。蓋「孝」在《論語》
中，原本主要是針對父母而被要求的德目，「孝」不僅提示了父子關
係的家族道德，「孝」的根本又是在持敬以奉養父母，並且從所謂：
「死，葬之以禮，祭之以禮」（〈為政〉）、「三年無改於父之道」（〈里
仁〉）看來，此種要求還需延長到父母死後。故《孟子》也講：「不孝
有三，無後為大。」（〈離婁上〉）顯然，在儒家早期的思想中，「孝」
還結合了祖先的祭祀與子孫的綿延等責任義務。而《孟子》中則進一
步說道：「堯舜之道，孝悌而已矣。」（〈告子下〉）如此一來，在古代
理想的聖王、天子時代，「孝」也是最基本的德目。

　　而《孝經》又將《論語》、《孟子》中的「孝」思想加以發展，使
得「孝」不僅是所有德性的基點與歸著點，同時還賦予「孝」個別特
殊的階級性，亦即自天子、諸侯、卿大夫、士、庶人，盡「孝」之內
容與要求各有不同。進而使「孝」不只侷限在個人德性，更使之成為
政治上的要件。其中，更因為敬愛於親，德教化及天下，以為四方蠻

かに居らせらるやうに致す），指的是天皇之師的職務，乃在使天皇成為體現道德
之典範，以為全民之楷模一事。換言之，經筵講師的使命就在培養、涵塑天皇超越
性的道德，凸顯天皇之神聖崇高性，以鞏固天皇至高無上的道德性地位。

28 狩野直喜：〈古昔支那儒學の政治に關する原理〉，《御進講錄》（東京：みすず書
　　房，2005年新裝版），頁24。

夷之典範等政治性要求，也被視為天子之「孝」的內容。足見天子之「孝」不僅被賦予政治性意義，而且「孝」也成為天子是否能統治天下的要素。

　　但自漢代以還，「孝」則超越了個人的道德範圍，成為支撐國家、社會秩序的，具有強烈社會性與政治性色彩的意識形態之一。故《禮記》〈祭統〉有言：「忠臣仕君，孝子仕親，其本皆同。」[29]也就是說：當時對「孝」的基本思惟是：仕「親」與仕「民之父母」的「君主」，基本上一致無異。而「孝」在漢代受重視的程度，由東漢官吏登用中有舉孝廉；掌管諸州教育的官吏被稱為「孝經師」，並以講授《孝經》為第一要務[30]等事看來，亦可窺知一二。魏晉時代隨著社會階級的穩固化，「孝」作為連結家、族的重要臍帶，其重要性更與日俱增，至隋、唐時代更是有增無減。我們從正史中北魏獻文帝、孝文帝、隋煬帝、唐高宗、玄宗、代宗、順宗等，皆被評為「仁孝」、「孝友」等記載看來，「孝」顯然已經被提高至所謂帝王所必須具有的人格道德這一地位。

　　亦即，「孝」作為帝王教育的內涵，相當程度是儒者試圖在託古的周代帝王教育下，也就是在詩書禮樂六藝之教化下，闡明君臣父子之道，強調以孝道為基礎的人倫道德。而如果帝王具備完善之德性，則自能「德成而教尊，教尊而官正，官正而國治。」[31]但在此種重德輕術，寓術於德的帝王教育中，我們也不難看出所謂敘彝倫、立皇極的教育訴求，其乃源自所謂本天道而驗人事的五帝、天子之道。而此種帝王之學，同樣成為近代日本經筵講義的君師們，透過儒家典籍而試圖涵養塑造天皇人格的主要教育內容。

---

29 《禮記》，《十三經注疏》（臺北：藝文印書館，1989年），〈祭統〉，頁830。

30 詳參〔南朝宋〕范曄：《後漢書》，收入楊家駱主編：《點校本二十四史》（臺北：鼎文書局，1986年），〈百官志・司隸校尉〉，頁3614。

31 《禮記》，〈文王世子〉，頁397。

但我們在此必須注意的是：在天皇漢籍教育中，「孝」所以較於仁、義、禮、智、信等條目而被優先標舉出來，除了基於「孝」乃德之本的認識之外，還因「孝」在日本近世以還的思想脈絡中，其並非人這一道德主體的作用，而是被視為萬德之本體。而且「孝」又與神道設教、祭政一致的天皇體制形成有機關聯，其不僅是神道教的根源神理，其更是闡發天皇制國家體制與政治意識形態的有機道德要素。而此種思想其實早見於江戶時代的陽明學、水戶學者身上。[32]江戶時代標舉「孝」之崇高道德性的，首推中江藤樹，誠如眾所周知的，藤樹不僅讀講、傳授、抄寫《孝經》，甚至拜誦《孝經》，其言：

> 順親養親，或為大孝，或為小孝，何也？人之一身有大體、有小體。以大體順親養親為大孝；以小體順親養親為小孝。蓋身體髮膚，此小體也；仁、義、禮、智，此大體也。……復本體之明，此之謂大孝焉。此乃天下第一等事，學問第一等義也。[33]

而在藤樹之弟子熊澤蕃山（1619-1691）看來，「孝」是統攝宇宙、天地、人生的根源本體，天道與人道正是由「孝」所連結貫串的，而且「孝」也是神道教的根源神理。故其言：

> 孝，太虛之神道，造化之含德也。在人為萬善之淵泉，百行之源也。[34]

---

32 關於江戶時代陽明學者對「孝」概念的理解與轉化，詳參張崑將：〈德川儒者對中國儒學道德價值觀念的轉換：以「仁義」、「忠孝」概念為中心〉，《德川日本儒學思想的特質：神道、徂徠學與陽明學》（臺北：國立臺灣大學出版中心，2007年），頁3-34，文中有詳實精闢之論斷。

33 中江藤樹：《藤樹書簡・書清水子卷》，收入宇野哲人、安岡正篤監修：《日本の陽明學（上）》，《陽明學大系》第8卷（東京：明德出版社，1973年），頁516。

34 熊澤蕃山：《孝經小解》，收入正宗敦夫編：《蕃山全集》第3冊（東京：蕃山全集刊行會，1940年），頁3。

孝，成於天地未畫之前，太虛之神道也。天、地、人、萬物，
皆由孝生。春、夏、秋、冬，風、雷、雨、露，無非皆孝。
仁、義、禮、智，孝之條理也。五典、十義，孝之時也。以神
理之所含蓄為孝，以言語無以名之，強取象曰孝。[35]

針對蕃山以仁、義、禮、智，孝之條理的說法，幕末的陽明學者山田
方谷，則稱讚此說乃「足以發王學之深旨」。[36]而「孝」優於一切德目
的思惟，到了幕末水戶學的會澤正志齋身上，「孝」不僅是神道教的
根源神理，其更是闡發天皇制國家體制與政治意識形態的有機道德要
素，「孝」與「忠」合而為一，而此「忠孝不二」、「忠孝一本」的道
德訴求，除了是大和民族的根本精神，也是天皇制大日本帝國的國家
本質（國體），更是日本開國以來有別於其他國族的文化獨特性。會
澤如下說道：

孝敬之心，父以傳子，子以傳孫，繼志述事，雖千百世猶如一
日。孝以移忠於君，忠以奉其先志，忠孝出於一，教訓正俗，
不言而化。祭以為政，政以為教，教之與政，未嘗分為二。故
民唯知敬天祖、奉天胤，所鄉一定，不見異物，是以民志一而
天人合矣。此帝王所恃以保四海，而祖宗建國開基之大體也。[37]

換言之，「孝」不僅是統合全體日本皇民向天皇盡「忠」的核心
機軸點，同時也是收束鎌倉時代以來多元性忠誠指向的「忠」，使之
聚集於天皇一人的施力點，更是由個人對「血緣父母」的自然關係情

---

35 山田方谷：《集義和書類抄》，收入《山田方谷全集》第2冊（東京：聖文社，1951
　　年），頁52-53。
36 山田方谷：《集義和書類抄》，頁53。
37 會澤正志齋：《新論》，頁383-384。

感，朝向對家族、國族之共同血緣之父的「現人神」[38]之天皇的政治
關係情感的轉換點。因此，在戰前日本近代天皇國家制的時空環境
下，天皇教育中強調、重視「以孝化民」的落實，乃是宣導、推行
「忠孝不二」、「忠孝一本」之道德實踐，以護翼「萬世一系」之皇統
與國體的不二法門，也是支撐近代日本「祭政一致」的原理之一。故
「孝」不僅是天皇首要涵養的個人道德修養，同時也是「億兆」皇民
所以趨向「一心」的作用力。

　　誠如眾所皆知的，江戶後期水戶學派的主要思想，就在以「忠孝
不二」、「忠孝一本」、「忠孝一體」為思想核心，而來展開其民族主義
國家論的國體觀。其強調日本自天地開闢，便是由天祖一君統治臣
民，子子孫孫萬世無窮，此乃日本這一國家的特殊尊貴之處。而為了
使這一國體概念，能夠藉由奠定帝王統治基礎的儒學普遍道德概念，
而來對之進行理念化，遂從《古事記》、《日本書紀》等日本神話、歷
史所記載的「事實」中，擷取其所需的道德理念，強調天下大道始自
君臣，天下萬理包含其中，天皇視臣民如子，臣民仰天皇如父母，君
臣、祖孫，同體一氣，血源相繫，相互契合，互不可離。故君臣之忠
義與父子之親愛合而為一，此乃日本獨有，世界無與倫比，堯舜未能
夢，孔子未能說的至純道理。

　　而既然天皇乃天照大神之神孫，又是日本國族人民之生命母源，
則忠於天皇必合於親意，因為天皇乃是日本臣民之君父，皇室乃天祖
後裔之日本民族、國民的宗家，所以為了支持獨有、尊貴、萬世一系
的國體，日本臣民必須誠心對待大家長的君（天皇），就如同其對待

---

38 所謂「天皇現人神」，亦即「アキツカミ」，意指天皇乃是一具有現實肉體而降臨現
　世的神祇。例如《萬葉集》中所謂：「大君は神にしませば天雲の雷の上に廬りせ
　るかも」（筆者中譯：因為天皇乃神也，故可於蒼穹雲中之雷上建造其宮殿。）見
　伊藤博校注：《萬葉集（上）》（東京：角川書店，1985年），卷3，〈雜歌〉第235
　首，〈柿本朝臣人麻呂所作和歌〉，頁112。即指此意。

小家長的父，後者是孝；然前者既是忠又是孝。因為天皇代表的是以血源為基礎的關係中，日本這一家族國家的大家長。故對個人自身父母、家族的忠誠，亦即「孝」，或說是「小忠」，又可以直接聯繫到對天皇、國家的忠誠，亦即「忠」，或說是「大孝」，這是自然而然的天生心情。因此服從、忠於天皇是自然天生的，就如同服從、忠於父親是自然天生的一樣。而當忠孝不能兩全時，當然要捨「小忠」／孝，盡「大孝」／忠。而這就是日本異於世界各國、獨一無二、純良精粹之「忠孝一本」、「忠孝一體」、「忠孝不二」之國體。換言之，在血源「一本」（一脈相承）的基礎上，「忠」、「孝」其實是一體兩面、毫無二致的一件事。

所以在明治開國以後，無論是明治十五年（1882）一月頒行的《軍人勅諭》，或是明治二十三年（1890）十月頒布的〈教育勅語〉，這兩大支撐天皇制國家意識形態的支柱，其從教育、軍事方面要求日本軍民忠孝奉公的終極目的，就在「彰顯祖先之遺風」、成為「朕忠臣之良民」，以護翼「萬世一系」之尊貴獨特國體。[39]換言之，天皇這

---

39 除《軍人勅諭》、〈教育勅語〉之外，其他如明治政府所頒訂的國定修身教科書中則清楚說道：「吾國以家族制度為基礎，舉國成一大家族，皇室為吾等之宗家。我國民以敬愛父母之情，崇敬萬世一系之皇位，是以忠孝為一不可分。」轉引自石田雄：《近代日本政治構造の研究》（東京：未來社，1956年），頁8。而進入昭和時代，昭和二年（1927）由長澤林太郎發起，網羅當時日本皇室、官界、學界乃至神道教神職人員等各領域或人士共五十二名，設立了「日本國體本義編纂審議會」，翌年時值昭和天皇於伊勢神宮舉行即位式大嘗祭儀式之際，該會出版發行了《日本國體本義》（東京：平凡社，1928年）一書。該書開頭之序文即說道：「身為帝國之臣民而不能辨我國體者，與不知父母之名者恥辱相同。國體乃不可侵犯之實際存在，無論法律、政治或道，皆須依循之，一切生活亦由此而展開。」（頁1）接著〈第一章序說〉中亦開宗明義說道：「我日本帝國擁戴萬世一系之天皇，具有世界無與倫比之特殊國體，此乃世人所周知。」（頁3）而該書最後的〈第十章國體本義〉，堪稱全書之精華，又分為十個小主題，前五個主題分別為：〈（一）我國家乃一大家族〉、〈（二）天皇乃此大家族之自然首長〉、〈（三）此大家族之家憲首條乃祖先信仰〉、〈（四）天皇之尊貴乃至高祖神之代表者〉、〈（五）天皇之大權並非藉強押

一大家長作為一政治機關，其所擁有的諸多世俗權力，是依托於神靈祖先之威權，同時藉由家族、父子等模擬自然血源天性親情而來驅動實現之。因此，原本屬於儒家思想之道德元素的「孝」，在上述結合神／人、君／父的近代日本家族主義天皇制中，已然從原先「祭祀」與「有後」並重，傾斜向祭祖與彰顯祖先，不僅成為擬神性、純粹血源制國族觀的核心觀念，也是收束多元性忠誠轉而對天皇一人盡忠的切換點，堪稱是統治者凝聚民心，要求全國上下一旦有緩急，其「子民」應義勇盡忠奉公的最主要且根本的道德要求。而其前提就是所謂：天皇既是神威「天孫」，又是仁慈「君父」的擬血源家族天皇制這一近代日本政治結構。[40]而此種以「孝」為根本基礎，將天皇與日本這一國族人民聯繫為一體，合祭、政、學、軍乃至精神層面為一致之天皇國家體制，其思想在江戶幕府末年已經屢見不鮮，不獨會澤正志齋。例如伊藤博文、木戶孝允之師，亦即幕末以提倡尊王攘夷舉世聞名的吉田松陰亦曾如下言道：

以維持〉（頁164-169）；而最後第十個主題則為〈（十）我國體乃世界無與倫比者，若無視此國體，則國家將不能免於瓦解〉（頁177-179）。又昭和十六年（1941）一月二十五日，經日本陸軍省檢閱通過而出版的《戰陣訓讀本》〈本訓・其の2・第2孝道〉亦言：「忠孝一本乃我國道義之精粹，忠誠之士又必純情之孝子也。應期於戰陣中體父母之志，徹克盡忠之大義，以彰顯祖先之遺風。」齋藤瀏邊、陸軍省報道部閱：《戰陣訓讀本》（東京：三省堂，1941年），頁10。足見自明治到終戰，日本政府分別從教育界、軍方以及社會各階層，要求既是天皇之「子」，又是天皇之「民」的日本全體國民，藉「孝」轉「忠」，進而「忠」、「孝」合一，義勇奉公，共同護翼國體。

40 關於近代日本家族國家制度與天皇制政治結構中，「孝」概念所發揮的效用，詳參石田雄：《近代日本政治構造の研究》（東京：未來社，1956年）、磯野誠一：《家族制度》（東京：岩波書店，1958年）、福尾猛市郎：《日本家族制度史概說》（東京：吉川弘文館，1972年）、武寅：〈論日本近代家族國家〉，《歷史研究》第3期，總第217期（1992年）、李卓：《家族制度與日本的近代化》（天津：天津人民出版社，1997年）、王家驊：〈儒學的政治化、社會化與日本的現代化〉，收入李玉等主編：《傳統文化與中日兩國社會經濟發展》（北京：北京大學出版社，2000年）等專書、專論。

凡生皇國，宜知吾所以尊於宇內。蓋皇朝萬葉一統，邦國大夫，世襲祿位；人君養民，以續祖業；臣民忠君，以繼父志，君臣一體，忠孝一致，唯吾國為然。[41]

而關於護翼「萬世一系」之皇統與國體是何等重大之事，我們由日後昭和天皇在考慮是否接受「波茨坦宣言」時，其所持的理由看來，此種護翼「萬世一系」之皇統與國體的訴求，並非僅限於天皇赤子的日本軍民，縱使是昭和天皇本人亦毫不懷疑此充滿神話色彩的政治意識形態。昭和天皇裕仁如下獨白道：

當時我下決心的第一理由是：這樣下去日本民族將會滅亡，我保護不了天下赤子。第二是為了護持國體，在這方面，木戶也持完全相同的意見。假如敵人從伊勢灣附近登錄的話，那麼伊勢、熱田兩神宮則將立即被置於敵人的控制之下，這樣就來不及轉移神器，無法指望保護它們。果真如此的話，護持國體將會更為艱難。故此時此際，我覺得哪怕犧牲我自己，也要媾和。[42]

3　敬以執事

而在「孝」這一德目之後，諸橋繼續提出「敬」這一課題，來作為帝王積德、行孝以修養自我後的另一重要目標，也就是以謹敬之心待人處世。諸橋如下說道：

---

41 吉田松陰：〈士規七則〉，《吉田松陰全集》第2卷（東京：岩波書店，1986年），頁13。

42 寺崎英成、マリコ・テラサキ・ミラ編著：《昭和天皇獨白錄》（東京：文藝春秋，1991年），本章此處引文轉引自小森陽一著，陳多友譯：《天皇的玉音放送》（北京：生活・讀書・新知三聯書店，2004年），第二章〈重讀《玉音放送》〉，頁34。

人在認真、專注之際，則其除了面前所面臨的事物之外，其他
所有的事物皆不入其眼中。往昔之學者在說明所謂「敬」一語
時，稱其乃「主一無適」之狀況。……我們敬神佛，其時心心
念念只有神佛，不思及其他事物。……同樣地，若是敬人，則
不思此人以外之事。此事之崇高，即使在日常生活工作中，在
從事的職務上，或在一生之事業上，皆無不同。……敬原本訓
讀為「ウヤマウ」（尊重、敬重），若是「ウヤマウ」，則經常
必須要有「ウヤマワレル」（被尊重、敬重）的對象。例如敬
神、敬佛、敬師、敬長者，常要有被尊敬的對方以為對象。但
敬之蘊奧，則如前述，是在專注一心而不散亂。只要心能涵養
主一無適的修養，爾後即使沒有敬的對象，心也都能處在此種
狀態。極端而言，敬不在敬重某對象，而在敬重自己。[43]

這不禁使我們聯想到《論語》〈為政〉篇中所謂判斷人子事親抑
或事牛馬；孝抑或不孝的判準，就在心中、行為有無「敬」意這一要
件。當然，天皇與百姓皆有父母長上，而除了對父母長上付出「敬」
意之外，「敬」還包括對神祇、事物抱持真誠虔敬的態度，亦即
「敬」不僅表現出人事親、祀神此種對在上位者的尊崇、誠摯之心
外，當「敬」作為一種生活的態度，還擴及所有執事之心態行為的真
摯與否時，「敬」便意味著一種恆常性道德心理狀況的保持。

換言之，完善人格的展現，就在人是否能以真誠虔敬之心對應天
地宇宙、萬人、萬事、萬物，而此時所謂的「敬」，並非只侷限在對
上位者的關係中，「敬」儼然成為一種對待所有宇宙、神、人、事、
物，包括自己在內的，聚精會神、專注一致的心靈狀態的獲得。而當
人始終處在一種聚精會神、專注一致的心理狀態時，心便可以維持一

---

43 諸橋轍次：〈修の卷〉，《古典のかがみ》，頁37。

種不因外在對象有異而妄動、浮動的穩定，在心無分別的情形下，人便獲得理欲判然下彰顯「理」（真理）的能力，心也就可以維持在穩定的「靜」態心境中。也就是說，「敬」作為人自我修養的課題、德目，其堪稱是人貫通內外、動靜的真工夫。而「敬」作為帝王教育的目標之一，其使得帝王從敬天、敬神、敬人、敬事、敬物中，確保無有分別的、一致平等的真摯虔誠的治國態度，並進而在意識不在外在對象的情形下，回返自我，以敬慎無欺之心面對自我本身。換言之，即使尊貴如帝王、天皇，自我或恐才是人生最大的課題。

諸橋援引了《論語》〈憲問〉篇中所謂：「修己以敬」，並如下說明道：

> 孔子之教乃始自修己，亦即各自修養自我，則結果就是推廣此道以治天下國家，未達於平天下則不放棄。[44]

在諸橋的此番解釋中，我們又可以發現「敬」作為帝王「內」在的修養德目，並不能只是侷限在個人的工夫修養，「敬」作為帝王貫通內外、動靜的真工夫，其與百姓之「敬」的相異處，就在其勢必要與治國、平天下有所關聯。亦即，在「敬」這一工夫的延長線上，其「外」在目的則要能安人、安百姓、安國家、安天下。換言之，帝王乃是以其心、身之「敬」，作為治國、平天下之首要基石。

顯然地，諸橋對「敬」的解釋，蘊含著心、身一致的思惟在其中，不僅某種程度逸離了宋儒的「居敬」個人工夫修養論，而且可以明白地看見江戶時代朱子學者山崎闇齋所主張的「敬義內外」說的影子。山崎闇齋在其所抄《朱書抄略》一書中曾如下說道：

---

44 諸橋轍次：〈修の卷〉，頁36-37。

> 《論語》「修己以敬」者，敬以直內也。「修己以安人」、「以安
> 百姓」者，義以方外也。……《大學》修身以上者，直內之節
> 目；齊家以下者，方外之規模。[45]

山崎闇齋無非是將《周易》〈坤卦・文言傳〉所謂：「直其正也，方其
義也。君子敬以直內，義以方外，敬義立而德不孤。」中所謂的
「內」、「外」，配以《大學》八條目，而展開異於程朱所謂「內」專
指「心」而言的，屬於闇齋獨特的「內即身」這一說法。

　　諸橋所以結合程朱與闇齋二說以解「君子敬以直內」，恰恰凸顯
出帝王教育的特殊性之一，便在其始終必須以國家之繁榮昌隆、民族
之興盛發達的政治藍圖，作為其終極的教育理想，而且此理想中的國
族之長治久安，還必須走向事實上的長治久安，才是帝王教育的永恆
主題與真諦。

四　結語──天子／天孫・人／神相合的帝王教育之意義

　　基於上述說明，我們可以理解到：諸橋轍次無論是在經筵進講或
其《論語》解釋中，都是將「修己」作為一君、民共通的一般修養，
因為在《古事記》以還的天皇論述中，「天皇」雖然是「現人神」（ア
ラヒトカミ）的人，但在日本近代國家論述中，天皇終究被塑造成是
一降臨現世的「神」，而非一般之「人」，其特殊的身分與地位，扮演
著既感化、教化人民又治理人民的雙重角色。但天皇既然現「人
身」，又統治人世，則其必須被授予「人」之教育，而要如人一般受
教育，則惟有透過「學」，因為「學」以成「德」之帝王，方能以
「謹敬」之心（つつしみの心），施行安民、安人之「仁政」。換言

---

45 山崎闇齋：〈後記〉，《朱書抄略》（和刻本，出版地、出版者不詳，延寶8年〔1680〕
　年刊，日本九州大學中央圖書館保存書庫「碩水文庫」藏本）。

之,「天皇」必須由「修己」過渡到「治人」,進而「教人」、「化人」,才是稱職的領導者。簡單來說,諸橋的天皇教育目標,乃在養成「聖德」之君,故天皇教育重在「修德」這一重點。

也就是說,天皇雖然是以天照大神之後這一身分而降生於世的「天孫」,但因為其又是一位「人君」,故仍需修德踐履以回應「天意」。此點除了說是因為天皇必須以此來展現其高超於一般「凡人」的道德地位,以受人民敬仰愛戴之外,其中仍可見到天、人乃是一關聯體的思惟方式,以及以天、人之因果關係為前提的「天命」、「天道」觀。在這層意義上,天皇這一「現人神」的存在,基本上仍是一受「天」制約的「人」。在此種帝王教育中,我們看不到「天孫」之「神」較之於「人」有特別的優越性,而是一個領受「天命」之人,仍必須以「敬天」、「修德」來永保天道,統治者透過自修其德以敬天、德化人民以保其德澤深厚之高超德位,藉以區隔人、神之別,同時也確保、鞏固住天命不易,此即所謂:「欽崇天道,永保天命」(《書經‧仲虺之誥》)的思惟。

其實,關於天皇教育中結合天子/天孫‧人/神的超越性道德,是絕對必須被涵塑並加以鞏固一事,吾人由昭和天皇即使在一九四五年八月十四日所發佈的〈終戰詔書〉,或是同年八月十五日於空中廣播的〈玉音放送〉中,皆未見任何「戰敗」、「投降」等字樣,誠如前文所舉例文,昭和天皇在對其日本全國之「赤子」說明不得不媾和的理由中,除了理所當然的要保護其日本國族之「子民」外,昭和天皇念念不忘的仍是「國體」與「神器」。這除了凸顯出其即使身為敗國之君,但仍然具備有(或者說必須表現出其具備有)愛民的帝王道德之外,另一方面也流露出其仍然試圖維持其乃「現人神」之天皇,是「祭政合一」之政治絕對主體的地位。

因此,諸橋轍次強調修德踐履的天皇教育,乃是就天皇是一「人君」的立場而來考量,目的就在回應天命、合乎天道,此種帝王教育

與天道、天命緊密關聯,「天」、「人」關係色彩濃厚。其中也顯露
出:即便在擬神性自然血源關係中,天皇之祭、政、學、軍乃至精神
層面的超越地位,已經受到「天孫」這一「神」格的保障,萬世一系
永為日本國族之統治者。但因為此種模擬的血源國體概念,其普遍性
規範的內容本身,基本上屬於一種抽象心靈情感,故在非「緩急」的
平常之際,多以儀式(ritual)為其核心,藉以召喚日本子民此一心靈
情感。[46]另一方面,經筵講師則必須致力使天皇自覺到其高超統治地
位的來源,乃是上「天」下命於有德之統治者——「人」,故須修己
成德,以畏奉、謹守天命,並以之證明「神」格道德的超越性。

基於上述,我們不難發現:諸橋的帝王教育充滿著濃厚的所謂
「天命無常」(《詩經》〈大雅‧文王〉),故須「修德以從天命」的思
惟。另外也可以清楚看出在「孝以化民」、「敬以執事」的道德要求
中,蘊含著天皇必須約束個人的慾望乃至行為,以及充分認識民眾之
力量與作用的目的於其中。換言之,天皇學以成德,行王道,施仁
政,無非是為了得「民心」。而從此種所謂得民心者得天下,失民心
者失天下的思惟中,我們其實也看到了「得民心」與「王天下」之間
的有機連結,而其根源無非是來自天聽自我民聽,天視自我民視此種
「天命」的歸趨,端視民心對執政者是否向背,亦即天受命予「有德

---

46 這就是為何〈教育敕語〉在明治二十三年(1890)十月頒布後,文部省直接就製作
　其謄本,發布給全國各學校,指示要在學校的典禮儀式上奉讀之。而翌年的明治二
　十四年(1891),政府又下令將〈教育敕語〉與「御真影」(天皇與皇后的照片),
　懸掛於學校內的固定場所,使全校師生崇敬、禮拜之,至為尊重。這除了說是從教
　育上從事尊皇思惟的涵塑,其實也在藉由「儀式」化,強化模擬神性自然血源之情
　感。這也是昭和天皇認為伊勢、熱田兩神社之神器必須儘快轉移他處加以保護的原
　因所在,因為根據《古事記》、《日本書紀》的記載,神器之一的寶鏡,乃是天皇見
　其天祖的憑藉物,然天皇仰見寶鏡而見影其中的影像,其實就是天皇自己的「人
　影」,所以寶鏡便成為天皇合「人」、「神」之雙重身分為一的「場」。這在某種意義
　上也是藉由宗教儀式來形構國體論中天皇的神格,同時涵塑天皇的「天孫」情感
　意識。

之人」（＝「天子」）這一歷史意識而定。若如是，則此種天皇教育中
其實仍舊充滿著所謂：天受命有德之人，「天子」乃受命於天者，故
天子若試圖祈天「永命」（國族之長治久安），則「修德」當然是政治
與帝王教育的根本。

　　換言之，在近代日本天皇的品格教育中，天皇其實是被視為一
「有德之人」，也就是被「天」所承認、選定的「人」，而必須被輔
導、涵化、養成某種「人格」，而非「神格」。因此作為帝王教育的理
想典範，並非天照「大神」，而是堯舜「聖人」。但是因為堯舜乃歷史
傳說之人物，故具體的「人格」典範則必須往孔子身上瞻仰德光影
跡。亦即作為近代日本天皇的人格教育典範，孔子儼然是至德全體的
發露，因此在經筵進講教育中，《論語》相較於其他經典，也被加以
特殊化、崇高化。由此看來，即使昭和三年（1928）以還，日本共產
黨在政治運動中便已經開始使用「天皇制」這一專有詞彙，而來稱呼
「天皇」這一具有「萬世一系」之皇統，亦即「天皇現人神」，以及
「祭政一致」之神政性政治理念的統治者，但若從諸橋轍次的天皇教
育中看來，經筵進講教育中所欲涵塑的「天皇」，顯然仍舊充滿著濃
厚的中國「天子」色彩。

　　也就是說，在近代日本天皇制國家論述中，天皇作為一由天而降
的「天孫神祇」之後，其必須養成的卻是「天子」之德。顯然地，政
治操作論述中的「天皇」之神格，雖然要待到戰爭結束後翌年的昭和
二十一年（1946）元旦所發佈的「新日本建設に關する詔書」（關於
建設新日本之詔書）中，昭和天皇才親自否定其「神格」性，並由此
否定天皇神格宣言出發，昭和天皇宣言其將與日本「國民」相互信賴
與敬愛。但若從元田永孚到諸橋轍等漢籍經筵進講者所試圖涵養塑造
的帝王教育中，卻充滿濃厚的中國「天子」色彩一事看來，我們甚至
可以說：近代日本的帝王教育，其實是從否定天皇的「神格」色彩出
發的。

　　然若如此，則我們不禁要問：近代日本的天皇教育中，這一否定天皇「神格」色彩的側面性格，為何會有其必要性？蓋古代中國所謂「天下」的原始意義，是一個由方位、層次、文化等三方面之華夷觀所交織建構而成的「天下」。這一「天下」由諸夏與蠻夷戎狄所組成，在方位上，是由中國居中心，蠻夷戎狄居四裔；在層次上，由中國居內服，蠻夷戎狄居外服；在文化上，中國為詩書禮樂之邦，蠻夷戎狄則行同鳥獸。而且此「天下」的範圍，不僅包含眼目所及的實際地理疆域，還包括未知的「四海」。如鄭玄有言：

　　天下，謂外及四海也。[47]

而在這個「外及四海」的「天下」，位居中心的中國，是理所當然的領導者，故鄭玄又云：

　　君天下，曰天子。[48]

因此，以中國為中心而可以向四方八面無限延伸的「天下」，其詩書禮樂的華夏文明當然也可無限地擴展其影響力，最終的理想境界，則是王者無外，合中國與四夷組成的「天下」為一家，此乃中國對四夷的責任義務，而四夷必然歸化中國，共享中國「天子」的皇恩浩蕩，這是歷代帝王最終極的「四海昇平」的政治理想藍圖，此即所謂：

　　中國與夷狄，猶太陽與列星。[49]

47　《禮記》，〈曲禮下〉，頁86。
48　《禮記》，〈曲禮下〉，頁86。
49　〔宋〕歐陽脩、宋祁：《新唐書》，收入楊家駱主編：《點校本二十四史》（臺北：鼎文書局，1986年），卷220，〈東夷傳‧高麗〉，頁6187。

　　四海雍雍，萬國慕義，蠻夷殊俗，不召自至。[50]

　　但在另一方面，中國的「天下」觀中，無論是在方位、層次、文化等方面，華夷的高下尊卑地位更是不可改變移動的。故有所謂的：

　　中國戎夷五方之民，皆有性也，不可推移。[51]

換言之，在上述此種「天下」論述中，中國之外的蠻夷戎狄，乃至未知的「四海」，彼等永遠是落後、劣等的代名詞。而且如果「天下一家」的結果，可能不是以夏變夷；而是以夷變夏，則嚴辨「夷夏之防」，遂成為中國隔絕夷狄的當務之急。然中國此種以文化高姿態俯瞰四方海外的優越感，在近代日本經歷了「文明開化」後，卻產生了前所未有的逆轉。

　　筆者以為：諸橋轍次的天皇教育中所以必須否定天皇的「神格」色彩，而向帶有濃厚的中國「天子」色彩傾斜的另一深層意義，我們或恐可以將之解讀為某種政治操作。因為如果我們認同明治以來的「文明開化」，其運動本質乃是凝聚幕末江戶日本舉國排外民心的「攘夷論」，但在明治日本的近代化序幕揭開後，此一本質遂逆轉為積極仿效西洋，試圖將自我編入西洋列強之行伍的話，那麼昭和以還日本的國際策略訴求，便是延續大正末期的興亞主義風潮，在所謂無論是武力、國力、文明皆不再以中國為領導，在日本以東亞之首自居而推行的亞洲主義中，包含著改變其原本在中華文明本位中所謂「夷狄」劣等之屬的國家定位，進而欲為「天下」之中心的企圖於其中。

　　此事從諸橋轍次於其著作《標注論語集注講本》中，基於所謂：

50　〔漢〕班固：《漢書》，收入楊家駱主編：《點校本二十四史》（臺北：鼎文書局，1986年），卷99上，〈王莽傳〉，頁4073。

51　《禮記》，〈王制〉，頁247。

> 本書因分量之故，而且有著思想上的考慮，故刪除《論語》本
> 文中兩節，以符合國家教學之旨意。[52]

這一理由，而刪去了〈憲問〉篇中〈桓公殺公子糾〉、〈管仲非仁者
與〉兩章，亦可窺其端倪。藉此，我們也可再次確認：近代日本漢籍
經筵講義所以去除《春秋》的原因所在，皆因其論及嚴辨華夷之思
想。同時我們也可以更加理解在此種時代氛圍中，主張「吾聞用夏變
夷者，未聞變於夷者也。」[53]（〈滕文公上〉）的《孟子》，之所以未能
躋身於近代日本漢籍經筵進講之教材中的真正原因所在。

　　日本學界歷來有關近代天皇制的代表性研究總是指出：近代日本
天皇制意識形態的結構，包涵了作為宗教權威的「天子」性格，以及
作為政治主權者的「天皇」性格。而此兩種性格在意識形態上巧妙出
色地合而為一，但又各自具備二元結構。在宗教權威的「天子」概念
中，其既是絕對的「神」，同時又是充滿溫情的「父」；而在政治主權
者的「天皇」概念中，其不僅是現實生活中的統治者，同時又是權利
國家的超越性支配者。[54]但根據上述本章之考察論證，筆者以為在近
代日本經筵進講的帝王教育中，卻可以明顯看出此種天皇制意識形態
的結構性翻轉互換。

　　亦即，原本在政治操作與意識形態上皆被歸屬於宗教權威的「天
子」性格，在經筵進講教育中，首先卻必須褪去「神」格，進入到作
為受「天」青睞的政治主權者的「人」格，並藉由修養涵塑各種道德
品格，修己治人，回應「天意」，方能使國家長治久安。再以「現人
神」或「現御神」的身分，召喚大和子民參與一個從未在日本歷史中
存在過的，攸關國族、政治、歷史、思想，規模宏大、榮耀且真誠、

52 諸橋轍次：〈例言〉，《標注論語集注講本》（臺北：廣文書局，1981年）。

53 朱熹：《四書章句集注》（北京：中華書局，1983年），〈滕文公上〉，頁260。

54 關於此種天皇制的論述，詳參大江乃夫：《靖國神社》（東京：岩波書店，1984年）。

嚴肅又遠大的，含括現實與未來的神聖國族政治共同體，以反轉東亞歷來的「華夷」秩序，進而成為「天下」之中心，再將視線往外輻射八方，預設一個理想的政治藍圖──「大東亞共榮圈」或四海昇平。

因此，透過本章對諸橋轍次《論語》經筵進講的分析，我們或許可以說：明治「文明開化」的積極目的，如果是在使日本躋身「海外」列強行伍；則諸橋轍次合天子／天孫‧人／神之教育以涵塑昭和天皇皇格的終極目的，則是企圖使近代日本可以代替中國並對抗列強而成為「天下」之中心。

本文係筆者執行行政院國家科學委員會計畫「經筵講義中的《論語》帝王學──中日帝王的經典學習比較」（NSC96-2411-H-194-013-MY3）之部分研究成果，初稿於二○○八年三月九日發表於臺灣大學高等研究院舉辦之「2008東亞論語學國際學術研討會」。

原載《中國學術年刊》第31期（臺北：臺灣師範大學國文學系，2009年3月），頁1-33。

第七章

《論語》「物語」化
——近代日本文化人[1]之讀《論語》法及其省思

> 《論語》是「天之書」，同時也是「地之書」。孔子終生一面踽
> 踽獨行於地上，一面訴說著天籟。訴說天籟對孔子而言，既不
> 神秘，亦非奇蹟。孔子堪稱以地聲訴說天籟之人。孔門弟子
> 們，亦想學孔子訴說天籟，然而彼等多數終究僅能訴說地語。
> 其中，竟然也有勉強藉蒼穹之回音而試圖訴說地語的虛偽者，
> 此處有著門人們的軟弱，而此種軟弱，乃人類共通具有的弱
> 點。我們受教於孔子之天籟的同時，亦多有藉門人之地語以反
> 躬自省者。
>
> ——下村湖人《論語物語》

一　前言——古典常新

　　昭和五十六年（1981），以「掌握日本人之思想與行動的『山本

---

1 「近代（morden age）」作為一個日本歷史的時代區分之專門語彙，就如同「近世」
　乃指日本的江戶時代一樣，廣義而言，日本的「近代」係指繼封建社會之後的資本
　主義社會，在日本史的劃分上，通常是指明治維新的一八六八年以還，至太平洋戰
　爭結束的一九四五年為止。而二次大戰結束後至今，則稱為「現代」，詳參新村
　出：《廣辭苑》（東京：岩波書店，1989年），頁656。又此種時代劃分法，在日本亦
　適用於日本文學史的時代區分，故日本中學校與高校的日本史教科書與日本文學史
　教科書，皆採此種時代劃分法。而關於「文化人」一詞，若就日文字義而言，指的
　是從事有關學問或藝術事業之人士，或是參與社會活動的學者與藝術家，或是具有
　文化、知性素養之人士（詳參《廣辭苑》、《大辭泉》）。本長副標題所謂「文化人」
　一語，乃是指從事文學、藝術創作，乃至教育工作的近代日本知識分子，用以區別
　中國學研究領域中之儒學、經學研究者。

學』」（日本人の思想と行動を捉えた「山本學」）為得獎理由，榮獲
第二十九回「菊池寬賞」的山本七平（1921-1991），曾於其著書《論
語の読み方》（《讀論語的方法》）中如下說道：

> 《論語》在中國長遠的歷史中綿延不斷被閱讀，另外，在所謂
> 中國文化圈的世界中亦持續被閱讀，日本也是其中一國。此本
> 對話、討論集的流傳歷史之長久與其影響力之廣，堪稱超越柏
> 拉圖《對話錄》在西歐的影響。此種古典所具有的思想影響
> 力，與其說是完全終結於其經典之中，毋寧說是可以活化每個
> 人的知性，亦即其具有藉由「溫故知新」而使人之想法可以時
> 常換新的力量。雖然《聖經》、《塔木德經》（Talmud）以及柏
> 拉圖亦具有此方面強烈的思想要素，而《論語》此方面的思想
> 要素也相當強。正因如此，古典之生命方能持續至今，同時藉
> 由古典的刺激，因應各時代的各式各樣解釋亦應運而生，此乃
> 不爭之事實。
> 而且日本人有日本人特有的讀法。因人而異的，有人稱此讀法
> 為「誤讀史」。然若如此，從猶太人的角度來看，基督教徒的讀
> 《聖經》之法，或恐也是「誤讀史」。而此所謂「誤讀史」，乃
> 是基於各種傳統而來解讀孔子，而且是在傳統之中活用古典以
> 形成新文化的歷史。我以為在現代從事此「誤讀」亦無妨，因
> 為孔子恐怕也是在他所處的時代，以新方法來解讀古典的人。[2]

另外，誠如本書第六章業已提及的，因編輯《大漢和辭典》而舉世聞

2　山本七平：〈偉大なるリアリスト—孔子の素顔〉，《論語の読み方》（東京：文藝春
　　秋，1997年），頁64。此書亦收錄進《人望の研究》，以及山本七平與森敦的對談
　　〈現代社会に生きる古典の意味〉。而《論語の読み方》先前是於昭和五十六年
　　（1981）十一月，由東京祥傳社出版問世。

名的諸橋轍次（1883-1982）亦曾如下主張：

> 《論語》乃我國國民最早擁有的典籍，就這點來說，我以為將
> 之視為我國之古典亦無妨。往昔之人們將「發現」這件事說成
> 是「創作」，而若從《論語》自東渡來日至今，我國之國民曾
> 於該書中多有發現這點看來，則《論語》也是我國國民之創造
> 物，確實可將《論語》視為我國之古典。[3]

　　《論語》雖然是最早東傳至日本的漢籍之一，然關於其如何成為
日本人心中永遠的經典的這一傳統文化形塑過程中，其發展過程並非
始終順遂而從未遭受挫折。我們甚至可以說：正是由於此種「《論
語》乃我日本國日本人之古典」的期待曾經一度落空，因此所謂《論
語》乃日本人心中永恒的古典的這一文化生命經驗，才確實被獲得。

　　蓋明治以還，日本曾試圖割捨掉其整個民族文化發展至江戶時代
為止的文化傳統，積極攝取西洋文明，闊步邁向近代化的路途。例如
矢野恆太（1866-1951）就曾經說明其所以撰述《ポケット論語》
（《口袋論語》，或稱《袖珍論語》）一書的動機，就是因為明治政府
的文明開化政策，使得涵化日本人之人格與修養日本人之精神的經
籍，一夕之間便銷聲匿跡。矢野恆太說：

> 我邦維新以前，中人以上無不入於儒，中人以下無不趨於佛，
> 三千餘萬之民大抵有一個信條，幾乎無有一日怠忽精神之修
> 養。維新以來，經籍藏影，佛寺頹敗，雖有教導生飲水、乳有
> 害肉體之母親，卻無教誨新聞小說有害精神之父親。雖有禁止

3　諸橋轍次：〈論語心講〉，《諸橋轍次著作集》第6卷，頁556。

　　少年吸煙之法律，卻未見有以養成個人之人格為目的的黌舍。⁴

　　但是，日本自明治開國（1868）以後至二次大戰結束為止的近代化過程中，《論語》作為日本的傳統文化代表之一，其從作為過時學問「漢學」之代表，曾因為日本極欲將自身編列進開化世界的行伍之中，而一度喪失其歷來被視為最至關重要之古典的這一地位。然而這部傳統經典卻從未自近現代日本社會中消失，毋寧說其經歷了時代轉折過程中最特別的「誤讀史」，反而讓日本人創作出屬於「我日本國日本人之古典」的《論語》。

　　本章擬將此近代日本的《論語》「誤讀史」，從通俗化這一視角作一分析，探討當時的日本國民究竟掌握到何種讀《論語》之法，而使得《論語》成為彼等之古典的這一發展過程。而在進入主論之前，在此先簡要說明本章是如何區分近代日本文化人之讀《論語》法的分類。筆者基本上是在熟讀本章所考索之主要研究對象，亦即高橋和巳、中島敦、谷崎潤一郎、志賀直哉、武者小路實篤、下村湖人、幸田露伴等七人的《論語》代表性著作後，方能歸納整理進而掌握到彼等或明白表示、或潛隱而未明言之讀《論語》方法、主張。然後再配合日本古來之讀《論語》理解，同時參照同時代相關之讀《論語》主張或訴求，於是區分出所謂：「『讀』《論語》而不知《論語》」、「『人』重於『言』」、「美感感動的道德訓示」、「栩栩如生之人間印象的處世教訓」、「我輩凡人之《論語》」等五種近代日本文化人所主張的讀《論語》法。

　　具體而言，本章首先從高橋和巳回憶其當年作為一位近代日本中學校之學生，其如何厭惡《論語》等漢籍古典，首先說明日本古來之俗諺「讀《論語》而不知《論語》」，乃是一種制式教育下「死記背

4　矢野恒太：〈袖本論語新刊に就いて〉，《ポケット論語》（東京：博文館，1910年）。

誦」的讀《論語》法。繼而從高橋和巳說明其自身乃是藉由中島敦《弟子》一書，方才對《論語》開眼的這一自我讀《論語》表述，遂將考察論述重點聚焦於中島敦《弟子》中對子路的描述，說明其較之於文獻「語言」的理解，更注重對人物形象之想像、掌握、描摹，可見中島敦之讀《論語》法，堪稱是「『人』重於『言』」的讀《論語》法。接著再就高橋和巳另外提及的，所謂「美感感動的道德訓示」這一讀《論語》主張，舉出志賀直哉於其散文〈わが生活信条〉中，如何詮解「朝聞道，夕死可以」一章，以說明何謂「美感感動的道德訓示」之讀法。從而舉出志賀直哉之姻親小路實篤的《論語講義》，說明其所強調之「自己流」的、從《論語》中找到自己生命原動力的讀《論語》法，乃是一種視《論語》為「栩栩如生之人間印象的處世教訓」的讀《論語》法。進而舉出受過武者小路實篤等白樺派人道主義作家影響的下村湖人，從其《論語物語》中著眼於孔子「門人」之「心境」的描摹，一反歷來從孔子觀點來理解《論語》的作法，強調《論語》乃人間之書，立足於「門人」之立場而來解讀《論語》，故筆者以為其堪稱是以所謂「我輩凡人之《論語》」的視角而來解讀《論語》。最後則以幸田露伴於《論語悅樂忠恕》中所強調的「句讀訓讀不可廢」這一讀《論語》法，與上述近代日本文化人五種主要讀《論語》之方法，亦即與彼等一路將《論語》「物語」化的讀《論語》法相互對照，試圖更全面地闡明《論語》於近代日本的傳播實態。

二 走向通俗——《論語》「物語」化

（一）論語読みの論語知らず——「讀」《論語》而不知《論語》

　　吉川幸次郎（1904-1980）之高足高橋和巳（1931-1971），其到

中學為止的求學階段，恰好是戰前日本中學校以「少年叢書漢文學講
義」乃至「漢文新選」這類《四書講義》和《四書鈔》，來作為漢文
教材的受教學生。然若據高橋和巳日後的追憶看來，其當時對這些漢
文教材中的《論語》，可說是相當反感且拒斥的。其言：

> 學生時代，我確實是對《論語》這本書感到相當憤怒的。例如
> 書中有所謂：「子曰攻乎異端，斯害有矣。」我就想：「什
> 麼？」又如書中有所謂：「有子曰其為人也孝悌，而好犯上
> 者，未之有也。」我一看這話就血液直往腦門衝，心想若連犯
> 上這種精神決心都沒有，那還能做什麼？總而言之，應該是青
> 春時代特有的反骨精神過剩所致。書中還有所謂：「三日思而
> 無益，不如學也。」我也必然會挑剔說：若思考四天或許會想
> 出什麼也說不定。……我大學時代雖然是專攻中國文學，但此
> 並非意味我自小就特別有受到漢文素讀的訓練。二次大戰中的
> 中學生一般都是如此，進入中學才開始接受漢文的初步教育，
> 但卻一點都不有趣，在心不甘情不願的情況下，我也不過就是
> 一個使用類似去除掉稿紙上之格線的這種特別套紙，而來練習
> 白文（漢文原文）讀法的一員罷了。確實在教科書的開頭，便
> 舉出了《論語》〈學而篇〉劈頭這句：「子曰學而時習之，不亦
> 說乎。有朋自遠方來。不亦樂乎。人不知而不慍，不亦君子
> 乎。」我當時連將之背誦起來的念頭都沒有。[5]

然高橋和巳並不否認在此種複雜糾葛的情緒之中，《論語》仍有其引
人入勝之處，而隨著人生歷練的豐富，《論語》竟也成為其生命中的
古典。其言：

5　高橋和巳：〈論語──私の古典〉，《高橋和巳全集》第12卷（東京：河出書房，
　　1983年），頁393-394。

在感覺強烈反彈的同時，挑起反彈的一方同時也就具有魅力，不知不覺卻也會成為所謂生涯伴侶的此種關係，此種關係不只存在人身肉體的人際關係中，在人與書籍之間亦存在此一關係。……然後在強烈的愛恨共存之中，《論語》不知不覺中卻成為我的古典。[6]

筆者以為高橋和巳的此番讀《論語》經驗的真摯告白，清楚的表示出：一切道德準據，只有當其被學生自動自發追求，並且親身確切體得過後，其才有可能成為學生個人自身的生存信念，此刻方才成為此學生的精神財富。

江戶時代「伊呂波」（いろは）日語入門的假名學習諺語中，「ろ」這個假名字母下的俗諺就是：

論語読みの論語知らず。（讀《論語》而不知《論語》）

因為《論語》的「論」字，其日語讀音的第一個假名就是「ろ」。產生於江戶時代的這句俗諺，依據《廣辭苑》的解釋，其意義如下：

意指只能理解書籍文字表面之意義，而無法實行之者。
（書物の上のことを理解するばかりで、これを実行できない者にいう。）

換言之，讀《論語》而不知《論語》的弊端，問題就出在「讀」這一關鍵點上。是故，前述高橋和巳所言之「死記背誦」，或諸如江戶時代「寺小屋」中的「素讀」訓練，亦即以和訓假名讀音反覆發聲誦記

6　高橋和巳：〈論語──私の古典〉，頁394。

的讀《論語》法，當然皆無法真正了解《論語》中之諸多道理，充其量《論語》只是一被記誦的文本，更遑論實踐。至於江戶前期所謂「頭巾道學」[7]之常談，其偏於道理而欠缺融通，終至淪為不諳世事的頑固學究，恐亦非通曉《論語》道理者。然則，究竟須藉由何種「讀」《論語》之法，方能「知」《論語》之真意呢？

（二）一個讀《論語》之法：「人」重於「言」

高橋和巳其實是在改變讀《論語》的方法後，才使得《論語》由一被其憎恨之對象，轉成為其「生涯伴侶」，然其所掌握到的具體讀法究竟為何？高橋和巳言：

> 如果像〈教育敕語〉、《下詔青少年》（青少年にたまわりたる詔）等文一樣，被強迫要完全死背，而且也將之背誦起來的話，我對《論語》或許會有很深的熟悉感，但《論語》或許就不會成為我的古典。對書籍的享受方式雖然各式各樣，記誦式的享受對享受者的精神雖然更為印象深刻，然而無可避免的，其同時亦將招致無批判性的結果。……對象如果是詩或是幾何學的公式，背誦應該相當有意義，但對象如果是與人生態度有關的論說，與其記誦，或恐更需要糾葛式的思辨。例如思考：如果是自己的話會怎麼做？一面如此思考一面閱讀，活用書籍本身，這應該是更有價值的讀書方法。而為了達到這一目的，還需要另外一項操作。**此操作究竟為何？那就是將古代片段式的言行錄，藉由想像力的發揮，試圖清楚勾勒出發言者的生活、行為與人格。此一讀法無非就是所謂讀者方面的能動式參**

---

7 「頭巾道學」一詞，見於內藤湖南：〈儒學上〉，《近世文學史論》，收入《內藤湖南全集》第1卷（東京：筑摩書房，1996年），頁26。意指江戶前期部分朱子學者在講授宋學時，僅存其形式而失其實質意涵。

與這種具體讀法。而關於能動式參與的讀《論語》法,我是透過中島敦的小說而學到的。⋯⋯我接觸中島敦小說的機緣,與其說是道學式的關心,毋寧說是文學式的。以硬質的文體持續描繪堪稱智慧之悲傷的中島敦的《李陵》這部作品,讓我接近了中國文學,而《弟子》這部作品則使我對《論語》開眼。[8]

高橋和巳所謂的「想像力的發揮」,讓我們想到維柯所謂的「詩性智慧」[9],亦即此種讀《論語》法,顯然並非學者所運用的理性或抽象的研究方法、研究理論而能獲得的形上學內容;而是要能夠藉由身心而來感受,進而想像、體證出的形上學,或者說人生哲理。這是一種現代科學研究學科所無法培養出的閱讀力,其需要形象來培養讀者的想像力與感受力。換言之,此乃一種創造性的智慧。而中島敦(1909-1942)的《弟子》究竟是如何形塑《論語》中的人物形象,以開啟高橋和巳的詩性創造智慧呢?以下且讓我們來看看《弟子》中,幾段對主角子路的精彩描述。而為了協助讀者具體理解掌握中島敦所描繪的弟子／子路人物形象,筆者在此不避長段引文。

在日後孔子長久流浪的艱苦過程中,無人像子路這般欣然追隨。子路所以追隨孔子,並不是想靠著自己是孔子的弟子而來追求仕宦之途,而滑稽的是,子路也不是因為想留在老師身邊磨練自己的才德所以才追隨孔子。**只是因為無特別之欲求,有的就是純粹的敬愛之情**,這個男子就這麼在老師身邊留了下來。就如同其曾經長劍不離手,子路如今無論如何離不開斯人。[10]

8　高橋和巳:〈論語——私の古典〉,頁394-395。

9　關於「詩性智慧」詳參維科:《新科學》(北京:商務印書館,1989年),頁181。

10　中島敦:《弟子》,《中島敦全集》第3冊(東京:筑摩書房,1993年),頁13。

聽從師言壓抑自己，無論如何也要作出個樣子的，就是對雙親的態度。自入孔門以來，親戚之間都在傳聞脾氣暴躁的子路，忽然變得孝順起父母來了。然而因為受到周圍的褒獎，子路忽然覺得彆扭了起來。因為說是孝順，感覺卻好似一直在說謊。**以前自己恣意任性而給雙親添麻煩時，無論怎麼想都還比較誠實，所以現在因為自己的偽裝而感到欣慰的雙親，看起來反而有點可憐。**子路雖然不是細膩的心理分析師，但因為是極為正直的人，所以也在意起這種事來。**要到多年後，突然有天發覺到雙親的老邁，想起了自己年幼時雙親硬朗的模樣，淚水才忽然奪眶而出，自此時開始，子路的孝順才成為無比的獻身式行為。**總之，在那之前，子路心血來潮的孝順就是這個樣子。[11]

子路屢屢為了與人爭執而被老師叱責，自己卻老無法控制自己的情緒，其實子路心中也不是沒有自己的看法。他心中老想如果所謂的君子與我同樣感受到強烈的憤怒，而他們居然也都還能壓抑住心中的怒氣，那這些人真是太偉大了。所以，子路心想：其實他們心中並沒有像我一樣感到強烈憤怒，至少是還能壓抑得住的微弱感覺，絕對是⋯⋯。約一年的時光經過，孔子苦笑地感嘆道：「自吾得由，惡言不聞於耳。」[12]

即使對這麼仰仗孺慕的老師，子路心底仍有他絕對堅持的地方，這是子路絕不退讓的底線。亦即，**對子路而言，人世間有一大事，在此大事面前，生死本不足論，遑論區區之利**

---

11 中島敦：《弟子》，頁15。

12 中島敦：《弟子》，頁18。又「自吾得由，惡言不聞於耳。」出自〔漢〕司馬遷撰，〔南朝宋〕裴駰集解，〔唐〕司馬貞索隱，〔唐〕張守節正義，楊家駱編：《新校本史記三家注并附編二種》（臺北：鼎文書局，2002年），卷67，〈仲尼弟子列傳〉，頁2194。

害。若稱之為俠，則又稍嫌輕佻，然若稱信、稱義，卻又不免有流於道學者流，欠缺自由躍動之氣象的遺憾。反正名稱怎麼稱呼也無所謂，那是一種類似快感的感覺。總之，**能使其感受到此種感覺的便是善；不能伴隨此種感覺的便是惡。因為極為清楚，故至今未嘗有疑之。這與孔子所說的仁雖**然有很大的距離，但子路不過是從老師的教誨中，光選擇吸收可以補強此單純倫理觀者，諸如「巧言、令色、足恭」、「匿怨而友其人，丘亦恥之」、「無求生以害仁，有殺身以成仁」、「狂者進取，狷者有所不為」等便是。孔子一開始也不是沒試圖要矯正子路性格中的此種稜角，但最後也還是放棄了。……**孔子也知道：子路不輕易受規矩準繩抑制的性格缺點，其實同時反而是足以用於大者，故心想只要指點子路大的方向就好。**因此諸如所謂「敬而不中禮，謂之野」、「勇而不中禮，謂之逆」、「信而不好學，其弊也賊」、「直而不好學，其弊也絞」等勸告，結果與其說是針對子路個人本身，毋寧說許多場合其實都是針對門生中，作為大師兄的子路所發出的斥責。因為，**在子路這一特殊個人身上堪稱為魅力者，對一般其他門生而言，大抵有害者居多。**[13]

　　就以上引文看來，如果說中島敦對子路的描寫，是一種想像力與感受力相互發揮下的「活的形象」的塑造，顯然此種想像力既不似感覺那般粗略，但也不似知性那般精確。但此種「活的形象」的子路描寫，卻是以一種生動並具有說服力的方式，將中島敦所感覺到的關於子路的雜多內容呈現出來，而形成一「子路印象」。又因為此一具有說服力的「活的子路形象」的生動，使得中島敦的感覺內容成為某種意識的泉源。亦即，其感覺內容也能成為某種觀念出現。換言之，當

---

13 中島敦：《弟子》，頁21-22。

中島敦所描繪的「活的子路形象」成為每一個《弟子》讀者的具體感
覺內容時,《論語》中所謂的「巧言、令色、足恭」、「匿怨而友其
人,丘亦恥之」、「無求生以害仁,有殺身以成仁」、「狂者進取,狷者
有所不為」等,或是「敬而不中禮,謂之野」、「勇而不中禮,謂之
逆」、「信而不好學,其弊也賊」、「直而不好學,其弊也絞」等諸多原
本對《論語》讀者而言,僅止於「觀念」的經書話語,遂轉變為可以
具體感覺的實際內容,而使得《論語》讀者們可以再度藉由想像力,
重新排列、調換、甚或改變其所感覺到的內容。想像力於是宛如一股
聯合力,某種程度上擺脫生動原型的束縛,進而創造出「新」的複合
物。筆者以為此一讀法,即上述高橋和巳所謂的:「無非就是所謂讀
者方面的能動式參與」的讀《論語》法。也就在此時,《論語》終於
成為讀者個人的「私の古典」(我的古典)。誠如休謨(David Hume,
1711-1776)所言:

> 雖然想像不能超越由外部或內部感覺所提供的觀念的原始材
> 料,但它卻有用各種虛構和幻想的方法把這些觀念混合、複
> 合、分解、分離的無限能力。[14]

高橋和巳本人則對中島敦的《弟子》如下評斷道:

> 中島敦的作品中,時常瀰漫著一股色彩濃厚的憂世而不得實踐
> 其理想的知識分子的悲哀,中島敦於《弟子》中將自己的夢想
> 寄託在孔子弟子中,個性最為剛毅的子路的生存方式上,同時
> 描繪出孔子與二、三弟子的形象。現在我雖然無暇重新閱讀,

---

14 維塞爾(Wessell, L. P.)著,毛萍、熊志翔譯:《活的形象美學:席勒美學與近代哲
學》(上海:學林出版社,2000年),頁120。

然當時在讀這部將細膩的人際關係與數個具有強烈個性的角色，原音呈現於讀者眼前的作品時，我並非將《論語》視為道德性箴言而來閱讀之；在閱讀過程中，不知不覺地我已學到讀《論語》的方法。而我日後才知道，此種接受《論語》的方法，早在司馬遷時便已被運用，將孔子視為一絕對的崇敬對象，並將之如同昆蟲一般放入標本箱中以大頭針加以固定的，毋寧是後世的事。**不能伴隨美感感動的，無論是何種道德訓示皆是無力的；無法喚起栩栩如生之人間印象的，無論是何種處世教訓皆是無意義的。**《史記》的〈孔子世家〉和〈孔子弟子列傳〉中的角色們栩栩如生，具有美感感動。而《論語》該書之中其實也蘊藏著此種美的感動。[15]

筆者以為：高橋和巳在此提出了「人」重於「言」的讀《論語》之法。亦即抽離掉個人個性、人性，乃至生動多變、複雜多元的人際關係等，換言之，設若抽離掉《論語》中每個角色的生命總體表現時，則讀者將無法掌握到《論語》語錄體簡單文字背後的真正深刻意涵。而司馬遷於《史記》〈仲尼弟子列傳〉中對孔子及孔門弟子的敘述文體，恰恰將各種歷史事件的因果，轉移到每個特殊而與眾不同的「人」身上。誠如柯慶明先生所言：

> 司馬遷在《史記》中所發展出來的「紀傳」體，不但奠定了往後的正史寫作形式，在敘事形態上，亦將敘述的重點，由記錄對話、記述情節的因果，轉移到一個個特殊人物的特殊性格與特殊命運的捕捉上。終於，個人，一個具有獨特個性完整人格的個人成為注視的焦點。人不再附屬於事，而是人創造了種種

---

15 高橋和巳：〈論語——私の古典〉，頁395-396。

事。因此，具體的人，一個個獨特的個人才是最終的實體。[16]

　　在此，值得吾人注意的是：高橋和巳此種「人」重於「言」的讀《論語》之法，使我們深刻並且清楚地了解到凡經典中攸關偉大者，常具有持續、無間斷、永恒的力量。因此，儘管哲人已逝、時過境遷，此股關於偉大的力量，其生命力卻常常超越時空、國族與語言，生生不息，總能引發讀者嚮往此種偉大的意向，進而將其自身投注於經典所形構出的世界中，朝向某種終極關懷。於是，霄淵隔千百載，經典作者逢知音於異代乃至異國，讀經或者是解經遂成為一種「生命之學」。

　　換言之，中島敦的小說《弟子》中的讀《論語》之法，不也就是一種「人」重於「言」的讀《論語》之法。又如後文所述，此一方法與昭和十二年（1937）十一月開始，至翌年的昭和十三年（1938）八月為止，持續每月連載於《現代》雜誌的下村湖人《論語物語》的讀《論語》之法，有著高度的類似性。以「人」為主的讀《論語》法，其實儼然就是近代後期日本大眾研讀《論語》的主流。而同樣是昭和十二年（1937），諸橋轍次於其著書《論語人物考》的〈小序〉中如下說道：

　　　《論語》主要是記孔子及其門人之問答者。而因為其問答皆是針對門人切問的個人性之問答，故若不能熟知門人之人物性格，自然也就無法了解孔子話語之真意。又其與門人之問答中，往往散見古今之人物評論，此部份若亦能知其略傳，自不待言的，亦有助於《論語》真解。[17]

---

16 柯慶明：〈中國文學之美的價值性〉，《中國文學的美感》（臺北：麥田出版，2000年），頁29-30。

17 諸橋轍次：〈小序〉，《論語人物考》，《諸橋轍次著作集》第7卷（東京：大修館書店，1977年），頁3。

事實上，除了中島敦、下村湖人以外，附帶一提的是：谷崎潤一郎（1886-1965）在明治四十三年（1910）十二月號《新思潮》雜誌所發表的短篇小說《麒麟》中，也將敘述焦點置於複雜、多變且模稜的「人」──衛靈公；與容易被辨識、記憶且可以立刻被判斷出是敗德的「人」──南子夫人身上，而以講述法（tell）描摹出一個未能「好德如好色」的「人」──衛靈公。關於衛靈公如何企求從孔子身上獲致平天下之術，如何致力改革國政後卻又不敵南子美色的複雜心境轉折，谷崎潤一郎於《麒麟》中，小說一開始首先引用接輿歌而過孔子的歌唱內容：「鳳兮，鳳兮，何德之衰。往者不可諫，來者猶可追。已而，已而，今之從政者殆而。」（《論語》〈微子〉篇）彷彿預告了孔子的徒勞無功，以及衛靈公耽美的無可救藥。[18]

（三）另一讀《論語》之法：「美感感動的道德訓示」

而高橋和已所指出的另一個所謂「美感感動」的讀《論語》法，筆者以為其所指的應是：

> 對象或者說是「美」「給感官帶來快感或提升心靈或精神的性質」且「美感是在知覺過程中直接獲得之快感。對象之性質與快感在知覺過程中緊密地融合在一起，並不是先有知覺，然後當對象滿足了我們的慾望，我們才獲得快感。……美感不只是感官上的滿足，它也涉及較高的心靈或精神活動。一般肉體之樂總使人的心靈與精神繫於感官之上，而美感則有使人的精神與心靈超離感官之束縛，自由翱翔於想像界之自由。……美感的產生除了主體方面必須滿足某些條件（如正常的視聽能力、

---

18 詳參谷崎潤一郎：《麒麟》，《谷崎潤一郎全集》第1卷（東京：中央公論社，1966年），頁73-90。

理解力等）外，還得依對象是否有審美價值而定。一個沒有什
麼審美價值的對象，即使我們怎樣採取審美態度也難產生美
感。反之，一個審美價值很高的對象，即使在我們沒有採取審
美態度時也不難引起美感。」[19]

然而當此「美感」與道德訓示有所關聯時，我們可以發現其與「善」
（理想的人格表現）幾近等同。亦即高橋和巳所謂的「美感」，相當
程度上似乎是與有價值的，而且是道德上的價值相重疊的。其所謂的
「美感感動」不只是種快感，顯然還具有內在價值（intrinsic
value）。也就是說：《論語》作為一美的對象，其所具有的本身價值
（inherent value），不僅可以給讀者在覺知的閱讀過程中帶來當下的
滿足，其所提高的讀者的心靈或精神性質，也常常是道德層次的內在
價值，故也具有效用（utility）。換句話說，《論語》的讀者所以能達
到「美感感動」，除了是因為《論語》這一經典本身具有一種能力
（capacity），一種創造審美經驗的能力之外，也還得憑藉閱讀者的條
件。所以高橋和巳才如此強調「讀」《論語》之法，唯有用對讀法，
讀《論語》的「美感感動」這一審美經驗才得以達成。此時，知覺與
感覺儼然成為一體。而高橋和巳進一步指出：正確的讀《論語》之
法，司馬遷早已把握住。

高橋和巳具體舉出的例子便是《史記》中以下這則記載：

伯牛有惡疾，孔子往問之，自執其手，曰：「命也夫！斯人也
而有斯疾，命也夫！」[20]

---

19 劉昌元：〈第四章美是什麼？〉，《西方美學導論》（臺北：聯經，1995年），頁68-70。
20 《新校本史記并附編二種》，卷67，〈仲尼弟子列傳〉，頁2189。又孔子此言
　亦見於《論語》〈雍也〉篇「亡之！命矣夫？斯人也，而有斯疾也！斯人也，而有
　斯疾也！」

針對孔子前往探視患有癩痢之疾的冉耕（字伯牛），其由窗外伸手執起伯牛之手時所說的：「命也夫！斯人也而有斯疾，命也夫」這句話，高橋和巳評斷道：

> 重點並不在孔子所說的話本身，而是在其簡單的發言後面所橫互廣渺的沉默世界。語言只有當其成為複雜之人際關係中無限延伸的一項感情表徵時，語言方具有其感動性的意義。[21]

至於言及《論語》如何成為所謂「伴隨美感感動的道德訓示，以及栩栩如生之人間印象的處世教訓」，不禁讓人想起近代日本文壇中，白樺派那位天生具有道德潔癖而律己甚嚴，以致於時常在意識上將自身投入某種孤獨境界的志賀直哉（1883-1971）。志賀直哉於其散文〈わが生活信条〉（〈我的生活信條〉）中，描述了二次大戰末期，美軍空襲越來越激烈，生命朝不保夕，在恐懼中了悟死亡隨伺在側後所獲得的平靜安詳時，其遂決定讓心靈維持在一種悅樂狀態下而來過生活的決斷。志賀直哉如下言道：

> 此次的戰爭特別讓人感覺到所謂的無常。此種感覺並非悲觀性的無常觀，雖然多少有些虛無性的心情，但卻彷彿有種從各式各樣事物中解放出來般非常輕鬆的心情，遂感受到來自其中的幸福。[22]

> 戰爭最後的三個月左右，我們所在的地方也逐漸變得危險了起來，然而即便是在當時，我仍舊讀些好書，欣賞些好畫，感覺

---

21 高橋和巳：〈論語──私の古典〉，頁396-397。
22 志賀直哉：〈わが生活信条〉，收入谷崎潤一郎等編：《日本の文學》第22卷（東京：中央公論社，1967年），頁462。

非常快樂。這時奇妙的是，我對所謂：「朝聞道，夕死可也。」
這句話，竟有了一種真實感。有趣的是：截至當時為止，一直
被我認為是觀念性的語言，竟然可以如此獲致真實感。[23]

也就是在領會「盡其生」方有「自在死」後，在覺悟死亡而後獲
得平靜安寧這一刻，志賀直哉彷彿觸及到《論語》話語的深刻底蘊。
「朝聞道，夕死可也」成為其覺悟死亡時，化恐懼為對死亡產生美感
感動的憑藉。亦即，只有當其感受到此種領悟真理後所引起的身心歡
愉，使其生命震顫，死亡便宛若是種永恆且堅定的承諾，使其感受到
某種最深澈的幸福的這一美感感動，於是「朝聞道，夕死可也」方才
真正成為其面對死亡的處世座右銘。確實，道德情感宛若是一種信
念，當其使人趨向高尚的同時，另一方面也使人益發了解並喜愛真正
美好的事物，當人從知覺美的對象這一過程中體驗到歡沁愉悅的同
時，其亦將盡其所能使美的事物體現在其日常行動中。換言之，高尚
情操乃至道德行為的追求，常常是與美的理想的追求合而為一的。

（四）又一讀《論語》之法：「栩栩如生之人間印象的處世教訓」

關於《論語》如何成為一個人生命的動能，使其人生成為能動的
主體，志賀直哉的同班同學兼大舅子，也就是一生始終抱持「童心」
行走江湖的白樺派「真理先生」——武者小路實篤（1885-1976），其
曾如下說道：

《論語》對我而言乃生命之書。我自己從十三、四歲開始讀
《論語》，一路受到其中話語的慰藉。我雖非《論語》研究

---

23 志賀直哉：〈わが生活信条〉，頁465。

家，但卻從《論語》中找到自己生命的原動力。[24]

然與前述近代日本文人相異的是：武者小路實篤的讀《論語》法，並非將《論語》「物語」化，就如其曾集結年輕人以講授「論語講義」[25]，其對《論語》的理解，比較接近志賀直哉，乃是緊貼現實生活，透過其自身對《論語》原文的理解、感動，而將「實篤流」（武者小路實篤個人獨特風格）的《論語》感想描繪出，進而將之視為自我人生的座右銘，並以之召喚近代日本人乃至人類全體。武者小路實篤說：

> 我以為像《論語》這樣的書，並不是一本任誰讀了都有同一感受、理解的書，根據讀者不同，其從書中所獲得的真理之表面意義、與深刻意涵也各有不同。我自己以為讀了我這本書（《論語私感》）而感到喜悅的人，將會意外的多。書中雖然有我自己獨特風格之處，但我已試圖盡可能寫出真正的事物，讀者們至今讀來仍無法認同的《論語》，若能使其或多或少理解孔子言論的優點，我將會感到欣慰。[26]

---

24 武者小路實篤：〈あとがき〉，《論語私感》，《武者小路實篤全集》第10卷（東京：小學館，1987年），頁730。《論語私感》乃武者小路實篤自《論語》中，選出可以為人生之準據的篇章，並對之重新進行詮釋，其中不乏武者小路實篤個人特色非常顯著之詮釋。該書於昭和八年（1933）武者小路實篤四十八歲時由岩波書店出版，戰後亦有多家出版社相繼改版推出「文庫版」《論語私感》，如昭和二十六年（1951）的三笠文庫版、昭和二十九年（1954）的新潮文庫版、以及昭和四十二年（1967）的現代教養文庫版等皆是，該書後收入《武者小路實篤全集》第10卷（東京：小學館，1987-1991年）。本章筆者所使用之版本，乃九州大學所藏昭和八年（1933）初版之《論語私感》，唯因該書為瑕疵品，〈序〉文部分缺1、2頁，〈あとがき〉部分亦闕如，故〈序〉與〈あとがき〉兩文之援引，遂用《武者小路實篤全集》（東京：小學館，1987年）版《論語私感》。

25 此《論語講義》分上、中、下三部分，三個月連續刊登於《改造》雜誌大正十五年（1926）5、6、7月號。

26 武者小路實篤：〈序〉，《論語私感》，頁343。

《論語私感》不僅是具有武者小路實篤「自己流」（個人獨特風格）
的《論語》詮解書，誠如武者小路實篤所言，其更試圖藉由此書使時
人重新理解孔子。而欲使時人改變其心中的孔子觀、乃至《論語》
觀，同樣地則必須使《論語》成為一與自我生命相關的對象，而武者
小路實篤所採的作法是：

> 本書不會將《論語》中孔子所說的話語全部摘出。本書的目的
> 不在《論語》之講義，而是從《論語》中抽取出能成為今日我
> 等之生命靈糧者，並試圖闡明孔子之思維。因此，若舉出過多
> 的話語，反而不容易掌握住全體，故大膽地選擇某些話語，其
> 中或恐亦有遺珠之憾者。[27]

　　而《論語私感》中最能凸顯武者小路實篤「自己流」《論語》解
讀的，當推武者小路實篤對「調和」的標舉。以下茲舉《論語私感》
中所謂「實篤流」之詮釋為例，以說明該書中屢屢可見武者小路實篤
將「調和」作為其人生之最高追求目標的理由所在。

　　《論語》原文：君子和而不同，小人同而不和。（〈子路〉篇）

《論語私感》：

> 我真實喜愛這句話。以下或許有些個人式的解釋，但在此卻可
> 以提供個人同志調和的秘訣。我們彼此在思想、趣味上有很多
> 不同之處，所以如果說彼此思想、趣味、命運、境遇、慾望不
> 同就無法和的話，我們當然無法與人為友，同時也無法感謝彼

27　武者小路實篤：〈序〉，《論語私感》，頁343。

此的存在。嚴格來說，人彼此無法在思想、趣味上與人相同。
所以雖然不同但卻能相互調和，此乃人類同志彼此關係中最理
想的狀態。我非常欽佩孔子對此事的真知灼見。……調和不同
於妥協，因為妥協必須雙方交涉讓步，不得不抹殺雙方彼此的
緊要處，如一方想保留七成，則另一方不得不捨棄三成，此種
關係便叫妥協。然而調和卻是雙方都發揮十成，卻彼此更加相
互尊敬。當自己越能至上發揮時，就越能相互感激而彼此感到
喜悅。此乃人類同志關係中至高的形態，這不是不可能，而是
非如此不可。……就如同音樂一般，所有音符皆獨立存在，但
卻更能共生，我以為人類的樂趣便在其中。孔子曾對舜的音樂
（韶樂）讚不絕口，那是因為孔子認同其中存在著人類調和的
理想。[28]

從上述解釋看來，確實有著武者小路實篤的獨特個人風格。首先，武
者小路實篤不像歷來的注解一樣，將人我不和之原因歸之於「義」、
「利」之別，並以之來辨別「君子」與「小人」之異同。而是從「思
想」、「趣味」、「命運」、「境遇」、「慾望」等各層面人人不盡相同此
點，來說明差異所以產生的各種可能。亦即，由「思想」、「趣味」、
「命運」、「境遇」、「慾望」等各要素所總和而成的，堪稱為一個人的
「價值觀」的差異，決定了其可能成為一個看重什麼的人。故武者小
路實篤此處所謂的「調和」，指的是調整一個人包含「價值觀」在內
的諸多「心態」，而非一般所謂委屈求全、或心不甘情不願地「妥
協」自我的「價值」、「原則」、「堅持」乃至「利益」。筆者以為在此
吾人必須注意的是：武者小路實篤提出了「問心」的道德勝於「問
理」的道德。亦即，任何外在條件的折衝，設若我們不能調整「自我

---

28 武者小路實篤：《論語私感》，頁197-199。

的心態」，則不可能在人我彼此之間獲致真正的和諧、適當、比例、
勻稱的平衡關係。

接著，武者小路實篤以「音樂」來比喻每個人都像是個獨立的音
符，但卻可與其他音符組合成一首樂曲。亦即人可以在保持獨立完整
性的同時，追求一種宛若旋律般的相互彰顯美善的「和諧共生」的人
際關係。武者小路實篤進而舉出「韶樂」為例，說明孔子所以讚美
「韶樂」，是因為「韶樂」中有著人類「和諧共生」的理想。我們從
此一解釋，又再度見識到「實篤流」的《論語》詮釋風格。因為歷來
解〈述而・子在齊聞韶，三月不知肉味〉章時，若不是將重點放在句
讀應斷在「齊」字後，或是斷在「韶」字後；再不然便是因為據《史
記》〈孔子世家〉之記載，「三月」前有「學之」二字，故將注釋焦點
置於孔子是否有「學」韶樂？若有，則「聞」字當作「學」字解等
等。但武者小路實篤不僅不關心此類句讀訓詁，同時也不將解釋重點
放在諸如「何以會不知肉味」的原因，或是孔子如何感動，以及舜如
何作樂，而是將之解為：孔子在韶樂中感受到了人類宛若旋律般相互
彰顯美善的「和諧共生」關係。

如果我們將〈述而・子在齊聞韶，三月不知肉味〉章還原回歷史
脈絡中，我們就可以知道武者小路實篤的此番解釋其實是有跡可循
的。因為〈八佾〉篇中有：

> 子謂韶：「盡美矣，又盡善也。」謂武：「盡美矣，未盡善
> 也。」

韶樂是舜樂，武樂是周武王之樂，武者小路實篤在此特別說是：
「舜」的音樂，可見其所重在「舜」身上。而孔子所以同稱舜帝與武
王之樂皆「美」，但卻言舜樂「美」而「善」；武樂「美」而未「盡
善」，原因就在舜能紹繼堯之德，又能禪讓於大禹。而武王雖完成了

文王未竟之功，以「武」定功天下，然畢竟止「戈」為「武」，戰爭發生總有遺憾，所以才說是「未盡善」，而非謂「不善」。亦即「武功」不如「德功」。我們可以想見韶樂當是中正平和、廣大包容、旋律和諧、氣象堂皇，故藉其旋律彰顯出一種德治教化下的太平政治。此即武者小路實篤所說的「和諧共生」的至高理想人類生存形態，一種不因「價值」、「原則」、「堅持」乃至「利益」而干戈動武，應該調伏自我、自性的人類關係。我們彷彿從武者小路實篤的靜言中，望見處於戰爭中的近代日本人民對其心中理想國的期盼。

除上述此例外，《論語私感》通書中，屢屢言及「調和」的觀念[29]，筆者以為此觀點的提出，吾人立刻可將源頭上溯到聖德太子《十七條憲法》中頭條所謂「以和為貴」的標舉[30]，亦即「和」作為日本人所追求的一種人際關係中的境界，其要求的主要對象常常不在對方，而是自己自主性地自我調整，以求人我關係的和諧。換言之，人我關係中必須克服的對象是自我，而非他人。武者小路實篤明示了「修養」的真義，無非就是「自我」的調整改造。武者小路實篤如下說明其所以撰述《論語私感》的最大理由，就在試圖從根本上研究包括自己在內的「人」究竟為何？

> 我自認為我是透過《論語》而試圖對所謂的人類作一根本性的研究。這一問題對我而言關係更為重大，我寫該書的理由泰半在此。

---

29 其他如〈顏淵・顏淵問仁〉章（頁175）、〈子罕・吾未見好德如好色者也〉章（頁138-140）等，皆一再言及「調和」的主張。

30 號稱推古十二年（604）夏四月丙寅朔戊辰，由聖德太子所頒布的《憲法十七條》之第一條開首便云：「以和為貴，無忤為宗。」有關憲法十七條詳參拙作：〈儒典採借與和魂形構──以《憲法十七條》的用典、化典所作的考察〉，《成大中文學報》第33期（2011年6月），頁97-130。

戰後第九年的昭和二十九年（1954），白樺派已成昨日煙雲，然
《論語私感》卻數度重新問世，武者小路實篤於「新潮文庫版」《論
語私感》的序文中如下說道：

> 《論語》乃不可思議之書。……書中絕大部分即便今日讀來亦
> 覺新穎，其實只要人生在世，其中多有永遠覺得真實之言語。
> 無論閱讀過幾回，只要重讀之，便覺新鮮感，多有受教者，能
> 感受到生存的意義並獲得生存的勇氣。不僅多受《論語》所慰
> 藉，更多是因《論語》而反躬自省。[31]

而戰後第四年的昭和二十四年（1949），希臘哲學研究者岡田正三
（1902-1980）的《論語の探究》問世，書中仍不改其於戰前出版問
世的《論語講義》（東京：第一書房，1934年）中，特異乃至恣意的
詮釋風格。岡田正三亦於本書〈まえがき〉（前言）中如下言道：

> 《論語》於古代中國，成就了人類解放史上輝煌的一頁。在接
> 觸《論語》之際，便會督促自我檢討身邊束縛自身之外物。就
> 該層意義而言，《論語》是我愛讀的書籍之一。今日我對《論
> 語》的理解雖然仍不充分，但今日我所理解得到的，十年後、
> 二十年後我個人的解釋亦將轉變。不，若理解無有轉變，亦將
> 令人困擾。……今日此書（《論語の探究》）出版之際，這是完
> 全脫離《論語講義》的新書。自所謂《論語の探究》舊著至今
> 凡經十五年，我的《論語》理解或多或少有進步，但恐亦有不
> 少誤解或理解不充分之處。[32]

---

31 武者小路實篤：〈序〉，《論語私感》（東京：新潮社，1954年），頁1。
32 岡田正三：〈まえがき〉，《論語の探究》（京都：山口書店，1949年），頁10。

　　筆者以為日本在接受中國文化時，如上述此種混合、調和乃至誤解現象屢見不鮮，特別是普羅大眾經常以一己之所好，相當無拘束且自由地應用原始材料，遂使得中國文化這一外來文化的衝擊力道被分解、分離乃至分化，甚至原先與日本本土文化相衝突的文化、思想成份，亦被混合、調和進日本文化、思想中。換言之，合乎大和民族體質、文化質素的，容易被吸收、調混、重組；至於不合乎其民族文化屬性的，甚至被棄而不顧，此點在大和民族吸收接受中國經典文化時亦不例外。故我們很難設想有一純粹「忠於原典」的經典詮釋存在，中國經典在異地、異族的日本國大和民族的傳播史，多是以半中半日的「面目半非」，甚至有變「流」為「源」的方式進行，但也正因為如此，中國文化加速其融入日本文化的效率，結果使得中國人總感覺在日本國度裡面，中國文化無所不在。而問題是「中國」的一切雖然如「影」隨行，但卻尋不著一個「中國」實體。所以與其說日本人所理解的《論語》是一「誤讀」的歷史，毋寧說彼等所理解的《論語》，是一被日本文化「調和」過的「化漢」歷史。

（五）我輩凡人之《論語》──下村湖人《論語物語》

　　「受過武者小路實篤等白樺派的人道主義作家之影響」[33]的下村湖人（1884-1955），其有關《論語》的兩本著作，一是《論語物語》，一是《現代訳論語》（《今譯論語》）。後者誠如書名所示，是將《論語》全書翻譯為現代日語，乃湖人逝世前一年的晚年之作。相對於此，前者號稱是湖人的自信之作，全書共有二十八篇短篇小說，皆取材自《論語》。該書與湖人的成名作，亦即其自傳式小說《次郎物語》，堪稱姊妹作，下文主要就《論語物語》來考察下村湖人之讀《論語》法。

---

33 高田保馬：〈原文跋〉，收入下村湖人著，林耀南譯：《論語故事》（臺北：協志出版股份有限公司，1987年），頁299。

　　下村湖人於《現代訳論語》開卷首篇即明白指出：《論語》既是「精神之書」、「道德之書」的同時，《論語》也是「政治之書」，因此《論語》終究是「現世之書」，而且是「人間之書」。[34]故《論語物語》一書中，湖人主要立足於「門人」的立場，描寫孔子與門人的對話中，每個說話者心中複雜難解的情感糾葛，進而探討孔門諸生如何面對自我心中諸如：怨懟、虛榮、妒忌、懷疑等真實的人性，以及孔子如何以「愛」來回應門生諸人的真性情。[35]湖人所以聚焦於「門人」，或恐正因其認為《論語》是一現世的「人間之書」，並且將探討對象鎖定在同是「我輩凡人」的門人「心」上，湖人言：

> 　　《論語》是「天之書」，同時也是「地之書」。孔子終生一面踽踽獨行於地上，一面訴說著天籟。訴說天籟對孔子而言，既不神秘，亦非奇蹟。孔子堪稱以地聲訴說天籟之人。**孔門弟子們，亦想學孔子訴說天籟，然而彼等多數終究僅能訴說地語。**其中，竟然也有勉強藉蒼穹之回音而試圖訴說地語的虛偽者，此處有著門人們的軟弱，而此種軟弱，乃人類共通具有的弱點。**我們受教於孔子之天籟的同時，亦多有藉門人之地語以反躬自省者。**
>
> 　　……當然，想無誤地傳達孔子之天籟所具有的意義，對地臭強烈的吾人而言實不可能。但是，挖掘反芻門人們之地語，以看出吾人自身之軟弱與醜陋，則未必不可能。……**《論語》並非歷史，而是心之書。人類之胸臆中若有超越時空而應將之活用**

---

34 詳參下村湖人：〈「論語」を読む人のために〉，《現代訳論語》，《下村湖人全集》第8卷（東京：國土社，1975年），頁225。

35 《論語物語》全書中，除了（11）〈豚を贈られた孔子〉主在講陽貨、（13）〈樂長と孔子の目〉主在講魯大師、（21）〈孔子と葉公〉主在講葉公；（16）〈天の木鐸〉與（17）〈磬を擊つ孔子〉在講冉有外，同時又講儀封人與荷蕢老人、（27）〈永遠に流るるもの〉在講孔子，等六篇外，其餘二十二篇的主角皆為孔子門生。

者，則吾人應以現代人的意識來讀《論語》，以現代人的心理
來剖析《論語》，並努力從中發掘吾人自身之形態，我自信如
此必定不致於冒瀆《論語》。[36]

關於湖人是如何以當代日本人的意識，與當代日本人的心理來解
讀《論語》，並努力從中發掘吾人自身之生命形態，以下試舉《論語
物語》第三篇〈伯牛有疾〉中湖人對伯牛「心境」之描寫為例，說明
其讀《論語》之法，乃以門人之「心」為著眼點的特色。又為求完整
展現湖人之故事鋪陳與敘事，以下姑且大段落引出，以見其全貌。

《論語物語》篇名：伯牛有疾
《論語》原文：

> 伯牛有疾，子問之，自牖執其手，曰：「亡之，命矣夫？斯人
> 也，而有斯疾也！斯人也，而有斯疾也！」（〈雍也〉篇）

故事內容：

> 冉伯牛的病最近痲瘋病的症狀更顯明了。手臉上面，皮膚變得
> 乾燥，到處可以看到浮腫的毒疹。紫紅色的皮肉，像是霉爛紅
> 柿子潰爛了似的滲出腐臭的黃汁。
> 友人來探病的，這幾個月來一天天地減少。他也不喜歡讓朋友
> 們看到他那難看的臉面。他反面想，乾脆沒人看他再好不過。
> 可是，有時他的心底起了滿懷的惆悵，這種寂寞感，像秋水一
> 般冷冰冰地滲透了他的心。而他那顆悲淒的心底深處，蘊藏著

---

36 下村湖人：〈序文〉，《論語物語》（東京：講談社，1981年），頁5-6。

無盡的對人生的憎恨與詛咒，像濁流似地不斷在心裡起伏。

（在這樣潔淨的陽光之下，眼巴巴地等著皮肉慢慢地腐爛下去……這不是上帝所安排的毒辣的惡戲嗎？人生既然是如此殘酷無情，人怎麼可以信從天呢？）

（從德行方面而言，孔夫子曾經把我和顏淵、閔子騫、仲弓並稱。老師曾極言褒揚我，使我不禁沾沾自喜。如今回想起來，我的德行只不過是像積木玩具所堆成的，這個最好的證據是一旦受到阻礙就經不起了考驗，竟崩潰得這般可憐。<u>不能克服自己的病苦和命運，這算得上什麼德行</u>？——）

（記不得什麼時候了，老師曾經這樣說過：「三軍可奪帥也；匹夫不可奪志也。」多麼寶貴的教誨哩！我只染上疾病就這般顛狂錯亂，這是多麼可恥阿！究竟什麼是這種剛毅不移的志氣的原動力呢？我仍然不能懂得它。我不是到了今天，對於這種最緊要的根本問題怠於研究，只是在形式上模仿了夫子與前輩的言動呢？——）

（大家再也不看我了。大概怕我的癩瘋病會傳染。恐怕他們就藉口說：「我怕反而煩擾了他的靜養」，這些口是心非的偽君子們，只在這種場合，那些「恕」與「己所不欲勿施於人」的教誨才對他們有用吧。）

（對了，這樣說來，孔子已經一個月沒有來過。記得我的臉上的浮腫，也是上次孔子見我之後，才更加嚴重。難道老師也不敢再欣賞，逃之夭夭了？——。「歲寒，然後知松柏之後凋也。」老師平日也常常板著臉孔，講過了這個道理。那麼，老先生究竟是否屬於松柏這一類呢？幸虧我染上了這種病，才夠資格考驗一下這位至聖先師的真面目。）

（為了孔子，至今不知經過了多少苦頭。而且，還要患上這種惡疾，我才能觀察他的真面目嗎？孔子這個人，真值得讓人

討了這麼多犧牲的人嗎？）

（天命—不錯的，一切都歸於天命。無論病疾的人，或是健康的人，一切都棲息在天命的懷抱裡。天意是一貫的。天的意旨並沒有你我的差別，只是走著它應走的路罷了。只有能夠深深體會天命的人，才能夠切切實實地過著合理的人生哩。）

如今他真正瞭解孔子的話。他好久好久望著剛才被孔子緊緊握過的那隻手。伯牛的心境，如今清靜而且明朗無比。再也絲毫不覺得醜陋而腐爛的身體而羞恥了。他已超脫了生死的境地，安詳地坐在病褥上面，不憂死神何時降臨。[37]

　　下村湖人主要基於〈雍也‧伯牛有疾〉章為故事主幹，再參以〈先進‧從我於陳蔡〉、〈子罕‧三軍可奪帥〉、〈衛靈公‧有一言而可以終身行之者乎〉、〈子罕‧歲寒然後知松柏之後凋〉、〈子罕‧知者不惑〉、〈里仁‧朝聞道〉等六章而來鋪陳該篇小說情節，而其對伯牛心境轉折的描寫，則讓《論語物語》讀者隨著伯牛心情之起伏，深刻思考諸如：未經考驗的理想，談不上堅持；不能超越生命挫折、困頓的德行，恐怕未曾真正為自己所擁有過；無法解脫老病大苦、生死大事，則我們對「天」的信仰，亦即人的宗教性恐怕將無法潤澤其生命本身，等等嚴肅生命課題。

　　透過下村湖人對伯牛心境的細膩敘述，讀者宛若看見一個人由自私到無私、小我到無我、愚痴到智慧、煩惱到清淨的人格淨化過程。並且進而瞭解到正因為受苦，我們了解的人有限，因此對「天」多了一份莊重的虔敬心，也因為受苦，我們有可能看到人的無限性，因而對生命多了一份珍惜與尊重。

---

37 下村湖人著，林耀南譯：《論語故事》，頁22-27。

　　而誠如眾所皆知的,「人物」堪稱是小說中最重要的元素,然而要認識小說中的人物,恐怕比認識小說的情節還困難。而下村湖人《論語物語》書中所描繪的孔門人物,不僅是伯牛,每一個湖人筆下的門人皆是充滿「內在衝突」(在心理或性格上人與自己的衝突),以及「外在衝突」(在社會或自然界中人與人、或人與環境的衝突)的人物,因此使得孔門師生在《論語物語》書中都是一「立體人物」(round character),宛若活生生的現實人物,性格往往相當複雜,故與彼等相關的任何事件或話語,也就變得無法一言以蔽之,於是環繞在孔子身旁的每一位門人,也都成為每一特定時空條件組合下所發生的逼真(Verisimilitude)事件中的主要角色,每個門人皆顯現出其獨殊的個性。並且因為每個獨殊個性皆不免其「外在衝突」,故亦可發現其社會性,同時還掌握到某種具體的「人物」典型,以及此人物栩栩如生的人間印象,進而藉由此人物典型與人間印象,「發掘吾人自身之形態」。如此一來,《論語》方有可能成為吾人的「人間之書」,同時也是「生命之書」。

三　「論」語抑或「物」語?句讀訓讀不可廢?

(一)「論」語?抑或「物」語?

　　從上述的說明看來,近代日本文人的《論語》觀,顯然已經從《漢書・藝文志》所謂的:「論語者,孔子應答弟子時人、及弟子相與言而接聞於夫子之語也。當時弟子各有所記,夫子既卒,門人相與輯而論纂。故謂之論語」的這一認識,開始產生轉變。

　　蓋「論語」二字中,「語」字之意義,乃與「言」字所謂的:單方的發言、單方的陳述相對,指的是:與對象所進行的對話或議論。如《說文解字》曰:

直言曰言，論難曰語。[38]

此外，「語」的另一意義則是指：面對某對象，回答其所言或提問的對話。如《周禮注疏》在「以樂語教國子興道諷誦言語」經文下的注疏中則言：

> 注文：以聲節之曰誦，發端曰言，答述曰語。
> 疏文：「發端曰言，答述曰語」者，《詩》〈公劉〉云：「於時言言，於時語語。」毛云：「直言曰言，答述曰語。」許氏《說文》云：「直言曰論，答難曰語。」論者，語中之別，與言不同。故鄭注〈雜記〉云：「言，言己事，為人說為語。」[39]

又《禮記注疏》在「三年之喪，言而不語，對而不問」經文下的注文中亦云：

> 注文：言，言己事也。為人說為語。[40]

足見「語」字之意義是：「為人」回答，或「與對方」對話、議論。亦即段玉裁所謂：

> 一人辯論，是非謂之語。……與人相答問辯難，謂之語。[41]

---

38 〔漢〕許慎：《說文解字》（臺北：黎明文化，1974年），卷3上，〈言部〉，頁90。

39 〔漢〕鄭玄注，〔唐〕賈公彥疏：〈大司樂〉，《周禮注疏》（臺北：藝文印書館，1955年），卷22，頁337。

40 〔漢〕鄭玄注，〔唐〕孔穎達正義，賈公彥疏：〈雜記下〉，《禮記注疏》（臺北：藝文印書館，1955年），卷42，頁737。

41 〔清〕段玉裁：《說文解字注》（臺北：蘭臺書屋，1971年），第5卷，3篇上，〈言部〉，頁90。

　　而就這層意義而言，「物語」之「語」字也是「說與他人」之意。蓋「物語」本指除了自我觀照等日記文學、隨筆、私小說之外，亦指說與他人的敘事性文學作品。依據《廣辭苑》的解釋，「物語」一詞指的是：

（1）談論、說話。其內容各式各樣。談話。

（2）以作者之見聞或想像為基礎，就人物、事件來加以敘述的散文文學作品。狹義指自平安時代至室町時代為止的「物語」，大致可分為：傳奇物語、寫實物語、歌物語、歷史物語、說話物語、軍記物語、擬古物語等種類，而所謂「日記」之中，也有與「物語」難以區別者。[42]

　　據上述《廣辭苑》之解釋，「物語」之「物」字的意義，指的即是：基於見聞或想像，有關人物、事件的敘述。然《論語》之「論」字的意義，若據許慎《說文解字》所謂：「論，議也。」則誠如段玉裁所謂：

凡言語循其理、得其宜，謂之論。故孔門師弟之言，謂之論語。[43]

此種「論」字的解釋，其實也就是《漢書‧藝文志》所謂的「門人相與輯而論纂」的「論纂」，亦即：議論後而加以編纂。若如是，則吾人可以說：近代日本文化人的《論語》觀，基本上已經從所謂《論語》乃是一「理論」、「邏輯」條理清楚、脈絡分明的語錄體經典認識，轉變為一由人、時、地、言組合下，還原「場面」後而來描述「人物」、「事件」（＝「物」）的經典認識。換言之，對近代日本文化

---

42 新村出：《廣辭苑》，頁2380。

43 段玉裁：《說文解字注》（臺北：蘭臺書屋，1971年），第5卷，3篇上，〈言部〉，頁92。

人而言，《論語》已然擺脫如荻生徂徠（1666-1728）等江戶儒者所謂：「凡可以言為教者，皆謂之語」[44]這類《論語》乃「規訓」式經典的刻板教條印象，《論語》成為彼等了解自我，特別是了解自我生命中之東方特質的憑藉。下村湖人就曾說過：

> 欲知「東洋」，首先須知「儒教」。欲知「儒教」，須知「孔子」。欲知「孔子」，則不可不知《論語》。[45]

戰後，日本著名的評論家兼劇作家福田恆存（1912-1994），曾如下說道：

> 所謂有教育一事，未必意味著有教養。……然而教育與教養究竟有何不同？一言以蔽之，藉由教育，吾人獲得知識；藉由文化，吾人身有教養。當然，原本教育在傳授吾人知識時，也應傳授給吾人教養，然情況卻變得並非如此。教育變得與文化無直接關聯，教育所傳授給吾人的，卻是從文化游離開來的知識。[46]

前述近代日本文化人的讀《論語》法，顯然已經將《論語》中所提及的諸多價值觀乃至生命信念，當作是一種傳統文化，並以之來涵化、型塑其自身的教養，亦即人文化成。而以《論語》為代表的東方傳統文化，儼然成為彼等面對西洋時，覺察其自身具有有別於西洋的獨特生命形態與生活方式的知識憑藉。而當近代日本文化人透過傳統文化而來涵化、型塑其自身之教養時，《論語》的經典知識方才得以

---

44 荻生徂徠：〈題言〉，《論語徵》，收入關儀一郎編：《日本名家四書註釋全書》第7卷（東京：鳳出版，1973年），論語部5，頁2。

45 詳參下村湖人：〈「論語」を読む人のために〉，《現代訳論語》，頁221。

46 福田恆存：〈教養について〉，《私の幸福論》（東京：筑摩書房，1998年），頁71。

被活用於彼等的人生中。此時，經典知識終於融入其個人的生命形態
與生活方式中，經典教育也才真正成為其個人的教養。

（二）句讀訓讀不可廢？──讀《論語》的提醒

在近代日本文化人一路將《論語》加以「物語」化而來解讀之的
過程中，理想主義傾向濃厚的擬古派小說家幸田露伴（1867-1947），
卻發出了異議之聲。大正四年（1915）幸田露伴於雜誌《新修養》三
月號發表〈論語學而の章に就いて〉（〈關於論語學而章〉）一文，同時
又於雜誌《向上》三月號發表另一篇文章〈樂〉。後於該年七月，兩
文合而為一，並添加新內容，以〈悅樂〉為名收錄進至誠堂書店發行
的「大正名著文庫」第十六編之中，戰後此二文於昭和二十二年四月
再度收入由中央公論社發行的單行本《論語悅樂忠恕》中。而《論語
悅樂忠恕》中〈忠恕〉的部分，則是戰前幸田露伴受教學局委託所寫
成的〈一貫章義〉一文，該文於昭和十三年（1938）六月，作為「教
學叢書」第三輯而刊行問世。幸田露伴於〈一貫章義〉中如下說道：

> 今人多不好讀先賢書，故先賢解經時如何注意、如何致思亦不
> 知，只將紙上文字明眼一過，如電光之涉廣野，轉瞬之間便妄
> 下斷言，故讀前空空寂寂，讀後亦空空寂寂，讀猶如未
> 讀。……昔人讀經書之際，得其大體意味後，有誠切切於注意
> 致思者，……又未得其大體意味前，受所謂句讀訓詁於人，自
> 己亦重新思考之，乃今日所謂之學得無有歷史的、博物學的、
> 文法的謬誤，為得大體意味而準備者也。如此蓄積研究之準備
> 與研究本身，猶又累積類推、旁通、引申、歸結、參照、圓融
> 之功，始致有得處。承句讀訓詁，能解字說文者，所謂小學之
> 事也。此小學本為重要之事。無有小學未通，而欲一躍而可徹
> 得大旨深意之理也。然今人之習氣，如臨英雄豪傑之敵陣而叱

吒突破，勇猛果敢，無論何種書皆一概讀過，竟等閒說道：句
讀訓詁等事應無問題，一味粗笨魯莽而不知自省，以己意恣意
解之、評之、論難之，遂陷大錯誤，竟如此膽大妄為，實為可
悲。[47]

幸田露伴對句讀訓詁的重視，並不僅止於其在閱讀《論語》這部經典
時才如此，其對明治以還，時人不重視甚至棄句讀訓詁於不顧的讀
書、為學態度，始終抱持著戒懼的態度。幸田露伴言：

不尚精之徒，動輒說道：句讀訓詁之學等，我才不為。原來如
此，句讀訓詁之學雖非學問最至關重要者，然關於古人不欲學
句讀訓詁之學此點，則吾人就應學其志向之高大，而不是因為
有此話，便以為句讀訓詁不算什麼，如此想可就錯了。從事句
讀訓詁之學，若只是以通句讀訓詁為滿足，甘於為句讀訓詁之
師，此種為學法恐有其非。更遑論埋頭於句讀訓詁。然隨意口
出「句讀訓詁之學等，我不為也」之豪語，而讓草率馬虎之學
風浸染其身者，絕不可取。字以載文，文以傳意，若全不通句
讀訓詁，又能學何學耶？因受不通文辭之弊也。如徂徠先生以
豪傑之資，猶且叨絮於文辭，實因有不得已者也。[48]

　　誠如色川大吉（1925-）與渡邊和靖（1946-）所言，「明治人」
自其青少年時期以來，便浸淫在一種堪稱為生活之共通體驗的「儒學
經驗」中，而此經驗共通存在「明治人」的精神根柢。[49]但德富蘇峰

47 幸田露伴：〈一貫章義〉，《露伴全集》第28卷（東京：岩波書店，1954年），頁436-
　　437。

48 幸田露伴：〈修學の四標的〉，《努力論》（東京：岩波書店，1940年），頁93-94。

49 詳參色川大吉：《明治精神史》（東京：講談社，1976年）、渡邊和靖：《明治思想
　　史》（東京：ぺりかん社，1985年），頁20-23。

（1863-1957）卻強調以他自己為代表的江戶文久年間（1861-1863）
以後出生的，包括北村透谷（1868-1894）、三宅雪嶺（1860-1945）
等「明治青年」，是與福澤諭吉（1835-1901）、板垣退助（1837-
1919）等江戶天保年間（1830-1843）出生的「天保老人」相對立
的。[50]而幸田露伴恰好就是江戶文久年間以後出生的「明治青年」。

　　然筆者以為就如同色川大吉將「明治青年」區分為一八五〇年代
出生的「明治青年第一代」，和一八六〇年代出生的「明治青年第二
代」一般，若就近代日本文化人解讀《論語》的態度、訴求乃至經典
觀看來，幸田露伴（1867-1947）與志賀直哉（1883-1971）、下村湖人
（1884-1955）、武者小路實篤（1885-1976）、谷崎潤一郎（1886-1965）
等人在閱讀《論語》時所採態度的差異，不也標誌了一八八〇年代以
後出生的，堪稱為「明治青年第三代」的近代日本文化人，其成長過
程中最早經歷的，便是色川大吉所說的「分裂與孤立的時代」──明
治二十年代。一進入明治二十年代，「明治青年第二代」主張：道德
亦學泰西。漢學已然進退失據，無論是在學問上或道德上，「明治青
年第二代」這一新世代青年顯然唯西學是圖。色川大吉說：

　　　明治二十年代，是處於壓倒性西歐文明之影響下的時代。該時
　　　期之思想或文化等領域，無有不受此烙印者。[51]

---

50 參見德富蘇峰：〈第十九世紀日本ノ青年及其教育〉一文。本章轉引自色川大吉：〈新
　日本の進路をもとめて──德富蘇峰の描いた未來像──〉，《明治精神史（下）》
　（東京：講談社，1992年第十五版），頁13。色川大吉並於該書〈明治明治二十年
　代の思想・文化──西歐派と國粹派の構想──〉一文中，以為蘇峰此區分不具效
　力，而自行將「明治青年」區分為一八五〇年代出生的「明治青年第一代」，和一
　八六〇年代出生的「明治青年第二代」。詳參色川大吉：《明治精神史（下）》，頁74-
　75。
51 色川大吉：〈明治明治二十年代の思想・文化──西歐派と國粹派の構想──〉，頁
　112-113。

　　而此種沒有不受到西歐文明影響的日本，正是以志賀直哉等人為代表的「明治青年第三代」的近代日本文化人，自小耳濡目染的文化環境。因此，以《論語》為代表的「儒學經驗」，如果仍算得上是所謂「明治人」的精神根柢，則其所受的「儒學訓練」恐怕未必可如此一言以蔽之地概括而論，此點由幸田露伴與志賀直哉等一八八〇年代以後出生的文化人在讀《論語》時，兩者所主張之閱讀法的差異性中亦可見一斑。

　　事實上，此種儒學、經學素養因西學稱霸而不斷自日本文化中淡出的過程，日後在幸田露伴與其次女幸田文（1904-1990）的日常生活中，亦將「明治人」與「大正人」的儒學古典素養之落差，真實表露無遺。幸田文所著《父・こんなこと》（《父親・如此這般事》）一書，主要在描述其自小至大與父親之間所發生的大小事情，書中描寫到曾經發生過以下這樣的事。

> 　　隔天一早我便被父親責罵。原因是我覺得昨天煮的粥過硬，若端出去可能會被嘮叨斥責一番，於是便加入水攪拌，結果粥卻黏成一塊塊。於是被父親罵道：「自作聰明所犯下的過失，無非就是藐視孔夫子所說的不如『退而學』（〈季氏〉）的教導。」真是事態嚴重。因為完全未請示父親，而犯下過錯，沒想到父親卻如此惡意地，搬出孔子這塊千貫磐石壓在我頭上，好像比起沒請示父親，對孔夫子無禮一事更為嚴重，這對當時還是小孩的我來說，完全不得其解。對生長在南葛飾郡寺島村的鄉下小姑娘的我來說，彼國幾千年前的孔夫子究竟說了何金玉良言，其實是朦朧且模糊的。[52]

---

52 幸田文：〈經師〉，《父・こんなこと》（東京：新潮社，1955年），頁114-115。

然就如同句讀訓詁的重要性，不必等到昭和十年代才由幸田露伴提出，而漢學素養缺如的，也未必就只限於南葛飾郡寺島村的鄉下小姑娘幸田文。明治四十二年《漢文大系》第一卷出版後，針對四十一歲的東京帝國大學「支那哲學講座」教授服部宇之吉（1867-1939）所犯下有關「句讀訓詁」，乃至經義之體會、聖人心志之揣摩等方面的謬誤，安井息軒（1799-1876）之昔日門生松本豐多（？-？），便已不假辭色地對服部宇之吉之「新漢學」進行嚴厲批判。[53]

四　「物語」化《論語》詮解法的省思

透過本章的考察，我們可以了解在日本的近代化過程中，日本人所以持續閱讀、研究《論語》，並無中國經學發展史中所謂「經學之要，皆在《論語》中」[54]、或是「《論語》總六經之大義」[55]等這類宋代以還，儒者反動漢、唐以來以《五經》為一完整體系的經典概念，而試圖以一種新經典權威來重新形構儒家經典知識（＝「學」）的建構意圖。《論語》之所以成為「近代日本人的古典」，或者說是其最喜愛的古典，持續受到近代日本人殊異的推崇，而賦予其最大的關注，筆者以為其遠因乃是江戶兩百多年來，日本社會由上而下的《四書》閱讀土壤已然成型外，最大的原因便在於《論語》作為一部經典，其本身就具有永恆（＝「經」）的特質。

蓋經典之所以為經典，除了先王制度、聖人制作及政府推動等因

---

53 關於松本豐多《四書弁妄》中，對服部宇之吉於《漢文大系》第1卷中所作的「標注」（服部對安井息軒《論語集說》所作的注解、說明）提出何種批判一事，詳參本書第三章〈創新或守舊——由松本豐多《四書辨妄》對服部宇之吉之拮抗論注經之本質問題〉。

54 〔清〕陳澧：《東塾讀書記》（臺北：商務印書館，1970年），卷2，頁14。

55 〔清〕劉逢祿：〈序〉，《論語述何》，收入《皇清經解》第19冊（臺北：復興書局，1972年），卷1928，頁10a。

素外，更應思考經典所具備的內在超越性、原創意義之豐沛性，以及
被接受涵融再創造之可能性等要素。因為經典必須永遠與當下現實產
生對話，方可確保其經典生命的活水源頭，也才有可能使後人成為其
經典生命換血作用的參與者。否則，當先前之社會瓦解崩壞，則經典
的替代性乃於焉產生，「《詩》亡而後《春秋》作」便是。抑或過於依
賴體制和制度之外在要素，則將產生「學」「術」扞格，經典為現實
枉曲，則其被詮釋的「真理」，將在時、空驗證下，喪失其之所以為
經典的普遍性與永恆性。

　　簡言之，《論語》作為一部經典的價值，貴在與時俱進，隨方取
則。而如果我們認同注釋最廣義的概念可以是：

> 一切事實、形構及規範，一切密文、閱讀及書寫，一切時興的
> 事物、虛構的文學作品及想像力，所有社會的風俗、時尚及準
> 則，以及法律、情愛及生活，無不是詮釋。[56]

則除了注經以外的任何形式的文本解讀，基本上不僅是一種接受和鑑
賞的文化傳播活動，其更是一個反映、再現、移動、改變、充實並豐
富文本的過程。因此，不必然非得以某種單一、慣性的閱讀法來解讀
特定經典文本，因為其往往落入陳窠而了無新解，如果調整視角，將
可能有意外的解讀，和新穎獨特的成果。而此種廣義的注釋定義，雖
未必適用於儒家傳統的經典注釋，但以之來讀《論語》，卻可使我們
全面探討與《論語》相關，或是在《論語》中所有出現過的，諸如從
民間諺語到禮法成規的文化形態，乃至各個在《論語》中出現的人物
之生命形態。這正是近代日本文化人將《論語》「物語」化而來解讀

---

56 Vincent B. Leitch, *Deconstructive Criticism: An Advanced Introduction* (New York:
　Columbia University Press, 1983), p. 250.

時，我們可以從「弟子」、「門人」角度重新發掘諸多驚奇，進而可能發現自我的緣故。

然若以上述廣義的注釋定義來探討研究歷來的經注，則我們將會發現其大而無當。因為在此種定義下的經典注釋研究，我們可能將無法聚焦於某種試圖以之來發現經典、經學、經學史、注經、注經者等相關問題特徵的途徑，例如：注釋目的、注釋意義、注釋假設、注釋條件、注釋形態等，亦即所謂經注研究的主要部分。而這些正是我們研究經注作品時，主要的觀察對象。

誠如論及「讀」《論語》之法，則我們首先當問讀者其是為何目的而讀？程伊川有言曰：

> 讀《論語》，有讀了全然無事者，有讀了後知好之者，有讀了後不知手之舞之足之蹈之者。[57]

> 今人不會讀書。……如讀《論語》，舊時未讀是這箇人，及讀了後又只是這箇人，便是不曾讀也。[58]

朱子則說：

> 王充問學。曰：「聖人教人，只是箇《論語》。漢、魏諸儒只是訓詁，《論語》須是玩味。今人讀書傷快，須是熟方得。」曰：「《論語》莫也須揀箇緊要底看否？」曰：「不可。須從頭看，無精無粗，無淺無深，且都玩味得熟，道理自然出。」曰：「讀書未見得切，須見之行事方切？」曰：「不然。且如

---

57 〔宋〕程顥、程頤：〈河南程氏遺書〉，《二程集》（北京：中華書局，1981年），卷19，頁261。

58 〔宋〕程顥、程頤：〈河南程氏遺書〉，《二程集》，卷19，頁261。

　　《論語》，第一便教人學，便是孝弟求仁，便戒人巧言令色，
　　便三省，也可謂甚切。」[59]

伊川、朱子所言，確實是一種讀《論語》法，其追求的乃是「人文化
成」，亦即「文化的《論語》解讀」。然就如傅偉勳先生所言，經典的
詮釋可以有五個層次，即「實謂」、「意謂」、「蘊謂」、「當謂」、「必
謂」。[60]我們可以說前兩個層次是考證或學科、課程化下的「知識的
《論語》解讀」；第三個層次以後，則是「文化的《論語》解讀」與
「體認的《論語》解讀」。

　　因為，傅偉勳先生進一步對前述五個詮釋的辯證層次解說道：
「第一層次基本上關涉到原典校勘、版本考證與比較等等基本課題，
只有此層算是具有所謂『客觀性』。……在第二層次，通過語意澄
清、脈絡分析、前後文表面矛盾的邏輯消解、原思想家時代背景的考
察等等工夫，儘量『客觀忠實地』了解並詮釋原典或原思想家的意思
（meanings）或意向（intentions）。」[61]筆者以為傅先生此處所強調的
第一層「實謂」與第二層「意謂」所追求的「客觀性」、「忠實性」，
堪稱是奠基於文字、訓詁、版本、考古等知識、學養而具備的實事求

---

59 〔宋〕黎靖德編：《朱子語類》第2冊（北京：中華書局，1986年），卷19，〈論語
　　一・語孟綱領〉，頁434-435。

60 傅偉勳先生於〈創造的詮釋學及其應用——中國哲學方法論建構試論之一〉文中認
　　為：作為一般方法論的詮釋學，共分五個辯證層次：1、「實謂」層次——「原思想
　　家（或原典）實際上說了什麼？」2、「意謂」層次——「原思想家想要表達什
　　麼？」或「他所說的意思到底是什麼？」3、「蘊謂」層次——「原思想家可能要說
　　什麼？」或「原思想家所說的可能蘊涵是什麼？」4、「當謂」層次——「原思想家
　　（本來）應當說出什麼？」或「創造的詮釋學者應當為原思想家說出什麼？」5、
　　「必謂」層次——「原思想家現在必須說出什麼？」或「為了解決思想家未能完成
　　的思想課題，創造的詮釋學者現在必須踐行什麼？」詳參傅偉勳：〈創造的詮釋學
　　及其應用——中國哲學方法論建構試論之一〉，《從創造的詮釋學到大乘佛學：「哲
　　學與宗教」四集》，（臺北：東大圖書，1990年），頁10-11。

61 傅偉勳：〈創造的詮釋學及其應用——中國哲學方法論建構試論之一〉，頁10-11。

是能力，且其詮釋也能獲得文獻、文物之印證與支持。

　　而傅先生在進一步說明第三層次「蘊謂」、第四層次「當謂」與第五層次「必謂」時，皆強調詮解者應儘可能在歷史傳統脈絡、詮釋者個人的深刻詮釋學洞見（hermeneutic insight）脈絡，以及教義、經義因歷代詮釋者承先啟後的哲理創造性（philosophical creativity）相承續脈絡等三大脈絡證據支持下，而來發現原先文本可能蘊涵的深層義理，且此種義理不必然在文本作者的意向之內。

　　然我們應該注意的是：在第三層次「蘊謂」所謂原作者、原典可能說或可能蘊涵的意思中，恐怕也應包含第四層次「當謂」所謂詮釋者應該為原作者、原典說什麼，或是發掘出其深層、根本義理在內。就此一層面而言，則「蘊謂」與「當謂」堪稱皆屬於奠基於文字、訓詁、版本、考古等專門知識，同時藉由詮釋者個人之生活體驗與生命感悟，提出其思考、判斷後認為比較合理的詮釋。而一個具備專業知識、學識素養的解經者，其基本上應該都有志於發掘經書中之「蘊謂」，同時其在治學過程中也理應將「當謂」提出。

　　故在此種意義上，「蘊謂」與「當謂」皆屬於關乎某一時代、某個人等外在事物，是經典與時俱新的「微言大義」。換言之，其乃「時代經驗」與「個人經驗」結合下的產物。所以筆者以為傅先生所說的第三層次之「蘊謂」與第四層次之「當謂」，乃解經者個人有感而發，同時透露其所處時代之消息的解經法，既是開來之舉，亦是文化創造。而有鑒於此種解經法是有專業學識作為基礎，同時結合個人經驗感知，並有前述三大客觀脈絡證據支持，方能提出之有效詮釋，故筆者稱其為「文化的《論語》解讀」。此稱法係就其解經方式與所得出之義理詮釋，並非自然天成，而是某種時代、社會建構或某種精神描述，且此種解經法也是某種智識與心靈、藝術的作品或操作。

　　至於傅先生所謂的第五層次「必謂」，日後接受劉述先先生建

議，改稱為「創謂」[62]關於此點，劉昌元先生於〈研究中國哲學所需遵循的解釋學原則〉中亦主張：「因為所創新的思想也許根本離開了文本內證的支持。在這種情況下，為什麼不乾脆說解釋者創立了新說？」[63]劉先生更主張簡化傅先生之五個層次為「意謂」與「蘊謂」，並說：

> 「詮釋學的洞見」實不必限於當謂，而可表現於整個蘊謂範圍。就表現文本未直說的義理而言，都有創造性的含義，只不過此創造必須基於原典，使原典未直接說的義理可以顯露，而不是在原典之外另創新說，或不顧文本的脈絡，而任意把自己的思想投射到文本之中。」[64]

　　筆者有鑒於「創謂」此種解經法，具有相對明顯的非關文本內證，但卻充滿解經者、詮釋者個人特色，故權且稱其為「體認的《論語》解讀」。此稱法係就其基本上乃是解經者藉由其親身對生活、生命之體察感知，透過經典詮釋，而來回應其所面臨之具體處境，試圖調和物我，融貫聖道，開展己身慧命，朝向宇宙天地之永恆價值。而近代日本文化人的「物語」化讀《論語》法，基本上有如前述中島敦《弟子》中，以故事想像而來認識子路者，亦有如下村湖人《論語物語》中，運用《論語》、《史記》等相對無疑義的文獻，透過敘事鋪陳、允許虛構故事，在相信《論語》作為一部經典本身，在思想上應該是一致和諧的整體，故藉由伯牛有疾這一事件，而來串接起德、君

---

62 詳參傅偉勳：〈創造的詮釋學與思維方法論〉，《學問的生命與生命的學問》（臺北：正中書局，1994年），頁239。

63 劉昌元：〈研究中國哲學所需遵循的解釋學原則〉，收入沈清松編：《跨世紀的中國哲學》（臺北：五南圖書出版公司，2001年），頁84。

64 劉昌元：〈研究中國哲學所需遵循的解釋學原則〉，頁85。

子、仁等諸多《論語》中之重要價值觀念，以對此等觀念作感性想像。或是如志賀直哉與武者小路實篤等，則是在藉《論語》以反映《論語》詮釋者、讀者所處當代的歷史時空處境，以及詮釋者、讀者個人的生命體認。表面上看來，雖然與「文化的《論語》解讀」一樣，皆關乎某一時代、某個人等外在事物，亦是經典與時俱新的「微言大義」，但卻已大幅度逸離開《論語》文本內證的支持，創發了屬於詮釋者個人的新思想，甚至是自我的生活信條，故宜將之歸於「體認的《論語》解讀」。

誠如上述，既然讀經的目的不一，則注釋或者詮解的意義也就有所不同。讀經的目的如果是「知識的《論語》解讀」，對注釋者、詮解者而言，其注經意義容易趨向自我學說之表達，亦即注經成為其表達學說的主要形式、手段。而注經的目的如果是「文化的《論語》解讀」與「體認的《論語》解讀」，則其注經的意義無非是在確認某種永恆普遍的價值意識，或是在訓練、培養某種思維模式，乃至是在涵化一種受過人文浸潤以後的修養、尊嚴，進而形塑成某種可貴、可敬的生命形態。

既然目的、意義有異，則有關注釋的假設、條件、形態也會有其差異。「文化的」、「體認的」《論語》解讀，其將預設一個「含天蓋地」的經典性質——廣博，以便將自己生命的整體，乃至宇宙全體，含括進經典之中。誠如武內義雄所指出的：《論語》並非由單一作者、單一學派所寫成，而是橫跨綿長時間，由各地的各種學派糅進多種傳統思想素材，經由不斷地充實才融入整個傳統智慧和學識中，並持續豐富化，宛如結實累累的文明果實。[65]而「知識的《論語》解讀」，則不免有可能假設某些前人的經注有其神聖性，並將之權威

---

65 詳參武內義雄：《論語の研究》，收入吉川幸次郎等編：《武內義雄全集》第1卷（東京：角川書店，1978年），頁2-195。

化，繼而對之付出敬畏之心，此點我們從江戶以來日人對朱注的崇敬，以及松本豐多對其師安井息軒注說的恪守，便可窺知一二。

因此，追求「知識的《論語》解讀」的解經者，其應具有的注釋條件中，「學識」的比重便會相對增加；追求「體認的《論語》解讀」的解經者，則傾向對經典原作者（＝聖人孔子）付出其近乎宗教的虔誠信仰心，而試圖透過體察自我生活、生命經驗，以認知、感悟到某種與此神聖信仰相關連之價值堅持或真理光明；至於追求「文化的《論語》解讀」的解經者，其最有可能二者兼具，將藉由教育所獲得的「學識」，於生活中將之轉化為文化，再藉之潤化自我生命、同體於聖人。故我們才會在近代日本的《論語》傳播史中，發現江戶古學派「人外無道」的概念，在近代日本文化人的讀《論語》經驗中，開展成「人」重於「言」的解經途徑；但另一方面卻又有如幸田露伴者，主張句讀訓詁不可癈，而當時如岡田正三者，亦再度提出徂徠式語言論，即所謂廢除訓讀、以口語日語譯口語漢文；以文言日語翻譯文言漢文的主張等[66]，此類再三強調專業學識與語言工具的讀《論語》法。其實，即便時入近代，我們發現當時日本社會中出現各式各樣創意性的《論語講義》[67]，而各級學校所使用的「漢文學講義」

---

66 岡田正三於《論語講義》（東京：第一書房，1934年）書中，重申以「漢文訓讀」翻譯《論語》等漢籍的荒謬性，乃在其終究是侷限於「專家」的，非大多數「日本人」嫻熟使用的國語──「日語」，故一般近代日本人讀者並無法毫無障礙的理解《論語》經義。但是，若將《論語》的「漢文」原文加以「意譯」，則將會破壞「漢文」原文所具有的文氣、語調等微妙語感。岡田正三因此主張：原文若為口語體，就應翻譯為口語體；原文若為文章體，就應翻譯為文章體，此種作法不僅是翻譯者所樂見的，同時也是翻譯者的責任。除此之外，漢文訓讀與意譯兩者的共通缺點，便是文意皆相當曖昧。此乃因傳統漢學不具語學的良心，不是不具語學的知識，故當然會產生此必然結果。（〈序〉，頁4）

67 關於近代日本社會中出現眾多以「論語講義」為名之《論語》詮解書一事，詳參：拙作：〈轉型期《論語》研究之主旋律──近代日本《論語講義》研究〉，彰化師範大學國文系編：《臺灣學術新視野──經學之部》，（臺北：五南圖書出版社，2007年），頁335-392。

中，朱《注》在近代日本仍擁有其不墜的地位，仍是聖學堂奧的重要門徑。[68]

若如上述，則注釋形態也會隨注釋者所追求的目的、所預設的假定，以及其所具備的條件而有不同的表現形態。例如一個以追求「知識的《論語》解讀」為目的的解經者，當其假設某些前人的經注有其神聖性，並將之權威化，繼而對之付出敬畏之心，則其便容易依據其學識試圖去追求《論語》的「正解」、「真義」等與《論語》相關的真相，盡可能不作無準確根據的臆測，又因同時得藉注經來表達其本身的學說，故重視邏輯性地解析文獻。於是，其注釋形態常就僅止於「插入式的注解」某詞語，或是「修定原經典內容」的考證、校勘，乃至編選經典之精選本，如日本戰前各級學校所使用的「漢文學講義」《論語》讀本，不乏此種形態。就某種意義而言，這是最如實且精簡地呈現經典原義的「注釋」方法，而且編選者多與有榮焉，並被承認在保存典籍、維護傳統上功不可沒。

再者，一個解經者若是以追求「體認的《論語》解讀」為目的，意義在形塑一種修養與訓練、培養某種思維模式，而在解經之際預設一種「含天蓋地」的經典特質，同時抱持一種近乎宗教的虔誠信仰心來看待經典原作者，則其所採取的注釋形態，較容易朝向完成宇宙物我之調和，亦即融合聖賢意旨於己心，以開展自我慧識與慧命的途徑。就如同武者小路實篤從《論語》中體會覺察出「調和」這一人生智慧，並以之召喚人類全體；志賀直哉領悟到惟有「盡其生」後，方能有「自在死」；下村湖人從孔門師生身上洞見形形色色人性的陰暗與光輝，並將之對照到自己耳聞、親見的各類學生，藉以鑒察人生真相，燭照聖人心跡之微隱等。至於，追求「文化的《論語》解讀」的解經者，同樣最有可能同時採取上述二者之注釋形態，取得某種協調。

---

68 詳參本書第八章〈《論語》教科書──《論語》如何參與近代日本中學校之道德及語文教育〉。

五　結語──「人外無道」的《論語》換血讀法

　　若我們同意近代日本《論語》研究學術典範的確立，始自武內義雄《論語の研究》。[69]同時也認同將中國學問還原成一學術研究客體，實有賴「支那學」的確立，江戶漢學才真正在學問概念、內容及研究方法上轉型完成。則我們就必須認識到竹添光鴻在日本近代初期，在江戶考證學轉型為「支那學」這一過程中，竹添光鴻其實接續了松崎慊堂以還，江戶漢、唐古注與清朝考證學合一的學統，並轉而仿清人為經典作新疏的研究方法，試圖將學問純學術化此種學術經營作為，亦即結合江戶考證學與清朝考證學的為學法，日後終於形成涵塑京都支那學的重要因素。故我們必須再次注意到：日本漢學的近代與近世，本有其學術發展的內在一貫連續性，江戶漢學到「支那學」的過度學問，即是以竹添光鴻「三《會箋》」為代表的注疏考證學。換言之，是近世日本漢學的「古」，成就了近代日本漢學的「新」。[70]

　　則從此一角度來看，在近代日本文化人紛紛將《論語》當作故事而來閱讀，或對《論語》中孔子之諸多重要觀念主張作感性想像時，幸田露伴所以會強調「訓詁」等理應屬於漢學者的專業學識不可廢，

69　近代日本《論語》研究開始朝向學術性研究的先驅，當推大正五年（1916）出版的林泰輔之《論語年譜》（東京：大倉書店，1916年）此類集文獻與繫年的《論語》著作編年。《論語年譜》之後，要待至昭和十二年（1937），才有高田真治的《論語の文獻・注釋書》（論語講座第4卷，東京：春陽堂，1937年）問世，該書是對當時學界重要《論語》研究專書所作的提要解說。而兩年後的昭和十四年（1939），則有武內義雄《論語の研究》（東京：岩波書店，1939年）問世。相對於近代日本文化人企圖藉由閱讀、改寫《論語》，而來確定其自身與孔門師生在心靈的至高層次是相通的；武內義雄《論語の研究》標誌了務求精細，不涉美感經驗、道德理想，無關乎有無觸及終極價值根源，不以追求人文化成之精神交感為重要目的，亦即去除掉實踐性面向，所謂學術性「原典的高等批判」之《論語》研究，已然展開。

70　關於竹添光鴻《論語會箋》之注經方法，以及竹添光鴻於日本漢學發展史上所具有的意義，詳參本書第二章〈復原與發明──竹添光鴻《論語會箋》注經法及其於日本漢學發展史上之定位〉。

其實不也可以將之理解為是一種傳統日本漢學、傳統注經法衰頹過程
中的呼籲,更是幸田露伴對所謂離「經」言道、望文生義,乃至主觀
性地興到隨說等注經歧途的拒斥。故與其說幸田露伴所強調的「知識
的《論語》解讀」,只是考證學者書桌上的學問趣味,而不具創造
性、未能參與經典生命的換血作用,則毋寧說幸田露伴相信的是下
學上達、自「實謂」而「創謂」的為學路徑,因為任何嚴肅、正式的
詮解,恐怕皆須奠基於一個具有相當可靠性的文本之上,且誠如余
英時先生所言:

> 「時代經驗」所啟示的「意義」是指 significance,而不是
> meaning。後者是文獻所表達的原意;這是訓詁考證的客觀對
> 象。即使「詩無達詁」,也不允許「望文生義」。……經典文獻
> 的 meaning「歷久不變」,它的 significance 則「與時俱新」。
> 當然,這兩者在經典疏解中常常是分不開的,而且一般地說,
> 解經的程序是先通訓詁考證來確定其內在的 meaning,然後再
> 進而評判其外在的 significance。[71]

關於此點,傅偉勳先生亦言:

> 創造的詮釋學堅決反對任何徹底破壞傳統的「暴力」方式,也不
> 承認不經過這些課題的認真探討,而兀自開創全新的思想傳統
> 的可能性。創造的詮釋學站在傳統主義的保守立場與反傳統主
> 義的冒進立場之間採取中道,主張思想文化傳統的繼往開來。[72]

---

71 余英時:〈《周禮》考證和《周禮》的現代啟示〉,《猶記風吹水上鱗──錢穆與現代
   中國學術》(臺北:三民書局,1991年),頁166。
72 傅偉勳:〈創造的詮釋學與思維方法論〉,《學問的生命與生命的學問》,頁226。

又袁保新先生也主張：

> 一項合理的詮釋，其詮釋本身必須在邏輯上是一致的。一項合理的詮釋必須能夠還原到經典中，取得文獻的印證與支持，而其詮釋觀點籠罩的文獻愈廣，則詮釋就愈成功。[73]

若如上述，則幸田露伴的提醒與呼籲，不僅不是傳統主義的保守立場堅持，其更可能是論及中日經典注釋方法時，歷久不變的真知灼見。

　　而一位藉由「體認的《論語》解讀」法的解經、讀經者，當其透過創造性地發展經典意義，而來回應其所面臨之具體處境，試圖調和物我，融貫聖道，開展己身慧命，以朝向宇宙天地之永恆價值時，其在考據、求索經典原意，與創發個人特殊義解或當代時代意義之間，是否就全是採取破壞傳統的「暴力」方式呢？從近代日本文化人的體認式「物語」化讀《論語》法看來，其雖然違背了中日歷來主流的傳統解經「正」法，但若從對日本文化傳統繼往開來這一面向而言，則其不僅未破壞其固有傳統，相反地，近代日本文化人喜歡就「人物」以解《論語》的特色，其實不僅是江戶古學派以來「重人」的傳統，其恰恰又凸顯出日本人重視眼目可視、耳朵可聽聞之眼前即今之「事物」的感受思維特質，而此乃江戶時代以還，古學派所謂「人外無道」的學問基調，亦即對「人」的終極關懷。[74]

73　袁保新：〈創造性詮釋的探討〉，《老子哲學之詮釋與重建》（臺北：文津出版社，1991年），頁76。

74　日本人重視眼前即今之「事物」的感受、思維特質傾向，也導致了以江戶古學派為代表的反朱子學者們，如荻生徂徠就以所謂：宋儒之論「唯論其義而不問事之可為與不可為」、「平日以講說為事」等理由，而來批判宋學是為虛論。（詳參《論語徵》，收入關儀一郎編：《日本名家四書註釋全書》，第7卷，論語部5，庚卷，頁272-273）。此種對宋學的酷評，當然有其學派立場及偏見在其中，但我們卻可從中看出某種日本人拒斥論說概念之「理」的思維傾向。故到近代，如京都學派學者狩野直喜亦批評宋儒過度以道德動機立論，而不顧現實成敗。詳參狩野直喜：《論語孟子

　　誠如黃俊傑先生所言：「貫穿德川日本《論語》詮釋史的是所謂的『實學』思想傾向。」[75]筆者以為：自江戶時代以還，經明治而至終戰，大和民族心中面對現實、肯定生命、看重情感、關注日常的傳統，乃是一股大和民族文化的精神主流。而毫無勉強且清醒地凝視現實，便是大和民族的生命姿態。對彼等而言，生活從來就不是虛構。蓋從「學」到「實踐」所學，是不應該、也無法從豐富多變、活潑生動的現實世界中抽離開來的。由此來看，則近代日本文化人「物語」化的讀《論語》法，誠如本章開頭所引山本七平所說的，是基於中日兩國各種傳統而來解讀孔子，而且是在傳統之中活用古典以形成新文化的歷史。故即使其可能離開了《論語》文本內證的支持，也未必具有相關文獻的印證，甚至可能被視為旁門左道的「誤讀」，但彼等詮解者，卻是在其所處時代，以新方法來參與《論語》這部經典之換血作用、延續《論語》經典生命的一群人。而我們則可就其新解，探究彼等所以醞釀、創發出此類獨特想法的可能原因，與特定歷史時空背景究竟為何？以凸顯《論語》於近代日本傳播、被接受涵容之實況。

研究》（東京：みすず書房，1977年），頁93。故二次大戰戰敗，日後臥病在床的狩野直喜，面對舊熊本藩藩主家系嫡傳後代細川護貞，甚至充滿憾恨，極端地說道：「宋學滅國」。詳參司馬遼太郎：〈宋學〉，《この國のかたち（三）》（東京：文藝春秋，1995年），頁208。又如現代小說家兼文化評論家司馬遼太郎亦以此為依據來批判江戶朱子學者，特別是針對近代日本軍國主義之御用朱子學者虛構空理為政權服務。另外，近代京都大學哲學研究者唐木順三也主張：日本人之思維、感受特色就在重視眼前即今之「個事」、「個物」，而較不重視「理」。詳參唐木順三：《日本人の心の歷史》上冊（東京：筑摩書房，1970年），頁13-43。

75 黃俊傑：〈日本儒家經典詮釋傳統的特質：「實學」的日本脈絡〉，《德川日本《論語》詮釋史論》（臺北：國立臺灣大學出版中心，2006年），頁315。

　　本文係筆者執行行政院國家科學委員會計畫「走向通俗與回歸學術：由下村湖人《論語物語》到諸橋轍次《論語講義》—《論語》於近代日本社會中的傳播」（NSC95-2411-H-194-029-）之部分研究成果，初稿於二○○七年六月二十九日以〈近代日本知識界《論語》研究的雙軌發展〉為題發表於臺灣大學高等研究院舉辦之「東亞論語學國際學術研討會」。

　　原載《成大中文學報》第35期（臺南：成功大學中國文學系，2011年12月），頁23-68。

第八章
《論語》教科書
——《論語》如何參與近代日本中學校之道德及語文教育

一　前言

　　如前所述，日本進入明治時代後，隨著維新政策的開展，無論政治、軍事乃至教育等方面，基本上皆以模仿西方、加速西化為其主要之重大改革目標。甚至為求快速躋身進西方列強的行伍中，明治新政府當局與民間人士或團體，不惜採取割裂近代與傳統、日本與中國之間的文化關聯，試圖藉由向歐美文明看齊與全盤西化來達成其國族全體的近代化。但《論語》作為日本代表性的傳統之一，其並未在日本舉國追求近代化的政策維新、文明開化中消失，相反地，明治時代以還，日本國內《論語》相關論著魚貫問世。出版界或重刊江戶儒者訓點朱熹《論語集注》者，或重新「標注」（於書頁天頭下注解）《論語集注》，或再度刊行江戶時代代表性之《論語》注釋名著，因而近代日人重新注解、講說、標注、翻譯、研究《論語》等相關論著，就筆者管見所及，其數量多達五百數十種。

　　而截至一九四五年終戰為止，這些日本國內刊行問世的數百種《論語》相關著作，不少是日本自明治五年（1872）施行西方學制後，因為《論語》係中、高等學校「漢文」科目之必選漢文教材[1]，

1　例如井原正平講述、飯島忠夫監修：《新撰漢文叢書：論語新講》（東京：三省堂，1933年）該書〈緒言〉第三條便言及：「歷來，上級學校之入學考試題目，選自此書（論語）者，不遑枚舉。」（頁1）。

故作為漢文教育與漢文學習之教科書、參考書的《論語》注解、講說、標注、翻譯、研究書遂相繼問世。又因為近代日本在施行西化，亦即近代化的過程中，與西化、近代化之目的乃重在習得「洋才」這一技術層面相對的，漢學或漢文學習則幾乎皆被定位在「和魂」這一所謂日本固有、傳統之精神、道德層面的涵養。換言之，其所謂的近代化其實呈現出一種傳統與現代性並存的雙重構造。

本章因此以明治以還至終戰為止，作為漢文科教材、參考書的《論語》相關著作為研究考察對象，試圖探討在近代日本的中學漢文教育中，《論語》這部傳統的儒家經典是如何被重新接受涵容，是以何種形態在近代日本的中學教育體制內被教授、傳播，並藉此究明日本漢文教育由近世過渡轉變到近代的實相。首先，筆者將說明此類著作所以出版問世的時代意義，並為其在近代日本《論語》相關論著出版史中作一定位。繼而將此類著作加以分類並實際說明其著作內容、特色為何？又此種特色具有何種意涵在其中？進而分析其作為漢文教材所欲達成的道德、語文教育目的為何？同時反映出何種日人漢文素養的變化與轉向。最後則從日本近代漢學發展史的脈絡，說明此類作為中學校教科書與漢文學參考書的《論語》相關著作，究竟凸顯出何種日本漢學近代化的時代意義。

二　近代日本《論語》相關論著之類型區分與特色說明

如前言所述，明治時代以還至終戰為止，日本國內刊行問世之《論語》相關著作，據筆者調查，總數至少有五百數十種（詳參附表「近代日本《論語》相關論著目錄」），然其大致可分為以下四大類型：1、訓點、校注朱熹《論語集注》者；2、江戶代表性《論語》注解名著的刊行；3、漢文教學用書、漢文讀本、漢文參考用書《論語》的發行；4、近代日人的《論語》新解書。其中除了第二類型的

江戶代表性《論語》注解名著之外，其他三大類型的《論語》相關論著，都曾作為日本戰前中學校的漢文科教科用書或漢文學習參考書。下文將按上述各類型《論語》相關論著之內容性質，依序說明其特色與意義。

（一）訓點《論語集注》與刊行江戶《論語》注解名著

1 訓點、校注《論語集注》

首先，關於明治十年代以還訓點式《論語》講解書為何會大量刊行問世，此問題一言以蔽之，其實是延續江戶初期以來的四書、《論語》傳統學習法。[2] 至明治三十年代中期為止，重刊江戶儒者訓點

2 江戶初期日本儒者對朱子學的吸收涵化，例如林羅山與貝原益軒等，基本上是以明代為科舉應試所出版的標準「四書學」，亦即《四書大全》類的學習書為憑藉，而來理解朱子學。因此江戶儒者必須在面對《四書集註》的同時，一併學習明人繁瑣的《四書集註》注疏。如此一來，江戶儒者必須在選取明末各種《四書集註》注疏本後，才能有所依循方向地誦讀四書和《四書集註》。故江戶初期儒者的朱子學學習，例如林羅山並不是直接對《四書集註》進行再詮釋，而是致力於對陸續傳來日本的明代四書讀本添附「訓點」（亦即漢文訓讀標點，包含讀音順序、符號和讀音假名），以利當時日人誦讀《四書集註》。林羅山加附訓點的《四書集註》等漢籍，就在日本以和刻本形式陸續出版，因為是羅山所訓點，而其號曰道春，故名曰「道春點本」。

又江戶時期的和刻本一般皆附上和文訓點後才出版，為的是方便時人誦讀漢籍，當時羅山因為貴為幕府儒官，故其「道春點」最具權威。而與其立場有異的則是京都朱子學者山崎闇齋的「嘉點本」，而京都另一朱子學者中村惕齋的訓點本則稱「惕齋點本」。又九州地區的朱子學者貝原益軒之訓點，因為平易近人而流傳到江戶，人稱「貝原點本」。其後又有後藤芝山的「後藤點本」，以及江戶中期以後普及各地的佐藤一齋的「一齋點本」等。

和刻本自寬永年間（1624-1643）由坊間書肆開始印行，至元祿時期（1688-1703）以還與日俱增，進入大量出版盛行期。而隨著民間儒學學習階層的擴大，更加刺激了「四書」相關習書、啟蒙書的出版，此類和刻本當中除了加附訓點的《四書大全》本等明代四書學的和刻本之外，同時也包含了明代四書學的注疏本。也就是在此種風潮中，進而出版了更為平易的《四書集註》學習、啟蒙書，例如於享保四年（1719）刊行的中村惕齋《四書示蒙句解》二十八卷十四冊即是。該書設定的讀者

《論語集注》之著作的這一風氣相當流行，其中最具代表性者，當推當時日本各地出版社頻繁重刊後藤芝山訓點的《論語集注》。據筆者查閱，至明治三十三年（1900）為止，該書至少重刊過十次。其中自明治十五年（1882）至明治十七年（1884）三年間，該書分別由東京的山中孝之助等人，以及水野幸、福岡的磊落堂、東京的中外堂等前後重刊過四次。由此亦可窺知，即使時入近代，以漢文訓讀來教授初學者的漢文學習途徑依舊不變。而除了後藤芝山所訓點的《論語集注》外，其他陸續於明治年間問世的他家訓點《論語集注》亦不少。[3]當然由此點亦可看出朱熹《論語集注》歷久不衰的「代表性經注」地位。

其實近代日本中、高等學校漢文教科用教材中所收《論語》部分，也都以朱注為準據。而到了明治四十五年（1912），早稻田出版的《漢籍國字解全書：先哲遺著》叢書問世，第一卷中便收入了中村惕齋的《論語訓蒙句解》。足見以訓點文來啟蒙、引導初學者的漢文學習，始終是明治時代的主要學習方法。甚至在明治四十一年，依田

是當時無法直接誦讀以漢文寫成的《四書集註》，但又試圖誦讀學習《集註》的初學者。而與《四書示蒙句解》相較，正德五年（1715）刊印的毛利貞齋《四書集註俚諺鈔》50卷50冊，雖同樣以當時片假名間雜的平易日語來標注解說文，但該書會適時引用以漢文寫成的明代四書學的注疏類文獻，明示其解說之根據，故學術性較高，也較具難度，而該書堪稱是江戶人從入門初學者過渡到專業漢學者的四書銜接讀物。據以上說明，明治時代四書或《論語》訓點本的流行，其實正是日本江戶以來學習朱子學、四書學乃至《論語》的傳統。

3　例如至明治十年代中期為止，就陸續有芝田好章點、太山東嶽校訂：《四書集註》（京都：永田調兵衛，1873年）；橫尾謙點：《四書集註》（大阪：田中太右衛門，1876年）；瀧澤清點：《四書集註》（東京：安藤橘綠，1879年）；後藤松陰點：《論語集注》（浪花：清玉堂，1881年）；蒲池彌太郎點：《四書集註》（盛岡：藝香閣，1881年）；內村友輔點：《論語正文：音訓附》（松江：石原光璋，1882年）；內村友輔點：《鼇頭論》（松江：大蘆利七等，1882年）；後藤嘉平點：《改正訓點四書集注》（大阪：青木嵩山堂，1883年）；田中宗確點：《論語集注》（東京：丸家善七，1883年）等書相繼問世。

喜一郎還訓點了李雅各（James Legge）的英譯《論語》，而若據大正
五年（1916）問世的林泰輔《論語年譜》中的載錄情形看來，日本自
明治四十年代以還至大正五年（1916）左右的十年中，近代日本學界
已經非常關注西方世界的《論語》譯注作品，而此事由當時澀澤榮一
亦蒐集到李雅各與朝鮮時代的《論語》、《四書》相關論著看來[4]，不
僅可再度獲得證明，同時也可窺知日本對東亞整體的關心。

　　而在一片重刊、新刊訓點本《論語集注》的風潮中，要到明治末
年日本地方上才有重刻何晏《論語集解》者，亦即《論語集解：模刻
古本》（津：豐住書店，1910年）的刊刻問世。又此種重新印行出版
江戶《四書》或《論語》「訓解」、「訓蒙」代表性書籍的現象，還反
映在明治時期大阪與東京兩地之出版社，皆曾分別重新印行出版溪百
年的《經典余師四書之部》[5]，足見以「獨學」、「自修」、「自習」方
式學習漢籍的風潮流行全國。

2 刊行江戶《論語》注解名著

　　其次，關於江戶《論語》注解名著被重新刊行問世者，首先當推
安井息軒《論語集說》，自明治五年（1872）至明治七年（1874）三
年間，該書分別由東京的稻田左兵衛等人與伊東祐歸刊行過三次，日
後更於明治四十二年（1909）收錄進《漢文大系》第一卷。其理由除

4　詳參東京都立日比谷圖書館編：《青淵論語文庫目錄》（東京：東京都立日比谷圖書
　　館，1965年）。

5　溪百年編注之《經典余師》，收錄有各種漢籍入門書，乃江戶天明年間（1781-
　　1788）以還日本庶民獨學儒家典籍的主要讀本、自修參考書。該書當時在日本各地
　　流通、普及，不僅持續流行到幕府末年，書中所收錄之部份入門書甚至在明治時代
　　仍是暢銷的漢文學習參考書。例如明治年間就曾先後由大阪同盟社刊行《經典余師
　　四書之部》（刊行年不詳）；東京日吉丸書房刊行《論語經典余師》、《大學余師》、
　　《中庸余師》（1909年，皆由宮崎璋藏校）；東京寶文館亦刊行《論語國字解》（溪
　　百年述，深井鑑一郎校，1910年），三度出版該書。

了因《論語集說》乃是結合清朝考證學與江戶諸學派之《論語》注解成果的這一學術理由之外，還因息軒乃幕末官學昌平黌的儒官之一，且其門生多有位居明治政府要職或為學界要角者。[6]除了安井息軒之外，龜井南冥、昭陽父子之《論語語由》、《語由述志》二書，相較於其先前在江戶時代受到特意的打壓，《論語語由》於明治十二年（1879）、十三年（1880）相繼由大阪的桑林堂與華井聚文堂分別刊行，後因澀澤榮一非常推崇南冥的《論語》義理解釋，除了於二松學舍的課堂中大力讚揚外，澀澤榮一更以個人名義出資，於大正八年（1919）複製了附有昭陽親自朱筆傍注的玻璃版《論語語由》，並將之分送親友與學界人士，而昭陽的《語由述志》手稿本也於大正十一年（1922），同樣由澀澤榮一自費影印刊行。[7]

另外，同樣是古學派的伊藤仁齋之《論語古義》，經佐藤正範校訂，於明治四十二年（1909）由東京六盟館刊行。荻生徂徠之《論語辨》，則經樋口酬藏、祥雲碓悟補校後，分別於明治四十三年（1910）、大正九年（1920），由東京天書閣、國華堂刊行，惟國華堂在重刊該書時將之更名為《掌中論語》。古學派之外，懷德堂儒者的《論語》注解書也自明治四十四年（1911）以還，被重新刊行，陸續問世，其中的代表著則首推中井履軒《論語逢原》。例如，該書首先被收入懷德堂記念會所編纂的《懷德堂遺書》（大阪：松村文海堂，1911年）第六到第九冊中，隔年的一九一二年又再次由東京東陽堂刊行問世，而懷德堂記念出版會也同樣於該年，以活字版分三冊重刊該書。

而此種重新印行出版江戶代表性《論語》注釋書，特別是以叢書形式刊行江戶邦儒之《論語》相關著作的作法，早在明治十六年

6　關於此點，詳參町田三郎：〈Ⅱ　安井息軒研究〉，《江戶の漢学者たち》（東京：研文出版，1998年），頁143-236。

7　有關澀澤對龜井《論語》學的推崇，詳參本書第五章〈敘事以建構──由澀澤榮一《論語講義》論經解如何參與國族文化建構〉。

（1883）由甫喜山景雄編的《典籍考叢：我自刊我》（東京：甫喜山景雄，1883年）第二集中，就已經收錄有栗原柳庵的《論語考》。而且以叢書形態刊行江戶代表性漢籍注解書的作法，到了明治末年大為流行，自明治四十年代以還至大正初年為止，以出版叢書的方式集體呈現江戶漢學研究成果的，首先有服部宇之吉所領銜編輯之《漢文大系》（東京：富山房，1909-1912年）全十二卷，繼而有早稻田大學出版部所籌劃的《漢籍國字解叢書》（東京：早稻田大學出版部，1909-1917年）全四十五冊，此兩部叢書皆由當時春秋鼎盛之錚錚學者，在原著上加註新解，所收錄之江戶漢學名著之範圍也不再侷限於《論語》，舉凡江戶先儒之各種代表性著作皆收錄其中。

　　除此之外，明治末年尚有《漢文叢書》與《國譯漢文大成》兩部叢書問世。到了昭和初年，則有崇文院編輯之《崇文叢書》第一、二輯（東京：崇文院，1927-1935年）問世。與此一潮流相呼應的，有關江戶儒者《論語》相關注解書的集結出版，則是自大正十一年（1922）至大正十五年（1926），由關儀一郎編輯、服部宇之吉等人校訂，五年間陸續出版問世的《日本名家四書註釋全書》（東京：東洋圖書刊行會）全十卷，日後更再次出版續集《續日本名家四書註釋全書》（東京：東洋圖書刊行會，1927-1930年）全三卷。[8]此部叢書所收錄之江戶《論語》注解名著，宛若日本注解《論語》的代言人，日後也成為日本各級學校之《論語》教科書、參考書中，用來與朱熹《論語集注》對照比較的主要參考值。

8　《日本名家四書註釋全書》所收江戶儒者之《論語》注解書，第三卷收錄伊藤仁齋《論語古義》、佐藤一齋《論語欄外書》。第四卷收錄龜井南冥《論語語由》、豬飼彥博《論語考文》、市野光彥《正平本論語札記》。第五卷收錄皆川淇園《論語繹解》、吉田篁墩《論語集解攷異》。第六卷收錄中井履軒《論語逢原》、廣瀨淡窗《讀論語》。第七卷收錄荻生徂徠《論語徵》、豐島豐洲《論語新註》。第八卷收錄東條一堂《論語知言》。而《續日本名家四書註釋全書》第二卷則收錄照井全都《論語解》。

　　例如從所謂「鼇頭注釋」、「頭書略解」、「頭書插畫」，或是由書
商編纂之少年叢書中之「漢文學講義」、「漢文叢書」等此類中學生
《四書》學習參考書，到明治十年代中期以還陸續出現的所謂「論語
講義」此類各級學校的《論語》講義錄，或是坊間出版的少年「論語
讀本」與「全譯」、「詳解」等此類漢文學習教科、參考用書，乃至標
榜以鍛鍊青少年、國民之「精神」，作為「修養」、「教養」用書的
「論語講話」等此類《論語》注解、講解書，無不以朱熹《論語集
注》為依據。而在上述各類型的《論語》教科、參考用書中，若有提
及朱注以外的江戶先儒參考注解，大致不出《日本名家四書註釋全
書》與《續日本名家四書註釋全書》中所收錄之江戶各家《論語》注
解書，並以之與朱注進行《論語》考證、義理等方面之比較對照。而
在近代日本《論語》相關教科、參考用書中，最能凸顯此一特色者，
主要以瀧川龜太郎《教科用纂標論語集注》（東京：金港堂，1912
年）、島田鈞一《論語全解》（東京：有精堂書店，1928年）、諸橋轍
次《標注論語講本》（東京：目黑書店，1943年）三書為代表。

　　由上文對第一、第二類近代《論語》相關論著的說明看來，可知
時代、政權或可一夕改朝換代，然學術的發展卻有其連續性脈絡發
展，無法斷然割裂。江戶人雖然在一夕之間跨入明治這一「近代」，
但學問性質與型態卻仍舊不免充滿「江戶漢學」式的色彩。誠如前
述，明治維新以還，日本曾試圖割捨掉其國族發展至江戶時代的漢文
化傳統，積極攝取西洋文明，闊步邁向近代化路途。但是，在明治以
還的近代化過程中，《論語》作為日本的傳統漢文化代表之一，這部
經典不僅從未自近代日本社會中消失，在近代日本的《論語》注解、
講釋史中，朱子《論語集注》始終是一與江戶先儒之《論語》注釋書
相互參照的主要對象，《論語集注》仍是任何試圖憑藉《論語》以入
漢文學海、聖學堂奧的後人們，必經的重要門徑。另外，我們不妨將
延續訓點式的漢文學習法，以及參照江戶先儒之漢籍注解成果的這一

近代日本的《論語》學習、研讀現象，視為江戶漢學過渡到近代「支那學」、「中國學」的必經過程。

三　作為中學校漢文教科、參考用書的《論語》講解書

　　第三類所謂漢文科教學用書、漢文讀本、漢文參考用書《論語》的發行，基本上又可分為兩種基本型態：一是作為漢文自修學習參考用書的「頭書、鼇頭《論語》注解書」與「插畫《論語》注解書」。二是作為漢文科授課、學習、自修用教材的「論語講義錄」或「論語教本」、「論語讀本」。此類書籍主要皆以中學生為對象，而來編纂漢籍學習的入門參考書，其中「講義錄」的《論語》教科、參考用書型態更是廣佈各級學校。[9]

　　蓋明治維新的重要政策之一，就在教育改革。然明治五年（1872）新學制施行時，卻產生新式教材嚴重缺乏的問題，該年編制的課程表中，仍有「句讀」科目，初階仍用《論語》、《孟子》、《孝經》；高階則用當時有名之洋學家箕作麟祥（1846-1897）於明治四年（1871）編譯的《泰西勸善訓蒙》。[10]文部省於是根據既定政策理念，著手編纂或翻譯教科書並普及之，因而形成了所謂「翻譯教科書時代」。據說新學制公布時，由於沒有適宜教材，連當時剛出版的福澤諭吉《學問のすすめ》（勸學）一書，也被作為代用教科書。[11]此時明治政府並未禁止民

9　以「論語講義」為名之漢文教科、參考用書，明治十年代中期以還相繼問世一事，詳參拙作：〈轉型期《論語》研究之主旋律──近代日本《論語講義》研究〉，收入彰化師範大學國文系編：《臺灣學術新視野──經學之部》（臺北：五南圖書出版社，2007年），頁335-392。以及本書第四章〈注經到講義──由安井小太郎《論語講義》論近代日本《論語》研究之轉折〉。

10　詳見海後宗臣，仲新：《近代日本教科書總說──解說編》（東京：講談社，1969年），頁48。

11　詳參紀田順一郎著，廖為智譯：〈教科書〉，《日本現代化物語》（臺北：一方出版，2002年），頁70。

間編纂、出版教科書，事實上學校在選取教科書方面也是相對自由的，
正因如此，所以傳統漢學／漢籍也就順勢獲得其生存延續發展空間。

又因教科書嚴重短缺，所以新學制施行隔年（1873）的四月，明
治政府遂決定採用三本傳統道德修養專著作為教科書之補充，此即江
戶時代無名上人譯《和語陰騭錄》、上羽勝衛《勸孝邇言》[12]、石井光
致《修身談》[13]三書。由此可看出明治政府所編纂、選定之教科書，
非常著重「道德修身」，而且特重「孝道」。而此種沿用《四書》作為
新式學校高年級漢文科教科書[14]，並且重視道德、修身的教育特色，
不僅依然充滿著江戶漢學的舊色彩，也成為明治以還《論語》相關論
著的兩大特色，亦即作為漢文科教材的《論語》，其不僅是漢文科的
「語文」教育教材，同時也是人格修身之「道德」教育教材。

（一）「頭書」、「鼇頭」、「插畫」《論語》注解書

近代日本《論語》相關論著中，作為中學校漢文教科、參考用書
的《論語》講解、注解書，除了名為「教科用」或「讀本」的《論
語》講解書外，明治時代主要有以「頭書」、「鼇頭」注解《論語集
注》再輔以插畫等型態者；還有以「漢文學講義」、「和漢文學講習」
等型態出現的《論語講義》類；以及將朱注與江戶儒者之注解並列比

---

12 上羽勝衛《勸孝邇言》（東京：惺惺軒，1873年）作於一八七三年，書分上、下兩
　 篇，上篇取江戶時代以來一直用於幼童道德教育啟蒙的，由儒者室鳩巢以和文翻譯
　 的《六諭衍義大意》中關於「孝道」之部份；下篇則記述歷史人物的孝行事蹟。

13 石井光致《修身談》（江戶：須原屋茂兵衛，1830年）係幕末之作，分上、中、下
　 三冊，其編纂方式主要選取中國典籍中具有訓示意涵的文句，附以實例說明。當時
　 其他「修身」相關的教科書尚有：一八七四年根據《六諭衍義》而編纂的石村貞一
　 《修身要訣》（大阪：松田正助等，1874年），以及同年編纂成的土屋弘《人之基：
　 修身》（大阪：鹿田靜七，1874年），該書以「嘉言」與「人物事蹟」方式，分〈孝
　 行〉和〈兄弟友愛〉兩章；另外還有匯集中、日兩國之禮法與道德，於一八七三年
　 編纂成的西坂成一《訓蒙軌範》（東京：山本良齋，1873年）。

14 海後宗臣、仲新：《近代日本教科書總說──解說編》，頁16。

較的所謂「纂標」、「標注」《論語集注》者等三大類型。

　　首先，此類於書本天頭處或略解字義，或加入插圖以說明禮器名物等，以所謂「頭書」、「鼇頭注解」形式來解說《論語》的注解書，最早當推重田蘭溪的《頭書圖解四書略解》（東京：篠崎才助，1875年），繼而則有大賀富二編輯的《頭書插畫四書字類大全》（東京：同盟書房，1881年）。該書依據朱熹《論語集註》，僅解釋各章經文字詞，凸顯出《論語》作為漢語語文教材這一特色。而天頭冠解部份，則同樣有人名、地名以及天文地理、名數器物，和該章重要經句的簡要說明，同時還加入插圖幫助學生理解。接著又有宮島純熙編纂的《頭書略解四書字類大全論語》（東京：文求堂，1884年）。該書與大賀富二《頭書插畫四書字類大全》性質類似，同樣依據《論語集註》，也僅解釋各章經文字詞，同樣著重在透過《論語》這部漢籍來學習漢語語彙。體例上也同樣在天頭冠解部份，對重要人名、地名以及天文地理、名數器物和該章重要經句加注解釋，同時加入插圖幫助理解。

　　此類書籍基本上都在解釋《論語》各章字詞意義，故全書正文的主要內容並非逐篇逐章羅列《論語》原文，而是以「詞語」解釋為主來羅列辭條，各辭條下則以漢文訓讀形式標示讀法、讀音與詞義。因此其所設定的讀者群，顯然就是漢文初學者，故大賀富二言：

　　　　凡古書之文，古今有異，文字難解。此編固為便於初學者，故
　　　　務用切近字義之國字，因而敢忌高尚，更不擇雅俗。[15]

到了明治二十年代後期，榊原英吉編輯的《鼇頭註釋四書自學自在》（東京：求光閣，1892年）一書，在篇名與各章經文原文旁標示「訓點」與「漢字讀音」；天頭所書者除了字詞解釋之外，更適時附上插

15　大賀富二編：〈凡例〉，《頭書插畫四書字類大全》（東京：同盟書房，1881年），頁1下。

圖作解。但即使仍採天頭注解方式，其正文卻是按照《論語》篇章次第順序臚列出標示訓點的原文，而天頭處所謂的「鼇頭」注釋，則是詞條的字詞解釋以及插圖。而值得注意的是：與明治二十年代中期以前刊行的此類書籍相比，榊原英吉該書不只是禮器名物，其甚至連文章「意義」也都試圖以「圖畫」來說明之。[16]此種以「插圖」來說明專有名詞或是輔助理解《論語》經義的作法，時入昭和仍舊蔚為風潮。[17]

（二）「論語講義錄」

另外，明治二十年代以還，某些以「論語講義」為名的《論語》注解書，則不再加入插圖，也不以「頭書」、「鼇頭」或「標注」形式來解說《論語》，而是延續江戶以來主流的講說經義方式，亦即以所謂的「講義」形式而來講解《論語》經義。例如鈴木無隱《論語講義》（京都：1887年）、稻垣真久章《少年叢書漢文學講義論語講義》

---

16 例如該書在解說〈學而・貧而無諂富而無驕〉章時，於天頭處以插畫形式來說明「貧而樂」、「富而好禮」二話之意義。該幅插圖畫著某位身穿華服頭戴洋帽的富人，來到一位居宅簡陋破舊的學者家，該位學者衣衫襤褸、家徒四壁，不僅宅壁斑駁剝落，紙糊門窗也破洞無數，但學者跪坐的背後屏風上，則寫有「貧而樂」三個大字，圖畫左下方的榻榻米上又再次標明「貧而樂」，說明這是該位學者的境界。而富人脫帽於旁、置扇於前，跪拜在學者面前，畫面右邊牆上則寫有「富而好禮」，說明富人之態度。詳參榊原英吉編輯：《鼇頭註釋四書自學自在》（東京：求光閣，明治25年〔1892〕），頁5上。

17 例如為記念昭和天皇登基大禮，當時弘道館纂編了一套「昭和漢文叢書」，書中收有宇野哲人撰著之《論語新釋》（東京：弘道館，1927年）。兩年後的昭和四年（1929）該書重新出版，除了附上〈緒言〉、〈目次〉之外，更於內文中附上禮器名物制度的「插圖」，宇野本人更於〈緒言〉中說明因為發行本書的書肆希望能附上插圖，而插圖有助於學生理解本文（頁1）。另外，岡泰彥編：《新選論語高學年用》（東京：標準教科書出版協會，1933年）該書書前，先附有一幅「先師孔子行教像」，其後就有3頁附圖，前兩頁附圖所畫之內容，皆是《論語》中出現的禮器名物等，第3頁則是「春秋戰國圖」。足見附圖說明《論語》的這一講解方式在當時非常流行且符合市場需求。

（東京：興文社，1891年）、花輪時之輔《中等教育和漢文講習書論語講義》（東京：誠之堂書店，1893年）等書即是。惟此類書籍中的「講義」部份，多是附在標有訓點的原文後，且幾乎都是以當時淺白易懂的白話日語書寫而成。

例如稻垣真久章《少年叢書漢文學講義論語講義》該書構成為：篇名「題意」；「原文」標「訓點」；字詞「解釋」；各章「講義」，但全書無一插圖，且本書前後曾數次出版。而引人注意的是，據該書文後所附興文社出版社的廣告看來，稻垣真久章在興文社所出版發行的《學生必讀漢文學全書》八冊系列中，還有《標注四書讀本一書》，而且該書還獲得十家報社的大力推薦。

在明治年間由坊間書肆出版，提供中學少年學習漢文科參考用的叢書、全書系列的《論語》參考書中，稻垣真久章的《四書講義》堪稱是最受歡迎的。而其《標註四書講義》所以獲得好評的原因，除了《朝野新聞》所謂：「修漢文學者當以經學為基礎，而其第一步在取《學》、《庸》、《論》、《孟》，此古今一致」、「《大學》、《中庸》、《論語》、《孟子》之為教育書，或為文學書，我社界之所以一顧不能免，在其所謂載道之文也」[18]這一理由外，誠如《東京朝日新聞》所評斷的，主要乃是稻垣真久章的漢文訓點雅正、句讀分明，而且「為了不妨礙誦讀，其還刪去各家注解，又另外標注或隨時於本文中針對經文難解之字詞加以注釋說明。」

針對刪去各家注解，《國會新聞》也稱讚稻垣個人講義解釋「簡而明」，《國會新聞》更呼籲日本的漢文初學者：「千萬要依據此書以求入德之階梯」。《改進新聞》也評其：「訓點正確，注釋簡明」。《國民之友》則稱讚其：「標注至極簡明，刻點頗為妥當，作為四書之讀

---

18 詳見稻垣真久章：《少年叢書漢文學講義論語講義》（東京：興文社，1891年）書後所附「學生必讀漢文學全書」廣告，頁6。以下有關各家報社評論該書之語，出處皆同，為清耳目，不再明注所出。

本，今日之際，堪稱最上乘者。」《朝野新聞》則評其：「合四書為
本，傍加標注，頗便於攜帶。」此一評價也獲得《國民新聞》的認
可。又《中央新聞》評論說：「《大學》、《中庸》、《論語》、《孟子》藏
於一冊中，和裝鐫活版，鼇頭添略註，宜也。」《寸鐵新聞》評其：
「注解簡而訓點正，句讀文明，加之其釋文法，見意匠嶄新，特別是
正文以三號活字排植，印刷頗鮮麗，而定價又廉，僅二拾余錢也。」
關於印刷優美此點，《國會新聞》稱讚道該書：「本文都用三號活字，
故用之為讀本，不勞視力，不若其他活版印刷物品，有製造近視眼者
之憂慮。」《改進新聞》也說該書：「製本極古雅堅牢，印刷鮮明。」
另外，關於將《四書》合為一冊的作法，《日本新聞》也說：「實為便
於攜帶、便於『通覽』之讀本，故可課於學童，而且價亦廉。」而值
得注意的是，《郵便報知新聞》的評論說道：「對於以知曉漢字為目的
的兒童而言，在教授其四書句讀時，如所謂注釋者，殆為無用也。此
書由稻垣真衣白氏添加簡明標注，收浩瀚四書於一冊之中，不獨為一
童子之便。」

　　由當時十家報社的評論看來，明治二十年代中期以還的中學生，
其在新式學校教育體制中面對漢文科，其學習方法顯然並非直接閱讀
漢文，而是要憑藉標注在漢文原文旁的訓點來協助其進行閱讀，事實
上學生們也無法自行句讀，甚至對於難解之經文字句，坊間參考書也
都為其加上注解。換言之，所謂修習漢文學一事，其實其目的也只是
在知曉字詞、理解文義，談不上辨析經注何者為是、為善，更遑論義
理如何。故刪去歷代注釋的作法，反而有利中學生直接面對經書本
文。或者說作為學校國語教育之一環的「漢文」學習，學生修習漢文
科的目的已不是注解、析論經義，何況明治二十年代中期的中學生，
乃明治十年代以後出生的「近代」日本之新生代學生，其成長過程
中，已無鄉先生或漢塾師帶領其「素讀吟味」四書等基礎漢籍，故當
其自小學校畢業，進入中學校修習漢文時，其確實就是一位「漢文初

學者」，亦即其學習漢文的目的，顯然是比較傾向語言工具性質的，故目標主要在識字、翻譯、理解層次，相當於是一種外國語言的學習；而非義理、思想、文化、生命層次的，以漢文來自我開啟或藉之參與世界的學習目的。

又從所謂合《大學》、《中庸》、《論語》、《孟子》四書為一冊乃方便學童攜帶閱讀，乃是便利的漢文讀本這一觀點看來，雖說是朱子《四書集注》以還所謂四書乃是一完整學問體系的看法，但其中恐怕還包含著課堂上學習查閱與應付考試上的方便，甚至從所謂以三號活字排印、印刷鮮麗、製本古雅等皆為該本參考書之優點的說法看來，與其說這是對教本版本品質的要求，毋寧說在中學生的漢文科學習過程中，在攸關「漢文力」的養成這一讀物內容之外，諸如排版精美與否關係到學生的視力保健乃至購買意願，甚至物美價廉的精打細算也成了漢文學修習過程中的重要考量因素。[19]也就是說，此種選擇漢文學習參考書的條件評斷，亦即漢文學習途徑的選擇考量，其實充滿著漢文學習就只是外文學習，漢文學習就是一種消費財的教養。故我們不難想見，在此群中學生世代成長苦成為青壯輩後，亦即在明治末年，或者說當日本進入大正時代後，那將是一個可預期的漢文「衰退時代」。事實上，近代日本新聞報紙上「漢詩欄」的取消，正是在大正時代中期。[20]

除了稻垣真久章該書外，花輪時之輔的《中等教育和漢文講習書

---

19 關於價錢也是發行、購買教科書、參考書時的重要考量因素此點，由明治時代因為僅東京上野有圖書館，而學術參考書專門的租書店也僅有幾家座落在神田本鄉一帶，故明治二十、三十年代學生想借閱此類教科、參考用書時，只要交付若干保證金，待還書時扣除借閱費用後，餘額便可退還的簡易圖書館，或是同類租書店大為繁榮這一事實看來，當時購買得起或是願意掏錢購買教科、參考書的情形也許並不普遍。詳參山本笑月：〈オツな商賣貸本屋〉，《明治世相百話》（東京：有峰書店，1971年），頁24-25。

20 大正中期漢詩欄被取消一事，詳參村山吉廣：《漢學者はいかに生きたか——近代日本と漢學》，頁12。

論語講義》（東京：誠之堂書店，1893年），亦堪稱此類書籍代表之一。該書分上、下兩冊，全書附插圖，到明治三十一年（1898）為止前後共印行八版，在明治中期堪稱是一本暢銷熱賣的《論語》參考書。稻垣與花輪二書的解釋與講義，皆以漢文訓讀體來書寫，其間所蘊含的意義，除了是參考書的非學術性質外，同時也凸顯出明治二十年代中期以還，面對明治十年代以後出生的近代日本新生代中學生，其受教過程已是新式教育培養出的明治人第三代，彼等已經不像江戶幕末到明治初年出生的世代，自小就受到「漢文」或「素讀」的薰陶，所以不再具備所謂的漢文「素養」，故必須藉由教育體制的漢文教科來形成其漢文「教養」。

　　然而，即使一目了然地，以稻垣真久章該書為代表的此類書籍，就是以學習「外國語」的漢文，進而通過高等學校入學考試為其目的，但就如日後昭和初年擔任第一高等學校教授的島田鈞一，在其著書《論語全解》中說明道的：

　　　《論語》與我國體一致合和，對我國民性影響感化巨大，至今日，孔子之道乃我國修身道德之標準。[21]

島田鈞一清楚道出：當時日本中學校的《論語》學習，除了其作為漢文科教材內容，不可避免的語言工具學習目的之外，其更大的目標，就在以之為國民修身道德之準據，以形塑近代日本之「國民道德」。島田鈞一此種觀念其來有自，例如明治末年一戶隆次郎的《論語講義》（東京：大成社，1910年），就與島田抱持相同觀點。一戶隆次郎此書所採用的講解法，則是由「字義」→「注釋」→「解釋」→「應用」。書前〈序〉文提及所謂：

21　島田鈞一：〈題言〉，《論語全解》（東京：有精堂書店，1928年），頁1。

　　素讀《論語》不難；但解釋《論語》不易。解釋《論語》不
　　難；惟獲得解釋之法為難。[22]

一戶隆次郎還強調不知孔子人格，則不知《論語》之價值，進而論及
大日本帝國之政教，提出《論語》「一經」乃〈教育敕語〉之注解。
一戶隆次郎顯然也是將《論語》作為道德教育教材，進而以之來支撐
日本近代的皇國軍國主義體制。

　　而同時期以「論語講義」為名的代表性漢文學習參考書，還有和
田銳夫《新譯論語講義》（神戶：熊谷久榮堂，1912年）、井原正平講
述、飯島忠夫監修《新撰漢文叢書論語新講》（東京：三省堂，1933
年）二書。和田銳夫《新譯論語講義》一書之體例，是在附有訓點的
《論語》原文後，進而附上漢文訓讀文與讀音的「讀方」（讀法），此
舉無非昭告了大正時代以還，成長於明治時代後期的中學生們，其漢
文原文的解讀力可能又比明治中期時更為衰退，所以僅在原文旁標示
訓點的作法似乎還無法協助學生閱讀、理解原文，而必須將漢文訓讀
文與讀音完全標出，亦即同時解決「讀音」、「文法」與「翻譯」、「義
理」的問題，才可進行閱讀與理解。而該書天頭則特別標出《論語》
中的「成語」或「格言」式原文。而由此舉亦可看出當時中學生的
《論語》學習可能已從長篇原文，或者說按篇章次第順序逐次理解的
閱讀習慣，轉向精華短句、名句的記誦學習方式。若如是，則中學生
的《論語》學習，某種程度上似乎也向思想之「標語化」、「口號化」
的面向傾斜。

　　事實上，除了漢文教科、學習、參考用書類的「論語講義」必須
在應考功用外負起「思想善導」的責任外，明治十年代中期以還陸續
問世的，在各級學校、各機關團體講授，乃至私人講論的「論語講義
錄」中，強調以《論語》來涵養國民道德精神的主張比比皆是。其

---

22 一戶隆次郎：〈序〉，《論語講義》（東京：大成社，1910年），頁1。

中，細川潤次郎、南摩綱紀著、行道學會事務所編的《論語講義》
（東京：吉川弘文館，1919年）。由細川潤次郎、南摩綱紀合講的
《論語講義》該書，最能凸顯即使時入近代，日本政府實行明治維
新，但上自天皇與上流階級到販夫走卒，都應藉由《論語》來涵養道
德的這一讀《論語》，或者說是讀漢籍的手段，進而達成輔翼天皇，
建設日本之宏大目標。細川潤次郎言：

> 論語講義錄者，余為行道會員講授《論語》之筆記也。明治之
> 初，侍從諸員每月數回相見於侍讀元田永孚宅，聽其講經書其
> 意，蓋謂凡官吏奉職諸省者，勤敏執事而足矣。若夫奉仕宮廷
> 者，常在天威咫尺之地，視聽言動必要中禮，其久而不倦者，
> 非有存養工夫不可得而望。而存養工夫莫學問若焉。因此有此
> 事。……伏惟明治天皇以天縱之聖，建中興之業，在宮廷者奉
> 命義順，以全忠良臣民之本分，而猶未自安用官暇聽講經，為
> 存養夙夜匪懈，以分聖天子宵肝之勞，則於國家治教之盛，不無
> 所少補焉。[23]

而此一宏大目的，自不待言地，當然也與日本戰時的向外「侵略」企
圖有著深刻的關聯。

至於井原正平講述、飯島忠夫監修的《新撰漢文叢書論語新講》
一書，如前文所述，其中引人注意的是，其於〈緒言〉中強調：中、
高等學校的入學考試問題多出自《論語》，加上若能熟讀此參考書則
可養成漢文「解釋力」，養成漢文「解釋力」也易於突破入學考試難
關。井原所謂培養「解釋力」的說法，恰與前述一戶隆次郎《論語講
義》中所謂：「素讀」《論語》不難；「解釋」《論語》不易的說法不謀

---

23 細川潤次郎、南摩綱紀著，行道學會事務所編：〈序〉，《論語講義》（東京：吉川弘
文館，1919年），頁1-4。

而合。又為了達成中學生自修磨練以通過高等學校或專門學校入學考試的目的，該書只精選輯錄《論語》全書中「妥當適切」的原文材料，此舉又與前述和田銳夫《新譯論語講義》特別將《論語》中的「格言」、「名句」標舉於天頭上這一作法，頗有異曲同工之妙。因為就如井原正平是為了使讀者通過入學考試而精選出「妥當適切」的材料，和田銳夫也是為了使學生「便於記憶」。[24]而無論是「妥當適切」或是「便於記憶」，其最大目的都是在「考試」。此種追求「適切」解釋以為應考良方的講解《論語》現象，其實早在明治末年就已出現。明治四十三年（1910），當時東京地區以出版漢文參考書而富有盛名的「誠之堂」出版社，就出版發行了所謂《適解正義錦囊論語》一書，望文生義，書名便充滿應考色彩。

（三）「論語教本」、「論語讀本」

近代日本《論語》相關論著中，以「教本」、「讀本」為名或其他性質相近之《論語》教科、參考用書，基本上無論是在書本內容、體例或是在編纂目的方面，皆與上述各類《論語》論著有著重疊相似性。例如在體例上可能也都採取「頭書」、「鼇頭」此種標注詞語解釋於書本天頭的作法[25]，以及加入「插圖」輔助經義理解[26]；或者在《論語》經文原文旁添加訓點，甚至直接標出「讀方」（漢文訓讀全

---

24 和田銳夫：〈附言〉，《新譯論語講義》（神戶：熊谷久榮堂，1912年），頁1。

25 例如中等國語漢文研究會編，本田成之加校：《論語新釋》（大阪：湯川弘文社，1940年）一書構成體例為：「例言」→「目次」→「論語經文」→「添加訓點之經文」→「讀方」→「要旨」→「通釋」。但其天頭處則附有「語釋」，此一作法如同所謂「頭書」或「鼇頭」注解。

26 例如古谷義德：《少年論語讀本》（東京：大同館書店，1927年）一書構成體例為：「序」→「例言」→「插圖」→「目次」→「論語について」→「孔子の人格」→「論語の內容」→「論語經文」→「讀方」→「語句の意味」→「話」→「例話」。該書插圖不像上述他書一般是將插圖置於內文的天頭處，而是在書前便附有曲阜孔廟大成殿、孔子像、孔墓、孔子故宅等圖。

文的讀法與讀音）；繼而附上各章經義講解的「講義」、「譯解」、「通釋」或「解說」；有的則在各章經義講解之前先附有該章經義之「要旨」、「大旨」；最後在經義解說後，有的則會附上朱熹《論語集注》之外的他家說法或江戶先儒各家經注以為「參考」、「異說」。

綜言之，書本體例大同小異，然吾人也可從其間某種些微變化，窺知近代日人之漢文、漢籍學習的改變軌跡以及其中意涵。而除了體例的高度相似之外，彼等之著書目的以及漢文學習動機，也與上述他類《論語》論著無異。但隨著時代逐漸下移至大正、昭和，其中「道德涵養」、「忠孝人格之養成」，進而試圖以之進行「精神善導」，或提倡忠君愛國的色彩就越趨濃厚。關於此點，下文且舉數例以證。

古谷義德《少年論語讀本》於昭和二年（1927）出版後，昭和十一年（1936）、十七年（1942）又分別再次出版。該書第一章〈論語について〉說道：「勉勵學子活用《論語》以培養真道德」，此處所謂「真道德」指的是日本人之主體意識，還包括個人的主體意識。但日本人的主體意識究竟為何？古谷義德如下言及：

> 日本人身為日本人，要考量時空因素而行動，此中有善、有道德。蓋菅原道真所謂「和魂漢才」，以及山崎闇齋雖尊崇孔孟，但其言：「若萬一孔孟來侵犯我國，則無論其為孔子或是孟子，皆將執劍擊之。」此二者無非是所謂立足於身為日本人這一大自覺上而來活用《論語》的精神。[27]

古谷義德所以試圖以「論語讀本」來形塑中學生作為日本人的精神意識，乃因其認為中學階段正是學生心思徬徨、易受外界環境思潮影響的時期，所以必須盡快以《論語》等「良善知識」、「純正思想」之漢

---

27 古谷義德：〈第一章論語について〉，《少年論語讀本》，頁24。

籍來對近代日本的中學生進行「思想善導」[28]，其中當然存在著濃厚
的日本政府試圖統合國民意識的政治目標。其言：

> 近來各種不善思想，恰如仲夏之積雨雲，風起雲湧，在其欲迷
> 惑清純少年心思之際，首先我們至少應該相信此種不善思想，
> 將會融匯進健全思想中，融匯進流淌於《論語》中的大精神
> 中。……然為何是《論語》？乃因《論語》作為儒教之經典，
> 數千年之間教導了數億人，故雖然世間多少有些異論，但此書
> 乃吾人生命之糧食。[29]

當自由民主主義在大正時代昂揚發展後，大正末年至昭和時期日
本軍國主義採取強勢態度，對昭和初期日本受到各種外來思潮影響
後，所謂「世風日下」、「人心不古」的社會現象，採取法西斯式的鎮
壓，在此風氣之下，《論語》從具備「思想善導」功能的漢籍，演變
成具有濃厚帝國軍部打手的色彩。田中貢太郎《漢籍を語る叢書論語‧
大學‧中庸》（東京：大東出版社，1935年）該書便提及世風日下世
局中的「道德修養」問題。其言：

> 沒有任何時代像現代這般世相混淆。不僅赤化問題或右傾問題
> 雜亂無章，男女貞操問題亦糾紛不已。另一方面，被敬仰為一
> 世之師表的帝國大學教授，卻其言誇誇發表忘卻國體之言論，
> 遭受世人彈劾。又，自身兼國務要職之大臣，到官吏公吏、政

---

28 以《論語》等漢籍為導正人民思想、涵養國民道德精神的主張，在明治十年代初
　　期，由元田永孚所擬之《教育議附議》中便說道：「所謂良善之讀本，西洋修身學
　　中雖有之，但終不能出《孝經》、《論》、《孟》、《學》、《庸》、《詩》、《書》之上。」
　　主張修身教科書應以四書五經為主。詳參教學局編：《教育に關する勅語渙發五十
　　年記念資料展覽圖錄》（東京：內閣印刷局，1941年），頁91-93。
29 古谷義德：〈序〉，《少年論語讀本》，頁2-4。

治家、教育家之徒，相繼出現收賄問題，引發世人議論，舉世化為罪惡之淵藪，要之，皆肇因於個人怠乎為人之修養。吾為無學之人，今雖不自量力講說《論語》、《學》、《庸》，但本一片耿耿衷心，望現代人們一讀《論語》，其一以資為人之修養，其二以之為國民修養之糧食。[30]

另外，大木陽堂《生活と教養論語讀本》（東京：教材社，1937年）該書，其將《論語》各章經文直接以「訓讀文」呈現，其後則直接進行解說。書前之〈序言〉提及東洋文化、精神與個人道德、社會正義。大木認為：

《論語》所言者皆為「道」與「德」，此所謂「道」者、「德」者，為人倫之根本，人格之細胞，若無此「道」、「德」，則個人之完成無望，社會之進展不可期。故所謂「道」與「德」，乃基督教所謂之「地鹽」，亦近於我國之「かんながらの道」（神道）。其乃促進個人進步的進軍喇叭聲，亦是推進社會正義之戰車的前進聲響。[31]

大木陽堂將《論語》與西方基督教、日本神道教進行連結的作法，無非將《論語》納入日本固有的傳統之中，同時也將《論語》與外來的

---

30 田中貢太郎：〈冕言〉，《漢籍を語る叢書論語・大學・中庸》（東京：大東出版社，1935年），頁1。田中貢太郎所描述的昭和初年的紛亂世相，基本上是大正以來的世局，蓋大正時代大臣品質的低落，以及吉野造作等教授積極主張民本主義與學問自由，或許都堪稱是「世風日下」的表現，但時入昭和十年代，其實不用等到田中來大聲疾呼，例如蓑田胸喜（1894-1946）之類的大學教授，就已主動成為軍部打手，迫害打擊美濃部達吉（1873-1948）等主張自由主義之教授。詳參紀田順一郎著，廖為智譯：〈大學教授〉，《日本現代化物語》，頁186-187；〈大臣〉，頁188-189。

31 大木陽堂：〈序〉，《生活と教養論語讀本》（東京：教材社，1937年），頁1。

宗教作了連繫，使得《論語》可以無分本土、非本土；東方或西方，
對任何民族與任何地域、時代的人而言，《論語》皆具有無地域界限
的合適性。

　　而同樣具有「教本」、「讀本」性質的「全解」、「詳解」或是「義
解」類《論語》，基本上也同樣具有上述各類《論語》講解書的諸多
特質。例如有關語文教育這點，前文所述島田鈞一《論語全解》，自
昭和三年（1928）二月二十日出版發行以來，至昭和六年（1931）三
月十日共發行十八版。該書所以成為如此暢銷的《論語》學習參考
書，除了因為該書作為考試參考書，作者十分明白著書性質，島田鈞
一說道：

> 本書因為是為初學所輯集，故主要從古人之說以解釋文章，思
> 想之研究、文字之考證略之，又著者之私說一切省之。[32]

亦即，島田深知該書目的不在著者闡述己意或追求經義發明，而在藉
由《論語》，培育學子的漢文「教養」。同時又因朱熹《論語集注》乃
當時學校標準的《論語》教材，故島田在書中的字義解釋「皆從朱子
之說解之，異說之重要者，收於參考欄，使通其大旨。」[33]這是為使
學生迅速求得《論語》這一門漢文科教材之「教養」的有效安排，因
為先把握住標準解釋，行有餘力再「參閱」其他重要「異說」，此舉
對應付考試的學生而言，既保住基本盤分數，也保留了加分可能。

　　另外，該書在體例安排方面也非常完備，例如《論語》二十篇篇
題各有解說，各章經文原文旁皆附上訓點，經文原文後再附上「讀
方」，亦即「漢文訓讀」讀法，繼而有解釋字詞意義的「字義」部份，

32　島田鈞一：〈題言〉，《論語全解》，頁1。

33　島田鈞一：〈題言〉，《論語全解》，頁2。

接著則是以白話日文翻譯經義的「釋義」。最後，若有與朱子說法有
異的重要前人注解，或是江戶邦儒之漢文訓讀與島田自己之讀法有異
者，也特別說明之，以為「參考」部份。例如〈學而・吾日三省吾身〉
章中，伊藤仁齋《論語古義》對「三省吾身」的訓讀法為何不符漢文
中以「三」字為句首的讀法，皆舉出以為學子「參考」[34]，頗有在考
試目的之外，鼓勵積極學習的用意。而且該書最後除了附有「索引」
外，還附上「白文練習」，亦即羅列出《論語》各章原文，以為學生
自修、複習、練習、測驗自身「漢文力」用，堪稱考慮周全。不過該
書如此暢銷的理由之一，或許還因島田鈞一貴為當時第一高等學校教
授，明星高中的漢文科名師出版參考書，中學生豈有不趨之若鶩者。

　　又關於道德教育方面，例如倉田熱血《論語義解》（大阪：文進
堂，1932年），該書前有兩篇〈序言〉，前篇序言除說明《論語》如何
有效地活用於現實生活，且可適用「現時」日本的各個階層，更進而
舉出作者自身罹病經驗，證明《論語》的修養功效。由倉田的自身經
驗之說明看來，《論語》幾乎等同「醫書」、「聖書」，讀經之效用，或
者說道德踐履之效用超乎理性想像。後篇序言中則提出所謂「論語
教」一詞，堪稱特殊。書後附有〈附錄現代紳士の論語觀〉一文，由
此文除可窺見近代日人如何尊崇《論語》，其更提出所謂「論語教」
來涵養讀者之道德人格，充分反映出《論語》作為「道德教育教材」
這一面向之特色，同時也可說明近代日本雖然一意模仿西洋，但《論
語》卻是其無法割捨的「傳統」。

　　而關於《論語》乃日本千古以來之傳統一事，大町桂月則有精彩
的譬喻，其言：

　　　　大體上，儒教多被侷限於所謂老舊思想這一見解之中。然時經

34　島田鈞一：《論語全解》，〈學而第一・吾日三省吾身〉章，頁5。

千年、萬年，儒教決不為人所廢，是為聖人之教也。而聖人之
教非一時之物。日本國民自數千年前以米為日常食品，食米一
事雖甚古老，但若廢除之，無人不笑其愚。然世有美食家者，
唯求珍物，可謂食物上之亡者也。思想上亦有唯求珍物之亡
者，亡者已矣，實無可奈何，然天下豈可全為亡者乎？孔子雖
為二千年前之人，然其教皆適切於今日也，請試讀《論語》便
可知。不讀《論語》，或讀之誤解而譏之，其愚甚矣。[35]

大町桂月此種《論語》宛若日本人的米食飲食文化傳統的譬喻，指出
了以《論語》為代表的漢籍／漢文化傳統，正是日本人自古以來的精
神糧食。大町桂月此一觀點即使在二十一世紀的今天，仍有學者深表
贊同而大聲疾呼。[36]

（四）「新譯」、「新講」、「新釋」《論語》書

如同上述第三類近代日本《論語》相關論著，其教育目的多指向
語文與道德兩大面向，第四類所謂近代日人的《論語》新解書，如前
述和田銳夫《新譯論語講義》與大町桂月《新譯論語》等，皆以「新
譯」一詞來標榜其講解《論語》的特色，就在方法、內容上的
「新」。此處所謂的「新譯」或是「新注」、「新講」、「新解」，其實都
不外指向兩個層面，一是強調在漢文「語文教育」層面，有關漢文之
語法、義解，乃至訓讀之讀音、讀法、訓義等的新說法、新解釋；一

---

35 幸田露伴監修，大町桂月譯：〈論語を讀む者に告ぐ〉，《詳解全釋論語》（東京：雙葉書房，1938年），頁21。
36 加藤徹：《漢文の素養：誰が日本文化をつくったのか？》（東京：光文社，2006年）一書中也主張：「過去之文明國家，無不擁有所謂全國國民必讀之『數本典籍』。……過去在西方諸國，《舊約聖經》、《新約聖經》即是此『數本典籍』；在幕末之日本，此所謂『數本典籍』，指的即是《論語》和《日本外史》等漢籍。」，〈おわりに〉，頁234-235。

是強調藉由理解、涵容《論語》這一傳統漢籍義理，進而使讀者達到
人格陶冶的「精神涵養」與「道德教育」。

　　首先關於語文教育層面，誠如前述井原正平講述、飯島忠夫監修
《新撰漢文叢書論語新講》該書，因有鑒於中、高等學校的入學考試
問題多出自《論語》，故作者從《論語》選出妥切原文以為教材，僅
就朱注進行簡易解說，古來眾多注解僅以附錄形式提供參考，明示應
考學習內容的輕重緩急。著書目的就在使學子熟讀此一參考書，藉
此養成漢文「解釋力」，目標在於突破入學考試難關。因此本書的
「新講」之「新」，指的無非是培養中學生之漢文「解釋力」的嶄新
講解方式，或者說是應考妙方。另外前述和田銳夫《新譯論語講
義》特別將《論語》中的「格言」、「名句」標舉於天頭上這一作
法，雖說是為了使學生「便於記憶」[37]，卻同樣也可窺知其「應考」
訴求。

　　又如大町桂月《新譯論語》（東京：至誠堂，1912年），大町於該
書前〈論語を讀む者に告ぐ〉（告《論語》讀者）一文中指出：「己所
不欲，勿施於人」的「施」字不應如歷來一般讀為「ほどこす」（施
加、施行）；而應該讀為「うつす」（轉移），大町並進一步將之與戰
爭時，士官不將懼怕死亡這一心理恐懼「轉移」給士兵，仍以身先士
卒為要的這一解釋相連結。接著又說明孔子所以會說出所謂：「民可
使由之，不可使知之」，乃因中國歷來不乏邪惡政治家的緣故。[38]本書
自明治四十五年（1912）六月十五日初版至大正九年（1920）八月三
十日，已印行達二十三版，足見其受歡迎以及普及之程度。而與他書
相異的是：該書反而將《論語》原文列於天頭，卻將訓讀文列於其下

37　和田銳夫：〈附言〉，《新譯論語講義》，頁1。

38　詳參大町桂月：〈論語を讀む者に告ぐ六〉，《新譯論語》（東京：至誠堂，1912年），
　　頁25-27。

正文處，之後則是大町桂月對各章經文的譯解。由此可見，時入大正之際，訓讀文顯然已經超越漢文原文，進而取得其在漢文學習過程中的主要正統地位，漢文原文反而淪為配角。而從該書在附有訓點的《論語》各章經文後隨即附上「讀方」一事看來，這顯然是顧慮到中學生未必能誦讀僅有加標「訓點」的漢文。

另外，該書後面附有按照五十音順的〈新譯論語索引〉，大町於該篇索引之〈例言〉中主張：索引便於只記得佳句名言的《論語》讀者查閱出處及全文，也可就人名與專有名詞、概念來獲得綜合性知識。足見其試圖以「索引」、「目錄」等類似工具書性質的手段，而來輔助漢籍、漢文學習的語文教學方法。

其他如中等國語漢文研究會編、本田成之校《論語新釋》（大阪：湯川弘文社，1940年），該書體例先是《論語》經文原文，而原文標有「訓點」，但後又有「讀方」，此事再次證明進入昭和十年代中期，對中學生而言，彼等未必能誦讀僅標有訓點的漢文，而由前述明治四十五年（1912）出版的和田銳夫《新譯論語講義》書中，在附有訓點的《論語》各章經文後隨即再附上「讀方」看來，此種明治、大正之交，近代日本中學生無法直接藉由訓點以讀出漢文訓讀的情形，堪稱是大正以來的常態。

如上所述，此類漢文學習參考書的「語文教育」，或說「應考」功能非常明顯，但「道德涵養」、「精神鍛鍊」仍是此類應考參考書的重要主張，此點即使是在近代日本專業漢語學界亦不例外。[39]

---

39 日本近代漢語名師宮島大八（即宮島詠士，1867-1943），創立漢語、漢學學校「善鄰書院」，其於明治三十一年（1898）九月落款的〈善鄰書院主意書〉中主張：日本亦亞洲之一員，道德之根底實存於儒教，而道德的涵養不能離孔子之教而求其他。亦即漢語學習的終極目標，仍在「人格陶冶」。詳參村山吉廣：《漢學者はいかに生きたか──近代日本と漢學》，頁187-190。

四 結語——古／今・雅／俗・語文／道德相融的漢文教育

　　據本章之考察，我們藉由對近代日本《論語》教科、參考用書的分析研究，可以觀察出以下幾個日本近代漢學與漢文教育發展的特點。

（一）非學院派漢文教科、參考用書作者群的出現

　　倉田熱血於《論語義解》中曾批評當時學者：「在某種意義上只是一位藝人」[40]的說法，指出了近代日本有一群非學院派漢學者／學者的人士參與近代《論語》類漢文教科、學習參考書的編纂，而倉田正是其中一員。此事無非再次證明所謂：「明治初年，一般人們都具有漢學素養」[41]的這一事實。也因為近代日本各類型的《論語》教科、參考用書的編纂，有著各種領域、出身背景的人士參與，故能掙脫學術藩籬與家派侷限，而呈現出百家爭鳴的盛況。雖然大部分書籍未必具有學術性，但卻也可將之視為是：江戶時代由於漢學教育普及，武士和百姓（農民）、町人（工匠、商人）等中產階級皆可學習漢文，是漢學普及後的一種漢學素養的開花結果。

　　若從這一角度來看，則明治時代的《論語》相關教科、參考書類論著，堪稱是江戶漢學的餘韻。而此點由朱子《論語集注》仍是近代日人學習漢文的必經門徑，且多舉出江戶先儒代表性的《論語》注解與之參照看來，江戶漢學者的《論語》研究成果，與朱注同時成為近代日人讀《論語》的對照參考值。

---

40 倉田熱血：〈序文第二本著ある所以を告ぐ〉，《論語義解》，頁9。

41 三浦叶：《明治の漢學》（東京：汲古書院，1998年），頁15。

（二）漢文／漢籍學習的主流方法

　　自江戶中期以還，即使荻生徂徠不斷抨擊「漢文訓讀」是種錯誤的漢文學習方式，易使人產生「卑劣心」！而大正時期青木正兒也重提徂徠的此一呼聲，但若從本章的考察研究結果來看，即使時入近代，日本新式教育中的漢文科學習，「漢文訓讀」法堪稱是始終不變的主流學習法。而如果從江戶時代公家機關或個人之間，彼此往來之公文與書信皆以「候文」（夾雜假名與漢字，句尾以「候」字結尾斷定的和文）書寫；然明治時代無論官員、軍人、學生、記者卻皆以漢文訓讀式的文體日文來書寫文章，甚至由明治天皇所頒布的〈教育勅語〉亦以訓讀文書寫看來，我們可以說漢文訓讀在近代日本社會中，完全取得其在公／私・雅／俗各層面的主流表述語言地位。而此點在近代日本各類型的《論語》教科、參考用書中亦不例外。

（三）漢文力的轉變

　　近世到近代的漢文、漢籍學習轉變，就是日人的「漢文力」從「素養」轉為「教養」，從「自然而然的薰陶」轉為「有意識的學習」。而如果從近代《論語》教科、參考用書的體例內容發展來看，明治時代由於教育體制的變革，所以漢文學習逐漸喪失其自然學習環境，轉變淪為在教學體制內意識到入學考試，為應考而被迫學習。

　　因此，近代日本的中學生們並非藉由「漢文」學習來獲得一個整體的知性世界；而多是在理解集聚片段知識，因此會出現以所謂選取重要、適切原文教材，或是背誦佳句、名言的方式來學習《論語》。然而問題是：知識的獲得未必保證能轉化為教養。由此可見，大正時代顯然是日人漢文力從「素養」轉為「教養」的關鍵轉換時期，江戶以來日本蓄積二百七十年左右漢學素養，到幕末堪稱是日本人漢文力的巔峰黃金時期，而此一臻至巔峰的漢文知識力，卻因一夕的政權轉換

而被迫淪為過時、無用之術；但此種漢文素養的力道，卻延續到明治時代，但卻也由此一路下滑，進入大正時代後則急轉直下快速衰退。[42]

（四）雅／俗合一的語文教育功能

中學時代學習閱讀《論語》等漢籍的近代日本中學生，其日後不再侷限於「漢文」、「漢學」領域，彼等或從事日語語文教育，或從事漢語語文教育，前者如大野晉（1919-2008），後者如安藤彥太郎（1917-2009），彼等都是一九一○年代後期出生的人，都深受其中學時代漢文科教育的影響。但其學術路徑的發展卻是從漢學到日語；以及從漢學／漢文到漢語，但無論其日後發展為何，其間卻都是透過「漢文訓讀」，而獲得「目讀」方面的文義理解能力；但並非同時擁有現當代中國時文「音讀」方面的發音能力。[43]然若從彼等日後之發展來看，我們可以說近代日本漢文教育之發展結果，乃是使得江戶時代代表「高雅」學問世界的「訓讀」，與代表「卑俗」實用世界的「唐話」／「漢語」，逐漸融合成一體。

（五）「經義」獨大的道德教育功能

江戶人學習漢文，是試圖獲得一種人格學問力，但近代日本自從

---

42 日語學專家大野晉曾提及其自身的漢文素養，與其高等學校年長自己十一歲的老師五味智英（1908-1983）相比；五味智英老師再與其長自己十二歲的老師麻生磯次（1896-1979）相比；麻生磯次老師再與其長自己十歲的老師安倍能成（1883-1966）相比，約每隔十年一代，漢文素養就每下愈況地不斷衰退。所以安倍老師能作漢詩；麻生老師卻不擅長作漢詩，但能流利朗誦江戶時代的題畫詩文；五味老師無法流利朗誦詩文，卻像本活字典一樣，大野須要查閱《漢和辭典》的字彙、詞條，五味老師卻可隨口說出。大野的此番感嘆恰好說明了明治到大正，日人漢學素養的急劇衰退情形。詳參大野晉：《日本語の練習帳》（東京：岩波書店，1999年），頁41-42。

43 有關此點詳參倉石武次郎：《支那語教育の理論と實際》（東京：岩波書店，1941年）。

西村茂樹、元田永孚於明治十年代提倡以孔子之教資之的道德教育，到明治天皇頒布〈教學大旨〉，就已確立所謂：

> 教學之要，在明仁義忠孝，究智識才藝，以盡人道。此我祖訓國典之大旨、上下一般之教也。……故自今以往，本祖宗之訓典，專明仁義忠孝；道德之學，以孔子為主。[44]

故近代的漢文學習遂將此種人格道德連結到「精神」層次，強調此乃日本固有之傳統精神。然而若從江戶漢學的發展實況而論，以《論語》為代表的典籍「經義」的讀取，在語文教育功能之外，其主要功能則是出處時經世濟民的政治指針。但退隱時的人格涵養、精神生命貞定力，乃至表述政治抱負，則詩文亦有其相當之功效。但兩者若要作一區隔，則「經義」傾向於「機能性」；「詩文」傾向於「精神性」，此由所謂：「蓋徂徠歿後，物門之學分為二。經義推春台，詩文推南郭」[45]這一二分法，亦可窺知一斑。而相對於春台曾言：「聖人之道者，自治天下國家外別無所用，……捨是而不學，徒事詩文著述而過一生者，非真學者，無異於琴棋書畫等曲藝之輩。」（太宰春台：《經濟錄》卷1）服部南郭則說：「予決不云經濟之事」。[46]

足見江戶中期以還，習讀漢籍、取其「經義」以經世，漢籍學習其實是極具社會現實功能的機能性。而原本屬於個人精神世界之風雅、趣味層面的「詩文」，同時也可通行於「公領域」。然若就近代日本《論語》相關論著之特質而言，則明治漢學的發展，基本上可以說

---

44 教學局編：《教育に關する勅語渙發五十年記念資料展覽圖錄》，頁4-7，圖版四。

45 江村北海：《日本詩史》，收入清水茂等校：《日本詩史・五山堂詩話》，《新日本古典文學大系》第65卷（東京：岩波書店，1995年），卷4，頁509。

46 湯淺常山：《文會雜記》，《日本隨筆大成》第7卷（東京：吉川弘文館，1927年），卷1上，頁575。

是割捨掉「詩文」這一關乎個人私密生命精神情感的「無用術」，而卻試圖以「經義」中諸如忠孝等攸關國族發展存亡的德目，來取代「詩文」背後所代表的個人私密精神情感。透過提昇個人對國家的「公共」意識，否定、批判個人耽溺於私人情意世界，以統合整體國民意識，達成對國家、天皇盡其忠孝之本分，護翼日本之「國體」。[47]

（六）近代日本中國認識與漢文教育的雙重結構

近代日本藉由模仿西洋的「文明開化」政策，試圖藉由拋棄漢文、漢籍所代表的漢文化，結果卻走向專業的「漢語」學習，或是在蔑視「現實」中國的同時，卻又試圖藉由崇敬中國典籍所代表的「古典」中國價值，並以之為日本傳統價值、精神，進而建構現代「新」日本。本章透過對近代日本《論語》教科、參考用書，以及漢文學習、參考用書的考察分析，我們看到近代日本一面與中國交戰的同時，卻又不斷積極學習四書或《論語》等漢籍，其蔑視「現實」中國甚至侵略中國的同時，其卻又崇敬「古典」中國，試圖找出挽救、圖強日本國族的元素，而《論語》正是此「古典」中國的主要代表。但也因此一「古典」可能是非「現實」的、非「具體」的，是紙本「符號」的存在，故可以允許近代日本人在其國族、文化發展脈絡中，建構諸多非《論語》「文本」原義的可能意義，亦即包括作為戰爭時期鼓吹、約束人民的「思想善導」教材，說服人民或者使人民相信，以其為「日本固有精神」之根源、傳統，藉此來涵養日本國民之道德精神。

---

[47] 日本學者安藤彥太郎就說：其當初所以會選擇修讀中國語，又中國研究者新島淳良（1928-2002）所以對中國大陸有所憧憬，其實都是深受山中峰太郎（1885-1966）《敵中橫斷三百里》、《亞細亞之曙》等少年愛國小說之影響。詳見安藤彥太郎：《中國語と近代日本》（東京：岩波書店，1988年），頁79。足見戰前漢文教育受忠孝仁義精神善導以及護翼國體思想影響之深。

　　換言之，在近代日本的「當代支那」理解與「古典中國」理解之間；以及「傳統漢文」學習與「現代漢語」學習之間；乃至傳統「江戶漢學」研究與近代「支那學」、「中國學」研究之間，其開展過程恰好表現出近代日本人的中國認識乃是一種雙重結構的存在。而近代日本《論語》教科、參考用書所展現的漢文、漢籍教育發展史，正是日本由近世發展到近代的古／今・雅／俗・語文／道德等雙重結構並存相融的經典教育。

　　本文係筆者執行行政院國家科學委員會計畫「儒家經典教育的近代轉化──以近代《論語》教科書、參考書所作的考察」（NSC102-2410-H-003-117-MY3）之部分研究成果，初稿於二○一○年五月二十八日發表於香港浸會大學中文系舉辦之「中、日、韓經學國際學術研討會」。

　　原載《中國學術年刊》第32期（臺北：臺灣師範大學國文學系，2010年9月），頁1-37。

第九章
結論

一　朝向一個開放文本的經學研究

　　本書以《論語》為研究對象而來觀察日本漢學的同時，除了梳理釐清了近代日本《論語》詮解流變之發展情況，此種研究嘗試，其目的同時則指向經學研究觀察，而且是朝向一個開放文本的經學研究。

（一）相異傳統的交融

　　透過研究經典詮解法之流變，以及對注經傳統歷時變化進行考察，我們可以發現在東亞世界，不同國家的文化傳統可以在經書注解過程中彼此交融，形成一種新的力道和新的整合，甚至產生創新又特殊的整合。藉由研究日本人注解經書的作品，我們可以觀察討論中日兩國傳統在交融過程中，兩者交融的力道如何？其中有何不均衡的要素？而這些要素對彼等的注解、講說經書作業，產生何種影響或牽制？而吾人若將此種研究概念放到中國各個改朝換代的時期來看，亦可作類同的觀察研究。

（二）經學研究的「第三空間」

　　而藉由觀察相異傳統之間如何交融，則吾人便可以獲得經學研究的「第三空間」。筆者此處所謂經學研究的「第三空間」，主要指的是語義翻譯的轉變空間，也就是在經書所代表的中國文化與非中國的他國傳統文化之間，所產生的文化與文化之間的不對應空間。這一「第三空間」，基本上是一個具有彈性、能夠一直自我調整，以便適應新

的社會、歷史情境、理念、事件、形象、風格以及意義等的可變化空間。此經書詮解過程中「第三空間」意義的發掘，讓我們可以了解諸如日本民族，乃至中國歷史上所謂的「異族」，是如何在接受所謂「主流」、「高等」的漢文化時，可以去抗拒強勢文化，並重新組織建構自身文化與外來文化兩相交融下的新認同與自我發展空間。

（三）差異、詮釋與經學發展、經學研究

上述所謂「相異傳統」的觀察與「第三空間」意義的發現，基本上都是將焦點置於「差異」與「詮釋」的關聯。蓋就文化的深層意義而言，在多元文化中，對不同族群的語言、生活方式乃至社群組合，對於其身分、認同及屬性的差異，我們都應該給予認可（recognition），並尊重「自我」與「他人」之間的歧異，而不是將自我的既定價值觀，強加於他人及其他社會上。「差異」著重的是在文化與歷史脈絡的敏銳觀察下，對擁有不同取向與價值觀的對方，予以理解、尊重、欣賞。目前，「差異」的哲學，已經成為多元文化、族群研究、倫理哲學、甚至是生態批評（ecocriticism）等思想論述中的重要關懷。中國經學研究或許也可朝向一個觀察、發掘「差異」的研究而來努力。

藉由發掘隨著歷史演進而不斷向後開展、推演出來的注經、解經「差異」，我們除了可以聽到日本漢學發展過程中所產生的內部衝突和困境外，透過中日儒者、學者注解經書的「差異」，我們也可將我們所思考、研究的對象——「經書」、「經學」的位置加以設定，以便思考有關經書、經學乃至儒學的「本質」與「非本質」的差別。例如思考經書的性質、權威性、神聖性、完整性、殘缺性與經典詮釋之間有何關係，對各時代、各地區的經學研究特色及其發展狀況產生何種影響？結果造就了何種經學發展的歷史？

（四）經學研究的文本性與互文性

如此一來，經學研究的文本性便得以展延開來，使得紙面文本的「經書」，可以跟各個可能的非紙面文本間，產生對話的「互文性」。如果我們將經書看作是一紙面文本，其「文本性」當然具有考據的和權力論述的，而當我們將其文本性開放給不同時代、不同人物、不同國家、不同民族，而令其彼此之間產生對話時，作為紙面文本的「經書」，便會引用這一代表不同時代、不同人物、不同國家、不同民族的，指向其他意義空間或文化實踐的「開放性文本」，經書因而必然與各種非紙面文本之間產生相對意義的「互文性」，並與現實之間形成某種關聯。

當經學研究朝向一個閱讀各個文本之間的「互文性」時，則經書或經注作品所闡發的每一個理解、概念、價值觀，將不再是一個封閉系統的世界，而是一個與每個時代當下活活潑潑的現實對話後的結果。如此一來，我們所研究的對象，將不再是一已然過去的典籍或是義理思想之外的文獻「糟粕」而已，而是一個建構生動如實現在的，每一段不可或缺的歷史真實。

二　本書研究心得

立足於上述研究觀點，筆者始終思考的是：如果儒家文化是一種過程、一種實踐，則歷來學者注釋、解說、研究經典的目的，或可說是在經典中找尋生命永恆的價值，同時藉之延續經典文化的生命，故此一作業乃是一生活、學術，或者說是生活、志業兩相合一的追求與實踐。

當然，日本自江戶時代以來各家學派的注經法，或者說其實無論是中國、日本乃至朝鮮等東亞漢字文化圈各國，其自古歷來各學派、

各學者的注經法，全都有從受制於時代性之立場出發而來注解《論語》的性格。如果說其方法本身有其問題存在，或許我們今天也不是不可以否定，甚至放棄之。但是，我們卻否定不了那些注釋、詮解方法本身所含括的，屬於注釋、詮解者本人，或是注釋、詮解者所處的時代思想、文化。正因為有了這些各個時代裡的各式各樣的解讀法，《論語》也就在彼時被引進嶄新的生命氣息。此種情況若藉《論語》的話語而來說明的話，或許便可稱之為是「溫故知新」的《論語》經典生命之換血作用。《論語》解讀的意義，便是讀者藉由其自身之日常生活經驗值，人生體驗等獨一無二之生命情境，而來讀取《論語》意義，並會通《論語》內含的各種生命情境中所欲傳達給讀者或注釋、詮解者的，豐沛富饒的生命意義，進而使讀者或注釋、詮解者從經典中肯定自我生命的價值。

事實上，江戶古學派的仁齋、徂徠、南冥、息軒四位儒者，莫不是在生活困境、思想困頓中或是生命轉折處，藉由注解《論語》而得到生命的安頓。江戶先儒如此，明治、大正、乃至昭和時代的日本學者亦如是。竹添光鴻在現實生活、政治施展上的不如意，最後仍然希望藉由埋首經典以尋求安身立命之依據，遂成就了其晚年學問之代表作「三會箋」（《毛詩會箋》、《左傳會箋》、《論語會箋》）。而安井小太郎在世人急切追逐競相學習西洋文明的明治二十年代，仍堅持反覆誦讀重要經典，於大學講堂上以親切明快、周到懇切的口語日文解釋而來講授《論語》，其試圖將《論語》研究知識學科化、近代化的同時，並將之與當代明治日本社會進行比較、對照，涵融經典於自身所處之時代、社會、生活之中，而成就其學術代表巨著之一的《論語講義》。安井小太郎質實敦樸，不競逐俗世潮流的人生底蘊，可謂在經典中找到了生命與傳統文化的精神會通。澀澤榮一則在積極入世、叱吒風雲於政經界後，重回孔子跟前，在《論語》這一經典世界中一面聆聽經典永恆的呼喚，一面藉由有意識地採納進日本自古以來武士社會中諸

多史實所凸顯出的日本思想文化價值觀，藉由詮解《論語》而來重新進行自我敘事，對經典傳統進行再建構，讓自我生命、日本國族、日本文化之主體性與經典相互涵融。所以吾人或許可以說，不只是《論語》而已，詮解、講說任何一部經典的最大意義或許便在於此。

　　而論及近代日本學術性《論語》研究之先驅，當推大正五年（1916）出版的林泰輔之《論語年譜》（東京：大倉書店）此類集文獻與繫年的《論語》著作編年。《論語年譜》之後，要待至昭和十二年（1937），才有高田真治的《論語の文獻・注釋書》（論語講座第4卷，東京：春陽堂）問世，該書是對重要《論語》研究專書的重點提要解說。而兩年後的昭和十四年（1939），則有武內義雄《論語の研究》（東京：岩波書店）問世。而另一方面，近代以還大量問世的「論語講義」，在進入昭和十年代後，近代日本的《論語》研究之演變發展，隨著戰爭一觸即發的緊張氣氛不斷昇高，昭和時代的《論語》研究甚至還出現了岡田正三《論語講義》（東京：第一書房，1934年）這類充斥歪曲附會之說的《論語》解說書。而在恣意解讀《論語》往極端化發展，與現代化學術性《論語》研究已然確立之間，下村湖人之《論語物語》則從社會教育家的立場，試圖以小說文學的筆法，描摹出一個以孔子門人為中心的《論語》世界，企圖向日本民眾，特別是青年學子們呈現一非學術、非畸變、非遙不可及的「我輩凡人之《論語》」。

　　然而，當武內義雄《論語の研究》在學界獲得肯定並引起迴響，下村湖人《論語物語》在非學術界的日本民間引發群眾感動之後，《論語》研究卻在昭和二十年（1945）日本戰敗後的日本社會中，有了另一向度的發展。津田左右吉於《論語と孔子の研究》（東京：岩波書店，1946年）書中，超脫歷來以中國為文化學習與學術信仰之母國的文化思想經驗情感，以一介國學者的身份，或者說是以日本國民的立場，以冷靜批判之眼而來研究孔子其人與《論語》其書，津田明確宣

示其以《論語》為「文化他者」、「客觀研究對象」的主張、認識。津
田左右吉堪稱是近代日本首揭批判、甚至是否定《論語》乃至儒學旗
幟的日本學者。但是另一方面，昭和二十八年（1953）出版問世的諸
橋轍次之《論語講義》，則依據中日歷代注解而將昭和近代日本以還，
漸次偏離《論語》文本的「講義」式的《論語》研究導回「正解」。
與津田左右吉相異的是：諸橋轍次於戰後的日本社會中，以一種冷靜
卻不失認同的熱情，立足於「漢文教授」的立場，致力使《論語》研
究回歸學術面，向青年學子傳授作為一門「古典學」學科之《論
語》，在諸橋轍次的認知中，《論語》終究還是日本的古典文化素養。

　　本書彙整修訂了筆者持續十年所進行的一系列有關近代日本《論
語》詮解流變之研究成果，除首章〈導論〉與末章〈結論〉之外，內
容主要共收錄了七篇專論。而本章作為全書結論，為求可以協助讀者
再次概括性地掌握各章之研究重點，以下謹將各章之主要研究問題意
識、研究所得，摘要說明如下：

第二章　復原與發明——竹添光鴻《論語會箋》注經法及其於日本漢學發展史上之定位

　　《左傳會箋》、《毛詩會箋》與《論語會箋》等「三會箋」，不僅
為竹添光鴻晚年學思成熟後之三大注經事業，同時亦堪稱江戶時代以
還日本學者箋注經書之殿軍。然因「三會箋」長篇大卷，且學界又流
傳其引據清人之說，卻不注所出，導致《左傳會箋》之後的《毛詩會
箋》、《論語會箋》乏人研究。本章試圖透過研究《論語會箋》之解經
法，以及考察其各種徵引情形等，其中特以竹添援引劉寶楠《論語正
義》之情形為觀察焦點，以明竹添光鴻徵引前人經說之詳實外，並試
圖究明竹添是如何仿效清儒為經書作新疏？以探究其所採經典注釋之
途徑為何？又此種注經途徑具有何種意義？進而再從日本漢學發展史
的視角出發，進一步爬梳由江戶到明治，日本學者在注解《論語》

時，有何種方法上的嬗變？又此方法代表何種意義？進而為竹添光鴻之學問，作一歷史定位。

第三章　創新或守舊──由松本豐多《四書辨妄》對服部宇之吉之拮抗論注經之本質問題

　　明治四十年代，日本漢學界進入了所謂東洋學研究熱潮更新的時期，盛事之一便是明治四十二年（1909）十一月出版的《漢文大系》，該叢書由服部宇之吉決定選取收錄何種中日典籍，並選定擔任句讀、訓點、眉批之人選。而《漢文大系》第一冊中便收錄了安井息軒《論語集說》、《孟子定本》、《大學說》、《中庸說》等《四書》研究著作。該年，服部辭去北京大學堂師範館總教習一職而返回日本國內，是一留學德國、中國的新銳學者，正欲有所作為。同此時期，東京帝國大學東洋史科的同事白鳥庫吉（1865-1943）教授，於《東洋時報》一三一號（1909年8月）發表了〈支那古傳說の研究〉，否定堯舜禹的存在事實，卻引發了林泰輔（1854-1922）的反駁。明治四十二年（1909）秋，鹽谷溫（1878-1962）自德國趕赴中國，說是為了專研中文，卻師事葉德輝致力鑽研詞曲雜劇之俗文學，一別父祖輩鹽谷宕陰（1809-1867）、鹽谷青山（1855-1925）以來的聖人之學。明治四十二年（1909）各項學界的轉變新契機，因緣際會，確實啟動了東京漢學界的新機運。

　　這一漢學新機運，在服部為《漢文大系》本《論語集說》所作的「標注」（眉批）中亦可窺見其端倪。也正因為服部「標注」中的「新」解釋，招致安井息軒之嫡傳弟子松本豐多不滿，於明治四十四年（1911）一月出版了《漢文大系四書辨妄》，以駁斥服部之「標注」。本章探討了松本豐多《四書辨妄》中，其對服部宇之吉之「標注」進行了何種辨拮？將其辯駁服部「標注」的說法和論點，與朱子所主張的讀書法相對照，探討其中代表著中、日傳統注經者應具備何

種條件與態度？又注經方法上的假設、規範與注意事項為何？依據此類注經之假設、規範、注意事項，具有那些意涵？以及由松本豐多對服部宇之吉的拮抗，凸顯了日本漢學在近代轉折發展過程中，新舊漢學者之間產生何種思想上的齟齬？各自面對何種學術困境？而注經、經學研究的新變代雄之道究竟何在？

第四章　注經到講義 ── 由安井小太郎《論語講義》論近代日本《論語》研究之轉折

若說明治五年（1872）出版的安井息軒《論語集說》一書，乃江戶時代《論語》研究之殿軍，而昭和九年（1934）才問世的竹添光鴻之《論語會箋》，乃是近代日本《論語》研究由舊學轉新學之過渡的話，則昭和十年（1935）第三度重新改訂出版的安井小太郎之《論語講義》一書，實堪稱是近代日本《論語》研究之轉折點。本章乃就安井小太郎《論語講義》一書，藉由考察其成書經過、著述體例、講義方法等，以究明該書揭示了近代日本何種新《論語》研究法的出現？又此種嶄新的《論語》研究法具有何種時代性意義？以及此種研究方法的轉變，反映了何種日本漢學研究的新動向？而此種經學、漢學研究的新動向，又對時人乃至今日之吾人拋擲出何種有待進一步深入思考的漢學研究新課題？安井小太郎所重新開啟的《論語》解說途徑，已不再堅持古學派所主張的語言優先性，也不僅只在藉由設身處地去重新認識、建構作者的思想、生活、歷史背景；而是藉由重新體驗過去的精神和生命，亦即由個人向生命表現之總體貼近，而來解釋當下人存在本身的現象，亦即被講說的對象常常已非經書文本本文或經書作者，而是經書解說者自身。當解經的終極目的已不再侷限於只是為闡明和傳達文本所載負的真理時，問題也許不在做什麼？而是應該進一步思考：究竟是什麼超越了人們的行動與意願，而與時代、人們一起發生？

第五章　敘事以建構——由澀澤榮一《論語講義》論經解
　　　　如何參與國族文化建構

　　本章透過研究澀澤榮一《論語講義》，探討了該書所謂「講義」此種堪稱「旁白敘事」的解經法具體所指為何？又其是如何藉由「回溯」（flashback）的方式，將《論語》經文置入澀澤榮一這位解經者自身人生經驗，以及日本歷史的上下文脈中，而使得傳統經典的文化精神，融入其所處的明治、大正近代日本的同時，澀澤之人生乃至近代日本，也同時都朝向《論語》所代表的神聖傳統宇宙回歸。據此，筆者進一步探討澀澤榮一又是如何藉由「旁白敘事」的講經法，以傳達出所謂：人外無道的日本《論語》實學這一「聲音」，並探討其如何建構出所謂：日本作為近代國家的身分認同與確立民族文化主體價值的意象。在此基礎上，筆者繼而解明日本在近代化過程中，其重新融納《論語》這一傳統經典的意涵，其實與其冀求成為亞洲復甦、重生、再興之代表國的企圖，以及希望自我改革以躋身於世界中心的渴求，有著非常深刻的關聯。故藉由本章之研究，關於日本漢學如何由近世向近代轉變的實態，特別是澀澤榮一之《論語》經解如何參與近代日本之國族思想文化建構這一問題，相信可以獲得相當程度的釐清。

第六章　《論語》帝王學——諸橋轍次《論語》經筵進講
　　　　及《論語》理解析論

　　本章主要根據諸橋轍次之《論語》經筵進講內容，並配合其《論語》理解，以討論《論語》如何參與近代日本之天皇君德教育。全章共分四節，首節重點在說明近代日本經筵進講起自何時，並說明截至終戰為止的進講概況，以及其所以不採《春秋》、《孟子》的理由。第二節則說明諸橋所以適合擔任保傅天皇、太子之德的君師，乃因其為「碩學鴻儒」而且「思想純正」。並指出諸橋所以進講〈憲問・子路

問君子〉章，乃因其主張《論語》之教：徹頭徹尾就是個人教育。第三節首先說明諸橋試圖涵塑昭和天皇「修己安人」、「修己安百姓」的「聖人」帝王學。再就「學以養德」、「孝以化民」、「敬以執事」三個帝王必修之德目，分析「學以養德」有回應「天」意之用意在其中；「孝以化民」則是以「孝」發揮核心機軸點、施力點、轉換點等功能，使「億兆」皇民可以趨向「一心」（天皇）；而「敬」所以作為帝王「內」在的修養德目，則不能只侷限在個人的工夫修養，「敬」作為帝王貫通內外、動靜的真工夫，其與百姓之「敬」的相異處，就在其勢必要與治國、平天下有所關聯。最後一節則指出在近代日本天皇的品格教育中，天皇其實是被視為一「有德之人」，也就是被「天」所承認、選定的「人」，故藉由經筵教育其必須被輔導、涵化、養成的「君格」，乃是某種「人格」；而非「神格」。而合天子／天孫‧人／神的天皇教育之終極目的，乃在使日本對抗列強而成為「天下」之中心。

第七章　《論語》「物語」化──近代日本文化人之讀《論語》法及其省思

　　本章將近代日本的《論語》「誤讀史」，從「通俗化」這一視角進行分析，探討當時之日本文化人雖從「『讀』《論語》而不知《論語》」、「『人』重於『言』」、「美感感動的道德訓示」、「栩栩如生之人間印象的處世教訓」、「我輩凡人之《論語》」等角度，試圖重新解讀《論語》，卻不約而同地都將《論語》朝「物語」化的方向改寫、詮釋，遂將古來日本對《論語》的認識，從《論語》乃「論」語的理解，發展成《論語》乃是孔門人物之「物」語（故事）的重新理解。而就在《論語》解讀一路往通俗「物語化」發展的同時，「句讀訓讀不可廢」的呼聲也再次被提出。本章透過考察近代日本這一《論語》「物語化」的通俗讀《論語》法，除了說明其如何使得《論語》成為日本人自身之古典的發展過程，更試圖說明除了「注」經以外的，任

何形式的經典詮解，基本上不僅是一種接受和鑑賞的文化傳播活動，其更是一個反映、再現、移動、改變、充實並豐富經典的過程。又讀經的目的不一，則注釋或者詮解的意義也就有所不同，而既然目的、意義有異，則有關注釋的假設、條件、型態也會有其差異。同時注釋、詮解型態也會隨著詮解者所追求的目的、所預設的假定，以及其所具備的條件而有不同的表現形態。本章最後指出：近代日本文化人的體認式「物語」化讀《論語》法，其或許違背了中日歷來主流的傳統解經「正」法，但若從對日本文化傳統繼往開來這一面向而言，則其不僅未破壞其固有傳統，相反地，近代日本文化人喜歡就「人物」以解《論語》的特色，其實不僅是江戶古學派以來「重人」的傳統，其恰又凸顯出日本人重視眼目可視、耳朵可聽聞的，所謂眼前即今之「事物」的感受思維特質，而此一特質恰是江戶時代以還，古學派所謂「人無外道」的學問基調，堪稱是對「人」的終極關懷。

第八章　《論語》教科書──《論語》如何參與近代日本中學校之道德及語文教育

　　蓋日本明治維新以還，《論語》相關論著魚貫問世。出版界或重刊江戶儒者訓點朱熹《論語集注》者，或刊行江戶時代之《論語》注釋名著，而近代日人重新注解、講說、標注、翻譯、研究《論語》等相關論著，據筆者考察整理結果，更多達五百數十餘種。本章有鑑於日本自明治五年（1872）施行西方學制後，《論語》作為中、高等學校「漢文」科目之必選漢文教材，坊間書肆各類《論語》相關之教科用書、參考書遂應運而生，充分反映出日本之《論語》注解、講釋、研究，由近世漢學式的經典注釋過渡到近代漢文教育教材的實相。故筆者遂以明治以還至終戰為止，作為漢文科教材或參考書的《論語》著作為研究考察對象，首先將此類論著加以分類並說明其著作內容、特色及意義為何？同時說明此類著作所以出版問世的時代意義，進而

分析其作為漢文學習教材所欲達成的道德、語文教育目的為何？其中又反映出何種日人漢文素養的變化與轉向。最後則從日本近代漢學發展史的脈絡，說明此類作為中學校漢文教科書、學習參考書之《論語》相關著作，究竟凸顯出何種漢學近代化的時代意義。

本書除第一章〈導論〉與本章〈結論〉之外，全書所收七章論文，乃筆者持續多年研究近代日本《論語》詮解流變之成果，全書基本上藉由近代日本所謂「會箋」、「辨妄」、「講義」、「經筵」、「物語」、「教科書」等《論語》詮解方法的遞嬗發展，試圖一目了然地凸顯近代日本詮解儒家經典在「方法」上的演變，而其內容基本上則可分為前後兩部分：前半部分乃是第二章至第五章，內容主要關注傳統的「解經」作業，如何從近世江戶日本的「注釋」方法，過渡到以「課堂授業」為目的之「口述講義」方式。第二章不僅闡明了東亞傳統注經作業本有其相當程度繼承前說，以求「復原」經書中之聖人意旨的「沿襲」特點，並指出此種「沿襲」與今日所謂「盜襲」不可等同視之。第三章則深入探討了安井息軒門生松本豐多所極力護持的所謂：本於訓詁考證，依據先師、先儒之經說而力斥一己之「家言」的注經立場，除了是針對以服部宇之吉為代表的，該類留洋學者之「新學」為學法的質疑之外，更反映了東亞傳統注經作業中，有關注經者之養成過程、學問素養，以及注經之假設、規範、注意事項，乃至注經、讀經、研經之新變代雄之道等等，亦即就所謂注經之本質性問題，筆者於本章中皆一定程度進行了剖析論述。至於第四章和第五章則就「講義」這一近代日本《論語》詮解的主旋律，分別探討了學者安井小太郎與實業家澀澤榮一兩人之《論語講義》，不僅說明了為因應新式大學教育，學校教室中的台上「講」經，代替了文人書房中的案上「注」經，更進一步指出《論語》講述者可以如何將日本元素置入《論語》經文之上下脈絡中，以求為近代日本之社會、文化、民族、國家所用，而其目的就在建構一個以武士道為尚的理想皇國。

　　本書後半部分之第六章至第八章，研究議題主要從天皇經筵講義、民間文化人之儒典解讀，以及中等漢文教育三個視角切入，內容既闡明了《論語》在近代日本如何介入政治道德話語權，如何參入庶民生活文化價值觀，如何被施用於中等學校之語言、道德教育。同時筆者亦指出了近代日本經筵教育的特殊性就在融合天子／天孫‧人／神之教育，以涵養塑造屬於日本皇國之特殊「皇格」。又近代日本關注《論語》中孔門師生「人物」之生命經歷，對其展開想像乃至虛構的「故事」鋪陳敘事性《論語》詮解法，恰恰凸顯了近世日本江戶古學派以來「重人」的文化傳統。本書最後一章則考察了一系列作為近代日本漢文教科書的《論語》詮解專著，藉此看出在近代日本的「當代支那」理解與「古典中國」理解之間；「傳統漢文」學習與「現代漢語」學習之間；乃至「江戶漢學」研究與「支那學」、「中國學」研究之間，其開展過程恰好表現出近代日本人的中國認識其實是一種雙重結構的存在。

　　誠如上述，本書以近代日本《論語》詮解法之流變遞嬗為研究對象，除了試圖究明近代日本如何重新融納《論語》這一傳統經典？《論語》以何種型態於近代日本社會中被接受、傳播之外，此研究亦不單單僅止於闡明近代日本《論語》詮解的歷史性發展變遷，關於日本漢學如何由近世向近代轉變的實態，以及近代日本社會中傳統思想所具有的意義為何？等諸問題，亦一定程度進一步獲得釐清。另外，本書之研究亦有助於觀察近代日本漢學研究方法與研究觀點如何發展演變，近代日本之社會文化與民眾思維價值又歷經了何種發展變遷。

附表　「近代日本《論語》相關論著目錄」
（日本刊行及日人訓點、標注、講論、撰著）

附表體例說明

1. 本附表係筆者自二〇〇八年至二〇一四年之間，執行行政院國家科學委員會專題研究計畫，前往日本進行移地研究，調查搜集計畫所需文獻資料時，主要在日本國會圖書館、東京都立圖書館日比谷分館，以及東京大學附屬圖書館等機構所查找、翻閱、蒐集到的資料。二〇一〇年筆者在獲得「日本交流協會專家招聘學者研究獎助」的經費補助下，得以前往東京大學東洋文化研究所客座研究月餘，客座期間每日挪出半天時間，專程前往東京都立圖書館日比谷分館，調閱查核該館「青淵論語文庫」之藏書，初步製成近代日本《論語》研究相關論著目錄初稿後，當時及日後又再數度前往日本國會圖書館、東京大學附屬圖書館、東京大學東洋文化研究所附屬圖書館，或是京都大學附屬圖書館、京都大學人文科學研究所附屬圖書館，乃至返回母校九州大學附屬圖書館、九州大學文學部圖書館複查，以求補進東京都立圖書館日比谷分館「青淵論語文庫」未藏，或是於東京都立圖書館日比谷分館未能得見之書。筆者希望藉由本附表所收書目，可以協助讀者理解《論語》於近代日本的傳播情形。然因個人菲才淺學，能力有限，缺漏、不足之處難免，還望方家賜教。

2. 本附表所收近代日本《論語》相關論著，基本上以注解、講述以及重刊江戶或中國方面的《論語》注解作品為主，不收錄學術「研究型」專門論著。

3. 本附表雖不收錄研究型《論語》相關論著，然為能凸顯《論語》
   於近代日本社會各層面的「活用」情形，例如以《論語》論商業
   經營的第三一八條《論語と算盤》；以《論語》論《教育勅語》的
   第三三二條《われらの經典：聖勅と論語》；以及將《論語》與心
   理學對舉並談的第四七〇條《論語主義と心理主義》；還有將《論
   語》與《聖經》對舉而來加以討論的第五六七條《聖書と論語》
   等，諸如此類則收入。

4. 為求可以相對全面理解《論語》於近代日本的出版情形，本附表
   亦將《論語》相關「書目」、「索引」、「目錄」資料，例如第二〇
   五條的《四書現存書目》、第二五五條《四書索引》，以及第三七
   四條的《論語展覽目錄》亦收入。

5. 為求可以更確實理解《論語》於近代日本的流傳情形，同一本論
   著設若出版刊行當年，同年隨即再印，或是爾後再印、再版，乃
   至修訂後改版發行，為能凸顯《論語》於近代日本傳播過程中，
   何種《論語》相關論著流傳廣泛，或是廣受讀者歡迎，本附表亦
   不避重複，將該書日後再度印行出版的書目資料收入，然會在
   「備註」欄標明該條書目同本附表第幾條書目。而本附表逐年羅
   列書目，藉由收錄標明同一本書之重複再印、再版方式，試圖提
   供讀者觀察該年度日本出版刊行《論語》相關論著之實際情形。

6. 對於出版之後又再印行、出版，乃至修訂後再版之論著，本附表
   在書目標示上，除了於該書再度印行、出版的年份中再次收錄該
   書之外，亦於該書初版項下標明何年再印、何年修訂後再度出版
   刊行。然該書若是初版該年隨即同年再印，則於「備註」欄中加
   以標明。

7. 本附表對於所收論著作者之標示方法，基本上按原著標示，但因
   近世、近代日本之漢學者、文人、學者，多有以字號行世，本名
   反而鮮為人知之情形。故本附表所收書目中，若原著作者標以其

人之名，則為求理解方便，會在作者名後，於（　）內標示出該書作者廣為人知之字號。

8.　對於出版年不詳，但該書書後有記年之跋文，權宜之計，本附表則以跋文所記之年份而來排列其所屬出版年。

9.　本附表所收書目中，若原著所標示之出版地地名，係屬舊地名，則為求忠於原著，本附表亦不再另外標出該地今日之地名。

10.本附表標示出所收《論語》相關論著之總頁數，以利讀者理解每一論著之份量，若該書收有圖、表、肖像，亦一併標出。

11.本附表所標示之「館藏地」，係筆者進行調查翻閱之館藏機構。

	書名	作者	出版地	出版年	版本資料	備註	館藏地
1	經典餘師四書之部	溪世尊（百年）著	大阪：同盟社	明治年間	10冊		青淵
2	標註論語讀本	稻培真（衣白）著		明治年間	1冊		青淵
3	論語〔集註〕10卷	朱熹著 後藤世鈞（芝山）點 山田榮造校	修道館	明治年間	4冊		青淵
4	論語假名字解2卷	藤井和七郎著		明治年間	1冊		青淵
5	論語諸註遺義			明治年間抄	1冊		青淵
6	默齋先生論語講義20卷	稻葉正信（默齋）著 花澤秀直編	鈴木榮次	明治年間抄	20冊		青淵
7	校正訓點論語〔集註〕10卷	朱熹著 大橋壽作校		1868（明治元年）	4冊		青淵
8	論語註疏校勘記10卷	阮元著	東京	1869（明治2年）	5冊	附《論語釋文校勘記》。	青淵
9	論語	朱熹集註	東京：山城屋	1869（明治2年）	4冊		東大

	書名	作者	出版地	出版年	版本資料	備註	館藏地
10	四書集註（何氏四書本四子書）	朱熹著 何瑞態校	津山藩	1870（明治3年）	11冊	附錄1卷。	青淵
11	經學通覽	宇田茂（仲盛）著		1870（明治3年）（抄）	1冊		青淵
12	存存齋先生［語論］標題論語抄20卷（卷1-6欠）	積積重章著		1871（明治4年）（抄）	1冊		青淵
13	四書訓蒙輯疏	會澤安著	京：佐佐木惣四郎	1871（明治4年）	1冊		東大
14	論語集說6卷	安井息軒著	東京：稻田佐兵衛［等］	1872（明治5年）	3冊		國會
15	論語集說6卷	安井衡（息軒）著	東京：伊東祐歸	1872（明治5年）	6冊		青淵
16	四書集註	朱熹著 芝田好章（渙齋）點 大山東嶽校	京都：永田調兵衛	1873（明治6年）	10冊		青淵

	書名	作者	出版地	出版年	版本資料	備註	館藏地
17	論語講說備考	平岡覺信編	平岡覺信	1873（明治6年抄）	1冊		青淵
18	論語集註	朱熹集註 細野栗齋校	名古屋：文光堂	1873（明治6年）	2冊		國會
19	論語〔參解〕5卷	鈴木脵（離屋）著	名古屋：秋田屋源助	1874（明治7年）	5冊		青淵
20	論語卷3-6	沈荃〔等〕奉勅撰 大鄉穆移注	大阪：脩道館	1874（明治7年）	4冊	收錄於沈荃〔等〕奉勅撰，大鄉穆移注：《康熙欽定四書解義》第3-6卷。	青淵
21	論語集說	安井衡（息軒）著	東京：稻田佐兵衛	1874（明治7年）	6冊	同本附表第14條。	東大
22	頭書圖解四書略解	重田正為（蘭溪）著	東京：篠崎才助	1875（明治8年）	10冊		青淵
23	四書選	修文館編輯部編	東京：修文館	1875（明治8年）（明治9年修）	79p		青淵
24	論語講義	書籍局建設著手之講	東京：華族會館	1875（明治8年）		收錄於《會館記事》第3號〈附錄〉，內容乃《論語》〈學而〉篇首章講義。	東大

	書名	作者	出版地	出版年	版本資料	備註	館藏地
25	四書集註	朱熹著 橫尾謙點	大阪：田中太右衛門	1876（明治9年）	10冊		青淵
26	四書謏修訂版	修文館編輯部編	東京：修文館	1876（明治9年）	79p	同本附表第23條。	青淵
27	古經文視2卷	大槻清崇（盤溪）著	東京：大槻修二	1877（明治10年）	2冊		青淵
28	論語〔集註〕10卷	朱熹著		1877（明治10年）	4冊		青淵
29	論語〔對譯〕1卷	宇田健藏著	京都：甘冥堂	1879（明治12年）	1冊	附文法解。	青淵
30	四書集註	朱熹著 瀧澤清點	東京：安藤橘綠	1879（明治12年）	4冊	附片假名，勝海舟舊藏本。	青淵
31	論語由20卷	龜井魯（南冥）著 龜井昱校	大阪：桑林堂	1879（明治12年）	4冊		國會
32	論語由20卷	龜井南冥（魯）著 龜井昱校	大阪：華井聚文堂	1880（明治13年）	5冊		國會
33	新刻改正四書集註	朱熹著 後藤世鈞（芝山）點	東京：文魁堂、三松堂	1880（明治13年）（明治27年印）	10冊	佐土原「學習館」原版。	青淵
34	論語	朱熹集註	高崎：煥乎	1880（明治13年）	5；17；		東大

	書名	作者	出版地	出版年	版本資料	備註	館藏地
35	論語類編	松田東編 井口檠治校	東京：寶文閣堂；	1880（明治13年）	17；22；20；18；23；25；17；16；10葉 1冊		青淵
36	論語	朱熹集註 後藤松陰訓點	浪花：清玉堂	1881（明治14年）	4冊		東大
37	論語	朱熹集註 後藤世釣訓點	東京：內田彌兵衛	1881（明治14年）	4冊		東大
38	四書：大學・中庸・論語	朱熹撰 蒲池彌大郎點	盛岡：藝香閣	1881-1883（明治14-16年）	6冊		國會
39	論語 卷3-6	沈荃〔等〕奉勅撰 大鄉穆注	大阪：修道館	1882（明治15年）	4冊	該書為批注荃本。收錄於沈荃〔等〕奉勅撰，大鄉穆注：《康熙欽定四書解義》第3-6卷。同本附表第20條。	青淵

	書名	作者	出版地	出版年	版本資料	備註	館藏地
40	論語卷 11-20	時枝誠道編	時枝誠道	1882（明治 15 年抄）	1冊	該書為時枝誠一詳細未筆批注本。	青淵
41	論語講義筆記	吉村彰著		1882（明治15年）	43丁	抄本。	九大
42	論語正文：音訓附	內村友輔點	松江：石原光璋	1882（明治15年）	45葉		國會
43	論語：鼇頭	內村友輔點	松江：大蘆利七等	1882（明治15年）	19；37葉		國會
44	論語・孟子	朱熹著 後藤（芝山）點	東京：山中孝之助〔等〕	1882（明治15年）	4冊		國會
45	論語	岡松甕谷著	東京：斯文學會	1882-1885（明治15-18年）	18冊（合本版）	收錄於《斯文學會講義記》。該書另收錄有：內藤恥叟：《孝經》；廣瀨範治、西尾為忠：《詩經》；三島中洲：《孟子》；小中村清矩：《令義解》；鷲津宣光：《書經》；根本通明：《易經》；荻原裕：《唐宋八家文》。	國會

	書名	作者	出版地	出版年	版本資料	備註	館藏地
46	論語考	栗原柳庵著	東京：甫喜山景雄	1883（明治16年）	2冊	收錄於甫喜山景雄編：《典籍考叢：我自刊我》第2集。該集另收錄有：久保季茲：《古語拾遺異本考》；喜多村信節：《千字文考》；黑川真賴：《真字千字文考》；甫喜山景雄：《常山文集》。	國會
47	論語講義 第2	堀江允（惺齋）著 堀江章（半峯）補	東京：有鄰堂	1883（明治16年）	56p		青淵
48	改正訓點四書集註	朱熹著 後藤嘉平點	大阪：青木嵩山堂	1883（明治16年）（明治26年印）	4冊		青淵
49	論語講義	小永井小舟講義 中根豐（等）筆記	東京：法樹書屋	1883（明治16年）	1冊	其他筆記者：妻鹿廉、岡田正之、前島清三郎、青木當壯。	東大
50	論語講義筆記 第2號	藤井捆庵述 伊藤由太郎記	名古屋：奧斯文館	1883（明治16年）	17葉		國會

	書名	作者	出版地	出版年	版本資料	備註	館藏地
51	論語10卷	朱熹 集註 田中宗確點	東京：丸家善七	1883（明治16年）	4冊		國會
52	新刻改正論語	朱熹 集註 後藤芝山點	東京：水野幸	1883（明治16年）	4冊		國會
53	經史詩文講義筆記	鳳文館講義科編	東京：鳳文館講義科	1883-1885（明治16-18年）	39冊	第1-15集：秋月韋軒講：《四書》第16-37集：秋月韋軒講：《論語》第38-39集：秋月韋軒連講：講、豐島伺齊連講：《論語》	國會
54	明治新刻論語集註	朱熹集註 後藤芝山點	福岡：磊落堂	1884（明治17年）	4冊		國會
55	新刻改正論語	朱熹集註 後藤芝山點	東京：中外堂〔等〕	1884（明治17年）	4冊		國會
56	論語集注10卷	朱熹集注 廣德館校	信濃：汲古堂	1884（明治17年）	4冊		青淵
57	論語字類大全：頭書略解	宮島純熙編 戶屋幸悌校閱	京都：文求堂	1884（明治17年）	37葉		東大

	書名	作者	出版地	出版年	版本資料	備註	館藏地
58	論語6卷	康熙帝欽定 大鄉穆評註、中村正直校 重野安繹、 山田藝造校合	大阪：修道館	1884（明治17年）	6冊	收錄於沈荃等奉勅撰《康熙欽定四書解義》第1-6卷。同本附表第20條。	東大
59	論語講義 第2-8、10-34集	堀江惺齋述 堀江半峯（章）補	東京：有鄰堂	1884-1888（明治17-21年）	32冊		國會
60	論語集益	于光華編 林信（標窗）校	東京：長尾景弼	1885（明治18年）	2冊	收錄於于光華編、林信（標窗）校：《四書集益》第3、4卷。	青淵
61	論語讀	于光華編次 蔡沐閱 姚一桂〔等〕校訂 林標窗校點	東京：光風社	1885（明治18年）	2冊，101p	該書別名：論語集益。	東大
62	論語論文10卷	有井範平著	東京：森重遠	1885（明治18年）	4冊		青淵
63	論語經註講義 初篇卷1	川窪子章著	神戶：淳古書室	1885（明治18年）	27葉		國會
64	論語新解	藤井教厳著 菱田近義校	北生寶村：明治義塾	1885（明治18年）	8；10葉		國會

	書名	作者	出版地	出版年	版本資料	備註	館藏地
65	紹成講義論論語部 第1-5集	岡松甕谷著	東京：岡松甕谷〔等〕共同刊行：北畠茂兵衛	1886（明治19年）	541p	該書亦作為「尋常師範學科講義錄」。	國會
66	論語講義：偉論早說集而大成	佐藤志在（宇吉）著	幸高村：斌斌學會	1886（明治19年）	2冊		國會
67	論語講義10卷	小永井八郎（小舟）述 中根豐〔等〕筆記	東京：法木德兵衛	1886（明治19年）（明治23年印）	4冊		青淵
68	論語俚諺鈔：頭書鈔解3卷	毛利貞齋編 安井條齋抄解	東京：同盟書屋	1886（明治19年）	2冊		國會
69	四書讀本：學校用	後藤巳男輔注點	東京：中外堂	1886（明治19年）	4冊		國會
70	論語講義1卷	鈴木無隱著	出版地不詳	1887（明治20年）	1冊	附元田永孚：《經筵進講》。	青淵
71	論語講義	荻原裕（西疇）講述	出版地不詳	出版年不詳	2冊，490p	該書有明治21年（1888）之跋文。	國會

	書名	作者	出版地	出版年	版本資料	備註	館藏地
72	論語段節	渥美參平著	東京：渥美參平	1888（明治21年）	114p		國會
73	論語講說	田村看山著	出版地不詳	1888（明治21年）	5冊	該書為田村看山手稿本。	國會
74	論語講說	田村看山著	出版地不詳	1889（明治22年）	5冊	該書為初稿本（別名：艮齋先生論語講說）。同本附表第73條。	國會
75	四書摘	川田剛（甕江）著	華族女學校	1889（明治22年）（明治24年印）	42p		青淵
76	後藤點四書傍註	本間俠淨注	出版地不詳	1889（明治22年）	1冊		青淵
77	讀論語	渡邊重石丸著	東京：遠生館〔等〕	1889（明治22年）	1冊（卷之1-5合本）	收錄於渡邊重石丸《固本策》卷之5，〈萬葉集論‧付錄〉。	國會
78	新刻改正論語	朱熹著 後藤芝山點	東京：永井俊次郎	1889（明治22年）	4冊	收錄於《新刻改正四書》第3-6冊。	國會
79	論語講義10卷	小永井八郎（小舟）著 中根豐〔等〕編	東京：法木德兵衛	1890（明治23年）	4冊	同本附表第67條。	青淵

	書名	作者	出版地	出版年	版本資料	備註	館藏地
80	論語講義	吉村彰著	廣島：廣島縣尋常師範學校	1890-1891（明治23-24年）	不詳	抄本。第2號：自〈八佾〉至〈里仁〉。庚寅九月十二日起稿，全月二十日卒業。第5號：自〈子罕〉至〈鄉黨〉。庚寅十月念三起稿，十一月旬一畢。第7號：自〈子路〉至〈憲問〉。辛卯八月三十一日起稿，全九月八日卒業。	九大
81	論語講義	稻垣真久章講述	東京：興文社	1891（明治24年）（明治25年修）	1冊	收錄於興文社編：《少年叢書漢文學講義》第5編《四書講義》。	青淵
82	論語綱編心解 10卷	谷鐵臣（如意）著	京都：文石堂	1891（明治24年）	4冊		青淵
83	四書摘	川田剛（甕江）著	華族女學校	1891（明治24年）	42p	同本附表第75條。	青淵

	書名	作者	出版地	出版年	版本資料	備註	館藏地
84	四書講義	內藤恥叟著	東京：博文館	1892（明治25年）	2冊，866p		國會
85	四書講義學庸論語	木山鴻吉著	東京：小林喜右衛門等	1892（明治25年）（明治27年印）	238p		青淵
86	論語彙纂5卷	藤澤恆（南岳）編	大阪：藤澤南岳	1892（明治25年）	3冊		青淵
87	論語講義修訂版	稻垣真久章講述	東京：興文社	1892（明治25年）	1冊	收錄於奧文社編書漢書叢書《四書講義》第5編《少年漢書文學講義》。同本附表第81條。	青淵
88	傍訓四書	朱熹著 後藤世鈞（芝山）點	大阪：岡本書局	1893（明治26年）	173p		青淵
89	論語講義2卷	花輪時之輔著 深井鑑一郎編	東京：誠之堂	1893（明治26年）（明治31年印）	2冊		青淵
90	改正訓點四書集註	朱熹著 後藤嘉平點	大阪：青木嵩山堂	1893（明治26年）	4冊	同本附表第48條。	青淵
91	四書講義學庸論語	木山鴻吉著	東京：小林喜右衛門等	1894（明治27年）	238p	同本附表第85條。	青淵

	書名	作者	出版地	出版年	版本資料	備註	館藏地
92	論語講義	岡松甕谷著	東京：明治講學會	1894（明治27年）	541p	該書為「尋常師範學科講義錄」。同本附表第65條。	國會
93	新刻改正四書集註	朱熹著 後藤世鈞（芝山）點	東京：文魁堂；三松堂	1894（明治27年）	10冊	佐土原「學習館」原版。同本附表第33條。	青淵
94	論語講義上、下	花輪時之輔講述 深井鑑一郎編	東京：誠之堂	1894（明治27年）	558p	收錄於《中等教育和漢文講義》第5編（別名：插圖論語講義）。同本附表第89條。	國會
95	論語講義	荻原裕（西疇）著	出版地不詳	出版年不詳	266p	該書有明治27年（1894）之跋文。	青淵
96	論語講義	安井小太郎講 青山貞子筆記	東京：哲學館	1895（明治28年）	516p	該書為「哲學館漢學專修科漢學講義」。該書日後陸續再版情形如下：1. 安井小太郎講述：《論語講義》，青山貞子筆記，東京：哲學館，1899年。	國會

	書名	作者	出版地	出版年	版本資料	備註	館藏地
						2. 藤井圓順編輯，安井小太郎著：《論語講義》，東京：東洋大學出版部，1905年。 3. 安井小太郎講述，青山員子筆記：《論語講義》，東京：大東文化協會，1935年。 4. 安井小太郎講述，青山員子筆記：《論語講義》，東京：東洋圖書，1940年。	
97	倫理教科論語抄2卷	山本信孝編	東京：富山房	1896（明治29年）（明治33年印）	2冊		青淵
98	新訂四書補註備旨	鄧林著 祁文友重校 鄧煜編次 杜定基增訂	東京：博文館	1896（明治29年）	5冊		東大
99	點註四書論語讀本	大沼善次郎著	東京：金剌源次	1897（明治30年）（明治31年印）	1冊		青淵

	書名	作者	出版地	出版年	版本資料	備註	館藏地
100	教科適用標註論語	深井鑑一郎、山田準著	東京：誠之堂	1897（明治30年）（明治35年印）	1冊		青淵
101	論語講義 1-8	鈴木無隱著	東京：木耳社	1897.01-05（明治 30 年 1-5 月）		刊載於岡田武彥監修復刻版鐵華書院編：《陽明學》第 2 卷第 12、13、14、15、17、18、19、23 號。第12號，p.1-6（1897.1）。第13號，p.7-14（1897.1）。第14號，p.15-20（1897.1）。第15號，p.21-26（1897.2）。第17號，p.27-34（1897.3）。第18號，p.35-40（1897.4）。第19號，p.41-48	京大

	書名	作者	出版地	出版年	版本資料	備註	館藏地
102	論語章句の歌	高島志貴婦著 高島千歆編	東京：高島千歆	1897（明治30年）	10葉	（1897.4）。第23號，p.49-54（1897.5）。	國會
103	論語類編	松田東編 井口滎治校	東京：吉川半七	1898（明治31年）	64葉		國會
104	論語提要：中等教科	青木梧陰（晦）編	東京：青木嵩吉	1898（明治31年）	23；26葉		國會
105	論語講義2卷	花輪時之輔講述 深井鑑一郎編	東京：誠之堂	1898（明治31年）	2冊，588p	同本附表第89條。	國會
106	點註四書論語讀本	大沼善次郎著	東京：金刺源次	1898（明治31年）	1冊	同本附表第99條。	青淵
107	論語講義	安井小太郎講述 青山貞子筆記	東京：哲學館	1899（明治32年）	516p	該書為「哲學館漢學專修科漢學科講義」。同本附表第96條。	國會
108	四書新義論語、孟子	源利之著	東京：小菅梅	1899（明治32年）	86；59p		國會
109	論語正本：倫理教科	岡本藍輔評	大阪：三木書店	1899（明治32年）	40葉		國會

	書名	作者	出版地	出版年	版本資料	備註	館藏地
110	佐土原藩四書集註論語	朱熹著 後藤世鈞（芝山）點	大阪：岡本勇治郎、武田福藏	1900（明治33年）	2冊		青淵
111	和論語10卷	本社出版部編	京都：佛教圖書出版	1900（明治33年）	2冊		國會
112	倫理教科論語抄2卷	山本信孝編	東京：富山房	1900（明治33年）	2冊	同本附表第97條。	青淵
113	論語集註10卷	米良東嶠（倉子庚）著	京都：村上書店	1901（明治34年）	2冊		國會
114	四書新釋論語2卷	久保得二（天隨）著	東京：博文館	1902（明治35年）（明治40-41年印）	2冊		青淵
115	教科適用標註論語	深井鑑一郎、山田準著	東京：誠之堂	1902（明治35年）	1冊	同本附表第100條。	青淵
116	論語講義上、下	花輪時之輔講述 深井鑑一郎編	東京：誠之堂	1903（明治36年）	2冊	同本附表第89條。	國會
117	論語：訓譯	齋藤清之丞譯	名古屋：金華堂	1903（明治36年）	97p		國會
118	論語補註	山本章夫著	京都：山本讀書室	1903（明治36年）	2冊，106p		國會

	書名	作者	出版地	出版年	版本資料	備註	館藏地
119	論語講義	安井小太郎著	東京：哲學館	1905（明治38年）	516p	該書為「哲學館講義錄」，漢學科第2輯。同本附表第96條。	青淵
120	論語講義	藤井圓順編輯 安井小太郎著	東京：東洋大學出版部	1905（明治38年）	516p	同本附表第96條。	京大
121	論語講義	根本通明（羽嶽）著	東京：早稻田大學出版部	1906（明治39年）	706p		青淵
122	四書公義	大內董平著	橫濱：大內董平	1906-1908（明治39-41年）（明治42年印）	5冊		青淵
123	ポケット論語	矢野恒太注	東京：矢野恒太	1907（明治40年）	319p		青淵
124	訓蒙四書	山本憲（梅崖）著	東京：青木嵩山堂	1907（明治40年）	1冊		青淵
125	四書自學自在：鼇頭註釋 論語	榊原英吉編	東京：求光閣書店	1907（明治40年）	4冊		東大
126	論語管見	龜谷行（省軒）著	東京：吉川半七	1907（明治40年）	1冊		青淵
127	四書新釋 論語 2卷	久保得二（天隨）著	東京：博文館	1907-1908（明治40-41年）	2冊	同本附表第114條。	青淵

	書名	作者	出版地	出版年	版本資料	備註	館藏地
128	論語2卷	ジェームス・レッグ（理雅各）譯 依田喜一郎點	東京：嵩山房	1908（明治41年）（明治42年修）	2冊	收錄於《漢英對譯四書》第1、2編。同年再印。	青淵
129	通俗論語10卷	西脇玉峯著	東京：內外出版協會	1909（明治42年印）（明治43年印）	321p		青淵
130	論語示蒙句解	中村之欽（惕齋）著	東京：早稻田大學出版部	1909（明治42年）	392p	收錄於早稻田大學編輯部編：《先哲遺著漢籍國字解全書》第1卷。該卷另收錄有：《孝經小解》；熊澤伯繼：《孝經小解》；中村之欽：《大學示蒙句解》、《中庸示蒙句解》。	青淵
131	標註論語	山田喜之助著	東京：有斐閣	1909（明治42年）	158p		青淵
132	論語經典餘師 大學餘師中庸餘師	溪世尊（百年）著 宮崎璋藏校	東京：日吉丸書房	1909（明治42年）	1冊		青淵
133	論語講語	大江文城著	東京：東洋大學	1909（明治42年）	492p		青淵

	書名	作者	出版地	出版年	版本資料	備註	館藏地
134	論語古義	伊藤維楨（仁齋）著 佐藤正範校	東京：六盟館	1909（明治42年）（明治43年印）	427p		青淵
135	論語新註	中村德五郎著	大阪：石塚書鋪	1909（明治42年）（明治43年印）	239p		青淵
136	手帖論語	東洋倫理考究彙編	東京：明治の家庭社	1909（明治42年）（明治43年修）	463p		青淵
137	四書公義	大內童平著	橫濱：大內童平	1909（明治42年）	5冊	同本附表第122條。	青淵
138	ポケット論語	朱熹集註 矢野恒太讀方略解記入	東京：博文館	1909（明治42年）	314p		國會
139	ポケット論語註釋	奧村恒次郎著 濱野知三郎編	大阪：山本文友堂	1909（明治42年）（大正6年印）	666p	附濱野知三郎：《論語索引》。	青淵
140	註解論語抄	小谷重著	東京：金港堂	1909（明治42年）（大正9年印）	76p		青淵
141	論語：標註	朱熹集註摘錄	東京：金港堂	1909（明治42年）	156p		國會
142	論語2卷修訂版	ジェームス・レッグ（理雅各）譯 依田喜一郎訓點	東京：嵩山房	1909（明治42年）	2冊	收錄於《漢英對譯四書》第1、2編。同本附表第128條。	國會

	書名	作者	出版地	出版年	版本資料	備註	館藏地
143	論語集彙通解	藤澤南岳編 藤澤章、廣田剛解	東京：寶文館	1909（明治42年）	362p		國會
144	論語講義	根本通明講述	東京：早稻田 大學出版部	1909（明治42年）	705；20p	同本附表第121條。	國會
145	欽定論語解義	共同出版株式會社 編輯局編	東京：共同出 版	1909-1910 （明治42-43年）	2冊， 648p		國會
146	論語集說附朱 註6卷	安井息軒著	東京：富山房	1909-1912 （明治42-45年）	1冊	收錄於服部宇之吉校 訂，富山房編輯部編 輯：《漢文大系》第1 卷。 該卷另收錄有：安井息 軒：《大學說》、《中 庸說》、《朱子定本附 朱註》；朱熹：《大學 章句》、《中庸章 句》。	國會
147	ノート論語	重田蘭溪著 中野彪校	東京：朝野書 店	1910（明治43年）	514p		青淵
148	四書集註（校 訂新刊四書集 註）	朱熹著 藤井理伯點	東京：松山堂	1910（明治43年）	448p		青淵

編號	書名	作者	出版地	出版年	版本資料	備註	館藏地
149	荻生徂徠論語辨	荻生雙松（徂徠）著 樋口酬藏（秋山）補 祥雲碓悟校	東京：天書閣	1910（明治43年）	481p		青淵
150	新論語	島田三郎〔等〕著 成功雜誌社編	東京：成功雜誌社	1910（明治43年）	512p，圖版	附理雅各譯英譯論語本文。	青淵
151	論語分類	野村勝馬編	東京：富山房	1910（明治43年）	316p		青淵
152	論語國字解	宇（野）成之（東山）著	東京：尚榮堂、文永堂	1910（明治43年）	462p		青淵
153	論語講義10卷	一戶隆次郎著	東京：大成社	1910（明治43年）	290p		青淵
154	適解正義錦囊論語	作者不詳	東京：誠之堂	1910（明治43年）	192p		青淵
155	袖珍論語講解	河原美治著	東京：修文館	1910（明治43年）	426p		青淵
156	增補元田先生進講錄	元田永孚（東野）著 德富猪一郎（蘇峰）編	東京：明治書院	1910（明治43年）（昭和9年印）	150p，圖版		青淵

	書名	作者	出版地	出版年	版本資料	備註	館藏地
157	論語講義	荻原西疇（裕）著	東京：益友社	1910（明治43年）	552p	該書為「漢文學講義錄」。	京大
158	ポケット論語新釋	小宮水心著	大阪：田中宋榮堂	1910（明治43年）	582p		國會
159	論語解	松本豐多著	東京：嵩山房	1910（明治43年）	385p		國會
160	論語詳解	川岸華嶽著	東京：郁文舍〔等〕	1910（明治43年）	437p		國會
161	ポケット論語句解	中村惕齋著 西村豐豐校	東京：杉本書房〔等〕	1910（明治43年）	393p		國會
162	論語彙纂	宮本正貫編	東京：金港堂	1910（明治43年）	295p	收錄於宮本正貫編：《聖教要典》。該書另收錄有《孝經刊誤》、《大學章句》、《中庸章句》、《孟子要略》。	國會
163	論語之論語：精神修養	的場鉎之助著	大阪：矢島誠進堂	1910（明治43年）	253p		國會
164	通俗論語：ハイカラ	坪内孝著	東京：盛陽堂	1910（明治43年）	133p		國會

	書名	作者	出版地	出版年	版本資料	備註	館藏地
165	論語訓語	大原覚治、田山停雲編	東京：井上一書堂	1910（明治43年）	316p		國會
166	論語集解：模刻古本	何妟著	津：豐住書店	1910（明治43年）	9葉		國會
167	論語國字解	溪百年述 深井鑑一郎校	東京：寶文館	1910（明治43年）	395p		國會
168	論語講解：袖珍	河原美治著	大阪：修文館	1910（明治43年）	19：426p		國會
169	通解活用論語	渡邊克己著	東京：富田文陽堂〔等〕	1910（明治43年）	480：27p		國會
170	懷中論語日誌		東京：丁未出版社	1910（明治43年）	183p		國會
171	通俗論語10卷	西脇玉峯著	東京：內外出版協會	1910（明治43年）	321p	同本附表第129條。	青淵
172	論語古義	伊藤維禎（仁齋）著 佐藤正範校	東京：六盟館	1910（明治43年）	427p	同本附表第134條。	青淵
173	論語新註	中村德五郎著	大阪：石塚書舗	1910（明治43年）	239p	同本附表第135條。	青淵

	書名	作者	出版地	出版年	版本資料	備註	館藏地
174	手帖論語修訂版	東洋倫理考究彙編	東京：明治の家庭社	1910（明治43年）	463p	同本附表第136條。	青淵
175	論語講義 第1-30講	細川潤次郎（十洲）述 川口芳之助記	東京：行道學會	1910（明治43年）	1冊		國會
176	論語集註修訂版	興文社編	東京：興文社	1911（明治44年）（大正10年修）	581p	收錄於興文社編：《少年叢書漢文學講義》第5編《四書講義》增訂版。同本附表第81條。	青淵
177	校刻論語集註10卷	朱熹著 池亮吉校	金澤：池善書店	1911（明治44年）（大正13年修）	1冊		青淵
178	校刻論語集註10卷	朱熹著	金澤：觀文堂	1911（明治44年）（大正7年修）	1冊		青淵
179	論孟首章講義	三宅正明著	大阪：懷德堂紀念會	1911（明治44年）	1冊	收錄於西村時彥編：《懷德堂講堂五種》（別名：官許學問所懷德堂講義）。該書另收錄有：中井誠之：《五孝子傳貫貴村	青淵

	書名	作者	出版地	出版年	版本資料	備註	館藏地
						良農事狀》；中井積善：《蒙養篇》、《員婦記錄》。	
180	論語講義	花輪時之輔講述 深井鑑一郎編	東京：誠之堂	1911（明治44年）	2冊	同本附表第89條。	國會
181	論語講義	根本通明著	東京：早稻田大學出版部	1911（明治44年）	705；20p	同本附表第121條。	國會
182	論語講義 1-6	東敬治講述 安井春雄、系原壽一筆記	東京：東洋學會	1911.06-11（明治44年 6-11月）		刊載於陽明學會編：《陽明學》第32-37號。第32號，p.22-25（1911.6）。第33號，p.16-17（1911.7）。第34號，p.17-18（1911.8）。第35號，p.19-21（1911.9）。第36號，p.21-24（1911.10）。	國會

	書名	作者	出版地	出版年	版本資料	備註	館藏地
183	ソクラテス論語	澀江保譯編	東京：東亞堂	1911（明治44年）	384p	第37號，p.20-21（1911.11）。	國會
184	論語達原	中井履軒著	大阪：松村文海堂	1911（明治44年）	15冊	收錄於懷德堂記念會第編：《懷德堂遺書》第6-9卷。	國會
185	論語お伽噺	藤川淡水著	東京：敬文館	1911（明治44年）	634p，圖版		國會
186	四書小學講義	牧野謙次郎述	東京：早稻田大學出版部	1912（明治45年）	196p	該書與青柳篤恒：《支那時文講義》合刊。該書出版年係根據《支那時文講義》之〈附言〉而記。	國會
187	論語達原1-20篇	中井履軒（積德）著	東京：東陽堂	1912（明治45年）	4冊		國會
188	新譯論語講義	和田銳夫（天外）著	神戶：熊谷久榮堂	1912（明治45年）	602p		青淵
189	新譯論語	大町芳衛（桂月）著	東京：至誠堂	1912（明治45年）（大正9年印）	832p	收錄於《新譯漢譯文叢書》第11編。	青淵

	書名	作者	出版地	出版年	版本資料	備註	館藏地
190	論語鈔：中學校漢文科用	簡野道明校訂 國語漢文研究會編纂	東京：明治書院	1912（明治45年）	76p		國會
191	論語講義1-2	桑原壽一講 安井春雄筆記	東京：陽明學會	1912.02-03（明治45年2-3月）		刊載於陽明學會編：《陽明學》第40、41號。第40號，p.27-29（1912.2）。第41號，p.23-25（1912.3）。	國會
192	ポケット論語新釋	小宮水心著	大阪：田中宋榮堂	大正年間（大正12年印）	582p	同本附表第158條。	青淵
193	通俗論語詳解	川岸華岳著	東京：成光館	大正年間（大正6年印）	438p		青淵
194	論語講義20卷	尾立維孝編 澀澤榮一校		大正年間抄	12冊	有澀澤榮一親筆訂正。	青淵
195	四書新釋論語上、下	久保天隨著	東京：博文館	1912（大正元年）	2冊	同本附表第114條。	國會
196	英漢和對照ポケット論語	山野政太郎編	東京：松本樂器	1912（大正元年）（大正2年印）	340p		青淵

	書名	作者	出版地	出版年	版本資料	備註	館藏地
197	論語逢原	中井積德（履軒）著	懷德堂記念出版會	1912（大正元年）	3冊		青淵
198	論語譯：警官修養而篇	桃李杏子著	東京：日本警察新聞社	1913（大正2年）	195p		國會
199	纂評論語集註	瀧川龜太郎編	東京：金港堂書籍	1913（大正2年）	243p		國會
200	系統的論語講語	柴原砂次郎著	東京：新修養社	1913（大正2年）	411p		青淵
201	論語（重改論語集註俚諺鈔）21卷	毛利瑚珀（貞齋）著 久保得二（天隨）編	東京：博文館	1913（大正2年）（大正9年印）	1153p	收錄於《漢文叢書》。	青淵
202	英漢和對照ポケット論語	山野政太郎編	東京：松本樂器	1913（大正2年）	340p	同本附表第196條。	青淵
203	猿論語	井上啞啞著	東京：井上書院	1914（大正3年）	245p		國會
204	聾齋論語識	長井行著	東京：白土辛力	1914（大正3年）	45葉	收錄於長井行：《雙雀亭自著叢刻》第1帙。該帙另收錄有《木筆詩》、《齒雅》。	國會

	書名	作者	出版地	出版年	版本資料	備註	館藏地
205	四書現存書目	研經會編	東京：文求堂	1914（大正3年）	123p		青淵
206	論語講義	根本通明著	東京：修學堂	1915（大正4年）	539p	收錄於《新撰百科全書》第122編。	國會
207	時代思想より觀たる論語義解	倉田熱血（一七學人）著	東京：松雲堂	1915（大正4年）	328p		青淵
208	譯註論語	山田草人著	東京：岡村書店	1915（大正4年）（大正10年印）	452p		青淵
209	ニコニコ論語	牧野元次郎著	東京：靜思館書房	1916（大正5年）	288p		國會
210	新論語	村上俊藏編	東京：東亞堂書房 共同刊行：成功雜誌社	1916（大正5年）	792；22p		國會
211	論語解義	簡野道明著	東京：明治書院	1916（大正5年）	747p		青淵
212	論語鈔本	兒島獻吉郎編	東京：光風館書店	1916（大正5年）	104p		國會
213	論語年譜	林泰輔編	東京：大倉書店	1916（大正5年）	2冊		青淵

	書名	作者	出版地	出版年	版本資料	備註	館藏地
214	論語應用講話	江藤孝本著	大分：江藤孝本	1916（大正5年）	72p，圖版	附〈實驗談〉。	青淵
215	縮刷新論語	島田三郎〔等〕著 成功雜誌社編	東京：成功雜誌社	1916（大正5年）	814p		青淵
216	論語（天文板論語）	何晏集解 清原宣賢校 梅山玄秀編	堺：南宗寺	1916（大正5年）（復刻南宗論語考異）	3冊	附仙石政和：《南宗論語考異》、細川潤次郎：《天文板論語考》。	青淵
217	南宗論語考異	仙石政和	堺：南宗寺	1916（大正5年）	2；5；4葉	收錄於梅山玄秀編：《論語》（天文板論語）（別名：泉南南宗論語）。	東大
218	天文板論語考	細川潤次郎	堺：南宗寺	1916（大正5年）	3冊（含別冊）	收錄於梅山玄秀編：《論語》（天文板論語）。	國會
219	論語講義 第59-70講	細川潤次郎（十洲）述 川口芳之助記	東京：行道學會	1917（大正6年）	4冊		國會
220	警察論語：一名・警察手眼	川路利良著 磯矢隆吉編	東京：磯矢隆吉	1917（大正6年）	159；9p	該書雖以「論語」為名，原書名乃《警察手	國會

書名	作者	出版地	出版年	版本資料	備註	館藏地
釋義					眼》，內容與《論語》無關。該書作「磯矢隆吉為孔子《論語》釋義」，取義古不減，故改其書名，欲以該書所言作為警察之休養。本附表所收錄之，以見《論語》於近代日本社會影響之廣。	
221 處世論語	澀澤榮一（青淵）著	東京：弘學館	1917（大正6年）	296p		青淵
222 論語講義	三島毅著	東京：明治出版	1917（大正6年）	164p	作者以漢文註釋全書。	青淵
223 高等漢文論語孟子抄	島田鈞一、佐久節、竹田復著	東京：育英書院	1917（大正6年）（大正13年修）	1冊		青淵
224 論語鈔10卷	龍澤著	東京：民友社	1917（大正6年）（影印）	6冊	附〈解題〉1卷，收錄於《成簣堂叢書》第10編。	青淵
225 ポケット論語註釋	奧村恒次郎著 濱野知三郎編	大阪：山本文友堂	1917（大正6年）	666p	同本附表第139條。	青淵

	書名	作者	出版地	出版年	版本資料	備註	館藏地
226	通俗論語詳解	川岸華岳著	東京：成光館	1917（大正6年）	438p	同本附表第193條。	青淵
227	邦文論語大意	肥田野畏三郎著	青島：肥田野畏三郎	1918（大正7年）	332p		國會
228	校刻論語集註	朱熹著	金澤：觀文堂書店	1918（大正7年）	1冊	同本附表第178條。	國會
229	論語講義	根本通明著	東京：早稻田大學出版部	1918（大正7年）（縮印本）	508：16p	同本附表第121條。	國會
230	朱子論語集註殘稿真跡	長尾雨山編		1918（大正7年）（影印）	1冊		青淵
231	大正小論語	井上圓了著	東京：妖怪研究會	1919（大正8年）	110p		國會
232	日日の論語	大野佐吉、井上宗助著	東京：目黑書店	1919（大正8年）	642p		青淵
233	朱熹集註論語〔新譯〕10卷	伯井秋梧譯註	大阪：立川文明堂	1919（大正8年）	554p		國會
234	論語講義8卷	細川潤次郎、南摩綱紀著 行道學會事務所編	東京：吉川弘文館	1919（大正8年）	1187p		青淵

	書名	作者	出版地	出版年	版本資料	備註	館藏地
235	文檢受驗用四書研究	教育學術會編	東京：大同館	1919（大正8年）（大正11年印）	412p		青淵
236	論語由20卷	龜井魯（南溟）著 龜井昱（昭陽）校	東京：澀澤榮一	1919（大正8年）（珂羅版）	10冊		青淵
237	聖蹟圖	孫毓修編	長岡：福島甲子三	1919（大正8年）	1冊		青淵
238	論語稽古20卷	赤澤經言著	出版地不詳	出版年不詳	4冊	該書有大正8年（1919）之跋文。	青淵
239	論語講義	萩原擴、內野台嶺、竹林貫一著	出版地不詳	1919（大正8年）	不詳	該書有安井小太郎序文。而據小太郎的說法，萩原擴等三人畢業自高等師範學校，並留校任教，曾受教於小太郎，三人晨夕討論《論語》數年，著成《論語講義》1卷。詳參《斯文》第1編第5號（1919年10月）。	國會

	書名	作者	出版地	出版年	版本資料	備註	館藏地
240	四書句讀大全	山鹿高祐（素行）著 山路素行先生全集刊行會編	東京：國民書院	1919-1921（大正8-10年）	6冊	附四書句讀「諺解」。	青淵
241	口譯論語詳解	野中元三郎著	東京：富山房	1920（大正9年）	720p		青淵
242	國譯論語	服部宇之吉譯註	東京：國民文庫刊行會	1920（大正9年）	314p	收錄於國民文庫刊行會編：《國譯漢文大成經史子部》第1卷。 該卷另收錄有：小牧昌業譯註：《國譯大學》、《國譯中庸》；服部宇之吉譯註，公田連太郎校補：《國譯孟子》；山口察常譯註：《國譯孝經》。	國會
243	掌中論語（論語辨）	荻生雙松（徂徠）著 樋口酬藏（秩山）補 祥雲雄悟校	東京：國華堂	1920（大正9年）	478p		青淵

	書名	作者	出版地	出版年	版本資料	備註	館藏地
244	四書集註2卷	朱熹 著 宇野哲人 譯	東京：世界聖典全集刊行會	1920（大正9年）	2冊	附〈四書解題〉、〈儒教大意〉，收錄於世界聖典全集刊行會編：《世界聖典全集》。	青淵
245	註解論語抄	小谷重 著	東京：金港堂	1920（大正9年）	76p	同本附表第140條。	青淵
246	新譯論語	大町芳衛（桂月）著	東京：至誠堂	1920（大正9年）	832p	收錄於《新譯漢文叢書》第11編。同本附表第189條。	青淵
247	論語（重改論語集註俚諺鈔）21卷	毛利瑚珀（貝齋）著 久保得二（天隨）編	東京：博文館	1920（大正9年）	1153p	收錄於《漢文叢書》。同本附表第201條。	青淵
248	論語序說私攷1卷	伊藤馨（鳳山）著	出版地不詳	1920（民國9年）	1冊		青淵
249	論語1-9	宮內默藏 著	東京：二松學舍	1920-1921（大正9-10年）		刊載於大正9年至10年（1920-1921），二松學舍編：《二松學舍講義錄》第5、7、8、9、10、12、16、17、18號。	國會

	書名	作者	出版地	出版年	版本資料	備註	館藏地
						第5號，p.25-40（1920.5）。第7號，p.41-56（1920.7）。第8號，p.57-72（1920.7）。第9號，p.73-96（1920.8）。第10號，p.97-120（1920.10）。第12號，p.153-168（1920.12）。第16號，p.169-176（1921.5）。第17號，p.177-192（1921.7）。第18號，p.193-208（1921.7）。	
250	譯註論語	山田草人著	東京：岡村書店	1921（大正10年）	452p	同本附表第208條。	青淵

	書名	作者	出版地	出版年	版本資料	備註	館藏地
251	一日一益お伽論語	渡平民編	東京：日本評論社	1921（大正10年）	397p		國會
252	補註論語集註	簡野道明補註	東京：明治書院	1921（大正10年）	244p		國會
253	修辭的論語抄	講文社編	東京：朝野書店	1921（大正10年）	110p，表		青淵
254	新釋日修論語	梶康郎著	東京：大日本教育書院	1921（大正10年）	772p		青淵
255	四書索引	森本角藏著	東京：森本角藏	1921（大正10年）（昭和12年印）	2冊		青淵
256	文檢受驗用論語解義	教育學術會編	東京：大同館	1921（大正10年）（昭和4年印）	530p		青淵
257	四書	塚本哲三編	東京：有朋堂書店	1921（大正10年）	24；508p		東大
258	論語講義修訂版	興文社編	東京：興文社	1921（大正10年）	581p	收錄於興文社編《少年叢書漢文學講義》第5編《四書講義》增訂版。同本附表第81條。	青淵

	書名	作者	出版地	出版年	版本資料	備註	館藏地
259	三十日論語	生出龜述	東京：斯文會	1922（大正11年）	53p		國會
260	正平版論語上、中、下、札記·解題	山本邦彥編	東京：斯文會	1922（大正11年）	4冊		國會
261	袖珍論語	山本邦彥編	東京：斯文會	1922（大正11年）	174p		國會
262	國譯論語	服部宇之吉譯註	東京：國民文庫刊行會	1922（大正11年）	800p	收錄於國民文庫刊行會編：《國譯漢文大成經子史部》第1卷。同本附表第242條。	青淵
263	現代語譯論語	小野機太郎著	東京：新光社	1922（大正11年）	482p		青淵
264	實驗論語處世談	澀澤榮一著	東京：實業之世界社	1922（大正11年）	858p		青淵
265	論語由述志10卷	龜井昱（昭陽）著	東京：澀澤榮一	1922（大正11年）	9冊	影印龜井昭陽手稿本。	青淵
266	諺譯論語	儒教經典講究所編	京城：儒教經典講究所	1922（大正11年）	710p	收錄於儒教經典講究所編：《儒教經典諺譯叢書》。	青淵
267	澀澤子爵活論語	安達大壽計編	東京：宣傳會	1922（大正11年）	318p		青淵

	書名	作者	出版地	出版年	版本資料	備註	館藏地
268	補註論語集註	簡野道明著	東京：明治書院	1922（大正11年）（昭和9年印）	244p	同本附表第252條。	青淵
269	口語全譯論語講義	川岸華岳著	東京：中央出版社	1922（大正11年）	437p		青淵
270	論語集解10卷	何晏著 市野光彥編	東京：斯文會	1922（大正11年）	4冊	復刻影印正平版論語。附市野光彥：〈正平本論語札記〉、安井小太郎：〈正平版論語解題〉。	青淵
271	論語	何晏集解 山本邦彥編	東京：山本邦彥、斯文會	1922（大正11年）	3冊		東大
272	解說批判論語講義	經學研究會著	東京：光風館	1922（大正11年）	1248p，圖版		青淵
273	文檢受驗用四書研究	教育學術會編	東京：大同館	1922（大正11年）	412p	同本附表第235條。	青淵
274	論語古義10卷	伊藤維楨著	東京：東洋圖書刊行會	1922-1926（大正11-15年）	296p	收錄於關儀一郎編、服部宇之吉〔等〕校：《日本名家四書註釋全書》第3卷。	青淵

	書名	作者	出版地	出版年	版本資料	備註	館藏地
275	論語欄外書 2 卷	佐藤坦著	東京：東洋圖書刊行會	1922-1926（大正11-15年）	114p	收錄於關儀一郎編，服部宇之吉〔等〕校：《日本名家四書註釋全書》第3卷。	青淵
276	論語語由 10卷	龜井魯著	東京：東洋圖書刊行會	1922-1926（大正11-15年）	356p	收錄於關儀一郎編，服部宇之吉〔等〕校：《日本名家四書註釋全書》第4卷。	青淵
277	論語考文 1卷	豬飼彥博著	東京：東洋圖書刊行會	1922-1926（大正11-15年）	12p	收錄於關儀一郎編，服部宇之吉〔等〕校：《日本名家四書註釋全書》第4卷。	青淵
278	正平本論語札記 1卷	市野光著	東京：東洋圖書刊行會	1922-1926（大正11-15年）	30p	收錄於關儀一郎編，服部宇之吉〔等〕校：《日本名家四書註釋全書》第4卷。	青淵
279	論語繹解 10卷	皆川愿著	東京：東洋圖書刊行會	1922-1926（大正11-15年）	348p	收錄於關儀一郎編，服部宇之吉〔等〕校：《日本名家四書註釋全書》第5卷。	青淵

	書名	作者	出版地	出版年	版本資料	備註	館藏地
280	論語集解攷異 10卷	吉田漢官著	東京：東洋圖書刊行會	1922-1926（大正11-15年）	180p	收錄於關儀一郎編，服部宇之吉〔等〕校：《日本名家四書註釋全書》第5卷。	青淵
281	論語逢原4卷	中井積德著	東京：東洋圖書刊行會	1922-1926（大正11-15年）	396p	收錄於關儀一郎編，服部宇之吉〔等〕校：《日本名家四書註釋全書》第6卷。	青淵
282	讀論語1卷	廣瀨建著	東京：東洋圖書刊行會	1922-1926（大正11-15年）	58p	收錄於關儀一郎編，服部宇之吉〔等〕校：《日本名家四書註釋全書》第6卷。	青淵
283	論語徵10卷	荻生雙松著	東京：東洋圖書刊行會	1922-1926（大正11-15年）	358p	收錄於關儀一郎編，服部宇之吉〔等〕校：《日本名家四書註釋全書》第7卷。	青淵
284	論語新註4卷	豐島幹著	東京：東洋圖書刊行會	1922-1926（大正11-15年）	174p	收錄於關儀一郎編，服部宇之吉〔等〕校：《日本名家四書註釋全書》第7卷。	青淵

	書名	作者	出版地	出版年	版本資料	備註	館藏地
285	論語知言10卷	東條弘著	東京：東洋圖書刊行會	1922-1926（大正11-15年）	1冊，522p	收錄於關儀一郎編，服部宇之吉〔等〕校註《日本名家四書註釋全書》第8卷。	青淵
286	三十日論語	生出龜編	東京：文章院	1923（大正12年）	53：63p		國會
287	實驗論語處世談	澀澤榮一著	東京：實業之世界社	1923（大正12年）	858p	同本附表第264條。	國會
288	現代に活かした論語講話	西川光二郎著	東京：丙午出版社	1923（大正12年）	266p		青淵
289	新しき論語講義	荻生雙松（徂徠）著 樋口酬藏（秋山）補 祥雲維悟校	大阪：小嶋文開堂	1923（大正12年）	468p	該書原名《論語辨》。	青淵
290	分類論語〔稿本〕	細田謙三著	而友會	1923（大正12年）	1冊		青淵
291	朱熹集註論語〔新譯〕10卷	伯井秋語譯註	大阪：立川文明堂	1923（大正12年）	554p	同本附表第233條。	青淵

	書名	作者	出版地	出版年	版本資料	備註	館藏地
292	ポケット論語新釋	小宮水心著	大阪：田中宋榮堂	1923（大正12年）	582p	同本附表第158條。	青淵
293	英譯用論語抄前篇		東京：國民英學會出版局	1924（大正13年）	50p		國會
294	論語解義	簡野道明著	東京：明治書院	1924（大正13年）	693p	同本附表第211條。	國會
295	現代に活かした論語講話	西川光二郎著	東京：丙午出版社	1924（大正13年）	266p	同本附表第288條。	國會
296	刪定論語1卷	柿木寸鐵著	東京：人文社	1924（大正13年）	406p	收錄於柿木寸鐵：《孔子聖教之攻究》第4卷。	青淵
297	論語義疏10卷	何晏注 皇侃疏	大阪：懷德堂記念會	1924（大正13年）	6冊	附武內義雄：《論語義疏校勘記》。	青淵
298	論語談叢	後藤靜香著	東京：希望社出版部	1924（大正13年）	137p	收錄於後藤靜香《聖者》第1編。	國會
299	校刻論語集註10卷 修訂版	朱熹著 池亮吉校	金澤：池善書店	1924（大正13年）	1冊	同本附表第177條。	青淵

	書名	作者	出版地	出版年	版本資料	備註	館藏地
300	高等漢文論語孟子抄修訂版	島田鈞一、佐久節、竹田復著	東京：育英書院	1924（大正13年）	1冊	同本附表第223條。	青淵
301	最新論語註：實踐哲學	三浦又玄子註	東京：彩雲堂	1925（大正14年）	204p		國會
302	論語	作者不詳	東京：古今書院	1925（大正14年）	98p		國會
303	論語講義第1	作者不詳	東京：茗香會	1925（大正14年）	134p	收錄於《茗香會文庫》第1輯。	青淵
304	論語講義乾、坤	澀澤榮一口述 尾高維孝筆錄	東京：二松學舍出版部	1925（大正14年）	2冊	刊載於大正12年（1923）4月至大正14年（1925）9月之《漢學專門二松學舍講義錄》，共10卷。刊載於《漢學專門二松學舍講義錄》第1、2、3、4、5、6、7、8、9、10、11、13、14、15、16、17、18、19、20、21、22、23、24、	國會

書名	作者	出版地	出版年	版本資料	備註	館藏地
					25、26、27、28、29、30號。 該書日後陸續再版： 1. 澀澤榮一：《論語講義》，東京：二松學舍大學出版部，1975年。 2. 澀澤榮一：《論語講義》，東京：講談社，1977年。該書共7冊，收錄於「講談社學術文庫」。	
305 讀論語	廣瀨淡窗 著 日田郡教育會 編	日田町：日田郡教育會	1925-1927 （大正14-16年）	3冊，圖版	收錄於廣瀨淡窗著、日田郡教育會編：《淡窗全集》上卷，「註疏2」。	國會
306 論語三言解	廣瀨淡窗 著 日田郡教育會 編	日田町：日田郡教育會	1925-1927 （大正14-16年）	3冊，圖版	該卷有「註疏」部分另收錄有：《讀孟子》、《讀左傳》、《老子摘解》。 收錄於廣瀨淡窗著、日田郡教育會編：《淡窗	國會

	書名	作者	出版地	出版年	版本資料	備註	館藏地
						全集》中卷，「雜」部分另收錄有：《迂言》、《迁言附錄》、《勸後約說》、《規約告諭》、《申閑書》、《發願文》、いろは歌》、《儒林評》。	
307	論語示蒙句解	中村惕齋著	東京：早稻田大學出版部	1926（大正15年）	10冊	收錄於早稻田大學編輯部編：《漢籍國字解全書：先哲遺著》第1卷。該卷另收錄有：熊澤蕃山：《孝經小解》；中村惕齋：《大學示蒙句解》、《中庸示蒙句解》。同本附表第130條。	國會
308	論語：譯註	山田草人譯註 桑田春風改訂	東京：岡村書店	1926（大正15年）	342p	同本附表第208條。	國會
309	論語鄭氏注殘卷	鄭玄注	東京：田中慶太郎	1926（大正15年）	1冊		國會

	書名	作者	出版地	出版年	版本資料	備註	館藏地
310	論語10卷	澀澤榮一書	出版地不詳	1926（大正15年抄）	4冊		青淵
311	論語標註	帆足萬里著	日出町：帆足記念圖書館	1926（大正15年）	2冊，圖版	收錄於《帆足萬里先生全集》下卷。該卷另收錄有：《大學標註》、《孟子標註》、《中庸標註》、《書經標註》、《周易標註》、《春秋左氏傳標註》、《荀子標註》、《莊子解》、《呂氏春秋標註》、《國語標註》。	國會
312	論語：現代語譯	小野機太郎譯著	東京：支那哲學叢書刊行會	1926（大正15年）	470p		國會
313	論語講義	稻垣真久章講述 興文社編輯所編	東京：興文社	1926（大正15年）	309p	收錄於《漢文學叢書》第3編《四書講義》。此書乃與文社於明治24年（1891）12月初版之《少年叢書漢文學講義》第5編《四書講義	國會

	書名	作者	出版地	出版年	版本資料	備註	館藏地
314	論語の講義 上、中、下	武者小路實篤著	東京：改造社	1926.05-07（大正15年5-7月）		義》修訂版。同本附表第81條。刊載於《改造》。上：大正15年5月號，p.1-22（1926.5）。中：大正15年6月號，p.73-94（1926.6）。下：大正15年7月號，p.35-64（1926.7）。	國會
315	日本論語	宮地滿著	鳥取：宮地員	1927（昭和2年）	80葉		國會
316	論語	大町桂月譯評	東京：至誠堂	1927（昭和2年）	1冊	收錄於幸田成行（露伴）校：《詳解全譯漢文叢書》第8卷。該卷另收錄有：高成田忠風譯解：《大學：附・古本大學》、《中庸》。	國會
317	論語10卷	澀澤榮一書	東京：澀澤榮一、晚香書屋	1927（昭和2年）	2冊		國會
318	論語と算盤	澀澤榮一著	東京：忠誠堂	1927（昭和2年）	403p		國會

	書名	作者	出版地	出版年	版本資料	備註	館藏地
319	少年論語讀本	古谷義德著	東京：大同館書店	1927（昭和2年）	410p，圖版		青淵
320	四書講義	近藤元粹著	東京：三盟舍	1927（昭和2年）	1冊		青淵
321	論語白文	田中慶太郎校	東京：文求堂	1927（昭和2年）（昭和8年印）	134p	據宋・淳祐大字本。	青淵
322	論語解1卷	照井全都著	東京：東洋圖書刊行會	1927-1930（昭和2-5年）	3冊，圖版	收錄於關儀一郎編，服部字之吉〔等〕校：《續日本名家四書註釋全書》第2冊。該冊另附有：《封建論》、《禮樂論》、《湯武論》。	青淵
323	四書講義：大學・中庸・論語・孟子		東京：三盟舍書店	1928（昭和3年）	1冊		國會
324	新定論語集註：比校并索引	朱熹集註 錦文館編輯部編	京都：山本錦文館	1928（昭和3年）	267；17p		國會
325	審定論語鈔	瀧川龜太郎編	東京：金港堂書籍	1928（昭和3年）	70p		國會

	書名	作者	出版地	出版年	版本資料	備註	館藏地
326	國譯論語	斯文會編	東京：龍門社	1928（昭和3年）	179p		青淵
327	論語	斯文會編	東京：斯文會	1928（昭和3年）	105p		青淵
328	論語全解	島田鈞一著	東京：有精堂	1928（昭和3年）（昭和4年印）	493p		青淵
329	五體論語	月出皓（東山）書	福岡：月出皓	1928（昭和3年抄）	5冊		青淵
330	論語鄉黨啟蒙翼傳	中江藤樹著 藤樹神社創立協贊會編	青柳村：藤樹書院	1928-1929（昭和3-4年）	96p	收錄於中江藤樹著，藤樹神社創立協贊會編《藤樹先生全集》第1冊，「經解」書，部分該冊另收錄成書：《大學啟蒙》第4。另收錄有：《大學經啟蒙》（斷片）、《孝經啟蒙》（初稿本）、《孝經啟蒙》（定稿本）、《古本大學全解》，另附錄《古本大學解》、〈首經考〉、〈孝經考〉、〈大學考〉、〈四書考〉、〈讀四書法〉、〈大學序說〉。	國會

	書名	作者	出版地	出版年	版本資料	備註	館藏地
331	論語語解	中江藤樹著 藤樹神社創立協贊會編	青柳村：藤樹書院	1928-1929 （昭和3-4年）	22p	收錄於中江藤樹著，藤樹神社創立協贊會編：《藤樹先生全集》第2冊，「倭文經解成書」第2。 該冊「倭文經解成書」部分另收錄有：《大學考》、《大學蒙註》、《大學解》、《中庸解》、《中庸續解》、《孝經講釋開書》、《假名書き孝經》、《假名書き孝經》，另附錄〈知止歌小解〉。	國會
332	われらの經典：聖勅と論語	今井精一編	東京：教育研究會	1929（昭和4年）	22；122；6p		國會
333	論語愛語其他抄記	良寬著	東京：岩波書店	1929（昭和4年）	7p	收錄於大島花束編：《良寬全集》。	國會
334	論語	小野機太郎譯	東京：金の星社	1929（昭和4年）	470p	收錄於《支那哲學大系：現代語譯》第6卷。	國會

	書名	作者	出版地	出版年	版本資料	備註	館藏地
335	論語	信濃教育會編	長野：大日方利雄	1929（昭和4年）	65葉		國會
336	論語集注上、下冊	田中慶太郎校訂	東京：文求堂書店	1929（昭和4年）	2冊		國會
337	昭和新譯論語	水野豐洲著	東京：文錄社	1929（昭和4年）	327p		青淵
338	論語	大町桂月譯	東京：至誠堂書店	1929（昭和4年）	1冊	收錄於辛田成行（露伴）校：《詳解全譯漢文叢書》第8卷。同本附表第316條。	青淵
339	論語明解	宇野哲人注	東京：廣文堂	1929（昭和4年）	158p	收錄於辛《高等漢文定本叢書》。	青淵
340	論語明解	江口國彥（天峰）著	東京：至玄社	1929（昭和4年）	448p，圖版		青淵
341	論語新釋	宇野哲人著	東京：弘道館	1929（昭和4年）	525p	收錄於《昭和漢文叢書》。	青淵
342	論孟鈔	平井參著	東京：明治大學出版部	1929（昭和4年）（昭和11年修）	153p		青淵
343	論語鈔	服部宇之吉編	東京：富山房	1929（昭和4年）（昭和5年修）	1冊		青淵

	書名	作者	出版地	出版年	版本資料	備註	館藏地
344	校註論語	光風館編輯所編	東京：光風館	1929（昭和4年）（昭和8年修）	140p		青淵
345	文檢受驗用論語全解義	教育學術會編	東京：大同館	1929（昭和4年）	530p	同本附表第256條。	青淵
346	論語全解	島田鈞一著	東京：有精堂	1929（昭和4年）	493p	同本附表第328條。	青淵
347	四書集註	朱熹著 宇野哲人譯	東京：改造社	1929-1930（昭和4-5年）	2冊	收錄於世界聖典全集刊行會編：《世界聖典全集》前輯第2-3。同本附表第244條。	國會
348	少年論語物語	加納信夫著 深澤省三繪	東京：金蘭社	1930（昭和5年）	302p，圖版		國會
349	論語兵語	西川虎次郎著	東京：軍事學指針社 共同刊行：菊地屋書店	1930（昭和5年）	202p		國會
350	論語集解	田中慶太郎校訂	東京：文求堂書店	1930（昭和5年）	2冊	同本附表第336條。	國會
351	論語集解	何晏集解	東京：文求堂	1930（昭和5年）（昭和11年印）	2冊	影印「有造館刊本」。縮小摹寫古本論語集解。	青淵

	書名	作者	出版地	出版年	版本資料	備註	館藏地
352	集註論語講本	島田鈞一著	東京：有精堂	1930（昭和5年）	236p		青淵
353	論語注疏20卷	何晏注 陸德明音 邢昺疏	澀澤榮一	1930（昭和5年）	543葉	附澀澤榮一版文。原本為舊藏書蔡本，金澤文庫舊藏本，宋版論語註疏原本照相影印。	青淵
354	全譯論語詳解	澤田總清著	東京：健文社	1930（昭和5年）（昭和10年印）	451p，圖版		青淵
355	詳解論語	村上才大郎著 中山久四郎校	東京：芳文堂	1930（昭和5年）（昭和6年印）	128p		青淵
356	政教より觀たる論語新釋	赤池濃著	東京：早稻田大學出版部	1930（昭和5年）（昭和8年印）	592p		青淵
357	破收義	釋恭畏著	熊本：岡井慎吾	1930（昭和5年）	1冊		青淵
358	實驗論語	澀澤榮一著	東京：平凡社	1930（昭和5年）	6冊，圖版	收錄於山本勇夫編纂《澀澤榮一全集》第2卷。	國會
359	論語鈔修訂版	服部宇之吉編	東京：富山房	1930（昭和5年）	1冊	同本附表第343條。	青淵
360	論語會箋卷1	竹添進一郎著	東京：崇文院	1930（昭和5年）	1冊	收錄於崇文院編：《崇文叢書》第2輯第22。	國會

	書名	作者	出版地	出版年	版本資料	備註	館藏地
361	論語會箋 卷2	竹添進一郎 著	東京：崇文院	1931（昭和6年）	1冊	收錄於崇文院編：《崇文叢書》第2輯第23。	國會
362	論語徵廢疾 3卷	片山世璠（兼山）著	東京：崇文院	1931（昭和6年）	3冊	收錄於《崇文叢書》第2輯41-43。	國會
363	論語	山口剛 編	東京：春秋社	1931（昭和6年）	531p	收錄於山口剛編：《世界大思想全集》第53卷，「支那思想篇」。該卷另收錄有：《大學》、《中庸》、《孟子》、《荀子》（抄）、《老子》、《莊子》（抄）、《墨子》（抄）、《韓非子》（抄）、《近思錄》（抄）、《傳習錄》（抄）。	國會
364	稿本論語解釋 2	內田又一郎 著	綾部町：誠修學院	1931（昭和6年）	393p		國會
365	稿本論語解釋 3	內田又一郎 著	綾部町：誠修學院	1931（昭和6年）	324p		國會

	書名	作者	出版地	出版年	版本資料	備註	館藏地
366	論語善本書影	大阪府立圖書館編	京都：貴重圖書影本刊行會	1931（昭和6年）	圖版78p；解說27p		國會
367	論語解義	簡野道明著	東京：明治書院	1931（昭和6年）		同本附表第211條。	國會
368	處世論語	條直方著	東京：文陽堂	1931（昭和6年）	289p		青淵
369	學習受驗論語・孟子の解釋	金丸市八著	東京：盛林堂	1931（昭和6年）	352p		青淵
370	新觀論語	山口察常著	東京：三省堂	1931（昭和6年）（昭和11年印）	262p		青淵
371	新撰和歌論語 2卷	德富豬一郎（蘇峰）編	東京：民友社	1931（昭和6年）（影印）	1冊	附笹川種郎（臨風）：〈解說〉，收錄於德富豬一郎（蘇峰）編：《新成實書叢書》第3冊。	青淵
372	和歌論語	見尾勝馬著	東京：銀星社	1931（昭和6年）	197p		國會
373	英文新論語選	柳井道民譯編	東京：帝國書院	1931（昭和6年）	144；9p		國會

	書名	作者	出版地	出版年	版本資料	備註	館藏地
374	論語展覽目錄		大阪：大阪府立圖書館	1931（昭和6年）	28p	昭和6年（1931）5月22日-26日舉辦。	國會
375	詳解論語	村上才大郎著 中山久四郎校	東京：芳文堂	1931（昭和6年）	128p	同本附表第355條。	青淵
376	論語會箋 卷3-5	竹添進一郎著	東京：崇文院	1932（昭和7年）	2冊	收錄於崇文院編：《崇文叢書》第2輯 第24-25。	國會
377	論語義解	倉田熱血著	大阪：文進堂	1932（昭和7年）	328p		青淵
378	新釋論語	北朴木清司著	大阪：湯川弘文社	1932（昭和7年）（昭和10年印）	132p		青淵
379	論語鈔	小柳司氣太編	東京：修文館	1932（昭和7年）	1冊	同年再修。	青淵
380	英和雙譯論語 改訂增補版	レッグ（Legge, James）英譯 清水起正、廣瀨又一編註	東京：二三子堂書店	1932-1933（昭和7-8年）	2冊	收錄於《英和雙譯支那古典全集》第1編。	國會
381	論語証解 上、中、下	桂湖村著	東京：早稻田大學出版部	1932-1933（昭和7-8年）	3冊	收錄於早稻田大學出版部編：《漢籍國字解全書：先哲遺著追補》第28-30卷。	國會

	書名	作者	出版地	出版年	版本資料	備註	館藏地
382	論語會箋 卷6-7	竹添進一郎著	東京：崇文院	1933（昭和8年）	2冊	收錄於崇文院編：《崇文叢書》第2輯第26-27。	國會
383	正平版論語集解 第1-5	今井貫一編	大阪：正平版論語刊行會	1933（昭和8年）	6冊	附〈解說〉。	國會
384	新定論語・孟子鈔	飯島忠夫編	東京：日本大學出版部	1933（昭和8年）	41；56p		國會
385	論語・孟子	五十澤二郎著	東京：竹村書房	1933（昭和8年）	2冊	收錄於《東方古典叢刊》第6、7卷。	青淵
386	論語 上	五十澤二郎譯	鎌倉町：方圓寺書院	1933（昭和8年）	1冊	本書未標頁數。	國會
387	論語 上	五十澤二郎譯	東京：支那古典叢刊行會	1933（昭和8年）	48p	收錄於《支那古典叢函》第1卷。	國會
388	論語・孟子の話	西川光二郎著	東京：春陽堂	1933（昭和8年）	110p	收錄於「國民修養講語」系列第3冊。	國會
389	論語心解	西川光二郎著	東京：自働道語社	1933（昭和8年）	677p		國會
390	論語新釋	宇野哲人著	東京：弘道館	1933（昭和8年）	525p	同本附表第341條。	國會

	書名	作者	出版地	出版年	版本資料	備註	館藏地
391	カナモジロンブ	石川彥裳著	東京：カナヤ	1933（昭和8年）	226p		青淵
392	新選論語	岡泰彥編	東京：標準教科書出版協會	1933（昭和8年）	1冊		青淵
393	論語	武內義雄注	東京：岩波書店	1933（昭和8年）（昭和12年印）	205p		青淵
394	論語私感	武者小路實篤著	東京：岩波書店	1933（昭和8年）（昭和12年印）	374p		青淵
395	論語新講	井原正平著	東京：三省堂	1933（昭和8年）（昭和13年印）	148p	收錄於《新撰漢文叢書》。	青淵
396	校注論孟新鈔	北村澤吉著	東京：英進社	1933（昭和8年）	1冊	同年再修。	青淵
397	論孟精選	簡野道明編	東京：明治書院	1933（昭和8年）	1冊		青淵
398	和歌論語	見尾勝馬述詠	東京：同文社	1933（昭和8年）	160p		國會
399	新しき論語講義	祥雲碵碩著	大阪：小島文開堂	1933（昭和8年）		同本附表第289條。	國會
400	論語白文	田中慶太郎校	東京：文求堂	1933（昭和8年）	134p	同本附表第321條。	青淵
401	改教より觀たる論語新釋	赤池濃著	東京：早稻田大學出版部	1933（昭和8年）	592p	同本附表第356條。	青淵

編號	書名	作者	出版地	出版年	版本資料	備註	館藏地
402	校註論語修訂版	光風館編輯所編	東京：光風館	1933（昭和8年）	140p	同本附表第344條。	青淵
403	論語の講義（1）、（2）	武者小路實篤著	東京：重光發行所	1933.08-09（昭和8年8-9月）		刊載於《重光》第2卷8、9號。第2卷8號，p.1-23（1933.8）。第2卷9號，p.1-8（1933.9）。	國會
404	論語	宇野哲人著	東京：弘道館	1933-1934（昭和8-9年）	8冊	收錄於弘道館編：《漢文講座》第1卷。該卷另收錄有：宇野哲人：《中庸》；鹽谷溫：《孝經》；飯田傳一：《小學》。	國會
405	論語會箋卷8-20	竹添進一郎著	東京：崇文院	1934（昭和9年）	10冊	收錄於崇文院編：《崇文叢書》第2輯第28-36、第60。	國會
406	日本魂による論語解釋學而第1	伊藤太郎著	津：論語研究會	1934（昭和9年）	105p		國會

	書名	作者	出版地	出版年	版本資料	備註	館藏地
407	邦譯論語	東洋生命保險株式會社編	東京：東洋生命保險會社	1934（昭和9年）	100p		國會
408	論語	至伏高信著	東京：日本評論社	1934（昭和9年）	552p		青淵
409	論語大義 卷2	須田文太郎著譯	山形：曾根忠藏	1934（昭和9年）	87p		國會
410	論語 新考 第2冊	木内敬篤著	野村：韶光園	1934（昭和9年）	96p		國會
411	論語解義	簡野道明著	東京：明治書院	1934（昭和9年）	694；40p	同本附表第211條。	國會
412	佛教論語	木山十影編	東京：中央佛教社	1934（昭和9年）	40p		國會
413	四書通論	內野台嶺著	東京：賢文館	1934（昭和9年）	387p		青淵
414	新論語講語	諸橋轍次著	東京：葦華社	1934（昭和9年）	274p，圖版		青淵
415	誰にもわかる論語の初から	篠直方著	大阪：近代文藝社	1934（昭和9年）	289p		青淵
416	論語教本	島田鈞一、斯波六郎編	東京：育英書院	1934（昭和9年）	1冊		青淵

	書名	作者	出版地	出版年	版本資料	備註	館藏地
417	論語新抄	浦川源吾編	京都：平野書店	1934（昭和9年）	92p		青淵
418	論語講義	岡田正三著	東京：第一書房	1934（昭和9年）	436p		青淵
419	論語講義	倉田熱血著	大阪：前田書店	1934（昭和9年）	309p		青淵
420	修養論論語講話	江口國彥（天峰）著	東京：荻原星文館	1934（昭和9年）（昭和12年印）	448p		青淵
421	論語學而編（鄭板橋真蹟論語學而編）	鄭板橋書	東京：法書會出版部	1934（昭和9年）	1帖	該書凸版為新書苑發行。	青淵
422	正平版論語之研究	長田富作著	大阪：同人會	1934（昭和9年）	1冊		國會
423	增補元田先生進講錄	元田永孚（東野）著 德富豬一郎（蘇峰）編	東京：明治書院	1934（昭和9年）	150p，圖版	同本附表第156條。	青淵
424	補註論語集註	簡野道明著	東京：明治書院	1934（昭和9年）	244p	同本附表第252條。	青淵

	書名	作者	出版地	出版年	版本資料	備註	館藏地
425	國譯論語	服部宇之吉譯註 公田連太郎校補	東京：國民文庫刊行會	1934-1935（昭和9-10年）	336p	收錄於國民文庫刊行會編：《國譯漢文大成經子史部》第1卷。同本附表第242條	國會
426	支那家庭論語	後藤朝太郎著	東京：現代文化社	1935（昭和10年）	310p		國會
427	報德論語：他二篇	富田高慶編	東京：大日本聯合青年團	1935（昭和10年）	115p		國會
428	裸の論語	堀井仁著	東京：平凡社	1935（昭和10年）	316p		國會
429	稿本論語解釋4	內田又一郎著	綾部町：誠修學院	1935（昭和10年）	395p		國會
430	稿本論語解釋5	內田又一郎著	綾部町：誠修學院	1935（昭和10年）	378p		國會
431	論語	三教書院編輯部編	東京：三教書院	1935（昭和10年）	240p		國會
432	論語・大學・中庸	田中貫太郎著	東京：大東出版社	1935（昭和10年）	597p，肖像	收錄於《漢籍名語を叢書》第2卷。	國會
433	論語・孟子	五十澤二郎著	東京：竹村書房	1935（昭和10年）	313p	收錄於《新譯支那古典讀本》第1卷。	國會

	書名	作者	出版地	出版年	版本資料	備註	館藏地
434	論語本秘影譜：湯島聖堂復興儒道大會開催紀念	斯文會編	東京：斯文會	1935（昭和10年）	13p，圖版23張		國會
435	日本魂による論語解釋爲政第2	伊藤太郎著	津：論語研究會	1935（昭和10年）	190p		青淵
436	論語評釋	大江文城著	東京：關書院	1935（昭和10年）	709p，圖版		青淵
437	論語新註	中村德五郎著	大阪：文進堂	1935（昭和10年）	252p		青淵
438	類別論語正解	神作濱吉著	東京：寶文館	1935（昭和10年）	1032p，圖版		青淵
439	論語新解	國語漢文研究會編 簡野道明校	東京：明治書院	1935（昭和10年）	336p		青淵
440	かながきろんご行7卷（卷3-9）	川瀨一馬編	東京：安田文庫	1935（昭和10年）	1冊	收錄於《安田文庫叢刊》第1篇。	青淵
441	論語・大學・中庸	田中貢太郎著	東京：大東出版社	1935（昭和10年）	597p	收錄於《漢籍名著名叢書》第2卷。同本附表第432條。	青淵

	書名	作者	出版地	出版年	版本資料	備註	館藏地
442	論語古傳	仁井田好古（南陽）編	和歌山：南紀德川史刊行會	1935（昭和10年）（照相凸版）	328p		青淵
443	全譯論語詳解	澤田總清著	東京：健文社	1935（昭和10年）	451p，圖版	同本附表第354條。	青淵
444	新釋論語	北朴木清司著	大阪：湯川弘文社	1935（昭和10年）	132p	同本附表第378條。	青淵
445	論語講義	安井小太郎講述 青山貞子筆記	東京：大東文化協會	1935（昭和10年）	897p	同本附表第96條。	國會
446	論語10卷	何晏集解	東京：文求堂	1936（昭和11年）	2冊	同本附表第351條。	國會
447	二宮尊德論語	松波節齋著	東京：教材社	1936（昭和11年）	103p		國會
448	大西鄉論語	伊福吉部隆著	東京：教材社	1936（昭和11年）	1冊		青淵
449	山鹿素行論語	松波節齋著	東京：教材社	1936（昭和11年）	93p		國會
450	吉田松陰論語	大嶺豐彥著	東京：教材社	1936（昭和11年）	95p		國會
451	澤庵禪師論語	尾張速日著	東京：教材社	1936（昭和11年）	93p		國會
452	日の論語	三井善太郎著	東京：普及社 小冊子書林	1936（昭和11年）	40p		國會
453	日本魂による論語解釋八佾第3、里仁第4	伊藤太郎著	津：論語研究會	1936（昭和11年）	215；182p		國會

	書名	作者	出版地	出版年	版本資料	備註	館藏地
454	論語講義	飯島忠夫著	長野縣飯田町：信濃教育會下伊那部會	1936（昭和11年）	96p		國會
455	論語講語	西川光二郎著	成田町：新更會刊行部	1936（昭和11年）	58p		國會
456	臨床醫家病者必攜療養論語	服部彌二郎著	東京：玄林社	1936（昭和11年）	345p		國會
457	ものがたり論語	三宅昭著	東京：モナス	1936（昭和11年）	686p，圖版	附白文論語。	青淵
458	四書類選	和田正俊編	東京：前野書店	1936（昭和11年）	124p		青淵
459	吟詠論語	原重治著	東京：二松堂	1936（昭和11年）	270p		青淵
460	國譯原文和歌論語	見尾勝馬著	東京：文原堂	1936（昭和11年）	153p		青淵
461	精撰論語百講	松田金重編	東京：三省堂	1936（昭和11年）	111p		青淵
462	論語	金原省吾編	東京：古今書院	1936（昭和11年）	133p		青淵
463	論語英華	James Legge譯 蒲生治鄉編	東京：莊人社	1936（昭和11年）	251p		青淵

	書名	作者	出版地	出版年	版本資料	備註	館藏地
464	雙譯英和四書	ジェームズ・レッグ著 廣瀨又一、清水起正編	東京：日本英語社	1936（昭和11年）	1073p	附老子。	青淵
465	論語・孟子・言志四錄解釋	兒玉尊臣著	大阪：駿駿堂	1936（昭和11年）	391p	收錄於《漢文叢書》。	青淵
466	論語集注	朱熹著	東京：文久堂	1936（昭和11年）（影宋）	2冊		青淵
467	少年論語讀本	古谷義德著	東京：大同館書店	1936（昭和11年）	410p	同本附表第319條。	國會
468	報德論語	富田高慶編著	東京：大日本聯合青年團	1936（昭和11年）	115p		都圖
469	論語：10卷	朱熹集註 服部宇之吉補輯	東京：富山房	1936（昭和11年）	204p		國會
470	論語主義と心理主義	石山脩平著	東京：岩波書店	1936（昭和11年）	40p		都圖
471	論語解義	簡野道明著	東京：明治書院	1936（昭和11年）	734p	同本附表第211條。	都圖

	書名	作者	出版地	出版年	版本資料	備註	館藏地
472	論語解釋前篇、後篇	和田利彥編	東京：春陽堂	1936（昭和11年）	347；347p		都圖
473	新觀論語	山口察常著	東京：三省堂	1936（昭和11年）	262p	同本附表第370條。	青淵
474	論孟鈔修訂版	平井參著	東京：明治大學出版部	1936（昭和11年）	153p	同本附表第342條。	青淵
475	論語講義（1）、（2）	和歌川潤著	東京：東洋文化學會	1936.07-08（昭和11年7-8月）		刊載於東洋文化學會編：《東洋文化》，第143、144號。第143號，p.34-37（1936.7）。第144號，p.48-52（1936.8）。	國會
476	論語解釋	高田真治、諸橋轍次、山口察常編	東京：春陽堂	1936（昭和11年）	2冊	收錄於《論語講座》，第1、2冊。	青淵
477	論語義注及集義卷1、2	北村澤吉著	東京：寶文館	1936-1939（昭和11-14年）	2冊		國會
478	論語の文獻註釋書	高田真治著	東京：春陽堂	1937（昭和12年）	1冊	收錄於《論語講座》第4冊。	青淵
479	論語人物考	諸橋轍次著	東京：春陽堂	1937（昭和12年）	1冊	收錄於《論語講座》第5冊。	青淵

	書名	作者	出版地	出版年	版本資料	備註	館藏地
480	一休禪師論語	久保正章著	東京：教材社	1937（昭和12年）	95p		國會
481	日蓮上人論語	綿貫日國著	東京：教材社	1937（昭和12年）	1冊		青淵
482	弘法大師論語	松波節齋著	東京：教材社	1937（昭和12年）	1冊		青淵
483	白隱禪師論語	伊福吉部隆著	東京：教材社	1937（昭和12年）	95p		國會
484	傳教大師論語	松波節齋著	東京：教材社	1937（昭和12年）	1冊		青淵
485	蓮如上人論語	尾張達日著	東京：教材社	1937（昭和12年）	1冊		青淵
486	本居宣長論語	大嶺豐彦著	東京：教材社	1937（昭和12年）	94p		青淵
487	論語	室伏高信著	東京：青年書房	1937（昭和12年）	467p	收錄於《室伏高信全集》第8卷。該卷另收錄有《孔子》。	國會
488	論語かるた	尾池義雄著	東京：社會教育協會	1937（昭和12年）	1冊	收錄於社會教育協會《教育パンフレット》第273輯。	國會
489	論語	斯文會編	東京：斯文會	1937（昭和12年）	105p		國會
490	論語上、下	朱熹集註 深井鑑一郎校	東京：東京府立第四中學校校友會	1937（昭和12年）	2冊		國會
491	會津論語	松波節齋著	東京：教材社	1937（昭和12年）	92p		國會

書名	作者	出版地	出版年	版本資料	備註	館藏地
492	生活と教養論語讀本	大木陽堂著	東京：教材社	1937（昭和12年）	448p		青淵
493	論語全解	松井博信著	大阪：立川文明堂	1937（昭和12年）	559p		青淵
494	論語―誰にもわかる論語の書―	篠直方著	東京：明星堂	1937（昭和12年）	289p		青淵
495	論語―孔子の言行―	諸橋轍次著	東京：章華社	1937（昭和12年）	274p	收錄於《支那聖賢講話全書》第1卷。	青淵
496	Rômaji rongo：漢字及ローマ字對照	櫻根孝之進編	大阪：帝國ローマ字クラブ	1937（昭和12年）	135p	該書主標題「Rômaji rongo」即「羅馬字論語」之日語發音之羅馬拼音。	東大
497	論語新講	井原正平著 島忠夫監修	東京：三省堂	1937（昭和12年）	148p	收錄於《新撰漢文叢書》。同本附表第395條。	都圖
498	論語義注及集義	北村澤吉著	東京：寶文館	1937（昭和12年）	659p		都圖
499	四書索引	森本角藏著	東京：森本角藏藏	1937（昭和12年）	2冊	同本附表第255條。	青淵

	書名	作者	出版地	出版年	版本資料	備註	館藏地
500	論語	武內義雄注	東京：岩波書店	1937（昭和12年）	205p	同本附表第393條。	青淵
501	論語私感	武者小路實篤著	東京：岩波書店	1937（昭和12年）	374p	同本附表第394條。	青淵
502	修養論語講話	江口國彥（天峰）著	東京：荻原星文館	1937（昭和12年）	448p	同本附表第420條。	青淵
503	ニコニコ主義と論語	小野竹桃著	東京：學藝社	1938（昭和13年）	283p		國會
504	大學・中庸・論語講義	興文社編	東京：興文社	1938（昭和13年）	24；41；208p		國會
505	論語斠異	海保元備著 漁村先生記念會編	東京：漁村先生記念會	1938（昭和13年）	56；58p，肖像	該書另收錄有：海保元備君年譜：〈漁村海保府君年譜〉。	國會
506	教壇論語	澀谷文之助著	札幌：北海教育評論社	1938（昭和13年）	383p		國會
507	論語	博文館編輯局編	東京：博文館	1938（昭和13年）	241p		國會
508	論語・漢文・和譯・英譯・獨譯	法邑清藏編	甲府：文新社	1938（昭和13年）	74p		國會

書名	作者	出版地	出版年	版本資料	備註	館藏地
509	論語物語	下村湖人著	東京：大日本雄弁會講談社	1938（昭和13年）	299；68p		國會
510	論語解說	北村佳逸著	京都：立命館出版部	1938（昭和13年）	331p		青淵
511	全譯論語精解	重野篤二郎著	東京：台帝社	1938（昭和13年）	506p，圖版		青淵
512	明解論語講話：昭和新譯	仁木松雄著	東京：東江堂	1938（昭和13年）	574p，圖版		青淵
513	類編論語集注	諸橋轍次、福原龍藏共著	東京：弘道館	1938（昭和13年）	206；4p		國會
514	四書研究：大學論語解義	岩部撓、深谷賢太郎著	東京：啟文社	1938（昭和13年）	638p		青淵
515	四書選釋	川口白浦著	東京：健文社	1938（昭和13年）	342p		青淵
516	全譯論語詳解	前島成著	東京：大修館	1938（昭和13年）	390p，圖版		青淵
517	詳解全譯論語	幸田成行（露伴）校	東京：雙葉書房	1938（昭和13年）	482p，圖版		青淵
518	論語駁異1卷	海保元備著	東京：東洋圖書刊行會	1938（昭和13年）	58p	收錄於關儀一郎編：《儒林雜纂》。	青淵

	書名	作者	出版地	出版年	版本資料	備註	館藏地
519	論語徵批1卷	岡龍洲著	東京：東洋圖書刊行會	1938（昭和13年）	41p	收錄於關儀一郎編：《儒林雜纂》。	青淵
520	論語說抄1卷	豬飼彥博著	東京：東洋圖書刊行會	1938（昭和13年）	12p	收錄於關儀一郎編：《儒林雜纂》。	青淵
521	論語一貫章講義第1卷	豬飼彥博著	東京：東洋圖書刊行會	1938（昭和13年）	4p	收錄於關儀一郎編：《儒林雜纂》。	青淵
522	論語編纂年代考	山下樣溪著	東京：六盟館	1938（昭和13年）	8p	收錄於山下樣溪：《史記編述年代考》。	東大
523	論語	武內義雄譯註	東京：岩波書店	1938（昭和13年）	205p	同本附表第393條。	都圖
524	論語新講	井原正平著	東京：三省堂	1938（昭和13年）	148p	收錄於《新撰漢文叢書》。同本附表第395條。	青淵
525	和論語抄	勝田充編	東京：大東出版社	1938-1940（昭和13-15年）	25p	收錄於《日本精神文獻叢書》第17卷。該卷另收錄有：加藤出堂編：《心要篇》；宮本武藏：《五輪書》；澤庵：《不動智神妙》。	國會

	書名	作者	出版地	出版年	版本資料	備註	館藏地
						錄》；丹羽俠齋：《天狗論》；藤村庸軒：《茶話指月集》；白隱：《夜船閑語》；山鹿素行：《配所殘筆》。	
526	論語上、下	小林一郎著	東京：平凡社	1938-1939（昭和13-14年）	2冊	收錄於《經書大講》第1、2卷。同年再印。	國會
527	新講論語讀本	西川光二郎著	東京：春陽堂	1939（昭和14年）	480p		國會
528	論語・大學・中庸	田中貢太郎著	東京：大東出版社	1939（昭和14年）	597p	同本附表第432條。	國會
529	論語私見20卷	山本憲著	大阪：松村末吉	1939（昭和14年）	2冊		青淵
530	論語讀本：人たるの道	東洋思想文庫刊行會著	東京：第一出版協會	1939（昭和14年）	369p		國會
531	興亞國民論語讀本	東洋思想文庫刊行會著	東京：第一出版協會	1939（昭和14年）	196p		國會
532	人生のための新論語	大木陽堂著	東京：教材社	1939（昭和14年）	448p		青淵

	書名	作者	出版地	出版年	版本資料	備註	館藏地
533	四書五經書物語	小林花眼著	東京：國民教育會	1939（昭和14年）	1120p		青淵
534	四書新釋論語2卷	內野台嶺著	東京：賢文館	1939（昭和14年）	2冊		青淵
535	論語—刪修未子新注—	寺田范三編	東京：慶文堂書店	1939（昭和14年）	191p		青淵
536	論語新解	石川虎之助著	東京：石川虎之助先生紀念著書頒布會	1939（昭和14年）	1028p		青淵
537	論語新講義	齋藤真吾著	東京：大明社	1939（昭和14年）	191p		青淵
538	論語別冊	何晏集解	大阪：蒲田政治郎	1939（昭和14年）	25p	該書為建武4年（1337）抄本。附中村直勝〈論語解說〉及跋文。	都圖
539	國譯論語	服部宇之吉譯註 公田連太郎校補	東京：國民文庫刊行會	1939（昭和14年）	1冊	收錄於國民文庫編：《國譯漢文大成經子史部》第1卷。同本附表第242條。	國會
540	論語義注及集義卷1、3	北村澤吉著	東京：寶文館	1939-1941（昭和14-16年）	2冊		國會

	書名	作者	出版地	出版年	版本資料	備註	館藏地
541	論語講義	安井小太郎著 青山貞子筆記	東京：東洋圖書	1940（昭和15年）	897p	同本附表第96條。	國會
542	山岡鐵舟論語	百川元著	東京：教材社	1940（昭和15年）	140p		國會
543	水戶論語	百川元著	東京：教材社	1940（昭和15年）	131p		國會
544	論語	龍澤良芳解釋	東京：研究社	1940（昭和15年）	282p		國會
545	論語：新明堂版	新明堂書店編輯部著	東京：新明堂書店	1940（昭和15年）	636p		國會
546	論語と教養	谷口為次著	東京：谷口廻瀾先生還曆記念刊行會	1940（昭和15年）	222p，圖版		國會
547	論語と組合經營	川端巖著	東京：工業組合中央會	1940（昭和15年）	100p		國會
548	論語抄	中川原松三郎編	東京：篤農協會	1940（昭和15年）	29p		國會
549	興亞の理念論語新說	原重治著	東京：自動道話社	1940（昭和15年）	420p		國會
550	論語小解	熊澤蕃山著 正宗敦夫編	東京：蕃山全集刊行會	1940（昭和15年）	1冊	收錄於正宗敦夫編《蕃山全集》第4冊。該冊另收錄有：《八卦	國會

	書名	作者	出版地	出版年	版本資料	備註	館藏地
551	論語新釋	中等國語漢文研究會編 本田成之校	大阪：湯川弘文社	1940（昭和15年）	238p	之圖》、《易經小解》、《繫辭傳》。	青淵
552	論語讀本：誰にもわかる解讀	笹野兩花著	東京：ふたら書房	1940（昭和15年）	369p		國會
553	論語	光學館編集部編	東京：光學館	1940（昭和15年）	247p		國會
554	論語物がたり・小說	三宅昭著	東京：青教版	1941（昭和16年）	640：46p	附錄〈白文論語〉。	國會
555	論語講語	諸橋轍次著	東京：成光館書店	1941（昭和16年）	274p		國會
556	纂標論語集註	瀧川龜太郎著	東京：金港堂書籍	1941（昭和16年）	242p		國會
557	大西鄉論語	伊福吉部隆著	東京：教材社	1941（昭和16年）	96p	同本附表第448條。	都圖
558	中江藤樹論語	百川元著	東京：教材社	1941（昭和16年）	158p		國會
559	武士道論語	南不二彥編述	東京：教材社	1941（昭和16年）	156p		國會
560	真義論語	南不二彥註編	東京：教材社	1941（昭和16年）	148p		國會

	書名	作者	出版地	出版年	版本資料	備註	館藏地
561	柳生論語	岡山研堂著	東京：教材社	1941（昭和16年）	144p		國會
562	熊澤蕃山論語	岡山研堂著	東京：教材社	1941（昭和16年）	138p		國會
563	明解論語講話：昭和新譯	仁木松雄著	東京：東江堂	1941（昭和16年）	574p，圖版	同本附表第512條。	國會
564	論語道話	宮本愚翁著 石川謙校訂	東京：宮本鬼外	1941（昭和16年）	461；131p	收錄於宮本愚翁著，石川謙校訂：《愚翁道話》。該書另收錄有：《大學道話》、《中庸道話》、《孟子道話》、《一般道話》。	國會
565	論語と支那の實生活	後藤朝太郎著	東京：高陽書院	1941（昭和16年）	269p，圖版		國會
566	聖書と論語	田川大吉郎著	東京：教文館	1942（昭和17年）	233p		國會
567	少年論語讀本	吉谷義德著	東京：大同館書店	1942（昭和17年）	458p，圖版	同本附表第319條。	國會
568	義公論語	稻垣國三郎著	東京：八光社	1942（昭和17年）	330p		國會
569	論語義解	秋月胤繼著	東京：岩波書店	1942（昭和17年）	677p		青淵

	書名	作者	出版地	出版年	版本資料	備註	館藏地
570	東洋的思索：論語を中心とした人生觀	堀秀彥著	大阪：明光堂	1943（昭和18年）	259p		國會
571	論語	武內義雄譯註	東京：岩波書店	1943（昭和18年）	267p	同本附表第393條。	國會
572	一日一題論語訓	山口察常著	東京：大東出版社	1944（昭和19年）	414p		國會

徵引書目

一　中文著作

（一）古籍

《禮記》，《十三經注疏》（據阮元刻本，臺北：藝文印書館，1989
　　年）。

〔秦〕呂不韋撰：《呂氏春秋》（臺北：藝文印書館，1969年，《百部
　　叢書集成》影印《經訓堂叢書》本）。

〔漢〕孔安國傳，〔唐〕孔穎達疏：《尚書注疏》，收入《摛藻堂四庫
　　全書薈要》第16冊（臺北：世界書局，1988年）。

〔漢〕司馬遷撰，〔南朝宋〕裴駰集解，〔唐〕司馬貞索隱，〔唐〕張
　　守節正義，楊家駱編：《新校本史記三家注并附編二種》（臺
　　北：鼎文書局，2002年）。

〔漢〕班固撰，〔唐〕顏師古注，楊家駱編：《新校本漢書集注并附編
　　二種》（臺北：鼎文書局，1986年第六版）。

〔漢〕許慎：《說文解字》（臺北：黎明文化，1974年）。

〔漢〕鄭玄注，〔唐〕孔穎達正義，賈公彥疏：《禮記注疏》，《景印摛
　　藻堂四庫全書薈要》第51冊（臺北：世界書局，1988年）。

〔漢〕鄭玄注，〔唐〕孔穎達疏：《禮記注疏》（臺北：藝文印書館，
　　1955年）。

〔漢〕鄭玄注，〔唐〕賈公彥疏：《周禮注疏》（臺北：藝文印書館，
　　1955年）。

〔漢〕趙岐注，〔宋〕孫奭疏：《孟子注疏》（臺北：藝文印書館，
　　　1989年影印《十三經注疏》本）。

〔魏〕何晏撰，李方錄校：《敦煌《論語集解》校正》，收入《敦煌文
　　　獻分類錄校叢刊》（南京：江蘇古籍出版社，1998年）。

〔晉〕陳壽撰，〔宋〕裴松之注：《魏書》，楊家駱編：《新校本三國志
　　　注附索引》（臺北：鼎文書局，1987年第六版）。

〔晉〕郭璞：《爾雅疏》（臺北：藝文印書館，1965年《十三經注疏》
　　　本）。

〔南朝宋〕范曄：《後漢書》，楊家駱主編：《點校本二十四史》（臺
　　　北：鼎文書局，1986年）。

〔唐〕陸德明：《經典釋文》（北京：中華書局，1985年《叢書集成初
　　　編》本）。

〔宋〕朱熹：《四書章句集注》（北京：中華書局，1983年）。

〔宋〕朱熹：《詩集傳》（臺北：中華書局，1971年）。

〔宋〕朱熹撰，簡野道明補註：《論語集註》（東京：明治書院，1972
　　　年）。

〔宋〕程顥、程頤：《二程集》（北京：中華書局，1981年）。

〔宋〕歐陽脩、宋祁：《新唐書》，楊家駱主編：《點校本二十四史》
　　　（臺北：鼎文書局，1986年）。

〔宋〕蔡沈：《書經集傳》（北京：中國書店，1994年）。

〔宋〕黎德靖編，王星賢點校：《朱子語類》（北京：中華書局，1986
　　　年）。

〔明〕張原：〈時政疏〉，收入清高宗敕選，《明臣奏議》卷13（北
　　　京：中華書局，1936年《叢書集成初編》本）。

〔明〕劉球：〈敷陳十事疏〉，收入清高宗敕選：《明臣奏議》卷2（北
　　　京：中華書局，1936年《叢書集成初編》本）。

〔清〕永瑢等：《四庫全書總目》（北京：中華書局，1965年）。

〔清〕朱一新：《朱蓉生駁康學書劄》（上海：商務印書館，民國年間
　　　鉛印本）。

〔清〕段玉裁：《說文解字注》（臺北：蘭臺書屋，1971年）。

〔清〕章學誠：《文史通義》（北京：中華書局，1992年《四部備要》
　　　本）。

〔清〕陳澧：《東塾讀書記》，（臺北：商務印書館，1970年）。

〔清〕趙翼：《廿二史劄記》，嚴一萍選輯：《原刻影印百部叢書集成》
　　　（臺北：藝文印書館，1971年）。

〔清〕劉逢祿：《論語述何》，《皇清經解》第19冊（臺北：復興書
　　　局，1972年）。

〔清〕劉寶楠撰，高流水點校：《論語正義》，中華書局編：《十三經
　　　清人注疏》（北京：中華書局，1990年）。

（二）近人著作

1 專書

周法高：《漢學論集》（臺北：臺灣精華印書館，1964年）。

陳寅恪：《陳寅恪文集》第2冊（臺北：里仁書局，1981年）。

諸橋轍次：《標注論語集注講本》（臺北：廣文書局，1981年）。

胡適：《戴東原的哲學》，收入《胡適作品集》32（臺北：遠流出版公
　　　司，1988年三版）。

澀澤榮一著，洪墩謨譯：《論語與算盤》（臺北：正中書局，1988
　　　年）。

維科：《新科學》（北京：商務印書館，1989年）。

傅偉勳：《從創造的詮釋學到大乘佛學：「哲學與宗教」四集》（臺
　　　北：東大圖書，1990年）。

余英時：《猶記風吹水上鱗——錢穆與現代中國學術》（臺北：三民書
　　　局，1991年）。

袁保新：《老子哲學之詮釋與重建》（臺北：文津出版社，1991年）。

林慶彰：《明代經學研究論集》（臺北：文史哲出版社，1994年）。

傅偉勳：《學問的生命與生命的學問》（臺北：正中書局，1994年）。

勞思光：《新編中國哲學史（三下）》（臺北：三民書局，1995年增訂第八版）。

劉昌元：《西方美學導論》（臺北：聯經，1995年）。

連清吉：《日本江戶時代的考證學家及其學問》（臺北：臺灣學生書局，1998年）。

柯慶明：《中國文學的美感》（臺北：麥田出版，2000年）。

李慶：《日本漢學史1：起源和確立》（上海：上海外語教育出版社，2002年）。

車行健：《詩本義析論：以歐陽修與龔橙詩義論述為中心》（臺北：里仁書局，2002年）。

紀田順一郎著，廖為智譯：《日本現代化物語》（臺北：一方出版，2002年）。

新渡戶稻造著，吳容宸譯：《武士道——影響日本最深的力量》（臺北：先覺出版股份有限公司，2003年）。

洪漢鼎：《詮釋學史》（臺北：桂冠圖書，2003年）。

小森陽一著，陳多友譯：《天皇的玉音放送》（北京：生活・讀書・新知三聯書店，2004年）。

胡楚生：《訓詁學大綱》（臺北：華正書局，2005年）。

2 學位論文

車行健：《禮儀、讖緯與經義——鄭玄經學思想及其解經法》（臺北：輔仁大學中國文學研究所博士論文，1996年）。

葉純芳：《孫詒讓的《周禮》學研究》（臺北：東吳大學中國文學研究所博士論文，2006年）。

3 期刊專書論文

李維棻:〈竹添光鴻《左傳會箋》論評〉,《大陸雜誌》第26卷第10期
　　　（1963年5月），頁21-27。

高田保馬:〈原文跋〉,下村湖人著,林耀南譯:《論語故事》（臺北:
　　　協志出版股份有限公司,1987年）,頁297-304。

岡村繁著,陸曉光譯:〈竹添井井《左傳會箋》中的剽竊〉,《中國比
　　　較文學》第1期（1991年7月）,頁227-235。

楊崇煥:〈陳第古音學出自楊升庵辨〉,收入林慶彰、賈順先編:《楊
　　　慎研究資料彙編（下）》（臺北:中央研究院中國文哲研究
　　　所,1992年）,頁537-547。

陳鴻森:〈劉氏論語正義成書考〉,《中央研究院歷史語言研究所集
　　　刊》第65本第3分（1994年9月）,頁477-508。

張寶三:〈日本近代京都學派對注疏之研究〉,《唐代經學及日本近代
　　　京都學派中國學研究論集》（臺北:里仁書局,1998年）,頁
　　　224-253。

林慶彰:〈大田錦城和清初考證學家〉,張以仁先生七秩壽慶論文集編
　　　輯委員會編:《張以仁先生七秩壽慶論文集》（臺北:臺灣學
　　　生書局,1999年）,頁291-303。

金培懿:〈日本的孔子教運動〉,《國際漢學論叢》第1輯（1999年7
　　　月）,頁261-308。

金培懿:〈安井息軒的《論語》注釋方法論〉,蔣秋華編:《乾嘉學者
　　　的治經方法（下）》（臺北:中央研究院中國文哲研究所籌備
　　　處,2000年）,頁817-863。

金培懿:〈安井息軒的《論語》注釋方法論 —— 何謂《論語集
　　　說》 —— 〉,蔣秋華編:《乾嘉學者的治經方法（下）》（臺
　　　北:中央研究院中國文哲研究所籌備處,2000年）,頁817-
　　　868。

劉昌元：〈研究中國哲學所需遵循的解釋學原則〉，沈清松編：《跨世紀的中國哲學》（臺北：五南圖書出版公司，2001年），頁77-98。

林慶彰：〈竹添光鴻《左傳會箋》的解經法〉，張寶三、楊儒賓編：《日本漢學研究初探》（臺北：喜瑪拉雅研究發展基金會，2002年），頁47-70。

金培懿：〈龜井南溟《論語語由》之解經法〉，《漢學論壇》第1期（2002年6月），頁63-92。

金培懿：〈儒學的社會實踐與制度化──以日本為例〉，鄭定國編：《二○○二年漢學研究國際學術研討會論文集》（斗六：國立雲林科技大學，2003年），頁135-184。

陶德民：〈元田永孚的「君德輔導」與論語解釋：關於《經筵論語進講錄》的考察〉，黃俊傑編：《中日《四書》詮釋傳統初探（上）》（臺北：臺灣大學出版中心，2004年），頁213-236。

金培懿：〈近代日本中國學者的儒學反思義涵〉，《國際漢學論叢》第2輯（2005年2月），頁117-173。

嚴紹璗：〈明治儒學的實用性：從澀澤榮一看明治時代的經濟與儒學〉，收入劉岳兵編：《明治儒學與近代日本》（上海：上海古籍出版社，2005年），頁106-155。

金培懿：〈近代日本《論語》研究之轉折──安井小太郎《論語講義》析論〉，《國文學報》第40期（2006年12月），頁19-73。

黃俊傑：〈澀澤榮一解釋《論語》的兩個切入點〉，《德川日本《論語》詮釋史論》（臺北：國立臺灣大學出版中心，2006年），頁319-333。

黃俊傑：〈日本儒家經典詮釋傳統的特質：「實學」的日本脈絡〉，《德川日本《論語》詮釋史論》（臺北：國立臺灣大學出版中心，2006年），頁307-316。

金培懿：〈旁白敘事・聲音傳達・意象建構——澀澤榮一《論語講義》研究〉，《中正大學中文學術年刊》第8期（2006年12月），頁31-80。

張崑將：〈德川儒者對中國儒學道德價值觀念的轉換：以「仁義」、「忠孝」概念為中心〉，《德川日本儒學思想的特質：神道、徂徠學與陽明學》（臺北：國立臺灣大學出版中心，2007年），頁3-34。

金培懿：〈復原與發明——竹添光鴻《論語會箋》之注經途徑兼論其於日本漢學發展史上之意義〉，《中國文哲研究集刊》第30期（2007年3月），頁307-353。

金培懿：〈轉型期《論語》研究之主旋律——近代日本《論語講義》研究〉，彰化師範大學國文系編：《臺灣學術新視野——經學之部》（臺北：五南圖書出版社，2007年），頁335-392。

金培懿：〈明治日本的新舊《論語》詮解之間——由松本豐多對服部宇之吉的拮抗論注經之本質〉，國立政治大學中國文學系主編：《第五屆中國經學國際研討會論文集》（臺北：國立政治大學中國文學系，2009年），頁113-149。

金培懿：〈作為道德／語文教育教材的《論語》——以近代日本中學校教科書／漢文學參考書所作的考察〉，《中國學術年刊》第32期（2010年9月），頁1-37。

金培懿：〈儒典採借與和魂形構——以《憲法十七條》的用典、化典所作的考察〉，《成大中文學報》第33期（2011年6月），頁93-130。

二、外文著作

（一）古籍

石井光致：《修身談》（東京：千鍾房，出版年不詳）。

龜井昭陽：《語由述志》（荒木見悟所藏原橫田藏抄本）。

竹添光鴻：《毛詩雜抄》（日本東京都立圖書館日比谷分館特別文庫室
　　　　諸橋文庫所藏竹添光鴻抄寫本）。

溪百年編注：《經典余師 四書之部》（大阪：同盟社，刊行年不詳）。

山崎闇齋：《朱書抄略》（和刻本，出版地、出版者不詳，延寶八年
　　　　〔1680〕刊，日本九州大學中央圖書館保存書庫「碩水文
　　　　庫」藏本）。

伊藤仁齋：《論語古義》（京兆：文泉堂發行，文政己丑年〔1829〕再
　　　　刻本）。

毛利貞齋：《四書俚諺鈔》（大阪：秋田屋太右衛門等，1869年）。

上羽勝衛：《勸孝邇言》（東京：惺惺軒，1873年）。

西坂成一：《訓蒙軌範》（東京：山本良齋，1873年）。

芝田好章點，太山東嶽校訂：《四書集注》（京都：永田調兵衛，1873
　　　　年）。

土屋弘：《人之基：修身》（大阪：鹿田靜七，1874年）。

石村貞一：《修身要訣》（大阪：松田正助等，1874年）。

橫尾謙點：《四書集注》（大阪：田中太右衛門，1876年）。

瀧澤清點：《四書集注》（東京：安藤橘綠，1879年）。

大賀富二編：《頭書插畫四書字類大全》（東京：同盟書房，1881
　　　　年）。

後藤松陰點：《論語集注》（浪花：清玉堂，1881年）。

蒲池彌太郎點：《四書集注》（盛岡：藝香閣，1881年）。

內村友輔點：《論語正文：音訓附》（松江：石原光璋，1882年）。

內村友輔點：《鼇頭論》（松江：大蘆利七等，1882年）。

田中宗確點：《論語集注》（東京：丸家善七，1883年）。

後藤嘉平點：《改正訓點四書集注》（大阪：青木嵩山堂，1883年）。

榊原英吉編：《鼇頭註釋四書自學自在》（東京：求光閣，1892年）。

中村惕齋：《四書示蒙句解》，《漢籍國字解全書：先哲遺著》第1卷
　　　　（東京：早稻田大學出版部，1909年）。

溪百年編注：《大學余師》（東京：日吉丸書房，1909年）。

溪百年編注：《中庸余師》（東京：日吉丸書房，1909年）。

溪百年編注：《論語經典余師》（東京：日吉丸書房，1909年）。

溪百年述，深井鑑一郎校：《論語國字解》（東京：寶文館刊行，1910
　　　　年）。

湯淺常山：《文會雜記》，《日本隨筆大成》第7卷（東京：吉川弘文
　　　　館，1927年）。

山崎闇齋：《文會筆錄》，收入日本古典學會編：《山崎闇齋全集
　　　　（下）》（東京：日本古典學會，1937年）。

山鹿素行：《配所殘筆》，收入廣瀨豐編：《山鹿素行全集》第12卷
　　　　（東京：岩波書店，1940年）。

山鹿素行：《謫居童問》，收入廣瀨豐編：《山鹿素行全集》第12卷
　　　　（東京：岩波書店，1940年）。

熊澤蕃山：《孝經小解》，收入正宗敦夫編：《蕃山全集》第3冊（東
　　　　京：蕃山全集刊行會，1940年）。

藤樹書院編：《藤樹先生全集》（東京：岩波書店，1940年）。

山路素行：《山鹿語類・第六》，收入廣瀨豐編：《山鹿素行全集》第9
　　　　卷（東京：岩波書店，1941年）。

山田方谷：《集義和書類抄》，收入《山田方谷全集》第2冊（東京：
　　　　聖文社，1951年）。

江村北海：《日本詩史》，《日本詩史・五山堂詩話》，收入《新日本古
　　　　典文學大系》第65卷（東京：岩波書店，1955年）。

山鹿素行：《山鹿語類》，收入田原嗣郎、守本順一郎校注：《山鹿素
　　　　行》，《日本思想大系》第32卷（東京：岩波書店，1970年）。

荻生徂徠：《蘐園隨筆》，收入關儀一郎編：《日本儒林叢書》第7卷
　　　　（東京：鳳出版，1971年）。

中江藤樹：《藤樹書簡》，收入宇野哲人、安岡正篤監修：《日本の陽
　　　　明學（上）》，《陽明學大系》第8卷（東京：明德出版社，
　　　　1973年）。

荻生徂徠：《論語徵》，收入關儀一郎編：《日本名家四書註釋全書》
　　　　第7卷，論語部5（東京：鳳出版，1973年）。

荻生徂徠：《辨名》，收入今中寬司、奈良本辰也編：《荻生徂徠全
　　　　集》第1卷。（東京：河出書房新社，1973年）。

荻生徂徠：《辨道》，收入今中寬司、奈良本辰也編：《荻生徂徠全
　　　　集》第1卷（東京：河出書房新社，1973年）。

會澤正志齋：《新論》，收入今井宇三郎等校注：《水戶學》，《日本思
　　　　想大系》第53卷（東京：岩波書店，1973年）。

龜井南溟：《論語語由》，收入關儀一郎編：《日本名家四書註釋全
　　　　書》第4卷（東京：鳳出版，1973年）。

龜井昭陽：《家學小言》，收入關儀一郎編：《日本儒林叢書》第6卷
　　　　（東京：鳳出版，1978年）。

武內義雄：《論語の研究》，收入吉川幸次郎等編：《武內義雄全集》
　　　　第1卷（東京：角川書店，1978年）。

竹添光鴻：《左傳會箋》（臺北：新文豐出版公司，1978年翻印《漢文
　　　　大系》本）。

竹添光鴻：《論語講義》（臺北：新文豐出版公司，1978年翻印《漢文
　　　　大系》本）。

服部宇之吉：《漢文大系（一）：大學說・中庸說・論語集說・孟子定
　　　　本》（臺北：新文豐出版公司，1978年翻印《漢文大系》本）。

武內義雄：《武內義雄全集》第4卷（東京：角川書店，1979年）。

伊藤仁齋：《語孟字義》，收入吉川幸次郎、清水茂校注：《伊藤仁
　　　齋‧伊藤東涯》，《日本思想大系》第33卷（東京：岩波書
　　　店，1985年）。

伊藤博校注：《萬葉集（上）》（東京：角川書店，1985年）。

坂本太郎校注：《日本書紀》，收入《日本古典文學大系》第67卷（東
　　　京：岩波書店，1993年）。

竹添光鴻：《論語會箋》（臺北：廣文書局，1993年翻印《漢文大系》
　　　本第三版）。

倉野憲司、武田祐吉校注：《古事記‧祝詞》，收入《日本古典文學大
　　　系》第1卷（東京：岩波書店，1994年）。

（二）近人著作

1 專書

Vincent B.Leitch, *Deconstructive Criticism: An Advanced Introduction*,
　　　New York: Columbia University Press, 1983.

勒范恩（Robert Levine）著，馮克芸、黃芳田、陳玲瓏譯：《時間地
　　　圖：不同時代與民族對時間的不同解釋》（臺北：臺灣商務
　　　印書館，1997年）。

Keith Jenkins著，江政寬譯：《後現代歷史學》（臺北：麥田出版社，
　　　2000年）。

維塞爾（Wessell, L.P.）著，毛萍、熊志翔譯：《活的形象美學：席勒
　　　美學與近代哲學》（上海：學林出版社，2000年）。

Lubomir Dolezel著，馬海良譯：《新敘事學》（北京：北京大學出版
　　　社，2002年）。

井上哲次郎、蟹江義丸編：《日本倫理彙編》（東京：慶應義塾大學，
　　　出版年不詳）。

稻垣真久章：《少年叢書漢文學講義：論語講義》（東京：興文社，
　　　　1891年）。

矢野恆太：《ポケット論語》（東京：博文館，1910年）。

一戶隆次郎：《論語講義》（東京：大成社，1910年）。

松本豐多：《漢文大系四書辨妄》（東京：嵩山房，1911年）。

大町桂月：《新譯論語》（東京：至誠堂，1912年）。

和田銳夫：《新譯論語講義》（神戶：熊谷久榮堂，1912年）。

澀澤榮一：《論語と算盤》（東京：東亞堂書房，1916年）。

三島中洲：《論語講義》（東京：明治出版社，1917年）。

細川潤次郎、南摩綱紀著，行道學會事務所編：《論語講義》（東京：
　　　　吉川弘文館，1919年）。

安達大壽計編：《澀澤子爵活論語》（東京：宣傳社，1922年）。

澀澤榮一：《實驗論語處世談》（東京：實業之世界社，1922年）。

關儀一郎編，服部宇之吉等校：《日本名家四書註釋全書》（東京：東
　　　　洋圖書刊行會，1922-1926年）。

古谷義德：《少年論語讀本》（東京：大同館書店，1927年）。

宇野哲人：《論語新釋》（東京：弘道館，1927年）。

關儀一郎編，服部宇之吉等校：《續日本名家四書註釋全書》（東京：
　　　　東洋圖書刊行會，1927-1930年）。

日本國體本義編纂審議會編：《日本國體本義》（東京：平凡社，1928
　　　　年）。

島田鈞一：《論語全解》（東京：有精堂書店，1928年）。

陸奧廣吉：《左氏辭令一班》，收入《伯爵陸奧宗光遺稿》（東京：岩
　　　　波書店，1929年）。

澀澤榮一：《新編青淵百話》，收入山本勇夫編：《澀澤榮一全集》第1
　　　　卷（東京：平凡社，1930年）。

倉田熱血：《論語義解》（大阪：文進堂，1932年）。

井原正平講述，飯島忠夫監修：《新撰漢文叢書 論語新講》（東京：
　　　三省堂，1933）。

岡泰彥編：《新選論語 高學年用》（東京：標準教科書出版協會，
　　　1933年）。

岡田正三：《論語講義》（東京：第一書房，1934年）。

小川貫道編：《漢學者傳記及著述集覽》（東京：關書院，1935年）。

安井小太郎：《論語講義》（東京：大東文化協會，1935年）。

田中貢太郎：《論語・大學・中庸》，收入《漢籍を語る叢書》（東
　　　京：大東出版社，1935年）。

富山房編：《富山房五十年》（東京：富山房，1936年）。

高田真治：《論語の文獻・注釋書》（東京：春陽堂書店，1937年）。

大木陽堂：《生活と教養論語讀本》（東京：教材社，1937年）。

牧野謙次郎：《日本漢學史》（東京：世界堂書店，1938年）。

重野成齋：《重野博士史學論文集》（東京：雄山閣，1938-1939年）。

幸田露伴監修，大町桂月譯：《詳解全釋論語》（東京：雙葉書房，
　　　1938年）。

安井小太郎：《日本儒學史》（東京：富山房，1939年）。

大久保利謙：《日本近代史學史》（東京：白揚社，1940年）。

幸田露伴：《努力論》（東京：岩波書店，1940年）。

中等國語漢文研究會編，本田成之加校：《論語新釋》（大阪：湯川弘
　　　文社，1940年）。

齋藤瀏編，陸軍省報部閱：《戰陣訓讀本》（東京：三省堂，1941
　　　年）。

倉石武次郎：《支那語教育の理論と實際》（東京：岩波書店，1941
　　　年）。

教學局編：《教育に關する勅語渙發五十年記念資料展覽圖錄》（東
　　　京：內閣印刷局，1941年）。

谷川徹三:《文化と教養》,《谷川徹三選集》卷2（東京：齋藤書店，
　　　　1946年）。

岡田正三:《論語の探究》（京都：山口書店，1949年）。

狩野直喜:《中國哲學史》（東京：岩波書店，1953年）。

武者小路實篤:《論語私感》（東京：新潮社，1954年）。

幸田露伴:《露伴全集》第28卷（東京：岩波書店，1954年）。

幸田文:《父・こんなこと》（東京：新潮社，1955年）。

京都大學文學部編:《京都大學文學部五十年史》（京都：京都大學文
　　　　學部，1956年）。

石田雄:《近代日本政治構造研究の研究》（東京：未來社，1956
　　　　年）。

澀澤青淵記念財團龍門社編:《澀澤榮一傳記資料》第41卷（東京：
　　　　澀澤榮一傳記資料刊行會，1962年）。

今中寬司:《徂徠學の基礎的研究》（東京：吉川弘文館，1966年）。

谷崎潤一郎:《麒麟》,《谷崎潤一郎全集》第1卷（東京：中央公論
　　　　社，1966年）。

海後宗臣、仲新:《近代日本教科書總說 —— 解說編》（東京：講談
　　　　社，1969年）。

唐木順三:《日本人の心の歷史（上）》（東京：筑摩書房，1970年）。

山本笑月:《明治世相百話》（東京：有峰書店，1971年）。

狩野直喜:《支那學文藪》（東京：みすず書房，1973年）。

吉川幸次郎:《吉川幸次郎演講集》（東京：朝日新聞社，1974年）。

澀澤榮一:《論語講義》（東京：明德出版社，1975年）。

下村湖人:《現代譯論語》,《下村湖人全集》第8卷（東京：國土社，
　　　　1975年）。

色川大吉:《明治精神史》（東京：講談社，1976年）。

諸橋轍次:《論語の講義》,收入鎌田正、米山寅太郎編:《諸橋轍次
　　　　著作集》第5卷（東京：大修館書店，1976年）。

諸橋轍次：《古典のかがみ》，收入鎌田正、米山寅太郎編：《諸橋轍次著作集》第10卷（東京：大修館書店，1977年）。

諸橋轍次：《回顧》，收入鎌田正、米山寅太郎編：《諸橋轍次著作集》第10卷（東京：大修館書店，1977年）。

諸橋轍次：《論語人物考》，收入鎌田正、米山寅太郎編：《諸橋轍次著作集》第7卷（東京：大修館書店，1977年）。

狩野直喜：《論語孟子研究》（東京：みすず書房，1977年）。

長澤孝三編：《漢文學者總覽》（東京：汲古書院，1979年）。

國史大辭典編集委員會編：《國史大辭典》（東京：吉川弘文館，1979-1997年）。

笹川種郎：《明治還魂紙》，田山花袋等著：《明治文學回顧錄集（二）》，《明治文學全集》（東京：筑摩書房，1980年）。

下村湖人：《論語物語》（東京：講談社，1981年）。

高橋和巳：《高橋和巳全集》第12卷（東京：河出書房，1983年）。

豬口篤志：《日本漢文學史》（東京：角川書店，1984年）。

大江乃夫：《靖國神社》（東京：岩波書店，1984年）。

近藤春雄：《日本漢文學大事典》（東京：明治書院，1985年）。

沼田哲、元田竹彥編：《元田永孚關係文書》，收入《近代日本史料選書》第14卷（東京：山川出版社，1985）。

渡邊和靖：《明治思想史》（東京：ぺりかん社，1985年）。

吉田松陰：《吉田松陰全集》（東京：岩坡書店，1986年）。

武者小路實篤：《論語私感》，收入《武者小路實篤全集》第10卷（東京：小學館，1987年）。

安藤彥太郎：《中國語と近代日本》（東京：岩波書店，1988年）。

新村出：《廣辭苑》（東京：岩波書店，1989年第三版）。

久米邦武：《久米邦武歷史著作集》（東京：吉川弘文館，1990年）。

小川利夫、寺崎昌男編：《近代日本青年期教育叢書：第1期・青年期教育論》第1卷（東京：日本圖書センター，1990年）。

寺崎英成、マリコ・テラサキ・ミラ編著：《昭和天皇獨白錄》（東京：文藝春秋，1991年）。

宮崎市定：《宮崎市定全集》第22卷（東京：岩波書店，1992年）。

色川大吉：《明治精神史（下）》（東京：講談社，1992年第十五版）。

中島敦：《弟子》，《中島敦全集》第3卷（東京：筑摩書房，1993年）。

近藤春雄：《日本漢文學大事典》（東京：明治書院，1994年）。

司馬遼太郎：《この國のかたち（三）》（東京：文藝春秋，1995年）。

吉川幸次郎：《吉川幸次郎演講集》（東京：筑摩書房，1996年）。

深澤賢治：《澀澤論語をよむ》（東京：明德出版社，1996年）。

內藤湖南：《近世文學史論》，《內藤湖南全集》第1卷（東京：筑摩書房，1996年）。

山本七平：《論語の読み方》（東京：文藝春秋，1997年）。

町田三郎：《明治の漢學者たち》（東京：研文出版，1998年）。

三浦叶：《明治の漢學》（東京：汲古書院，1998年）。

福田恆存：《私の幸福論》（東京：筑摩書房，1998年）。

三浦叶：《明治の漢學》（東京：汲古書院，1998年）。

町田三郎：《江戶の漢學者たち》（東京：研文出版，1998年）。

澀澤榮一：《論語を生かす》（東京：興學社，1998年）。

大野晉：《日本語の練習帳》（東京：岩波書店，1999年）。

村山吉廣：《漢學者はいかに生きたか——近代日本と漢學》（東京：大修館書店，1999年）。

上田正昭等監修：《講談社日本人名大辭典》（東京：講談社，2001年）。

竹內均：《澀澤榮一「論語」の読み方》（東京：三笠書房，2004年）。

子安宣邦：《「アジア」はどう語られてきたか——近代日本のオリエンタリズム》（東京：藤原書店，2005年）。

狩野直喜：《御進講錄》（東京：みすず書房，2005年新裝版）。

加藤徹：《漢文の素養：誰が日本文化をつくったのか？》（東京：光
　　　文社，2006年）。

2 學位論文

金培懿：《江戶古學派に於ける《論語》注釋史の研究》（福岡：九州
　　　大學大學院文學研究科博士論文，2000年）。

3 期刊專書論文

鈴木榮藏：〈論漢學〉，《斯文》第9編第2號（1927年2月），頁33-36。

諸橋轍次：〈彙報〉，《斯文》第10編第6號（1928年6月），頁59-72。

山本邦彥：〈斯文學會の時代回顧（二二）〉，《斯文》第10編第6號
　　　（1928年6月），頁50-53。

佚名：〈朴堂先生年譜〉，《斯文》第20編第7號（1938年7月），頁21-
　　　22。

井上哲次郎：〈安井朴堂君を追憶す〉，《斯文》第20編第7號（1938年
　　　7月），頁26-30。

鹽谷溫：〈朴堂先生を追悼す〉，《斯文》第20編第7號（1938年7月），
　　　頁40-42。

岡村利平：〈漢學會のことども〉，《斯文》第20編第7號（1938年7
　　　月），頁46-48。

近藤杢：〈朴堂先生を憶ふ〉，《斯文》第20編第7號（1938年7月），頁
　　　51-52。

高田真治：〈朴堂先生を憶ふ〉，《斯文》第20編第7號（1938年7月），
　　　頁42-44。

今井彥三郎：〈朴堂先生〉，《斯文》第20編第7號（1938年7月），頁
　　　35-39。

松井簡治：〈安井朴堂君の追憶〉,《斯文》第20編第7號（1938年7月），頁33-35。

菅谷軍次郎：〈安井朴堂先生を憶ふ〉，第20編第7號《斯文》（1938年7月），頁55-56。

西脇玉峰：〈朴堂先生についての思ひ出〉,《斯文》第20編第7號（1938年7月），頁48-51。

長澤規矩也：〈安井先生を憶うて〉,《斯文》第20編第7號（1938年7月），頁52-55。

服部宇之吉：〈安井小太郎君を憶ふ〉,《斯文》第20編第7號（1938年7月），頁31-32。

澤田總清：〈安井先生を偲び奉る〉，第20編第7號《斯文》（1938年7月），頁57-58。

小島祐馬：〈通儒としての狩野先生〉,《東光》第5號,「狩野先生永逝記念」專刊（1948年4月），頁7-12。

志賀直哉：〈わが生活信条〉，谷崎潤一郎等編：《日本の文學》第22卷（東京：中央公論社,1967年），頁460-465。

諸橋轍次：〈論語心講〉，鎌田正、米山寅太郎編：《諸橋轍次著作集》第6卷（東京：大修館書店,1976年），頁553-578。

諸橋轍次：〈論語と私〉，鎌田正、米山寅太郎編：《諸橋轍次著作集》第6卷（東京：大修館書店,1976年），頁539-551。

鎌田正、米山寅太郎編：〈年譜〉，收入《諸橋轍次著作集》第10卷（東京：大修館書店,1977年），頁617-626。

中村忠行編：〈略歷：岡本黃石〉，神田喜一郎編：《明治漢詩文集》，收入《明治文學全集》第62卷（東京：筑摩書房,1983年），頁403。

金培懿：〈『論語古義』の注釋方法について〉,《九州中國學會報》第36卷（1998年5月），頁72-90。

金培懿：〈安井息軒の經典注釋法について ──『論語集說』を中心
　　　に〉，《九州大學中國哲學論集》第25號（1999年10月），頁
　　　87-106。

金培懿：〈『論語集說』に見られ安井息軒の經世論〉，《斯文》第109
　　　號（2000年3月），頁36-50。

金培懿：〈龜井南冥「論語語由」の日本漢學史上における意義〉，
　　　《日本中國學會報》第53集（2001年10月），頁286-300。

町田三郎著，金培懿譯：〈安井家學與安井小太郎之漢學業績 ── 滄
　　　洲・息軒而後朴堂 ──〉，鄭定國編：《二〇〇二漢學研究國
　　　際學術研討會論文集》（斗六：國立雲林科技大學，2003
　　　年），頁75-91。

藤井倫明：〈司馬遼太郎の日本觀 ── その「宋學」批判の根底にあ
　　　るもの〉，《臺灣日本語教育論文集》第9號（2005年12月），
　　　頁389-413。

漢學研究叢書·日韓儒學研究叢刊　0401002

近代日本《論語》詮解流變

作　　者	金培懿	
責任編輯	邱詩倫	

發 行 人	陳滿銘
總 經 理	梁錦興
總 編 輯	陳滿銘
副總編輯	張晏瑞
編 輯 所	萬卷樓圖書股份有限公司
排　　版	林曉敏
印　　刷	百通科技股份有限公司
封面設計	斐類設計工作室
發　　行	萬卷樓圖書股份有限公司
	臺北市羅斯福路二段 41 號 6 樓之 3
	電話 (02)23216565
	傳真 (02)23218698
	電郵 SERVICE@WANJUAN.COM.TW
大陸經銷	廈門外圖臺灣書店有限公司
	電郵 JKB188@188.COM
香港經銷	香港聯合書刊物流有限公司
	電話 (852)21502100
	傳真 (852)23560735

ISBN 978-986-478-126-3

2017 年 12 月初版一刷

定價：新臺幣 680 元

如何購買本書：

1. 劃撥購書，請透過以下郵政劃撥帳號：

   帳號：15624015

   戶名：萬卷樓圖書股份有限公司

2. 轉帳購書，請透過以下帳戶

   合作金庫銀行　古亭分行

   戶名：萬卷樓圖書股份有限公司

   帳號：0877717092596

3. 網路購書，請透過萬卷樓網站

   網址 WWW.WANJUAN.COM.TW

大量購書，請直接聯繫我們，將有專人為您服務。客服：(02)23216565 分機 10

如有缺頁、破損或裝訂錯誤，請寄回更換

國家圖書館出版品預行編目資料

近代日本《論語》詮解流變 / 金培懿著.

-- 初版.-- 臺北市：萬卷樓, 2017.12

　面；　公分

ISBN 978-986-478-126-3(平裝)

1.論語 2.研究考訂 3.日本

121.227　　　　　　　　　　106024558